Reconstructing Taiwan
The Cultural Politics of
Contemporary Nationalism

重構台灣

蕭阿勤 ——— 著
A-chin Hsiau

序

　　1980年代之後，以本省人為主的「黨外」與1986年9月成立的民主進步黨所領導的政治反對運動，積極宣揚台灣意識，使台灣民族主義運動顯著發展。1988年，本省籍的李登輝繼承蔣經國，成為國民黨主席與總統。在國民黨的黨國決策階層中，本省籍的人數逐漸超過外省籍者。1991年，原本於中國大陸選出的第一屆未定期改選之中央民意代表終止行使職權，國會全面改選。1990年代初，黨內反李登輝的「非主流派」與親李的「主流派」鬥爭而失勢。以外省籍年輕一代為主而反李、懷疑他傾向於支持台灣獨立的國民黨內「新國民黨連線」人士，於1993年另組「新黨」，與民進黨及其他支持台灣民族主義者之間的衝突激烈。1996年，台灣舉行戰後首次的總統民選，國民黨候選人李登輝獲得過半票數而連任。在這種政治變化過程裡，不管是在國家的文化教育政策方面，或是公共領域的文化論述方面，過去由國民黨威權統治所教化、基於中國民族主義的歷史敘事、集體記憶、文化象徵等，都備受質疑與挑戰。

　　在當代台灣的歷史上，1980、1990年代，是台灣政治與文化「本土化」、「台灣化」的關鍵時期。就文化的轉變而言，這二十年左右的階段，是台灣民族主義在文化界傳播發展的高峰。追求台灣文化的主體性、建立具有主體性的台灣文化等理念，亦即

「台灣文化民族主義」（Taiwanese cultural nationalism），從少數人的提倡，逐漸產生廣泛的社會影響，與台灣政治的轉變互相激盪，使台灣的文化面貌產生重大的變化。在這個二十年左右的光陰中，台灣民族主義對文化界的改變，最顯著、最值得關注的是文學、語言、歷史這三個領域。台灣文學的成立、台灣本土語言運動的興起、台灣史觀的發展，是文化本土化、台灣化的領頭羊，亦即台灣民族主義的「文化政治」（cultural politics）的主要部分。本書關注文學、語言與歷史三個領域，正在於記錄、研究這段二十年左右重大的文化政治變遷。

筆者的 *Contemporary Taiwanese Cultural Nationalism*（London: Routledge）一書，自從2000年出版以來，被許多國外大學開設的台灣課程列為教材。十年來，經常有國外學者或研究生告訴我，他們受益於此書不少，這本書使他們對台灣近三十年來最顯著的文化政治變遷，有了提綱挈領的清楚掌握，啟發他們對這個現象的興趣。現在讀者手上的這本書，即根據英文原著改寫而成。至於在國內，筆者曾經改寫原書第四章的一部分，發表一篇中文期刊論文（〈1980年代以來台灣文化民族主義的發展：以「台灣（民族）文學」為主的分析〉，《台灣社會學研究》，1999年第3期，頁1-51）。這篇論文僅僅討論文學部分，不過也呈現了英文原書的主要概念、理論角度與論點。國內早已有針對筆者英文原書的書評，而這篇中文期刊論文發表後，也引起許多回應與論辯。但是除了這篇論文，英文原著的內容，始終沒有出現中文版的全貌。事實上，過去多年來，也曾不止一次有出版社邀請發行中文版，不過都因為筆者忙於新的研究而作罷。

十幾年來，關於本書涉及的台灣國族認同、民族主義、文化政治、台灣文學、語言、歷史等議題的研究，有相當長足的進

步。在這些方面，眾多的研究推陳出新，深挖各種現象，經營各種大小不一的題目，已經累積非常多的研究文獻。雖然如此，在目前既有的研究文獻中，能夠針對1980、1990年代台灣民族主義在文化界傳播發展的高峰、文化本土化或台灣化關鍵時期的二十年，提供較為全面而清楚的描述與分析的，除了拙著 *Contemporary Taiwanese Cultural Nationalism* 一書之外，恐怕仍然難以覓得。如果我們希望對這個歷史階段與國族認同有關的文化政治有較為整體的圖像與理解，那麼筆者的英文原著，應該還是近乎僅有的依賴。這是筆者認為十年前的舊作仍然有必要以中文改寫出版的第一個重要原因。

二十世紀後半葉的世界歷史變化快速，所謂全球化時代的時空壓縮、網路與各種通訊、傳播、交通科技的高度發達等，改變人們的時間意識與歷史感，強化了人們覺得時代瞬息萬變的主觀感受，也可能使人們更加快速地遺忘過去。1980年代以來的台灣社會變遷迅速，歷史變化正讓人目不暇給。人們在這個時候，也許比以往的任何時代更需要一種結合社會學想像與歷史想像的能力，以便認識自我、社會與時代。世間的矛盾事物往往並存，相互激盪。社會變遷快速的階段，人們尋找穩定的力量；充滿遺忘的時代，人們渴求記憶；充滿「相信」的時代，人們盼望解放；充滿「不相信」的時代，人們追求信念。信念，可以來自單純的價值堅持，但經常必須來自與歷史的聯繫，在不斷逝去的時間洪流中尋找生活的定位與存在的意義。1980、1990年代與國族有關的文化政治變化，是當代台灣一段令人驚歎不已的歷史，我們仍然都在它的重大影響下前進，因此必須有比較完整而清楚的理解。這是筆者改寫舊作的第二個原因。

本書的研究範圍，在時間上，大約是到1990年代末為止，亦

即在民進黨執政前的狀況。以本省籍人士為主的政治反對運動，從黨外時期到成立民進黨之後，歷經三十年左右對國民黨統治的挑戰，終於在2000年由陳水扁、呂秀蓮當選為中華民國第十任總統、副總統，使掌握政權超過半世紀的國民黨成為在野黨，也使戰後台灣出現第一次的政黨輪替執政。但是在2008年3月22日的總統、副總統選舉，國民黨的候選人馬英九、蕭萬長以將近六比四的得票優勢當選。歷經民進黨陳、呂兩個任期八年的主政，國民黨重新取得政權。馬英九在同年5月就任，此後的文化教育政策開始改變，試圖扭轉民進黨主政時期的方向。其中最引人注目的，莫過於高中國文與歷史兩科的課程綱要修訂。2008年9月，亦即馬英九就任總統的四個月後，教育部宣布高中國文科課程綱要未來的修訂原則為「酌增節數，增加學生修習文化經典教材」、「教材配置酌增文言文比例」。2010年9月，教育部宣布高中國文科的文言文範文比率，將從原來的45％，提高到45％至65％（從2012年秋季的學年開始實施）。2011年5月，高中歷史課程綱要定案，雖然教育部不得已而將原來上溯台灣史到三國時代的規畫，僅改列為「探討台澎早期歷史的文獻紀錄」，但是將原來授課比重的台灣史一學期、中國史一學期、世界史二學期，改為台灣史一學期、中國史1.5學期，世界史1.5學期，增加中國史的分量（從2012年秋季學年的高一學生開始實施）。2011年3月，馬英九總統兼任名譽會長的「國家文化總會」，改名為「中華文化總會」。2011年6月教育部將以儒家「四書」為主的「中華文化基本教材」列為高中必選課程。2011年9月，馬英九提倡「讀經」。

　　上述的變化，從2008年夏教育部表示有意修改高中國文與歷史的課程綱要開始，就經常引起支持台灣民族主義的「本土派」

人士的批判與抗議，紛擾不斷。包括台灣社、台灣北社、中社、南社、東社、客社、青社、台灣教師聯盟、台灣教授協會、教育台灣化聯盟、公投護台灣聯盟、搶救台灣行動聯盟、台灣國家聯盟、台灣獨立建國聯盟、台灣母語會等，加上民進黨及其立法委員，經常發表聲明或召開記者會提出批判，表達強烈反對的立場，或到教育部公開抗議。他們認為國民黨執政者企圖走回頭路，將教育再度「中國化」、「去台灣化」。他們強調，擴張教科書的中國史部分，顯示國民黨執政者依舊抱持「中國史觀」，將台灣史簡化為一部漢民族在台灣的開拓、經營、和移民史；這種做法，仍然以中國為文化與歷史的中心，文化與歷史的詮釋權仍以中國為主，這些都將造成下一代的身分認同錯亂。這些支持台灣民族主義的人士抨擊馬英九領導的國民黨重新執政以後，不僅在國家主權、經濟產業上公然地「傾中」，更進行不易為人察覺的思想、文化的傾中，壓制台灣人民的主體思想。他們指出，馬英九與國民黨政府提倡中華文化、中國歷史，與過去蔣介石、蔣經國的時代已經有所不同，目的並非與中華人民共和國爭正統，而是為了追求「終極統一」、國共聯手密謀賣台的行為。他們呼籲台灣民眾要抵抗中國史觀的台灣史，強調必須爭取以台灣史為「國史」，讓台灣的年輕一代有「台灣史觀」，擺脫中國的奴化教育。

　　在語言問題方面，2011年5月底，作家黃春明在台南國立台灣文學館以「台語文書寫與教育的商榷」為題演講，認為不能由於政治因素而否定、切割、排除台灣內在的漢人文化或中國文化成分，批評民進黨所主張與執政時推行的本土教育「鑽到牛角尖去」。他強調「閩南話」做為「方言」，在發音與文字書寫上都缺乏標準化，不應該在小學成為正式課程來教授。黃春明認為幅員

廣大、方言眾多的中國需要標準語，以利於相互溝通，而以北京話為基礎的普通話或國語，比較閩南話、客家話、廣東話等，更方便小孩子學習。他強調，閩南話、客家話等方言，不應「到學校去學習」，而應在家裡、「在生活裡面學習」即可。他認為例如宋澤萊等作家沒有必要嘗試以閩南話、客家話等來寫作，而鄭良偉、洪惟仁等人致力於台語文字化的作為也不恰當。黃春明的演講，引發了成功大學台灣文學系副教授蔣為文當場舉出「台灣作家不用台灣語文，卻用中國語創作，可恥！」的海報抗議，並且與黃春明發生衝突。這個事件引發了一連串的爭論，之後的一個多月，幾家主要報紙不斷出現不同立場的投書與報導。6月13日，前面提到的台灣北社等組織，加上台灣母語聯盟、台灣羅馬字協會、台灣海翁台語文教育協會等三十幾個團體組成「還我台灣語文教育權聯盟」，由蔣為文擔任召集人，至教育部抗議，批判「獨尊華語的教育政策」。他們指出，台灣母語包括各原住民語言、客語及台語，要求國小的台灣語文教育從現有的每週一節提升為三節、將台灣語文列入國中、高中、大學的必修課程，而大學及高中入學國文科考試應讓考生自選原住民族語、客語、台語及華語之一應試。他們並且強調政府必須有長期的母語復育計畫，教育部的「國語推行委員會」應升級改名為「台灣族語推行委員會」。

　　由台灣客家聯盟發起，包括台灣客家筆會、台灣客社、台灣客語教學聯盟、台灣客家語教師協會、台語教學聯盟、台灣北社等二十幾個團體，於2011年7月3日在《自由時報》上發表共同聲明，同樣批判獨尊國語或華語文的「單一語文霸權」，要求制訂《國家語言發展法》。他們強調這項立法，應該將原住民語、客家話、Holo語（台語）、華語都明訂為國家語言（國語），並

保障一律平等；國民也有權要求以其所使用的國家語言接受教育、政府服務等，而國家也應擔負國家語言之文字化、標準化、標音化等工作與推廣的責任等。同年11月，台灣北社、台灣教師聯盟、台灣獨立建國聯盟、教育台灣化聯盟、台語教學聯盟、台灣母語聯盟等，又召開記者會並發表共同聲明，抨擊教育部取消推行多年的國中小學等「台灣母語日」的訪視與補助經費、將負有推動台灣母語任務的國語推行委員會的層級降低、削減補助台灣母語教學的經費等。

　　2012年1月14日，民進黨總統候選人蔡英文落敗，馬英九再度贏得總統大選，獲得連任。由中華文化總會主持而與中國方面共同合作完成的「中華語文知識庫」，在二月初正式上網啟用。這個知識庫的建立，來自馬英九於2008年總統選舉競選時在文化政策白皮書中所提出的「兩岸合編中華大辭典」的構想。在啟用知識庫時，文化總會會長劉兆玄表示，他的夢想是兩岸與世界的漢字使用者藉著這個網路知識庫能同時迅速認識正體與簡體漢字，並且透過「市場機制」，「擇優而愛用之」，「透過大夥兒共同書寫，寫出一套最普受歡迎、絕大部分相同的常用漢字；這期間透過學者的申辯引導，兩岸政府的政策推動」，「達成漢字的再一次『書同文』」。對於這個知識庫的出現，台灣教授協會召開「反對控制語文促統」記者會，質疑馬英九政府破壞台灣語文的主體性，不應該為拚經濟而接受中國用語或簡體字。同時出席記者會的長榮大學台灣研究所名譽講座教授莊萬壽，隔天也在《自由時報》發表文章。他批判馬英九追求「與中國統一」，認為從他在台北市長任內採用中國的「漢語拼音」、2009年公開提倡對漢字要「識正書簡」以來，都顯示他承襲國民黨「封建、威權的中國文化精神」；而國民黨重新執政、馬英九當權後，更與中國

合流，使台灣人陷入文化、思想被併吞、同化的大危機。

　　國民黨在2008年重新執政之後，上述在教育、文化、歷史、語言、文學等方面引起的種種爭論，以及台灣民族主義支持者不斷的批判抗議，其中許多場景非常類似1980、1990年代台灣文化主體性理念高漲、台灣民族主義者挑戰國民黨的情境，彷彿又讓台灣回到那個時期。2008年夏以來的現象，見證了台灣文化民族主義自八〇年代以來的重大影響，也顯示國族認同與相關的文化趨向導致台灣社會明顯的分歧。撫今追昔，我們更有必要回顧本土化、台灣化的文化政治興起發展的來龍去脈，否則無法恰當理解我們當前的情境。這是筆者認為有必要以中文將舊作再行改寫出版的第三個重要原因。當然，最近幾年與1980、1990年代的一個明顯不同，是兩岸愈來愈密切的交往，使得中華人民共和國這個因素，對於台灣內部政治與文化紛爭的影響，要比1980、1990年代更大、更直接。如同上面談到的，對關注台灣文化主體性的台灣民族主義者來說，馬英九領導的國民黨政府在文化上的作為，不再是與中華人民共和國相爭，反而是互相唱和。台灣社社長吳樹民所言，可以說直截了當地歸納了這樣的強烈批判：「國民黨的教育政策，滅亡台灣史、滅亡台灣文學、滅亡台灣語言，正好確證其滅亡台灣，併入中國的本質」（《自由時報》，2009年10月16日，「自由廣場」版）。中國因素對台灣社會的影響增強，使我們更有必要了解台灣民族主義的文化政治。

　　本書雖然也溯及日本殖民統治時期與戰後到1970年代的階段，但主要重點在於探討1980、1990年代本省籍的文學作家、文學批評家、語言學家、語言復興運動者、業餘或專業的歷史學者等「人文知識分子」在台灣民族主義的國族建構中的角色與作用，釐清他們所從事的文化活動如何成為台灣民族主義政治的重

要部分、如何成為塑造「台灣性」（Taiwaneseness）或台灣國族特性的重要力量。在探討這些歷史過程時，本書借重捷克歷史學家Miroslav Hroch的創見。Hroch研究中歐、東歐受宰制的弱小族群演變成民族的過程，他基於這方面研究所提出的理論，對後來的研究者啟發很大，影響廣泛，也是本書討論台灣民族主義的文化政治時的參考架構。Hroch指出，一個民族主義運動，通常有三個基本發展階段：從（一）知識分子致力挖掘、闡述、宣揚潛在的民族語言、文化、歷史特質，到（二）許多活躍分子的小團體具有組織性的政治行動、致力於喚醒人們的民族意識，然後又發展到（三）較具規模的群眾動員與運動。筆者在書中指出，從文學、語言、歷史三個領域的人文知識分子的活動來看，台灣民族主義發展的過程與Hroch提出的三階段論有所差異。大體而言，具有政治異議傾向的本省籍文化菁英投入民族主義運動的時間，略晚於政治反對運動者；政治的活躍分子先於人文知識分子，成為民族主義運動的主要推動力量。換句話說，在台灣，Hroch所謂民族主義運動常見的第二階段，大體上要早於第一階段，文化界的台灣民族主義深受政治反對運動的影響而被激發出來。八〇年代之後許多文化菁英所描述的故事，或者一些學者的研究，經常強調文化界的先行者角色，認為戰後台灣的民族主義運動發展，有著類似Hroch所指出的三階段的順序。本書的發現與論點，則與這些故事或研究有所不同。

　　本書雖然指出許多後來轉變為台灣民族主義者的文化菁英或人文知識分子如何重新說解個人或集體過往的認同、重建記憶、重寫歷史，不過筆者的目的不在於揭露瘡疤、也不在於批判或支持特定的政治立場。在集體認同的問題上，偏好考究真假與指摘他人昨是今非，大多出於政治鬥爭的需求，而非基於知識分析的

旨趣，也無助於人們相互的同情理解與和平共處。本書做為歷史取向的社會學研究，在於探究集體認同、政治競爭、與文化建構的密切關係，以及在其中集體認同與集體記憶兩者、或認同與敘事兩者相互形塑而不可分割的動態。我們是誰、我們從哪裡來、這是什麼樣的時代、我們要往哪裡去、我們要做什麼等等之類，是關乎集體認同的核心問題。這些問題都牽涉到人們在時間之流中對自我與群體存在的認知感受。人們活在時間中，不斷以處身於現在、回想過去、期望未來的方式在思考自己與世界。人們在過去、現在、未來彼此交錯、相互參酌中，理解自己與世界的意義。這就像我們聆聽、閱讀、或觀賞一則故事時相當熟悉而普遍共有的經驗：在故事的「敘事」（narrative）過程中，我們試著將涵蓋各種人物言行與事件的情節開頭、中間、結尾互相參照、融會貫通；在掌握故事的整體意義時，我們也領悟了故事可能要傳達的意涵，揣摩它對我們個人或群體的啟示，因而知所進退，有所抉擇。當然，世間的故事並非都合理明白，我們聆聽、閱讀、或觀賞的故事也未必都能心領神會。這就像我們嘗試理解自己與世界，也經常有所困惑不解，不知自己何以致此、世界為何變成這樣。不過這種曖昧混亂的情況，反而同樣證明了集體認同與集體記憶兩者、或認同與敘事兩者的緊密關係，以及它們對社會行動的重要性。人們常說「知道這是怎麼一回事，我就知道要怎麼做了」。在人們的「敘事的理解」（narrative understanding）中，時間、敘事、認同與行動四者交纏，互相形塑，而這是個人生命存在與社會生活過程的本然狀態。執著於以實證主義的角度來看待敘事與認同的真假虛實，將無法理解認同在人們自我詮釋上的真實。這一點，是本書的結論以及〈附錄二〉（原載於2005年9月《文化研究》創刊號）的重要旨意，也是筆者後來在《回歸現

實：台灣一九七〇年代的戰後世代與文化政治變遷》一書中所專
注申論的。

　　John Shelton Reed在他的學術生涯中，致力於研究美國南
方。他的著作以社會學的觀點洞察美國南方獨特的歷史變幻與風
土人情，娓娓道來，饒富趣味。在1989年擔任美國南部社會學會
（Southern Sociological Society）會長時，他以〈論敘事與社會學〉
（On Narrative and Sociology）為題，發表就職演講，談到如何改
進社會學、社會學家應該如何有一番不同的作為、社會學的著作
如何能夠被學科之外的廣泛讀者所欣賞。Reed認為，除了良好的
文筆與寫作能力是必要的第一步之外，社會學不管基於智識上或
政治上的理由，都應該更加重視「描述性的、詮釋性的、說故事
的」（descriptive, interpretive, story-telling）社會學著作。他指
出，當今這種「敘事的或詮釋的社會學」（narrative or interpretive
sociology），要比過去不受重視，如今大多數的社會學家更加看
重「具有假設性命題的─演繹推論性的」（hypothetico-
deductive）、致力於驗證假設、建立理論的社會科學。Reed引用
心理學家Jerome Bruner的著名論點，認為這兩種探究社會與發展
知識的方式，相當於人類兩種不同的認知運作與思維的模式。他
認為能夠結合兩者是理想，但能兼擅兩方面的學者極為罕見，因
此社會學的確出現分工的現象。Reed認為，應用社會學的概念與
方法來幫助我們了解特殊的個案，不僅是值得從事的工作，而且
對那些渴望了解社會的廣泛讀者大眾來說，這要比追求解釋性的
理論（explanatory theory）更加有趣。他強調，面對讀者大眾，
社會學家應該努力訴說由社會學所指引的故事——那些關於他們
自身、關於他們社會中其他的男男女女、關於別的時代與地方的
故事。Reed對社會學的反思與忠告，發人深省。

　　1970年代的台灣，在政治上開始「回歸現實」，在文化上「回歸鄉土」。當時挑戰既有體制的主力，是在戰後成長而涵蓋本、外省籍的年輕知識分子。他們深受七〇年代初台灣外交挫敗的刺激而覺醒轉化，揚棄流亡漂泊的心態，形成了我在《回歸現實》書中所謂的「回歸現實世代」。他們基本上仍然是在中國民族主義的視野或參考架構下發現鄉土、看到台灣，也傾向於體制內的革新與民主。1979年底的高雄美麗島事件，無疑是七〇至八〇年代轉折激變的最重要因素。1980年代之後，以本省人為主的黨外與民主進步黨領導的政治反對運動積極宣揚台灣意識，使台灣民族主義運動顯著發展。七〇年代的回歸現實世代當中，以本省人年輕一代為主，發展鄉土文學、挖掘日據時期台灣文學，加上黨外的台灣歷史探索，這些都替後來的台灣意識、台灣民族主義準備了素材、奠下基礎。在這種七〇年代的基礎上，八〇年代台灣民族主義的文化政治興起，開始「重構台灣」。

　　本書與《回歸現實》是姊妹作，這兩本書是關於1970至1990年代的連續劇，企圖描繪我們身在其中的這個時代變遷，勾勒台灣社會關於國族問題思考變化轉折的關鍵三十年。既然說是勾勒，這兩本書就不是工筆畫。回顧過去，我們的目的不在於鉅細靡遺地全盤重現歷史現實。這既不可能，也不是知識的目的。有系統的知識，重點在於提供觀點與詮釋架構。我的目的，在於結合社會學的想像與歷史的想像，說一個具有社會學觀點的歷史故事。

　　如同筆者在前面提到的，十幾年來，關於本書涉及的議題的學術研究，有非常顯著的進步，累積了眾多的文獻。例如本書第二章討論的日本殖民統治時期台灣人的反殖民運動、國族認同、文學與語言問題等，已經有不少優秀的研究出現，已非九〇年代

末我撰寫 *Contemporary Taiwanese Cultural Nationalism* 一書時的狀況。從今天的眼光來看，本書關於日本殖民統治時期，以及一些其他的部分，也許都可以大加補充提升。另外，教育部也協調了各種台語拼音設計，在 2006 年 10 月公告了「台灣閩南語羅馬字拼音方案」，並於 2007 年 5 月後陸續整合公告「台灣閩南語推薦用字」，接著推出《台灣閩南語常用詞辭典》網路版供大眾使用。這些都使得台語文字化與書寫，變得更為一致與便利。筆者在英文原著的基礎上改寫，更正一些小瑕疵、增添文獻史料與腳註，但沒有大幅度的改動。這樣做的原因，除了避免牽一髮而動全身之外，更重要的是從學術發展史的角度，刻意藉此呈現當時研究台灣文化民族主義的條件與進程。本書〈附錄一〉原載於 1998 年 11 月第 29 期的《台灣社會學社通訊》，也紀錄了當時研究這個問題的感想。另外，本書中的圖片，也都為英文原著所無。

感謝聯經發行人林載爵先生慨允出版這本書，也謝謝副總編輯胡金倫先生在出版過程中的熱誠幫忙。謝謝我的研究助理張晉文與葉春嬌這幾年協助我的工作，認真負責，幫我分勞不少。他們也校讀本書書稿，提供許多改進的意見。

感謝已經離世的父親蕭浴沂讓我從小在鄉野四處勞動，讓我親近大地與人民，更用他悲苦的生命鍛鍊我。感謝今年八十歲的母親李燕永遠的愛與付出，他在老家不斷耕耘灌溉的身影，讓我在都市打拚時覺得有根。謝謝內人楊金錫一路支持鼓勵，否則我不可能走好現在的路。也謝謝青春期的雲中的陪伴，教我許多年輕的事物。感謝大姊鳳嬌、二姊碧秋照顧母親，幫忙分憂。感謝有大哥錦洲、二哥憲為來做兄弟，有著在這個特殊的家成長的共同回憶。懷念英年早逝的大姊夫徐鳳庭，感謝他在離開前種下老家門前的櫻花樹，見證他對母親與我們的愛。這本書表面上與我

的家人無涉，但卻有他們的各種貢獻。

我特別要感謝春嬌的幫助，否則這本書的完成恐怕遙遙無期。她細心協助譯寫，費力尋找書中參考的原始資料、整理圖片，也處理改寫過程中的大大小小問題。春嬌的碩士論文由我指導，曾獲得台灣社會學會碩士論文獎。她改寫碩士論文，已經出版《國族認同的轉折：台灣民眾與菁英的敘事》一書。這本優秀的著作，利用報紙民意論壇之類版面的大量讀者投書，探討1994至2004年總統大選之間十年左右台灣一般民眾國族認同轉折的動態，發現他們幾乎都由中國意識朝向認同台灣，反方向者絕無僅有。她指出，在這種國族認同轉折經驗中，一個普遍而共同的歷史敘事或故事架構，發揮了相當重要的作用。這個故事架構蘊含一套特定歷史觀、價值體系與認同情感模式，歷史敘事在認同轉折中扮演重要角色，具有關鍵作用。春嬌將一般民眾與政治、文化菁英的國族認同轉折動態加以比較，發現他們的經驗過程類似，所講述的自身認同轉折的故事都具有相近的情節。她強調，激發人們勇於行動與社會變遷的動力，存在於社會結構與個人因素在說故事過程中的交互作用。筆者本書分析八〇、九〇年代文化菁英如何重構記憶、歷史與認同，而春嬌的研究則明白指出，上述的普遍歷史敘事架構與共通的情節發展，至少在九〇年代以後，從菁英到民眾，已逐漸成為台灣社會中轉向台灣認同者敘述其國族認同轉折的常見模式。這反映了台灣國族認同在九〇年代的擴散與深化。

雖然台灣民族主義的發展序列與Hroch提出的三階段論有所差異，但我們可以說，從八〇年代黨外、民進黨宣揚台灣意識、推動台灣民族主義、以及出現對台灣文化主體性的追求，到九〇年代後台灣國族意識在民眾之間的廣泛傳播，台灣大致都出現過

這三個階段所指的歷史現象。不過 Hroch 也曾經強調，民族建構的歷程並非預先注定或無法逆轉，它可能被中斷，或者在沉寂一段時間之後又重新出現，而且三個階段中的每個階段的發展強度和時間長短，都依個案而相當不同（Hroch 1985: 178；1996 [1993]: 79, 81）。同時也如英國學者 John Breuilly 曾經指出的，「民族主義信條與民族主義政治，經常出現於那些大多數民眾沒有任何強烈或獨特的民族認同的社會與地區」。反之我們也能找到一些例子，「在那些地方即便擁有普遍共享的民族情操，但卻未與民族主義信條的充分發展，或與重要的民族主義政治運動的出現有所關聯」（Breuilly 1996 [1994]: 147-148）。人類歷史的進展充滿機遇，矛盾可能並存，明暗往往糾纏而悲喜難測。中國的重大影響，以及國際強權之間關係的牽扯，使台灣的一切更複雜。

2012 年秋，台灣、中國、日本再度出現關於釣魚台列嶼的主權紛爭。尤其在中、日，強烈的民族主義與情緒，有捲土重來之勢。在全球化、區域化的趨向下，民族主義並未稍有消頹，而是伺機而動。這顯示民族主義的研究，仍然值得高度關注與投入。

我在加州大學聖地牙哥校區的博士論文指導教授 Richard Madsen（趙文詞），同時也是拙著 *Contemporary Taiwanese Cultural Nationalism* 一書的催生者。他在 2007 年出版的 *Democracy's Dharma: Religious Renaissance and Political Development in Taiwan* 一書中，探究台灣的慈濟、佛光山、法鼓山與行天宮四個宗教團體所代表的宗教復興與現代性、中產階級、民主政治發展的關係。誠如他在書中所說的：

　　每個人都應該關心台灣的命運。雖然它是一個只有兩千三百萬人的小島，卻值得密切關注，因為他座落於亞洲極度不

穩定的政治、社會、與文化斷層區域之上。亞洲崛起，成為
世界最具活力的財富、權力與文化創造力的中心，這或許是
對全球秩序所形成的無比巨大的挑戰，而這種全球秩序幾世
紀以來被歐洲控制，如今則為美國所主宰。集中在台灣的那
些斷層線，其中某些如果崩壞，在最糟的情況下，可能會變
成擴及全球的大災難中心。（Madsen 2007: xxii）

台灣，這個位處東亞的大島，仍然在歷史的苦海怒濤中航
行，未知下錨何處、定泊何方。

十九世紀中期，托克維爾（Alexis de Tocqueville）在《舊制
度與大革命》一書中追溯法國大革命發生與舊政權的關係，探討
新舊法國間的斷裂與延續，評論革命帶來的得與失。對於自己與
眾不同的看法，他說：

　　我希望寫這本書時不帶有偏見，但是我不敢說我寫作時未
懷激情。一個法國人在談起他的祖國，想到他的時代時，竟
然無動於衷，這簡直是不能容許的。我承認在研究舊社會的
每個部分時，我從未將新社會完全置之不顧。……我的目的
是要繪製一幅極其精確、同時又能起教育作用的圖畫。……
我聲言，為了達到上述目地，我不怕得罪任何人，不管是個
人、階級，還是輿論、回憶，也不管他們多麼令人敬畏。我
這樣做時往往帶有歉意，但從不感到內疚。但願那些由於我
而感覺不快的人，考慮到我的正直無私的目的而饒恕我。
（托克維爾 1994 [1856]: 5）

托克維爾的壯志與偉業、勇氣與無私，令人仰之彌高，難望

其項背。本書寫台灣、述台灣，呈現那些異於一般所流行或民族主義者所訴說的標準故事，使我時常想到托克維爾的這段話。古典社會學家韋伯（Max Weber）談到學術工作每一次的完滿，就是新問題的提出；學術工作要求被超越、要求過時，而這是學術研究的命運、學術工作的意義與共同的目標（韋伯 1991 [1917]: 142-143）。回到過去，在於理解現在、盼望未來。每個社會需要自己的故事，這些故事讓人認識自己立足的土地，激起個人與社會的連帶感。沒有故事，即無認同；沒有認同，生命渙散。台灣社會的故事，需要繼續說下去。相信更好、更感動人的故事，會不斷出現。

2012 年 10 月，台北南港

目錄

圖表目錄

第四章

第五章

第六章

附錄二

第一章

導言

　　台灣，或者說中華民國，在1996年3月23日舉行它在戰後歷史上的第一次總統直選。這次選舉，被視為八○年代以來政治自由化、民主化發展的高峰。在中國共產黨的中華人民共和國試射飛彈與軍事演習的威嚇下，這次選舉也代表對中華人民共和國宣稱擁有對這塊島嶼的統治主權，台灣明白地抗拒與挑戰。投票的前兩天，幾個致力於台語（福佬話、河洛話）復興的大學學生社團，集體抗議台灣教育受到「中國沙文主義」控制。這群學生也譴責中國企圖以飛彈試射與軍事演習恐嚇台灣選民，讓他們不敢投票給任何反對台灣與中國統一、支持台灣獨立的候選人。這些學生在教育部大門前，焚燒官方教科書，例如《中國文化史》、《國文》、《三民主義》等，並呼喊口號：「要做台灣人，不做中國人！」、「要讀台灣歷史，不讀中國歷史！」、「要讀台灣地理，不讀中國地理！」[1]

　　總統選舉結束兩週後，彭明敏──台灣最大的反對黨「民主進步黨」（以下簡稱民進黨）提名但競選落敗的候選人──成立了他個人所推動的組織「建國會」，開始以社會運動的方式推展台灣獨立。彭明敏長期以來一直是海外台獨運動的主要領導者，[2]但由於被中華民國政府列入黑名單，一直到九○年代末，他都被禁止返回台灣。到1996年總統大選時，民進黨內部對於台獨主張，一直有所謂比較基進的與比較務實的兩種路線，而彭明敏成立建國會的舉動，則被視為是兩種路線矛盾衝突的徵兆。彭明敏明白表示，建國會與民進黨毫無關係。事實上，民進黨的領導核心與彭明敏的競選團隊在選舉期間步調不合，已經是一個公開的

1　見《民眾日報》，1996年3月21日。

2　參見第三章註16。

圖1-1　建國會與教育本土化（台灣化）聯盟成立的報導

秘密。兩者的重要歧見之一，在於台獨的理念是否應做為對選民
的主要訴求。台灣獨立的議題一直是彭明敏陣營的競選主軸，然
而民進黨的領導核心卻傾向於淡化它的重要性，以吸引更多中間
選民的支持。[3]彭明敏競選總統，以及他所創立的建國會，都受到
「台灣教授協會」、「台灣教師聯盟」、「台灣筆會」與幾個台語復
興組織的熱烈支持。[4]同年4月底，這些團體的二、三十位領導幹
部、同時也是彭明敏建國會的重要成員，與其他許多運動人士共
同成立「教育台灣化聯盟」，以推展活動來對抗「以中國為主
體、台灣為邊陲」的教育原則與政府文化政策。[5]

3　彭明敏最後於1998年9月退出民進黨。
4　見《民眾日報》，1996年4月8日、10日與23日。
5　見《民眾日報》，1996年4月30日。

　　本書是對台灣民族主義的一個主要版本或取向的研究。[6]這種台灣民族主義主要由人文知識分子（humanist intellectuals）所論述建構，而這些人文知識分子包括文學作家、文學批評家、語言學家、語言復興運動者、業餘或專業的歷史學者等。一般而言，這群知識分子是比較基進的台灣民族主義者的主要成員，而他們的觀點在促成台灣獨立與國族建構的意識形態上，扮演相當重要的角色。他們所建構的民族主義的核心，是對於與「中國文化」相互抗衡的「台灣文化」的特殊性之深沉關懷。這些人文知識分子關於台灣文化獨特性的論述，在形塑一套關於台灣國族特性的概念上有著重要的影響力。這種論述，是各方參與而未必刻意協調的一個國族建構工作的基本要素。因此，這本書研究的核心問題是：文化特殊性概念，如何促進了台灣「文化民族主義」（cultural nationalism）的發展？關於台灣文化獨特性的意識形態，如何透過文學、語言與歷史三個重要的知識活動領域，影響民族主義政治？台灣民族主義的發展歷程中，人文知識分子們所扮演的角色為何？再者，他們對於台灣文化特殊性的論辯說理，如何在論述上創造了「台灣民族」的概念？

　　在台灣政治動態的特殊脈絡中，台灣文化民族主義做為建構

6　對「現代民族主義」（modern nationalism）來說，民族（nation）與國家（state）的關係密切。現代民族主義的核心要素，在於以「民族」的名義來正當化政治與文化上的自主，通常也就是在特定領域上建立一個主權國家。因此對於現代的民族主義，我們很難將民族與國家兩者完全分開來討論。但是在中文中，我們很難找到恰當的用詞，可以涵蓋現代民族主義兼具「民族／國家」兩者的意涵。由於這個困難，本書經常隨脈絡使用「民族」、「國族」、「民族認同」、「國族認同」等不同用詞，但仍圍繞在上述現代民族主義的核心意涵。

台灣國族的重要途徑之一，主要透過特殊的行動策略、組織與意識形態，以爭取民眾的支持。這個民族主義的本質是一種「文化特殊性的政治」（politics of cultural uniqueness），它是一種建構新的國族認同的努力，其中含有大量與台灣文化獨特之處有關的象徵與修辭，以及使這些理念得以制度化的各種政治運作。做為這個國族建構工作的中堅分子，主張台獨的人文知識分子陳述論辯了台灣文化獨特性的各種元素，並且追求建立一個能夠體現這些特點的新國家。從長遠的歷史角度來看，當代的台灣文化民族主義大約從八〇年代初逐漸浮現形成，而它的出現可以視為十九世紀末中國被迫向西方國家開放門戶以來，中國意識或認同在現代遭遇挑戰的高峰。此外，台灣文化民族主義不只在文學、語言與歷史領域發展，而且也出現在藝術等其他文化活動範圍。[7]然而，對於促進台灣文化民族主義的發展而言，這些其他領域的重要性，在相較之下，遠不如本書所著重的三個領域。從八〇年代初期開始，建構台灣文化特殊性的文化政治活動重心，主要就在文學、語言和歷史三個方面。

　　本章接下來的內容安排如下。首先，讓我們簡略回顧台灣島嶼上的人民、語言和歷史概況。第二，筆者將扼要評論當前以台灣民族主義歷史發展為主題的相關研究。這些既有研究，大致可分為「想像的共同體」（imagined community）與「政治競爭」兩種主要分析取向。這兩種取向的研究焦點都侷限於「政治的民族主義」（political nationalism），因此未能探討文化民族主義，而文化民族主義實為台灣民族主義的國族建構方案中相當重要的部分。第三，筆者將深入探討受宰制的族群、民族主義與人文知識

7　見謝里法（1994）、羊文漪（1995）、黃海鳴（1995）。

分子三者之間的關係。受壓迫的族群中的人文知識分子所扮演的
角色，正是本書關於台灣文化民族主義的分析核心所在。第四，
筆者接著將釐清文化民族主義與政治民族主義的差異。第五，筆
者將簡要地說明文化特殊性政治的本質為何。在第六部分，則將
論及現代化意識形態與文化民族主義的關聯。這部分的討論，不
僅將台灣文化民族主義當做這個島嶼的獨特經驗來分析，也在於
將它視為一種第三世界常見的現象來研究。在第三世界的許多地
方，現代化正是充滿爭議的問題所在。第七，筆者也簡短地討論
文化民族主義者藉以傳播理念的管道與途徑。至於本章的最後，
則說明了本書各個章節的安排。

一、概述：台灣的人民、語言與歷史

到現在為止，我們對於遠古時期的台灣歷史仍然所知無幾。
學者們也不確定中國大陸的居民是何時得知這個島嶼的存在，並
且渡海來台（Hsu 1980: 3, 5）。零星的歷史紀錄告訴我們，自十
六世紀後半葉起，漁民、販夫走卒與探險者從中國東南邊靠近台
灣的福建省遷徙來台（陳紹馨 1979a [1966]: 452）。在那之前，
不少源自亞洲東南部、使用馬來—波里尼西亞語（Malayo-
Polynesian family）語言的原住民，早就定居於此。中國移民與原
住民之間，經常發生衝突。在過去四個多世紀以來，在不同統治
政權同化政策的影響下，加上原住民人口銳減、社會經濟地位持
續低落，使得原住民的語言逐漸式微。

到了十七世紀末，來自中國的漢人移民才開始在台灣占據主
導的地位。漢人人口自此以後便持續增加（陳紹馨 1979a [1966]:
453）。為了掃蕩明朝滅亡後敗逃來台的殘存效忠者，滿清帝國於

1683年入侵台灣，並統治台灣至1895年。清朝統治期間，雖然滿清帝國曾禁絕合法遷徙的管道，唯恐台灣再度成為反抗者的藏身之地，但是貧困的漢人仍然不斷移入，爭奪土地。幾乎所有落腳台灣的移民，都來自中國南方兩個省份：福建和廣東。來自福建的移民，依據其故鄉所在地，可區分為「漳州人」與「泉州人」。儘管這兩群人說的是不同腔調的「閩南語」，但他們都被統稱為「福佬人」或「河洛人」，他們的語言也被稱為「福佬話」或「河洛話」。第三種漢人移民是客家人，他們主要從廣東遷徙而來並講客家話。

到了十九世紀，大約80%的漢人移民來自漳泉兩地，福佬話因此成為台灣的主要語言。相對的，廣東移民則約占總人口的15%，客家話在社會上處於較為邊緣的地位。清朝統治時期，漳州、泉州與廣東移民彼此都將對方看成異於自己的人群。他們之間經常基於這種不同的集體認同，競爭土地或其他經濟資源。從十七世紀末到十九世紀中期，這些資源競奪，造成這三群移民之間頻繁劇烈的武裝衝突（黃秀政　1992: 52-54）。

滿清帝國在1894至1895年的中日甲午戰爭中失敗，於1895年與日本簽訂馬關條約，將台灣割讓給勝利者。在日本殖民統治之前，台灣的漢人主要以「福建人」、「廣東人」、「漳州人」、「府城人」、「鹿港人」等以地域為主的方式自稱或相稱。在日本殖民統治下，主要由於被殖民者與殖民者之間的對立，才產生了所謂「台灣人」、「台語」或「台灣話」的概念範疇。「台灣人」指的是漢人，而不管他們在中國大陸的原鄉是不是有所不同。「台語」或「台灣話」則指稱台灣本地主要的語言，亦即福佬話。某些情形下，「台灣話」也包含客家話。對於漢人來說，這些分類方式代表著在外來統治者底下所萌生的認同感（許極燉

1993: 40-43）。

　　日本從1895年到1945年統治台灣。由於殖民統治時期前二十年的軍事鎮壓，台灣人的武力反抗運動遭到全面瓦解。到了1920年代，則出現了受民主、社會主義、與民族自決等當代政治思潮所影響的台灣人非武力的反殖民運動。然而二〇年代末，所有台灣人激進的、左翼的反殖民組織——他們大致都追求台灣人從殖民統治的全面解放——完全被殖民政府壓制。至於選擇溫和的改良主義路線的反殖民運動，則持續低調地追求台灣在殖民統治下的自治。但是1937年當日本與中國再度開戰後，這一類溫和的運動也被迫終止（見第二章的討論）。

　　在此同時，1911年孫中山領導的革命，推翻了滿人主宰的大清帝國，建立了中華民國。1919年，中國國民黨（以下簡稱為國民黨）成立，它由孫中山所組織的幾個政治團體演變而來，並且在孫中山過世之後，由蔣介石領導而統治全中國。就台灣與中華民國的關係而言，在1937年中日戰爭爆發後，國民黨的對台政策仍舊十分模糊。在1943年12月的開羅宣言中，美國總統羅斯福、英國首相邱吉爾、與擔任軍事委員會委員長的蔣介石，明白宣布「使日本所竊取於中國之領土，例如東北四省、台灣澎湖群島等歸還中華民國。」雖然在前一年，中國外交部曾經做過類似的宣稱，但中國收復失土的立場，卻是在開羅會議上才首次獲得國際承認（鄭梓 1991: 218-219）。

　　後來隨著日本戰敗，蔣介石的軍隊在1945年秋天接收台灣，台灣也成為中華民國的一省。[8] 一般而言，台灣民眾相當歡迎國民

8　1945年的波茨坦宣言，再次重申了開羅宣言的內容。1945年9月，日本簽下
　　降伏文書，並接受波茨坦宣言的條款。盟軍的最高統帥命令日本在中國與台

黨政府官員與軍隊的到來。不過沒有多久，台灣人便因國民黨統治下的政治壓迫、經濟混亂，和政策上對台灣人的歧視而大失所望。1947年春天發生一連串激烈反抗國民黨的事件，擴及全島，最終導致血腥鎮壓，這就是「二二八事件」。這個事件使得台灣人，或者說「本省人」，與剛從大陸來台的「外省人」的關係明顯惡化。事件引起的猜忌氣氛，從此形塑著台灣的省籍政治。事實上，二二八事件正是台灣民族主義的重要源頭。

1949年12月，國民黨掌控的中華民國政府在內戰中敗給中國共產黨，因而撤退到台灣。從五〇到六〇年代，美國根據雙方簽訂的「中美共同防禦條約」，確保台海的安定，從而提供了台灣政局穩定、經濟持續發展的安全保證，而國民黨則仍然不斷重申要「消滅共匪、反攻大陸」的決心。國民黨的政治體系基本上是效法列寧黨國體制的一黨專政、集權統治。蔣中正是國民黨主席，也是中華民國總統和三軍統帥，握有所有重大決策的最終決

灣的軍隊必須「向蔣介石元帥投降」。1945年10月25日，國民黨政府接收台灣及其周邊島嶼，並於隔天宣佈台灣成為中華民國的一省。1950年韓戰爆發後，美國認為有必要確立一個法律基礎，以便正當化美國的介入，並且防止中國共產黨占領台灣。因此在美國的倡議與影響下，1951年在舊金山簽訂的第二次世界大戰戰勝國對日和約，以及1952年中華民國與日本簽定的和約，都未曾明確提及將台灣歸還中國。也就是說，這兩項和約都未明白確認究竟誰才擁有台灣的管轄權或統治權。這正是「台灣法律地位未定論」的起源。關於台灣法律地位問題的源起與發展，可以參考Chiu（1979）清楚而有用的討論。長期以來，台灣民族主義者，特別是在八〇年代末、九〇年代初之前身處海外的台灣獨立運動者，運用台灣法律地位未定的說法來支持他們的主張，強調無論代表中國的是中華民國或中華人民共和國，台灣都不是中國不可分割一部分。他們認為，台灣的政治前途應由台灣的住民決定。為了討論方便起見，本書接下來章節的討論，有時會使用「台灣回歸中國」與「台灣被歸還中國」之類的說法。

定權。國民黨在地方政治層次引入民主選舉制度，讓台灣人只能以有限的管道參與政治，而這並沒有改變國民黨威權統治的基本特質。在這樣的情形下，政治反對勢力幾乎被全面壓制；公民權與政治權在戒嚴法與「動員戡亂」的戰時法規管制下，也處處受限（見第三章的討論）。

經過二十年政治穩定與經濟繁榮，七○年代初台灣遭逢一連串的外交挫敗。國民黨政府所面對的外交挑戰中，最重大的莫過於美國開始試圖與中國建立友好關係，而逐漸減弱它對台灣保有聯合國席次的支持。1971年10月，聯合國大會投票通過准許中華人民共和國加入，並排斥台灣，使得台灣在宣稱合法代表全中國的鬥爭中，宣告失敗。

1975年4月蔣介石過世後，由副總統嚴家淦繼任為總統。蔣介石兒子蔣經國則於1976年11月出任國民黨黨主席，並於1978年當選為總統。儘管國民黨曾推動溫和有限的改革，但蔣經國主政初期的政治獨裁本質並無太大改變。台灣人的政治反對運動，則在這段期間開始顯著地發展。1979年開始，美國終於與台灣斷絕外交關係，承認中華人民共和國，並表示對中華人民共和國關於「世界上只有一個中國」的主張，有所認知。在這個外交鉅變帶來的政治紛亂中，台灣的政治反對運動者繼續在全島積極組織動員，以爭取民眾支持。然而1979年在南台灣第一大城市高雄所舉行的世界人權日遊行，最後使得許多全國性的反對運動領袖與地方的政治反對運動者遭到逮捕。這次的高雄「美麗島事件」，導致八○年代前半葉政治反對運動的激進化。反對運動中角色愈來愈重要的激進人士，開始採取升高衝突的方式推動台灣民族主義。他們的動員策略和意識形態，啟發越來越多的台灣作家、文學評論家、語言學家與歷史學者等，逐漸激起他們的民族主義情

感。台灣文化民族主義正在這個階段逐漸浮現成形。1986年9
月，戰後台灣第一個反對黨——民主進步黨——終於成立，並於
1987年戒嚴解除後獲得合法地位。民進黨的成立，國民黨政府不
得不容忍，這預示了接下來的歷史發展中，面對反對者的挑戰，
國民黨被迫必須進行的一連串政治改革。這些改革，營造了比以
往更有利於反國民黨人士從事政治競爭的環境。

　　絕大多數的民進黨支持者是本省人，反對運動的領導核心也
幾乎都由本省人組成。自從民進黨成立以來，它便不斷推動台灣
獨立，挑戰國民黨政府的中國民族主義。對民進黨及其支持者而
言，中國民族主義被用來正當化外省人對台灣的宰制，也使得國
民黨以反共動員戡亂為藉口來壓制公民權與政治權利，看起來順
理成章。民進黨的政治綱領主張台灣重返聯合國，並且由台灣住
民自決，以選擇台灣未來的政治方向。儘管國民黨政府仍然壓
制，但是在八〇年代的後半葉，追求台灣獨立的運動迅速地發
展。整體來說，在這段期間，國民黨的政治控制確實逐漸放鬆。
隨著中華人民共和國以代表全中國的唯一合法政府的姿態，在國
際政治領域愈來愈活躍，民進黨除了挑戰中華民國的政治架構之
外，也強調他們拒絕接受中華人民共和國對台灣的主權宣稱。在
這段期間，主張台獨的人文知識分子更熱烈地投身政治，也推動
一波台灣民族主義的文化論述風潮。由於言論日漸自由開放，加
上台灣民族主義顯著發展，在九〇年代初期，傾向於主張台灣與
中國統一、以及支持台灣獨立的民眾之間，形成嚴重的緊張關
係。從此之後，兩種不同的國族認同相互衝突帶來的緊張，一直
深刻影響著台灣各種的社會、政治與文化議題。

　　1970年代初期，為了回應外交挫敗連帶而來的國民黨統治正
當性的危機，蔣經國曾提拔支持國民黨的台籍菁英進入黨政高

層。技術官僚出身的本省人李登輝，在1984年成為蔣經國的副總統，並且在1988年1月蔣經國去世後，繼任為國民黨主席與中華民國總統。而伴隨著政治自由化與反對運動的發展，執政的國民黨也大幅邁向「台灣化」，亦即有越來越多的本省人在李登輝掌權後，被指派擔任黨內與政府要職，因此決策核心內的本省籍人數，也開始超過外省人。此外，在1991年，三個中央民意代表機構（立法院、監察院、國民大會）裡所有終身職委員（絕大多數為外省籍）全部退職，新的中央民意代表也由選舉產生。

　　國民黨內反對台灣獨立或支持兩岸統一的外省籍菁英，對於民進黨與國民黨內本省籍對手的挑戰，都倍感威脅，因此他們開始集結組織，於1993年成立「新黨」。1993至1995年間，新黨與民進黨各自動員其支持者，而國民黨本身仍繼續台灣化。主張統一與主張獨立的民眾之間的衝突，達到頂點。不過自1990年代初以來，雖然在更趨自由開放的政治氣氛中，民眾的政治關懷與利益日漸複雜，但一個明顯的事實是：認同自己是台灣人的民眾相當顯著地增加，而自認是中國人的民眾人數則急遽下降。在此同時，民進黨的政策變得更加重視實際（見第四章的討論）。為了吸引更多中間選民的支持，這個最主要的反對黨開始以較不強烈的方式處理台灣獨立問題。相較之下，台灣文化民族主義自從八〇年代上半葉受到反國民黨的政治人士（他們許多後來成為民進黨的創黨成員）啟發而形成以來，逐漸獲得本身發展的動力。在諸如文學作家、文學評論家、台語復興運動者、業餘與專業歷史學者、民俗研究者等人文知識分子之間，台灣民族主義發展快速。本章一開始所提到1996年春第一次總統大選後，「建國會」為一些堅定的台獨理念支持者發出不滿民進黨的聲音。這些堅定的台獨理念支持者，正包括許多我們所討論的那些人文知識分

子。建國會在1996年10月成立的六個月之後，一部分幹部組織
了「建國黨」。該黨黨綱要求建立一個新而獨立的台灣共和國，
並譴責中華人民共和國企圖以入侵台灣來壓制台灣的獨立建國。
正當民進黨緩和對這個議題的態度時，建國黨則和建國會一樣，
成為明白堅定地倡議台灣獨立的人士所集結的重心。

二、當代民族主義與台灣民族主義的研究

　　當代學術界研究民族主義的主要工作之一，是企圖闡明國族
的現代性。雖然學者們對於現代民族主義源起的確切時間仍眾說
紛紜，但大致都同意應該不會早於十七世紀英國反抗君主政體的
時期（Calhoun 1993: 212）。為了解釋現代民族主義的出現，學
者們各自看重不同的解釋因素，例如：現代國家的興起，這可視
為在國家間相互競爭的脈絡下，一種行政權力向中央集中的過程
（Giddens 1985；Tilly 1990；Mann 1992）；現代國家的發展，它
造成國家與社會之間的差異（Breuilly 1982）；工業化，它需要流
動的、識字的、並且具有文化同質性的民眾（Gellner 1983）；[9]
報紙與小說的「印刷資本主義」（print-capitalism），它讓在一個

9　Karl Deutsch可視為這種論點的先驅。他認為由於現代社會中，社會交流與
　　經濟交換活動不斷延伸擴大而導致文化同化，因此促成民族主義。社會動員
　　（social mobilization）和鄉村城鎮居民的遷徙，這些動態使得較小的族群社群
　　在文化上被主流的地區所同化。正是經由這種社會交流網絡的發展，才創造
　　了國族認同。參見Deutsch（1966）。相較於Deutsch的論點，Gellner的論點
　　更強調功能性。對Gellner來說，民族主義對國家而言，有相當的功能，因為
　　它有助於創造工業化社會所需要的文化同質性。可與Breuilly（1982: 418-
　　419）的論點相互比較。

特定行政統治領域內原先沒有人際接觸與社會交集的個人，能夠
發展出彼此間的連帶感，最後則形成一種「想像的」國族共同
體（Anderson 1983）；[10]另外的一個解釋因素，是一種渴望歸屬
於某個既同質又穩定之群體的需求心理，因為這種群體已經因為
家族、社區與宗教的連帶關係削弱而支離破碎了（Kedourie 1993
[1960]）。儘管學者們對這些不同的解釋因素的重要性看法不
同，但他們大多數仍同意民族主義是特別屬於當代的現象。一
些學者清楚指出，唯有現代歷史階段的政治、經濟、科技、與其
他社會發展條件的匯聚下，民族主義與國族認同才有可能出現
（Hobsbawm 1990: 9-10；Eriksen 1993: 101-107；Calhoun 1994:
315）。[11]

　　強調民族主義的現代性的理論所產生的重要影響，是將民族
視為一種集體認同，它基本上依賴文化建構而發展，而這種文化
建構由那些追求建立自己的國家的民族主義者，或者由已經存在
的國家所推動。「是民族主義創造了民族，而非民族創造了民族
主義」（Gellner 1983: 55），或者「民族並沒有創造國家與民族主
義，而是國家與民族主義創造了民族」（Hobsbawm 1990: 10）之
類的說法，都已經成為老生常談。這種論點代表了第二次世界大
戰之後反對「演化決定論」（認為民族的產生是歷史發展的必然

10　Deutsch（1966）很早就指出媒體通訊對國族融合的重要性。當代的傳播科
　　技，例如廣播、電視，以及現代的交通運輸，都是將人們融合成一個國族的
　　關鍵要素。見Eriksen（1993: 106）。
11　Walker Connor認為，目前那些被確認的歐洲民族，其形成時間都非常晚近，
　　通常都比一般所認為的要晚了好幾個世紀。在某些例子裡，人們是否已經發
　　展到一種民族的地位或狀態（nationhood），都還很成問題。見Connor
　　（1990）。

過程）的高峰（Smith 1993: 10）。

　　非演化決定論觀點的典型代表，即為Benedict Anderson的「想像的社群」或「想像的共同體」（imagined communities）理論。對Anderson來說，任何種類的社群認同都是想像力所建構的。他寫道：

> 　　事實上，所有的社群，只要其規模大於人們可以面對面接觸的原始村落，都是想像出來的（甚至即使原始村落本身也是如此）。我們可以區分不同的社群，靠的不是他們的虛假／真實性，而是他們被想像的方式。（Anderson 1983: 6）

　　Anderson的《想像的共同體》（*Imagined Communities*）一書，將民族定義為「一個想像的政治社群」，而這本名著的主要目的，正在於解釋民族如何被想像與如何誕生。為了詳細說明民族為何、且如何被想像成「本質上既有限，而又具有主權」，Anderson首先提到一些普遍的條件，例如一些主要宗教的地位日漸低落、君主王朝政體的式微、以及同質的、空洞的時間觀念的形成。更具體地說，他關注1776至1836年間美洲一些新國家的建國經驗，認為這些國家提供了民族做為一種想像的社群的最早模式。根據Anderson的說法，由於三種社會歷史因素的結合，才促成這種新穎的意識的出現。第一，這些南美洲每一個新誕生的共和政體，好幾世紀以來都曾經是殖民地的行政單位，而這個事實，使它們具備獨立自主的性格。第二，美洲出生的歐裔（creole）官員在一個殖民行政區內的「朝聖之旅」（pilgrimage），亦即他們被限制在特定行政單位內的生涯經歷，有助於這些官員之間產生彼此互相連結的感受。第三，報紙的「印刷資本主義」

（print-capitalism）讓一個行政區內閱讀相同報紙的讀者群之間，創造出一種社群意識（Anderson 1983: 9-36, 47-65）。Anderson強調，這個民族模型一旦在南美洲被建立起來，世界各地便有人跟隨仿效。「『民族』因此變成某種能夠讓人們從一開始就有意追求的東西，而不是一個慢慢才變得清楚的視野架構」（Anderson 1983: 67）。

確切來說，Anderson的核心關懷在於為何這種新的集體認同類型會呈現為這種形式（form），以及這種想像的方式究竟如何出現，但比較不在於關注「這是誰的民族主義」等更具體的問題。他研究焦點所在的民族與民族主義，是做為「某種關於社群、以及社群應當如何被組織起來之新觀念」（Breuilly 1996 [1994]: 159），亦即關注的是民族與民族主義一般普遍的性質。雖然Anderson的分析主要基於南美洲的實際例子，但他的研究重點，不在於特定社會所出現的民族主義意識形態的特徵與內涵。[12]一如Anthony Smith所評論的，Anderson的理論忽略了下列問題：「民族指的是誰？為何是這些民族、而不是指其他民族？」（Smith 1993: 20）從目前對台灣民族主義起源的相關研究來看，Smith對Anderson的研究取向的批評可以說是恰當的。接下來就讓我們討論這些研究。

許多對台灣民族主義的歷史發展的相關研究，都受到作者本身的政治立場所左右，而這些作者都提倡特定的政策（例如蕭行易 1990；馬起華 1992；林勁 1993；黃昭堂 1994）。這類的著作，事實上經常可以歸類為政治評論。除此之外，關於這個議

---

12 John Breuilly曾指出，Anderson的論點較適合某些特定案例，而對其他的例子則較無說服力。見Breuilly（1996 [1994]: 159）。

題，僅有少數問題意識清楚、而且具有理論旨趣的研究。整體來
說，這些少數的研究可分為兩類：其一筆者稱之為「想像的共同
體」研究取向，其二是「政治競爭」的研究取向。

　　採取「想像的共同體」取向的研究，都受到Anderson的理論
所啟發。日本學者若林正丈，最早從這個角度來探討台灣民族主
義，是這個研究取向的開拓者。為了解釋日本殖民統治時期「台
灣民族」概念的形成，以及1980年代中期以後台灣社會內部台灣
獨立運動的快速發展，這個取向的研究主要強調兩個因素。第
一，做為台灣第一個現代的國家機器，日本殖民政府全力推行的
交通運輸、傳播、行政體系、以及教育的現代化，滲透傳統的地
方社群。在一定的程度上，現代化模糊了漢人內部福佬人與客家
人的界線。因此地方的與族群的社群，都被整合融入一個以全島
嶼為範圍、剛剛萌芽的「想像的政治社群」。[13]按照若林正丈的論
點，另一個同樣重要的因素，是1920年代初期在日本留學的台灣
學生所開始組織的反殖民運動。他們的組織發行的刊物，成為台
灣「印刷資本主義」的先鋒。若林正丈強調，由於這些刊物的宣
傳與二〇年代許多的反殖民抗爭，使得傳統的漢人民族意識政治
化。傳統的漢人民族意識因此轉變成一種對立於殖民者的台灣人
認同感。台灣的漢人，因此經歷了逐漸歸屬於台灣人「想像共同
體」的經驗（吳密察、若林正丈　1989: 186-187；若林正丈　1994:
50, 52-55）。

　　「想像的共同體」研究取向用來解釋台灣民族認同浮現的第

13　1960年代初，美國學者Maurice Meisner已經提出看法，認為日本的統治替現
　　代台灣民族主義的出現，預備了社會與經濟的基本先決條件。見Meisner
　　（1964: 151-153）。

二個因素，是戰後國民黨的統治。這個取向的研究，強調國民黨的統治對於台灣民眾反抗中國認同、形成台灣人認同來說，相當重要。一直到1980年代末，國民黨政府以「統合主義的威權體制」（corporatist authoritarian）方式控制各種社會的力量，這使得它既能在台灣立足，又得以和中華人民共和國鬥爭。在1987年台灣政府開放民眾赴中國大陸之前，官方禁止海峽兩岸人民有所接觸。若林正丈認為，儘管事實上國民黨政府不斷宣傳「中國民族主義」，也就是Anderson分類下的一種「官方民族主義」（official nationalism），但台灣是一個獨立自足的政治社群，這種在日本殖民時期形成的觀念，更在國民黨的統治下獲得進一步的發展（若林正丈 1994: 55-56）。此外，若林正丈也應用Anderson的「朝聖之旅」概念來解釋台灣民族主義的興起。他認為，日本的殖民統治、以及中華民國與中華人民共和國的對立，兩者皆有助於創造出以台灣為範圍的朝聖區域，亦即讓台灣民族主義得以形成的社會母體。

　　「想像的共同體」研究取向的優點，是對於民眾將台灣視為獨立政治體的廣泛認同感在發展時所處的經濟、社會與政治脈絡，提供了很好的描述。[14]但是，一如John Breuilly曾經指出的，「民族主義信條與民族主義政治，經常出現於那些大多數民眾沒

---

14 1987年中《遠見雜誌》進行的調查，或許是首度針對全台灣民眾、就台灣國族認同議題所做的調查。1,175位受訪者裡，本省人占75%，外省人占25%。雖然這份樣本約略反映台灣人口的省籍組成，不過外省人的受訪比例過高（當時他們占台灣總人口的14%）。另外，當被問到「你認為自己是哪裡人？」時，54%的受訪者認為自己是台灣人，35%認為自己是中國人。然而精確來說，當時這些受訪者所說的「中國人」、「台灣人」到底所指為何，仍然值得爭議。

有任何強烈或獨特的民族認同的社會與地區」。我們也能找到一些例子，「在那些地方即便擁有普遍共享的民族情操，但卻未與民族主義信條的充分發展，或與重要的民族主義政治運動的出現有所關聯」（Breuilly 1996 [1994]: 147-148）。民族主義信條與民族主義政治運動的發展，通常有賴文化知識分子與政治運動人士的動員、以及被動員的特定政治變遷情形而定。換句話說，「想像的共同體」研究取向所指出的浮現中的國族認同，顯得有如鐵板一塊般地過於整體單一，而它所依賴的社會能動性（social agency）究竟是什麼，則顯得非常模糊。台灣民族主義被視為唱出民族之歌的單一聲音。關於「這是誰的台灣民族主義」此一問題，「想像的共同體」研究取向只能給出相當有限的答案。相較之下，從「政治競爭」角度來探討台灣民族主義，則對民族主義發展的社會能動性問題，提供更多令人滿意的解釋。

　　「政治競爭」研究取向的典型之一，是王甫昌（1996）的傑出研究成果。他指出，1979年美麗島事件發生前，台灣政治反對運動的首要目標，是在中華民國現有的政治架構下追求政治民主化。不過令人出乎意料的，1980年代初期反對運動開始往民族主義的方向發展。王甫昌解釋了這個重大轉變發生的原因，也說明了政治反對運動者如何訴諸民族主義，以做為替代的政治策略。他指出，本省人與外省人之間的省籍平等，是反對運動者追求政治自由化的核心議題，而美麗島事件代表這種追求的重大挫敗。反對運動者的強烈挫折感，以及八〇年代上半葉國民黨政府的嚴厲壓制，使得反對運動的政治意識形態與動員策略變得更加激進。台灣的政治反對運動者認識到，國民黨統治的基礎，正是官方所宣傳、具有相當沙文主義色彩的中國意識。他們認為，這種官方的中國民族主義正當化既有的社會政治形態，導致外省人與

本省人在省籍關係上的不平等。為了挑戰這種意識形態，政治反對運動者開始發展一套台灣民族主義論述。此外，王甫昌也指出，1986年之後集結在新成立的民進黨下的反對運動者，發起了許多群眾集會與街頭抗議，以動員社會的支持。在這種過程中，台灣民族主義成為社會動員的重要訴求，進而使得民進黨的支持度顯著增加（王甫昌 1996）。

　　台灣民族主義的發展，確實是國民黨政府與台灣政治反對運動長期以來對抗的結果。「政治競爭」研究取向的長處就在於告訴我們，民族認同並非理所當然之事。相反的，它是逐漸浮現形成的，而政治鬥爭則常常是讓族群性（ethnicity）蛻變為民族性（nationality）的催化劑。由於聚焦於政治衝突，這個研究取向顯示特定的政治行動者如何建構台灣民族認同，以動員民眾的支持，追求新國家的建立。這個研究取向闡明了台灣人做為一個受宰制的族群，如何運用民族主義以挑戰統治他們的國家。因此以下我們有必要討論被宰制的族群及其知識分子與民族主義的關係。

三、被宰制的族群、民族主義與人文知識分子

　　本書所謂的民族主義，採用的是 Ernest Gellner 的定義：「民族主義主要是一種政治原則，它主張政治單位的界線與民族單位的界線應符合一致。」在這種定義下，民族主義情感是「違背此原則所激起的憤怒感」，或是「達成此原則所帶來的滿足感」，而民族主義運動則是受這種情感所激勵的運動（Gellner 1983: 1）。循著 Gellner 的定義，Eric Hobsbawm 補充說道，這個原則同時也意味著一個民族成員對於代表這個民族的政體或國家的政治義

務，凌駕了其他所有的公共責任。Hobsbawm 強調，這個有如絕
對命令的部分已經將「現代民族主義」（modern nationalism），與
其他要求較不嚴格之民族的或團體的認同區分開來（Hobsbawm
1990: 9）。

　　Gellner 也指出，有一種違背民族主義原則的特殊狀態，是民
族主義者特別無法忍受的，亦即因為「民族區域被納入大帝國」
或者因「在自己的民族區域內受異族宰制」，以至於「政治單位
的統治者與做為人口大多數的被統治者分屬不同的民族」
（Gellner 1983: 1）。從台灣民族主義者的觀點來看，戰後台灣的
社會政治發展，可以說違背了民族主義在政治上的正當原則而令
人無法接受。這些民族主義者認為，挑戰中華民國的政治體制以
及中華人民共和國對台灣的主權宣稱，正在於對抗台灣海峽兩岸
兩個統治機器所代表的中國民族主義，並且反抗外省人／中國人
的宰制。台灣民族主義的核心，就在於追求族群的／民族的界線
（台灣人）與政治界線（一個獨立的台灣國）的符合一致。

　　就歷史個案的比較而言，台灣民族主義可以與其他由受壓迫
族群所發動的民族主義運動相互對照，19世紀或20世紀早期的
中歐、東歐，以及20世紀被殖民地區的民族主義運動正是這類例
子。就探討台灣文化民族主義發展，以及探究做為文化菁英的人
文知識分子在這種發展中的角色來說，中東歐被宰制族群的民族
主義運動，以及他們締造國族的過程，特別具有歷史比較上的相
關性。相對地，大多數西歐國家形成現代國族的一般發展途徑，
與中、東歐國家的歷程非常不同。西歐的國族形成所依循的途
徑，來自於與中、東歐相當不同的社會政治情境。捷克歷史學家
Miroslav Hroch 如此描述這種顯著的差別：

　　幾乎大部分西歐——如英國、法國、西班牙、葡萄牙、瑞典與荷蘭——還有更為東邊的波蘭，早期的現代國家或者採取專制體制，或是採取等級代表議會制度，但都是在單一族群文化的支配下發展。上述例子中的大多數，藉由改革或革命的推動，先前的封建政體隨之轉型成現代的市民社會，同時，民族國家做為由平等公民所組織而成的社群，也建立起來了。相反地，多數中歐與東歐的族群受到「外來的」統治階級宰制，這些本地的族群聚居在明確的較小區域，但沒有「屬於他們自己的」貴族、政治組織、或自古延續的書面文字傳統。（Hroch 1996 [1993]: 80）

　　外省人和本省人之間的差異和不平等，深刻影響了戰後台灣社會政治的發展。如同中歐與東歐，族群差異與不平等也替台灣民族主義的政治動員預先鋪設了舞台。

　　就像Hroch指出的，由於不同的族群的與社會政治的條件，導致歐洲現代國族發展的兩種主要途徑。不同的社會政治基礎，形塑了國族發展的形式與機制。這些差異不僅影響了國家與社會團體在締造國族的運動中所扮演的角色，也影響了接下來國族文化的性格與內涵（Smith 1996 [1989]: 124-125）。在這個問題上，Anthony Smith提供了更進一步的清楚闡述。1970年代初，Smith便已開始著述探討民族主義與民族議題。在他長期一系列的相關研究中，藉由描繪「橫向族群社群」或「貴族族群社群」（lateral ethnie或aristocratic ethnie），與「縱向族群社群」或「俗民族群社群」（vertical ethnie或demotic ethnie）的差異，Smith釐清了歐洲現代國族形成的兩個主要途徑。Smith指出，以英國、法國與西班牙為例的早期現代國家，其發展主要奠基於「橫向」族群社

群或是由上層貴族階級所組成的「族群核心」。在這些以上層族
群核心為基礎的國家中，藉由「國家科層統治的吸納能力」
（bureaucratic incorporation）機制——包括行政體系、稅賦系統、
以及國內戰爭的動員等，社會階層較低的人們與偏遠地區便逐漸
被整合進入這個國家的統治之下。Smith 強調，正是透過這種機
制，貴族族群核心得以將他們自己共享族群來源的信仰，擴展傳
布到低階層人民與偏遠地區。這類的族群概念，也就是擁有共同
祖先、具有相同歸屬的感受。這種認同感可以從一整套涉及祖先
與文化源流的神話、象徵、記憶與價值中顯示出來，而這些事物
則支撐維持著這種感受。這種拓展的過程，促成了廣泛而大體上
同質之文化認同的發展，因此民族這個相當新穎的概念也逐漸形
成。相對地，除了在中、東歐，在中東、東南亞與部分的非洲地
區也一樣，現代民族的發展，則是以「縱向」或俗民族群為基
礎，亦即被大帝國所統治或殖民的當地的族群社群。不同於在西
歐地區的國家，在這些受宰制族群的例子裡，國家在文化上屬於
異族統治者，並且通常是被攻擊的對象。在這些地方，那些擔負
著教化工作的知識分子提供了發展民族認同所不可或缺的文化架
構，也因此為政治轉型提供了原動力。這些擔負著教化工作的知
識分子主要藉著「重新發現」該族群的過去，將既有的文化要素
轉變為民族文化傳統的成分，以便替集體行動提供道德指引。他
們也經常謳歌所謂「真正」符合民族精神的行為模範，並且提倡
民族成員的道德提升與淨化。就像 Smith 所指出的，經由這些努
力，擔負著教化工作的知識分子界定了民族的性質、源起系譜、
以及目標，並且因此創造出一個「歷史的與命運的共同體」
（Smith 1986；1996 [1989]；1991）。

　　Smith 的理論，深入探討在族群界線劃分出統治者與被統治

者的那些地區裡，擔負著教化工作的知識分子在受宰制族群的民族發展過程中所扮演的角色。這一點，對於理解當代台灣的文化民族主義而言，特別具有啟發。

　　一般來說，我們要將民族主義與族群性（ethnicity）完全區分開來，並不容易[15]。如同前述，族群間的差異與不平等，替追求政治獨立自主的民族主義運動，提供了現成的社會支持基礎。提倡民族主義的知識分子與政治人物，也確實汲取族群歷史流傳下來的神話與象徵，將它們融入那些推動民族認同的論述中，因此正當化他們的民族訴求（Breuilly 1996 [1994]: 151）。然而將民族主義簡化解釋成族群性的延續，顯然是不適當的。民族與族群性這兩種集體認同最關鍵的差異，在於它們和國家的關係。民族常

15　大多數研究民族的「現代性」的學者，亦即那些Smith稱之為「現代主義者」（modernists），他們的主要任務之一，在於駁斥民族主義可以從先前存在的族群性來解釋的說法。Hobsbawm（1990:第2章）即是一例。相反地，Smith則是強調族群性對民族之重要性的理論家。可參見Smith（1986；1991）。他認為，許多民族內部都存在著一些前現代的族群要素，同時他也同意民族確實是現代的現象，而非原初的或自然的實體。從某個意義來說，雖然Smith企圖提出民族主義起源的一般解釋，但我們可以說，他的最重要貢獻在於提供論據紮實的解釋，說明為何民族主義對人們有如此強大的吸引力，也就是說明「在民族的結構以及民族主義神話的世界觀當中的爆炸性力量與固執堅持的非理性成分」的源頭何在（Smith 1996 [1989]: 125）。對Smith來說，民族主義的驚人力量主要由於它源自族群，亦即來自民族的「文化的—心理的」要素。見Smith（1991: vii, 69）。筆者同意Smith的這個觀點，但是認為同樣重要的是，我們必須區分族群性與民族主義對於政治訴求與政治行動的正當化有不同的效應。在正當化政治訴求與政治行動時，族群要素一旦被整合到民族主義的論述中時，便可能有新的角色與作用，而不同於之前所具有的角色與作用。可參考Breuilly對Smith研究取向的批評（Breuilly 1996 [1994]: 150-153）。Breuilly認為，民族現象最引人注目的一點，就是前現代的族群性與現代的民族認同之間的不連續。

被認為是一種政治社群，是統治主權的依據，但這些並不是族群
性定義裡的重要部分（Calhoun　1993: 235）。民族主義者強調，
政治界線應當與民族界線相符（Gellner　1983: 1），然而許多族群
社群並沒有訴求要掌控國家。民族主義的行動計畫因此需要論述
上的躍進──從基於族群本身的特殊性而堅持追求平等的公民
權，躍進到基於獨特的民族文化而企圖建立一個新國家。在台
灣，不僅本省人長期以來一直被外來者視為種族上與文化上的
「中國人」，而多數本省人自己也這麼認為。因此台灣民族文化特
殊性的建構，對台灣民族主義的發展來說便十分重要。正如本書
後續各章的分析所顯示的，民族主義的文化意識形態的建構，主
要就依賴主張台灣獨立的人文知識分子的文化活動。

　　作家、藝術家、歷史學者和語言學家等人文知識分子，在民
族主義運動的發展過程中所扮演的角色，幾乎是不可或缺的。目
前研究民族主義現象的學術研究非常多，但系統性地分析人文知
識分子在民族建構過程中扮演角色的相關研究，卻相當稀少。[16]除
了靠政治反對運動領導者創造的修辭與象徵之外，支持台灣民族
主義的人文知識分子所從事的文化活動，對於台灣人反國民黨統
治的運動從一個原先要求本、外省人地位平等的族群行動，轉變
成追求一個獨立國家的民族主義計畫上，實有相當重要的影響。
台灣文化民族主義在文學、語言和歷史領域的發展，都受到1980
年代初期政治反對運動對國民黨統治的挑戰所激發。無論是創造
一個文學傳統，復興主要的本土語言，或是提出對於歷史的新理
解，這些人文知識分子所從事的文化活動，對於一種獨特的台灣

16　一些關注這類議題的研究包括Hutchinson　1987；Yoshino　1992；Royce
　　1993；Hann　1995；Aberbach　1997。

民族意識的發展，以及民族主義運動的推進，可以說都貢獻相當
多。目前大多數探討台灣民族主義的研究——尤其是那些可以歸
為「政治競爭」研究取向的，主要都關注政黨政治。本書將研究
重點放在支持民族主義的文化菁英的活動，因此與這些既有研究
不同。本書的研究焦點，在於探討關於「文化特殊性」的意識形
態如何發展，以這種意識形態在政治變遷中的角色。對於「政
治」民族主義（"political" nationalism）與「文化」民族主義
（"cultural" nationalism）的區分，將有助於進一步理解我們正在討
論的議題。在下一節，筆者主要藉助於John Hutchinson對愛爾蘭
文化民族主義的研究，以說明民族主義當中的差異（Hutchinson
1987）。

四、文化民族主義與政治民族主義

　　本書對文化民族主義的理解可以說明如下。文化民族主義的
核心理念認為，民族的公共生活必須能貫徹或展現出民族的獨特
文化，不論這種獨特的民族文化是如何被界定出來的。就像政治
民族主義一樣，當文化民族主義要求擁有一個獨立自主的國家，
它的目的絕不僅止於此。不論是用明說或暗示的，文化民族主義
的最終目的，是透過對那些被認為屬於民族成員的人們灌輸一套
獨特的文化，以創造「新人」。對文化民族主義者來說，一個獨
立的國家與其說是主要的目標，不如說是達成前述最終目的的最
有效手段，這尤其是因為國家被當做現代正規教育的唯一合法推
行者的緣故。文化民族主義者認為，民族認同主要是個意識問
題，它的基礎在於將民族獨特的歷史地理所產生的特殊生活方式
加以內化，而非僅僅參與當前國家統治下的社會政治過程。因此

文化民族主義者經常致力於保存、挖掘、甚至「創造」民族文化
的特殊之處，認為這種文化特殊性是民族認同的基礎。但相對
地，政治民族主義者則以建立獨立自主的國家為首要信條。他們
企圖藉由建立一個具有代表性、並且能對人民負責的國家，以確
保社群成員的公民權利。雖然政治民族主義者本身也可能會論及
民族文化的特殊性，但是這種問題並非他們的主要考量。

　　John Hutchinson研究愛爾蘭的例子時指出，政治民族主義者
通常採取「法理的─理性的」（legal-rational）的組織路線，建立
權力集中的機構，以動員不同的社會群體來反抗現有的國家。因
此，政治民族主義往往發展成群眾運動。相對地，文化民族主義
的擁護者通常不是政治人物，而是例如歷史學者、藝術家、作
家、語言學家之類的人文知識分子。他們常組織非正式、權力分
散的文化社團或學術社團與刊物，激發那些被認為是民族一分子
的人們對民族的熱愛。他們的做法，通常是企圖教育人們認識大
家共享之獨特的民族文化傳統。一般來說，文化民族主義侷限於
小規模的運動，而不太能跨出受教育階層的範圍之外（Hutchinson
1987: 12-17）。

　　前述的政治民族主義與文化民族主義，基本上只能視為一種
理念型的差別。在現實情形下，一個民族主義運動中這兩種類型
的人物經常相互混合，難以清楚區分。在不少的民族主義運動
中，特別是在民族主義動員的早期階段，文化民族主義者都變成
政治領導者（Hann 1995: 106）。就他們都認為民族是國家主權的
所在、並且也都企圖以民族之名獲取國家權力來說，這兩種類型
的人物都可稱為民族主義者，即使他們對於民族有不同的看法
（Hutchinson 1987: 12-13）。不過區分民族主義的這兩種面向，可
以有助於我們凸顯出在特定的民族主義運動裡，文化菁英與政治

菁英扮演不同角色的問題。

　　另一個論及人文知識分子在民族主義運動中之角色的相關重要研究，是Miroslav Hroch 在1960、70年代之交於布拉格出版的著作。[17]他的著作探討歐洲——特別是中歐與東歐——那些弱小而受宰制的族群演變成民族的發展過程，至今仍是相當重要的歷史與社會學比較研究。Hroch 認為，根據那些積極活躍於民族主義運動中的社會團體的性質與角色，以及族群社群裡民族意識大致上發展的程度，任何既有的民族主義運動都可區分為三個結構性階段。[18]Hroch如此描述民族主義運動的三個階段：

　　　　在最初期的時候，我稱之為階段A，那些活躍分子的精
　　　　力，尤其都投注在研究調查非宰制族群團體的語言、文化、
　　　　社會、以及有時候為歷史的特徵，並散布宣揚對這些特徵的
　　　　理解與認識；但整體來說，他們並沒有特別提出民族訴求來
　　　　試圖彌補缺憾（有些人甚至不相信他們的族群團體可以發展

17　Hroch兩本著作裡關於這個議題的主要部分，都已經翻譯成英文，並且合集成一本書。見Hroch（1985）。

18　這裡必須注意，Hroch用「民族運動（national movement）」，而非「民族主義（nationalism）」一詞，以指稱十九世紀與二十世紀初，中、東歐那些弱小且受壓制的族群逐漸形成民族的過程；這種過程，也就是包括發展民族文化、爭取公民權與政治自治，以及創造屬於他們自己的統治階級與完整的社會階級結構等的一系列行動。Hroch強調，他使用「民族運動」而非「民族主義」的理由是，這些民族運動中，並不是所有的志士都要求建立獨立的國家——而這卻是「民族主義」一詞的定義所意涵的。見Hroch（1996 [1993]: 80-81）。然而就筆者的分析目的來說，Hroch在研究中強調的「民族運動」與「民族主義」的差別，相對上並不是很重要，因為他研究的某些「民族運動」的案例，目標確實在於建立自己的國家。

成一個民族）。在第二階段，或者說階段 B，出現新類型的
活躍分子，他們現在藉由各種愛國行動以「喚醒」人們的民
族意識，盡可能爭取他們族群團體中更多的成員，來支持在
未來創造一個新民族的計畫……。一旦大多數人開始重視他
們的民族認同，群眾運動也因此成形，這個我則稱為階段
C。（Hroch　1996 [1993]: 81）[19]

Hroch 的創見，亦即關於一個民族主義運動的三個基本階段
的理論，認為一個民族主義運動的發展，基本上是從知識分子致
力闡述未來可能形成的那個民族的文化特質，到許多活躍分子的
小團體具有組織性的政治行動，乃至於群眾動員的興起。這個重
要的理論，已經被許多學者接受，並運用於不少中東歐以外的民
族建構的個案研究上（例如 Gross　1981；Hobsbawm　1990: 12, 104；
Kellas　1992；Eley and Suny　1996: 16-18；Woolf　1996: 23）。

Hroch 明白地指出，民族建構的歷程並非預先注定或無法逆
轉的，它可能被中斷，或者在沉寂一段時間之後又重新出現。他
也提到，三個階段中的每個階段的發展強度和時間長短，都依個
案而相當不同（Hroch　1985: 178；1996 [1993]: 79）。在系統性地
比較十九世紀與二十世紀初中東歐八個弱小且受宰制的族群（挪
威人、捷克人、芬蘭人、愛沙尼亞人、立陶宛人、斯洛伐克人、
比利時佛萊明人［Flemish］、與日德蘭半島 Schleswig 地區丹麥人）
的民族主義運動之後，Hroch 論定現代民族形成過程的開端，是
知識分子對受宰制族群的文化、語言和歷史的熱切關懷。Hroch
說道，雖然階段 A 中滿腔熱忱的知識分子「發現」到族群的存

19　亦可參見 Hroch（1985: 22-24）。

在，並為後續「民族認同」的形成鋪設基礎，但是他們的智識活動，相對於一個組織化、並具體提出「民族」訴求的社會或政治運動，差距仍然甚遠（Hroch 1985: 22-23；1996 [1993]: 84-85）。和Hroch一樣，Hutchinson認為「現代世界中為民族存在而奮鬥的運動，無論在何處，皆由逐漸浮現的文化民族主義運動所引領帶頭」，而這些文化民族主義運動則以復興歷史文化的方式進行（Hutchinson 1987: 2）。舉例來說，在沙皇統治下的俄國，一群猶太作家於1881年到1917年間，創造出希伯來文學的文化，因而催生了猶太復國運動與以色列國。希伯來文學也成為現代猶太民族主義得以興起的主要文化催化劑。相似的文化民族主義例子，也包括哈布斯堡帝國下的斯洛伐克人、奧圖曼帝國下的希臘人，和大英帝國下的愛爾蘭人（Aberbach 1997）。如同Hutchinson的研究所顯示的，在愛爾蘭，正是文化民族主義分子而非政治民族主義分子，建構了現代民族國家（Hutchinson 1987）。

然而台灣的情形卻有所不同。具有政治異議傾向的本省籍文化菁英投入民族主義運動的時間，晚於政治反對運動者。台灣民族主義發展階段的次序，與Hroch所提出的模式有所不同。主要是因為台灣政治反對運動人士在1980年代上半葉以民族主義挑戰國民黨政府，才激發了文學作家、文學評論家、歷史研究者和語言復興運動者的文化民族主義。政治的活躍分子先於人文知識分子，成為民族主義運動的主要推動者，這個事實充分反映出台灣民族主義做為世界民族主義歷史發展中遲來的「晚進者」所具有的特殊性質（詳見第七章的討論）。此外，文化菁英的參與較晚，也代表著他們的台灣民族認同並不是像這些文化菁英所不斷聲稱、以及許多學者所認為的那樣，是一個已經長期存在的認知要素，好比泥土裡的種子等待時機成熟即可發芽茁壯。相反地，

這種認同應視為台灣自1980年代初以來的社會政治脈絡中，受政治變遷所激發的意識。台灣民族主義的發展序列，也反映了中國民族認同在本書所探討的文化菁英圈裡，原本長期以來具有霸權的地位（見第四、五、六和第七章的討論）。

五、文化特殊性的政治

民族主義的思想原點，在於它強調某一特殊文化的集體認同的重要性，並且視之為政治主張與行動的基礎。如同日本學者Kosaku Yoshino所指出的：

> 不管人們提到的是民族主義的那一個面向，也不管民族主義採取的是哪一種面貌，民族主義的共同點，在於一群人心中都有個信念，相信他們是一個擁有與眾不同的特色的獨特社群，同時也具有強烈的意志，要以一個獨立自主的國家維持並強化這種特殊性。（Yoshino 1992: 6）

換句話說，一群人為了宣稱他們的領土權與自決權，通常必須證明他們確實是一群獨具特色的人民。有關文化的許多概念，尤其是將文化當做一種特定的生活方式，對各個地方捍衛其自決權來說一直非常重要。文化因此被用來確認一個特殊人群的存在，而這群人應當有權利規劃他們自己的政治前途。因為這樣，文化做為特殊的生活方式，於是成為一種獲取權力的手段（Penrose 1995）。民族主義者認為，政治事務無法與文化事務切割，任何文化如果沒有屬於它自己的主權國家的保障，最終將無法存活。在民族主義政治裡，藝術、文學和語言事務經常變成

激烈爭論的議題，也被用來做為民族主義抗爭的武器（Kedourie
1993 [1960]: 112）。這也正是我們在台灣文化民族主義的例子中
看到的。文化領域因此包含了許多對政治秩序而言相當重要的過
程。要宣稱確實有一個獨特文化的存在，這主要牽涉到集體象徵
的生產，以及對歷史記憶與文化傳統的「再現」（representation）。
如同Pierre Bourdieu所說的，政治鬥爭基本上是關於「社會世
界的再現」，而這種再現「可以用各種不同方式表達或建構」
（Bourdieu 1985: 723, 726）。Prasenjit Duara研究中國1920年代初
聯省自治主張中對中華民族概念的變化時，曾經指出，民族主義
是「關於文化的政治」（a politics of culture）（Duara 1993a）。筆
者認為，更精確地說，民族主義是「關於文化特殊性的政治」（a
politics of cultural uniqueness）。又如Elie Kedourie在數十年前已
經說過的，民族主義者訴諸歷史、宗教、語言、政治傳統等等，
嘗試要證明民族是既明顯又自然的人群分類方法，但是事實上，
這個世界要遠比民族主義對人類的認識複雜得多。儘管有著民族
主義的雄辯，但對於為何說著相同的語言或享有共有歷史經驗的
人們，就有權利擁有一個獨立國家，仍然缺乏具有說服力的理
由。Kedourie如此說道：

　　為了使這樣的宣稱〔筆者按：亦即民族主義〕具有說服
力，同時就需要證明某一方面的相似能完全凌駕其他方面的
差異。這個信條的另外一部分是，認為人們有權利堅持他們
跟別人的不同，不管這些差異的內容是什麼、是想像的或真
實的、是重要或不重要的，同時也認為人們有權利將這些差
異變成他們最重要的政治原則（Kedourie 1993 [1960]: 74）。

　　我們可以說，堅持人與人之間的差異，並且將這些差異變成政治主張的基礎，正是民族主義的「文化特殊性的政治」的核心所在。

　　在涉及文化特殊性的民族主義政治中，人們自覺地意識到他們擁有一套文化。文化對他們來說，是一種權利。就像Gellner曾經形容的，在古早時期，「去質問農民是否愛他們自己的文化，這並沒有意義，因為他們將自己的文化視之為當然，就像他們每天所呼吸的空氣那樣，而沒有意識到任何這兩者之一的存在」（Gellner 1983: 61）。然而，民族主義者所努力要恢復的那種文化傳統，與他們的父祖輩生活其中的文化有著不同的內容與功能，他們的祖先們從未將文化視為可以與他們本身的生活分離開來的客體。在這種民族主義的文化政治中，文化無知無邪的純真性消失了（Eriksen 1992: 10）。Eric Hobsbawm曾以如下的區分說明兩者的差異，亦即影響著「傳統的」（traditional）社會的「習俗」（custom），相對於「（發明的）傳統」（[invented] tradition），例如民族主義者重新挖掘與頌揚的那些文化傳統。Hobsbawm認為，這個意義下的文化傳統，通常被建構成一脈相傳、穩固不變的樣貌（Hobsbawm 1983: 2）。我們可以說，民族主義者對文化特殊性的論述，牽涉到將歷史過往與既有文化加以確立定型的過程，而藉此也確認了民族之間的差異。

　　論述、或者說語言的陳述運用，對了解台灣文化民族主義的族群性或民族性建構，非常重要。做為創造及複製意義的一種社會過程，論述的運作建構了它們自己的知識對象，創造了它們自己的認知主體，並且決定了什麼是理性的、正確的、以及真實的（Foucault 1972）。本書對台灣文化民族主義的研究顯示，論述，或者說言語的運用、傳遞、與循環反覆，在台灣民族認同的建構

上，具有相當重要的作用。如同Denis-Constant Martin所說的，

> 關於認同的敘事（identity narrative）引導了政治情感，使
> 政治情感可以激發種種作為，以改變權力的分配；認同敘事
> 改變人們對過去與現在的感受；它改變人群的組織方式，並
> 創造新的人群；它強調某些特質，並且扭轉其意義與邏輯，
> 藉此改變文化。認同敘事創造對世界的新詮釋，以便改變世
> 界。（Martin 1995: 13）

　　分析那些主張台灣獨立之人文知識分子的文學、語言與歷史
等論述時，我們可以發現，認同論述常常是關於意義的戰場，而
非一個彼此共享的相同出發點。我們理解族群性與民族性的最恰
當方式，應該是把它們當做一種在充滿爭議的場域中進行的動態
社會過程；在這種場域中，不同的聲音在詮釋世界時，影響力多
寡不一。族群性與民族性，並不是所有族群與民族成員共享的靜
態的、物化的同質現象。然而分析論述最主要的目的，並不是要
去揭露論述底下某種客觀的、經驗上可驗證的事實，而是要去了
解意義如何提出、如何獲得確認，以及所謂的「事實」、「真理」
或知識又如何與權力有所關聯（Croucher 1996: 355）。
　　如果要在政治運動中主張某一種認同，或是將認同的宣稱做
為政治主張的一部分，通常最有力的做法，是藉著界定差異來進
行，亦即劃分「我們」與「他們」。人群之間的同與異，一方面
在象徵上藉著「再現」的作為標誌出來，另一方面則在社會上藉
著納入或排斥某些人群而劃分出來（Woodward 1997a: 4）。文化
特殊性的建構與表述，正可以用來劃分「我們」與「他們」，譬
如在台灣民族主義例子中出現的「我們台灣人」與「他們外省人

／中國人」。認同政治主要涉及的，是人們宣稱自己是被排擠或被壓迫人群的成員，並且用這樣的身分或認同，做為政治行動在道德上的正當化理由。關於文化特殊性的論述，重點經常就在揭露某個人群所遭受的特殊迫害，並且謳歌該人群相較於周遭互動之其他人群的不同與獨特性。就像本書後續幾章分析所顯示的，獨特的台灣（本省）人歷史經驗——尤其是對台灣（本省）人受不同的外來政權殖民統治並且反抗的歷史——的建構與表述，是台灣民族主義論述的一個重要部分。

　　更重要的是，對歷史的理解，是一種文化的作為，而對歷史的想像，又是人類與生俱來的重要能力。正如歷史學家 Hans Kellner 所說的，我們如果要理解歷史，就必須強調其中「創造」或「製造」（making）的部分，因為歷史的來源包括人類最基本對言語辭令的運用與雄辯。在故事裡的種種修辭雄辯的發明創新，是人類自我理解與自我創造中最重要的部分（Kellner 1989: xi）。社會行動者對集體認同的表達闡述，是「再現」的產物，而再現是一種社會過程，它的產物包括刻意地「發明」的，也包括非刻意地建構的。在所有的人類社會中，象徵的建構活動大致上可以是出於無意識，而且是一種持續進行的狀態，而發明則強調人們的創造力，並且意味著一定程度上對於文化的有意識反思（Linnekin 1992: 252）。當我們能夠明白社會行動者對集體認同的再現，不只包含非刻意的建構，也包含著刻意的發明，那麼便可以避免那些從本質主義（essentialism）出發、基於「真實／虛假」的二元論而對認同的錯誤理解。所謂的真實性（authenticity）這個概念，是由於將認同看成是固定的、本質的、統一的東西，並且否認人們反思自我與想像的可能性（見第七章的討論）。

　　本書認為，文化民族主義基本上是政治所激發的現象。筆者

的研究明確指出，政治抗爭對於激發民族主義來說，極為重要。
前述從「政治競爭」研究取向分析台灣民族主義的結果也告訴我
們，政治對台灣民族主義的發展至為關鍵，而本書也同意這個論
點。本書的目的，不是要泛泛地描述一般的台灣民族情感或是台
灣民族主義運動的起源，而是關注台灣民族主義的一個特殊的主
要版本或取向；在這個台灣民族主義的版本中，經由文化特殊性
而獲得行動能量或賦能（empowerment）是核心主題所在。本書
的分析重點，在於台灣特殊的歷史發展脈絡中，那些關於台灣文
化獨特性的意識形態如何被闡述、又如何將各種社會政治經驗貫
串接合（articulate）起來。在本書的研究中，意識形態並非被當
成只是社會或歷史現實的「反映」，而是被視為一種工具，用來
爭奪現實的解釋與現實的再現。在這種爭奪中，對於台灣文化的
各種不同看法相互衝突，不同的民族認同浮現形成，並且彼此競
爭，以取得社會的承認。

六、現代化意識形態與文化民族主義

　　文化民族主義經常被認為是對現代化的一種「退縮式」的反
應，或者是一個短暫的現象，注定將隨著社會全面的現代化而消
失（Hutchinson 1987: 8-9）。不過文化民族主義與現代化意識形
態之間的關係，尤其是發生在非西方地區的情形，值得我們進一
步討論。Anderson曾經指出，一旦民族的觀念被創造出來，它和
相關的現象便會變得像「標準的模組」，能夠移植到各式各樣的
社會裡，與各種不同的政治形態與意識形態結合。這些可以說都
是沒有專利權的創造發明（Anderson 1983: 4, 67）。在非西方國
家，民族主義經常交融著對現代化的渴望，他們期望將傳統文化

現代化，才能和西方「先進」的文明社會競爭。在這種渴望中，國家往往被認為是現代化計畫的唯一領導者。這種看法，是由於人們發覺其民族社群的本土文化，無法提供必要的元素，使其成員可以進步到西方所認定的現代化程度。這種看法使非西方的民族主義者在詮釋自己的文化遺產時，產生愛恨交織的深刻矛盾（Chatterjee 1986: 2）。在非西方地區，當文化民族主義者論述其文化獨特性時，他們通常不只批評所繼承的文化要素如何使他們的民族社群落後於其他國家——特別是西方的民族；他們更時常專注於挖掘或再發現那些能與現代化並行不悖、能使他們的民族與別人競爭的文化要素。這種傾向往往產生一種關於本土文化遺產與現代化之間關係的論述傳統。這種愛恨交織的文化論述，則塑造了當地人們對自己的民族性的看法。

台灣的文化菁英開始思考本土文化特色，以及這些特色與現代化的關係，可以回溯到日本統治台灣的1920年代（見第二章的討論）。隨著台灣人反殖民意識的浮現，社會達爾文主義（social Darwinism）與全球民族主義的浪潮，深刻影響了由台灣文化菁英所推動的文化覺醒運動，例如提倡以現代中國國語書寫的新文學運動，以及提議創造台語（福佬話）書寫系統的「台灣話文」運動。台灣人的文化菁英試圖改革「落後」的台灣文化，以便讓台灣人變成一個「文明的」、健全的民族，並能在「適者生存」的競爭中存活下來。此外，這些文化菁英也認為，改革過的台灣文化將對世界文明做出有價值的貢獻。將自己的文化傳統與西方文明（就像現代化的日本所吸收與展現的那些西方文明）互相比較，這些運動都潛藏著對自己的文化傳統的愛恨交織的態度。

與上述情形相似的是，在國民黨統治下，1980年代初台灣文化民族主義開始浮現一個重要的特點，亦即對於本土文化「充

分」現代化的進展過於緩慢，感到失望。不過，在台灣文化民族主義中，現代化的意識形態是以一種比較特殊的方式運作著。主張台獨的人文知識分子，除了宣稱中國文化只是台灣多樣的文化起源之一，也將台灣的政治壓迫、社會弊病與道德淪喪等種種問題，歸咎於「邪惡的」中國文化的影響。於是他們創造出一系列二分法，用來凸顯中國文化與台灣文化的顯著差異。中國文化被描述為僵化的、封建的、反動的、壓制的、根著於土地的，而台灣文化則被認為是靈活的、現代的、進步的、民主的、走向海洋的。雖然上述的形容詞不一定有清楚的界定，這些人文知識分子關於台灣民族認同的論述充滿了這種劃分方式。這些知識分子用前現代、現代的對立來呈現這兩種文化，將兩者間的差異視為本質上的不同。與台灣民族主義結合的現代化意識形態，於是被用來區分「我們」與「他們」。主張台灣獨立的人文知識分子堅持必須清除中國文化的污染，這顯示了他們對現代化價值的接受。

戰後台灣的台語復興運動者，試圖要為這個本土語言創造一套標準的書寫系統，這種努力尤其展現了上述的現代化意識形態。這些語言復興運動者認為，為了讓台語能夠處理現代科學、技術、商業貿易、社會科學等各類領域，成為一種當代集體生活的語言工具，因此一套標準的台語文字極其重要。這些語言復興運動者的目標，不僅在於維持台語的生存，更要使台語能夠挑戰「北京話」做為官方「國語」的霸權地位。對於其中主張完全以羅馬拼音書寫台語的運動者來說，傳統中國漢字代表過時的、不健康的「封建主義」，而羅馬拼音相對上則是現代性的象徵。他們相信，用拼音字母書寫台語，不只可以幫助台灣的福佬人充分表達內心的想法，也可以讓那些缺乏教育的人更易於獲得各種現代知識。因此就追求現代性來說，台語復興運動者的目標，與其

他民族主義的語言復興運動，例如西班牙的巴斯克人（Basque）
的語言復興運動，相當類似（Urla 1993）。

簡而言之，文化民族主義者訴諸歷史記憶與集體象徵以建構
民族文化的特殊性，並以文化特殊性做為民族認同的基礎，這種
訴求不能單純視為對現代化的退縮性反應。相反地，他們對於文
化遺產愛恨交織的糾結態度反映了許多現象。這通常蘊含著一種
渴望，亦即企圖提升他們的民族文化，到達能與現代文明社會相
互競爭的水準。對文化民族主義者而言，宣稱要追求現代性，也
許比宣稱要擁抱民族傳統，是他們所更加在乎的。如果歷史過往
就像一個貯存庫，貯藏著這個民族想像共同體的種種象徵，那麼
對文化民族主義者來說，同等重要的是，它同時也是必須逃離的
牢籠（Urla 1993: 101）。

七、散布的管道

任何依賴文獻資料與探討知識菁英活動的社會學研究，都可
能受到這個問題的挑戰：「他們所說的，有人在聽嗎？」這類的
問題牽涉到知識分子的論述與社會大眾之間的一般關係，而筆者
的研究則對此著墨極少。本書的確觸及一個重要問題，亦即知識
菁英的論述或意識形態如何形塑社會大眾的主體性或意識。
Walker Connor認為民族意識主要是一種社會大眾的、而非單單屬
於菁英階層的現象，因此他批評許多民族主義學者都過度依賴少
數歷史人物的言論紀錄來描述時代的精神與思潮。Connor指出，
民族意識出現在菁英階層之間，到它擴散到社會大眾，這經常存
在著相當程度的時間落差（Connor 1990）。不過即使如此，關於
台灣社會大眾對台灣民族主義的反應這個問題，筆者跟隨的是

Katherine Verdery 在探討社會主義下羅馬尼亞的民族意識形態時，所採取的研究方式：每一個對於公眾論述的研究，不一定都要用整體社會的方式來處理。因此我們在分析那些扮演文化生產者角色的知識分子團體如何涉入政治時，沒有同時探討一般人到底如何看待這些事情，這也是十分合理的。知識菁英的意識形態建構工作如何影響社會大眾，可以是一個獨立的研究課題（Verdery 1991: 6）。

不過筆者的研究並沒有完全規避這個問題。筆者曾在1995年夏天到1996年春天，訪談許多台獨立場的作家、文學評論家、歷史學者、語言運動者、地下電台的組織者、以及大學社團的領袖。這些訪談主要用來幫助筆者更加了解他們的活動，以及他們之間的關係，並且讓筆者更掌握他們的民族主義理念。雖然本書的研究無法評估這些文化民族主義者的理念對閱聽大眾的影響效果，但訪談特別有助於筆者明白他們散布理念的管道。文化民族主義者擅於利用頻繁的群眾集會與街頭抗議，來提倡他們的思想。更重要的傳布管道，則是他們所開辦的各式各樣的演講、討論會、夏令營、冬令營、工作坊等，而參加者包括一般民眾、大專生、甚至高中學生。這些活動在1990年代大量出現，而也就在這段期間，作家、文學批評家、歷史研究者、本土語言復興運動者等，開始在彼此之間、以及與許多大學社團學生，建立起緊密的關係。

在文化民族主義者宣揚理念的各種途徑之中，大學學生社團扮演非常重要的角色。不少文化民族主義者協助成立這些學生社團，並且擔任指導老師。大學社團因而像是一種「非正式教育機構」，在年輕世代的菁英之間散布台灣文化民族主義。從1994年開始，地下電台在提倡台灣文化民族主義上，也扮演一

定的角色。許多支持台獨的重要作家、歷史研究者與台語復興運動者在這些電台主持節目。幾乎所有這類節目都是談話性的脫口秀或叩應（call-in）秀。但是要評估這些節目對大眾的影響，也同樣非常困難。如同許多其他的文化民族主義（譬如愛爾蘭的文化民族主義）一樣，台灣文化民族主義也屬於典型的小規模，而且就它本身宣示的雄心抱負來說，到目前為止也仍然進展有限。儘管如此，它的重大影響之一，是創造出一個與既有社會相左的「反文化」（counter-culture），透過其中各式各樣的組織與活動，以另類的方式教化一群菁英，使他們投身於民族主義的理想（Hutchinson 1987: 252）。文化民族主義的重要性，首先便在於它替未來的政治鬥爭預備了一批比較「基進」的民族主義者，而他們在認同政治中通常也比較不容易妥協。此外，文化民族主義的重要性，也在於經由學校教育、以及官方的文化政策，文化民族主義者可以相當成功地將他們的文化獨特性理念加以制度化，這在統治者國民黨經歷了顯著的「台灣化」之後，尤其如此（見第四章的分析）。這也就是說，文化民族主義者成功地將他們的理念滲透到官方政策中；在這層意義上，他們可以說是成功而有影響力的。

八、本書章節安排

　　本書是對1980年代初開始發展之台灣文化民族主義的研究。利用論述分析（discourse analysis）的方法，本書探討那些主張台灣獨立的人文知識分子，譬如作家、文學批評者、台語復興運動者、以及業餘和專業的歷史研究者，如何在論述上建構創造出「台灣民族」的概念。本書的分析焦點，在於他們如何藉著建構

一個獨特的文學遺產、語言傳統、以及歷史演進，以詳細論證台灣文化的獨特之處，並藉此正當化民族主義的政治行動。同時本書也從Hroch關於民族主義運動發展的三階段論，來探討人文知識分子相較於政治反對運動人士所扮演的角色。

在分析晚近的現象之前，我們有必要先討論日本殖民統治時期與戰後初期所出現的一些文學和語言的爭議。因此本書第二章將討論日本殖民統治下，台灣文化菁英所提倡的文學和語言改革運動。1920年代以中國白話文寫作的新文學運動，以及1930年代「鄉土文學」與「台灣話文」的倡議，是以一群台灣知識分子為主角，重點都在於他們如何看待殖民地台灣、如何看待台灣與其文化源頭的中國的關係。他們爭論台灣本地的文學特質，以及它與中國文學的關聯性。爭辯的焦點所在是：中國國語或台灣話（這基本上指的是福佬話），哪種語言才是能夠適切表現台灣社會特殊性的最佳工具？鄉土文學做為一種文學類型，處理殖民統治下本地的生活現實與一般台灣民眾的情感，如何能有助於社會大眾的啟蒙，並且維繫台灣人認同？台灣知識分子對這些議題的爭論，反映出他們在日本殖民統治底下進退兩難的認同困境。大體而言，鄉土文學與台灣話文的提倡者，基本上都認為台灣要從殖民統治解放的機會十分渺茫，更遑論與中國重新建立緊密的關係。因此他們對本地文化獨特性的關注，顯示以台灣為範圍的新認同正逐漸浮現。

第三章的討論，涵蓋了整個戰後三十年。首先，本章討論第二次世界大戰結束、台灣成為中華民國一省之後，來自中國大陸的外省人與台灣本省人初期的接觸互動與語言問題。僵化而獨尊國語的「單語主義」（mono-lingualism），使得向來習於以日語接收訊息的台灣知識分子，遭受沉重打擊。許多台灣作家因此被迫

離開文學界。1947年二二八事件之後,台灣省行政長官公署的單語主義變得更為嚴苛。其次,本章討論從1947年到1949年發生在左翼的外省知識分子和台灣文化菁英之間,關於台灣文學發展的激烈爭辯。這次的爭論,涉及了參與者如何看待台灣文學的特殊性,更如何理解台灣文化的特殊性,反映出一個後殖民社會中民族意識與地方意識之間的緊張關係。再者,本章簡要討論1950年代到1960年代台灣的文學變化,特別是現代文學的發展情形。為了反抗文學的現代主義,1970年代出現了「鄉土文學」潮流。儘管鄉土文學作家與支持者都受到強烈的中國民族主義所激勵,不過後來的台灣民族主義者反而讚揚鄉土文學在戰後的發展,這種讚揚成為他們的台灣文學論述的重要部分。

第四章到第七章是本書的核心部分。第四章探討台灣文化民族主義在文學領域的發展。隨著台灣民族主義政治在1980年代後半葉的快速興起,台獨立場的作家與文學批評者持續地關注台灣文學的特殊性,並逐漸希望建立一個「台灣民族文學」。「台灣意識」與「中國意識」也被視為互相對立,無法並存。因此本章分析民族主義作家與文學批評家的論述中,「台灣民族文學」的傳統如何被建構出來。這些圍繞在成立於1964年的《台灣文藝》與《笠》詩刊兩份雜誌的本省籍文學作家與批評家,在文學意識形態的激進化過程中,扮演著關鍵性的角色。本章也強調1979年的美麗島事件,對於這些作家和批評家的民族認同以及他們對自己的文學生涯的看法,有著相當重大的影響。

第五章研究台語(福佬話)復興運動。在台灣,語言的使用長期以來一直是個政治議題。這些致力於台語復興的台灣民族主義者,不斷挑戰以北京話為基礎的「國語」做為唯一合法官方語言的地位,並且努力要復興本土語言,特別是台語。創造台語的

書寫系統是台語復興運動的一個主要目標，它被認為是掃除台灣人腦袋裡的「中國文化的毒害」、呈現「真正」台灣文化的一個有效工具。這些民族主義者也認為台語是台灣文化、台灣民族、以及獨立的台灣國家的主要本土語言。此外，以台語來寫作的實驗，也影響了民族主義作家和文學批評者對台灣文學的看法。但是講福佬話的民族主義者從語言的角度來重新定義台灣文學，這種做法卻令講客語的民族主義者不滿。台灣民族主義者之間，因為語言、文學議題造成了福佬、客家人的緊張關係，這正顯示出受現代民族國家（nation-state）概念所啟發的民族建構中，蘊含著內在的困境，亦即關於如何平衡民族認同與族群平等的難題。

　　上述本書最初幾章的分析顯示，關於台灣的語言問題與文學發展的不同觀點，都與理解台灣歷史的不同方式密切相關。在第六章，筆者探討過去一向被官方的歷史敘事所排除壓制的台灣集體記憶如何被揭露。這一章討論台灣民族主義者如何提倡「台灣史觀」，以挑戰關於這個島嶼過去樣貌的主流說法，並且重塑台灣人的民族認同。本省籍的政治異議人士在美麗島事件之後，建構了一種受難與反抗的台灣人集體記憶，而這成為往後十年左右政治反對運動修辭與象徵的基調。這種集體記憶建構，也對於1980年代中期以後台灣民族主義的快速發展，發揮重要作用。主張台灣獨立的歷史研究者熱切地提倡書寫「底層觀點的台灣歷史」，也就是「民眾角度的台灣史」。這種理念，具體實踐在二二八事件真相的挖掘上，而這個事件已被視為台灣人的「國族創傷（national trauma）」。此外，「平埔族」原來幾乎消失無蹤的歷史與文化再度重見天日，而這十分吸引人的再發現經過，也是本章的討論主題。愈來愈多的台灣民眾認同這些原來被認為消失的部落，認為自己是平埔族人，這也促進了台灣是個多元族群、多元

文化的民族想像。

　　台灣文化民族主義的浮現，是政治反對運動人士的民族主義
動員的結果。在結論這一章，筆者討論這個重要事實的意義。從
全世界民族主義發展的角度來看，台灣民族主義屬於歷史上的
「遲來者」，而這種性質反映出很多值得我們深思之處。此外，對
於理解台灣文化民族主義發展與性質的兩種主要觀點，本章也提
出批評。這兩種觀點之一，認為台灣文化民族主義是「假認
同」；另一種觀點，認為台灣文化民族主義是等待發芽茁壯而
「埋在土裡的種子」。筆者的批評，在於認為這兩種關於認同形成
的看法，都是基於站不住腳的本質主義假設。

第二章

日本殖民統治與文學、語言問題

　　台灣知識分子對台灣文化特殊性的闡述，可以追溯到第二次
世界大戰前的日本殖民統治時期。日本殖民政府企圖切斷台灣人
與中國的關係，並且同化台灣人。正是因為這種外來的統治，才
激發台灣人認真反思自己的文化特殊性。對台灣文化獨特之處的
關懷，是文化菁英構想語言與文學改革——特別是提倡「鄉土文
學」與「台灣話文」的運動——的基礎。

　　本章的焦點，是分別發生於1920年代初、以及1930年代
初，兩個階段試圖推動語言與文學改革的運動。本章專注探討
的，是這兩次改革的提倡者，如何看待殖民地台灣與中國的關
係。他們的觀點，蘊含著受到社會政治變遷所塑造的文化認同。
本章將從台灣人的反殖民運動開始討論。隨著「改良主義的」與
「激進的」反抗運動一一失敗，台灣出現一波提倡深入殖民生活
真實面貌的文學潮流，以及倡導用台灣主要的語言（福佬話）來
寫作的風氣。這一章也討論反殖民的政治運動人士的民族認同，
並且與那些投入語言和文學論爭的文化菁英的民族認同相互比
較。一般說來，鄉土文學與台灣話文的提倡者，大致都認為台灣
幾乎沒有機會脫離殖民統治，更別說與中國重新建立緊密關係。
他們對於在地文化獨特性的關懷，顯示出以這個島嶼為範圍的新
認同正逐漸浮現。

一、1920年代的日本殖民統治與台灣人反抗運動

　　日本對台灣的統治始於1895年，結束於1945年。殖民統治
時期的前二十年左右，日本的軍事鎮壓不斷引發台灣人的武力反
抗。然而最後一次發生在台灣南部的大規模反抗於1915年8月遭
到鎮壓之後，武裝抗爭運動也走入尾聲。1920年，受現代政治意

識形態影響而形式不同的反抗運動出現，而1920年代也成為非武力反殖民運動興盛的時期。其中接受新式教育的年輕世代，在這些運動中扮演關鍵的角色。[1]那些在台灣受教育或留學海外（主要是前往日本或中國）的台灣年輕人，是第一代受到西方政治、社會與文化思潮影響的台灣菁英，許多反殖民運動的領袖與追隨者都來自其中（若林正丈 1987: 40）。一般而言，我們可根據他們不同的政治意識形態與動員策略，將這十年左右的反殖民運動者區分為兩種類型：所謂「改良主義」者與「激進主義」者。就本書的研究目的來說，筆者特別關注他們的台灣認同與相關的理念。

這兩群運動者都從東京開始他們的反抗運動。[2]第一次世界大戰結束以前，東京的台灣學生對社會政治議題並不太關心，而是努力讓自己適應日本文化。不過日本國內民主思想、自由主義與社會主義的發展、日本政府的革新、美國總統威爾遜（Woodrow

---

1　有些學者將台灣非武力反抗活動的起源，追溯到1914年末「台灣同化會」的成立。這個團體揭櫫的目標是基於種族平等的觀念，促進日本人與台灣人的和諧關係。此外，它也提倡日本與中國合作，以抵抗白種人的宰制，而台灣人若能「完全同化」，將有利於這種合作。不過雖然同化會的全部3,178位會員中，只有44位是日本人，但這個組織是由日本自由派政治人物板垣退助所發起。而且支持這個組織的台灣人，除了一小群會員之外，都是受傳統教育的仕紳。1915年1月，同化會在殖民政府的壓力下被迫解散。見台灣總督府警察沿革誌（1989a [1939]: 2-17）；蔡培火等（1971: 15-35）。

2　日本統治台灣後不久，中上階層的台灣人家庭便開始將他們的子弟送到日本大都市求學，尤其是東京。1915年約有300名台灣人在東京就讀，到了1922年左右，人數增加至2,400名，其中超過半數進入專校或大學修業。見台灣總督府警察沿革誌（1989a [1939]: 18-19）；Chen Ching-chih（1988: 35）。

Wilson）倡議民族自決，以及發生於中國和韓國的民族主義鬥爭，在在都喚醒了台灣學生的反殖民意識（Chen 1972: 481）。

1. 改良主義的反殖民運動

在上述因素的影響下，日本的台灣留學生逐漸產生「台灣非屬於台灣人的台灣不可」的理念，並於1920年初成立「新民會」。在林獻堂、蔡惠如等人的資金支持下，新民會由一群東京的台灣留學生發起組成。新民會提出三大任務：第一，推動政治運動，促使台灣進行改革；第二，發行機關報，以宣揚理念並啟發台灣人；第三，與中國友人建立緊密的聯繫（台灣總督府警察沿革誌1989a [1939]: 20-24；蔡培火等 1971: 81-82）。其中第三項任務最主要的目標，便是尋求當時以廣州為根據地的國民黨的支持。不過新民會在這方面，幾乎沒有成果可言（Chen 1972: 482）。新民會創辦機關刊物《台灣青年》，後來改名為《台灣》。《台灣》雜誌社成員後來又創辦《台灣民報》，於1927年8月獲准改在台灣發行（1929年改名為《台灣新民報》），它一直是替被殖民者抒發苦痛的主要媒體。

由新民會領導的政治活動，是1920年代台灣社會反殖民運動的先鋒。他們首先要求撤廢「六三法」，因為它是歧視台灣人的許多法律的源頭。他們並且要求在日本憲法下，台灣人應享有平等的公民權。但是當日本帝國議會清楚表示六三法將只進行小幅度修正並繼續施行之後，新民會轉而訴求設立台灣議會。他們要求這個台灣議會必須由公開選舉產生的議員組成，也必須擁有參與立法與預算審議的權力（蔡培火等 1971: 107-109；Chen 1972: 482-483；Tsurumi 1977: 180-187）。新民會推動設立殖民地的立法機關，代表反殖民運動朝向自治運動發展，而這就成為往後十

五年左右改良主義的反殖民運動陣營的基調。[3]從1921年到1934年，改良主義者向日本帝國議會呈遞設置台灣議會的請願書總共15次，但無一成功。

　　就改良主義者的政治認同來說，他們在整個反殖民運動中的最終追求是什麼，仍然值得爭論。一些自治運動的領導核心成員，在將近半個世紀後記錄他們在日本統治下的政治活動時，將這些運動界定為「由資產階級與知識分子領導」的、「台灣近代民族主義運動」的主要潮流，而因此淡化了1927年之後左翼激進的反殖民運動的重要性。除此之外，他們也宣稱「台灣民族運動的目的在於脫離日本的羈絆，以復歸祖國懷抱為共同的願望，殆無議論餘地」（蔡培火等　1971: 1）。然而對某些人來說，這種回顧式的說法，只不過是替他們當年相當溫和的反殖民路線辯解的說詞罷了。例如派翠西亞・鶴見（E. Patricia Tsurumi）認為，自治運動的領導者仍然希望台灣由日本帝國繼續統治，並且寄望台灣人能夠被充分接納為日本國民（Tsurumi　1980: 9）。鶴見指出，改良主義者與日本的商業生意和其他方面的關係，以及他們欣然接受日本教育，都顯示出他們所要求的是有限度的改革，而不是要全面推翻政治、經濟或社會的現狀（Tsurumi　1977: 193-195；1980: 4-5）。

3　「台灣議會設置請願運動」最早是由新民會所倡導，後來則由下列組織所領導：包括1927年之前的「台灣文化協會」（1921年成立於台灣）、以日本為總部的「台灣議會期成同盟會」（1923年成立）、1928年之前的「台灣民眾黨」（1927年成立於台灣）、以及「台灣地方自治聯盟」（1930年成立於台灣）。由於這些組織的成員高度重疊，他們一般來說也都由林獻堂、蔡培火與其他追隨者所領導，因此這些組織都可視為新民會一脈相承的繼承者。見蔡培火等（1971: 196-199）；史明（1980 [1962]: 487-492）。

　　若林正丈對台灣反殖民運動的分類經常被人引用，其中他將這些改良主義者劃歸為「改良─統一」派。若林正丈認為改良主義者的終極目標是「回歸祖國」，他們是在長期、溫和反抗殖民政權的鬥爭中「等待良機」（若林正丈 1987: 41-46）。當然，如果我們認為在日本警察嚴厲的監控下，改良主義者仍然應該會顯露任何追求台灣與中國重歸統一的企圖，那麼這恐怕是對政治過於天真無知。不過與激進左傾的反殖民運動比較起來，改良主義者對於未來中國與解放後的台灣兩者關係的遠景，仍然相當不清楚。[4]因此比較妥當的說法是：改良主義者「等待時機」的傾向，是他們對台灣與中國關係的態度顯得模糊的根本原因。

　　改良主義者所提出的「台灣非屬於台灣人的台灣不可」理念，乃受現代意識形態潮流所影響，尤其是威爾遜關於自由民主與自決的理想主義，以及「生存競爭」下唯有「適者生存」的生

4　一份日本警察針對台灣議會設置請願運動者的政治立場所撰寫的報告，可以用來說明改良主義者「等待時機」的態度：

　　　正在從事本運動的人中可以視為幹部者，比較穩健，雖然不會有企劃本島立刻獨立復歸支那的人，但是對於現時的總督政治抱持不滿，認為其根本的改善，非藉本島人自己的手不可期待，至少要求殖民地自治這一點是相同的。只是在這裡要注意的一點是，他們中的多數人以對支那的觀念為行動中心，並隨其見解的相異而產生思想和運動傾向的分歧。……其中一種是對支那的將來抱持很大的囑望。以為支那不久將恢復國情，同時雄飛於世界，必定能夠收回台灣。基於這種見解，堅持在這時刻到來以前不可失去民族的特性，培養實力以待此一時期之來臨。……相對的，另外一種是對支那的將來沒有多大的期待，重視本島人的獨立生存，認為即使復歸於支那若遇較今日為烈的苛政將無所得。……然而，即使是這些人也只是對支那現狀失望以至於懷抱如此思想，他日如見支那隆盛，不難想像必將回復如同前者的見解。（台灣總督府警察沿革誌 1989b [1939]: 13-14）

物演化觀念。在這些思潮的影響下，他們認為台灣人是「漢民族」中落後的一支，無法在激烈的種族競爭中存活。從19世紀末以來，關於種族的等級差異與適者生存的觀念，已經流行於世界各地（Bowler 1993: 59）。當東京的台灣留學生在威爾遜的理念啟發下產生政治意識而有所覺醒時，他們也開始為台灣人明顯的「落後」感到焦慮。對改良主義者來說，做為漢民族原鄉的中國，早在1912年孫中山領導推翻滿清帝國的國民革命時，便認真面對政治與文化困境的挑戰。另外，1919年的五四運動，大學生與知識分子也抨擊這個國家傳統的道德與社會秩序，並呼籲建立一個「科學」與「民主」的新文化。[5]因此改良主義者基本上認為，做為漢民族的一分子，台灣人在文化上仍遠遠落後於「進步」的中國人。於是「文化啟蒙」便被認為是提升被殖民者的政治意識，並動員民眾支持自治運動的最有效方法。因此改良主義者以啟發社會大眾為目標，策畫了各式各樣的民眾活動，例如演說、討論會，電影放映和眾多的婦女與青年社團。從改良主義者的觀點來看，台灣文化的特殊之處就在於本身的「落後」，而這與中國的文化發展比較時則更為明顯。

2. 激進的反殖民運動

　　二十世紀初社會主義風靡全球，因此大致而言，殖民地台灣的激進、左派的反殖民運動者都受到社會主義不同程度的影響。前述的改良主義者主要關心的是屬於漢民族一支、但卻受日本統治而「未啟蒙」的台灣人，能否獲得自治。但相對地，激進的反殖民者則援用社會主義對被殖民宰制之人民的典型論述，認為台

5　五四運動性質的簡要討論，可參見本書第三章的註11。

灣人是一個「弱小民族」，並且企圖讓台灣人從殖民統治中完全解放。他們反對自治運動，批判這種卑屈的行為，在嚴厲的殖民政權下將徒勞無功。因此一般來說，追求台灣的政治獨立成為激進反殖民運動的首要目標。

　　激進團體的政治行動基本上都比改良主義者的活動難以追蹤。為了避免日本警察的騷擾，激進人士因而必須祕密行動。早在1920年代初期，社會主義便吸引一些在東京的台灣留學生。但是左派的組織活動，一直到1927年初才開始發展。當時一群年輕的運動者在「台灣青年會」中組織社會科學研究部，而這個台灣青年會是在新民會創建後不久成立，成為新民會的附屬團體。由於受到列寧關於世界共產主義革命與殖民地反帝國主義鬥爭的理念所影響，身在東京的台灣左派運動者認為，反殖民運動是「全世界被壓迫民眾的解放運動」的一環，因此堅信受壓迫民眾有必要建立一個反抗帝國主義的「統一的共同戰線」（台灣總督府警察沿革誌 1989a [1939]: 45）。雖然社會科學研究部試圖「連絡中國國民黨，及朝鮮人無產階級」，但是他們在這方面的成果，與改良主義的新民會一樣，幾乎一無所獲（台灣總督府警察沿革誌 1989a [1939]: 40）。

　　這個時候的中國，知識界與政治界浮現的氣氛則鼓舞了留學當地的台灣學生。俄國的布爾什維克革命使苦惱於中國道德墮落、政治動盪、與經濟惡化的年輕激進知識分子，獲得相當的激勵。在1919年發生重大的五四運動以前，一些報刊雜誌已經開始介紹馬克思主義，並且報導俄國的布爾什維克革命。由於1921年中國共產黨的成立，以及1924年國民黨、共產黨的合作形成，1924年到1927年左右，馬克思主義在都市知識分子之間迅速流傳。列寧主義對帝國主義的理解，以及對西方世界的看法，不僅

逐漸受到與中國共產黨親近的人士所廣泛採納，甚至也被與國民黨友好的知識分子與政治人物普遍接受（Schwartz 1983: 445-446）。

正就是上述1919年之後中國的知識與政治氣氛，影響、激勵了在那裡的台灣留學生所推動的反殖民運動。[6]從1922年起，在北京、南京、上海、廈門和廣州等地，出現不少反日的台灣人學生組織。雖然我們很難論斷這些組織的所有成員都信仰共產主義，但列寧主義關於世界共產革命與殖民地反帝鬥爭的信條，卻強烈影響著這些學生對中國國民革命與台灣反殖民運動之間關係的看法。

前述這些運動團體彼此間最主要的共同目標是尋求中國的幫助，特別是在廣東的國民黨政府的支援。一般來說，他們反對台灣的自治運動，認為台灣議會設置請願運動，是暫時緩和殖民統治下台灣人之惡劣處境的權宜之計而已。這些激進學生認為，做為一個弱小民族，台灣人必須從日本的控制中完全解放。為了實現這個目的，從兩方面來說，中國的支持就顯得特別重要。第一，由於日本從1894至1895年甲午戰爭打敗滿清帝國以來，便不斷侵略中國領土，因此它是台灣與中國的共同敵人。台灣留學生的反殖民團體試圖充分利用中國內部強烈的反日情緒，以獲得援助。這種想法，是建立在強大的中國能夠幫助台灣人脫離壓迫的假設上。

6　1919年之後，中國如雨後春筍出現的新學校與大學，以其較低的學費，以及較容易申請的入學程序，吸引越來越多希望到海外求學的台灣人前往。依據台灣總督府的資料顯示，1919年只有九位台灣人負笈中國，而1921年時人數已增加至273人。見Tsurumi（1980: 6）。

　　反殖民的台灣人士訴諸中國協助的第二個理由，則是有關民族認同。一方面，他們將台灣人描繪成漢民族或「中華民族」的成員之一，正苦於殖民控制並渴望解放。另一方面，他們又將「台灣民族」與中華民族相提並論，並將台灣民族與東方受殖民支配的人民，例如朝鮮人、菲律賓人、與印度人，歸為同一類。於是台灣人與中國人儘管彼此有共同的血緣與文化背景，但似乎仍被當成兩個不同的民族。然而這並不難理解，因為激進的反殖民者以本身的漢民族或中華民族身分來爭取中國支持，而他們同時將台灣民族與中國民族並列的做法，則顯示了列寧的馬克思主義與威爾遜的自決理念的影響。一般來說，在中國的台灣留學生反殖民團體之間，將台灣人與中國人當成兩個不同的「民族」，是相當常見的。某種程度上也因為這個理由，大多數團體在呼籲中國支持反殖民運動的同時，也強調了台灣未來的政治自主權。[7]

7　一本由南京「中台同志會」於1926年發行的小冊子，相當能夠代表台灣學生反殖民團體對於未來台灣與中國關係的普遍看法。這本小冊子寫道：

　　自台灣有史以來，便在不知不覺中和中國大陸發生了極為密切的關係。而兩地的經濟、政治、文化，均自然形成為一系統，是故，兩地遂具有不可分離之勢。這就是台灣和中國的自然關係。

　　至於，將來中台之間的關係，我們只須確定一個原則即可。亦即「中國不能採用帝國主義政策，而以台灣為其殖民地」。根據這一原則可以決定中台間的未來關係。台灣解放成功後，台灣所得權利之一，便是自決權。

　　自決權的意思就是視台灣經濟上、政治上的條件，讓台灣成為一個有如獨立自由之邦。實際上也就是，無異於台灣的獨立。萬一，由其他種種因素，兩地民眾認為中台應組成邦聯為宜，或認為有合併的可能性時，其取捨，應根據台灣全體民眾的自由決定。這一原則，將是我們堅守不渝的。

　　在台灣解放運動的過程中，中國因其所處地位的關係，應給台灣以充分的援助。與此同時，台灣民眾為了追求台灣的自由光明，必須要求台灣的

　　事實上，激進運動者認為台灣人是個獨特民族的見解，以及他們對民族解放運動的看法，這些跟國民黨和中國共產黨看待受殖民的「弱小民族」的方式，以及兩黨對朝鮮與台灣的政策主張，是一致而沒有衝突的。根據Hsiao與Sullivan的研究，一直到1943年開羅會議之後，中國共產黨才開始將台灣當做中國領土不可分割的一部分，視之為當然，因而否認台灣人民擁有任何可能的政治主權。在開羅會議中，中國要求將台灣和東北四省歸還給中國，並在「適當時候」讓朝鮮獨立，而美國總統羅斯福與英國首相邱吉爾都同意這些要求。[8]Hsiao與Sullivan指出，1943年以前，中共領導人一向認為台灣人是個特殊的「民族」。中共領導人同時也認為台灣的民族解放運動是一個與中國革命不同的「弱小民族」的鬥爭，並且在未來可能會擁有他們自己的政治主權。此外，1943年之前，甚至孫中山與蔣介石，也將台灣當成是中國的邊疆，而在文化上和政治上不同於中國其他各地，因此應當擁

　　自決。但台灣的自決必須出於台灣本身的自發性要求。換句話說，中國雖然成為台灣解放運動的後盾，但台灣民眾要拋棄完全依賴的心理，首先，要有自發性的、廣大的運動。同時，要留意及中國的國民革命，因其直接或間接的對東亞各弱小民族之解放，將產生不少的影響。故，我們希望台灣民眾，要把中國國民革命，當作不單止於中國的問題，更是和我們息息相關的一個條件來看待。為此，在中國國民革命的過程中，我們也希望台灣民眾，宜在各方面，盡力加以協助。（台灣總督府警察沿革誌 1989a [1939]: 150）

　　採取與上述相異政治立場的組織是「廣東台灣革命青年團」，他們擁護孫中山的三民主義，宣揚「台灣民族是中國民族，台灣的土地是中國的土地！」並要求祖國「收復台灣」。見台灣總督府警察沿革誌（1989a [1939]: 163, 167）。

8　參見本書第一章的註7。

有某種政治獨立（Hsiao and Sullivan 1979: 446, 462-464）。

　　至於特別致力於提倡台灣政治獨立自主的激進反殖民團體，是台灣共產黨，它由一群台灣知識分子在1928年4月成立於上海。台灣共產黨是根據共產國際的命令，以「日本共產黨（台灣）民族支部」的名義設立，並受中國共產黨的支持。他們在1928年黨的「政治大綱」所提出的口號，例如「打倒日本帝國主義！」、「建立台灣共和國！」，以及「台灣民眾獨立萬歲！」，都清楚表明了他們的政治目標（Hsiao and Sullivan 1979: 455；1983: 270-271；盧修一 1989: 67-70；台灣總督府警察沿革誌1989c [1939]: 35）。

　　簡單來說，就民族認同而言，改良主義者認為台灣人屬於漢民族的一部分。對他們來說，台灣文化相異於漢／中國文化的地方，主要在於台灣文化的「落後」；雖然台灣文化帶有地方特色，但是它與漢／中國文化在本質上並無差別。相對地，絕大多數激進的反殖民者認為台灣是不同於中華民族的弱小民族。雖然改良主義者與激進反殖民者有所不同，但他們都不曾論及台灣文化的獨特之處，也不曾運用文化特殊性來正當化他們的政治行動。但是台灣文化的特殊性，卻成為1930年代初興起的有關文學發展、語言改革論爭的重要焦點；而這個時候，台灣的反殖民抵抗已經被殖民政府鎮壓殆盡。關於文學發展與語言改革的兩種論爭，實為一體的兩面。其中一個論爭關心的是文學做為主要的智識活動，如何能夠呈現台灣文化獨特性；另一個論爭的焦點，則在於表現台灣文化獨特性的文學創作，究竟要使用什麼語言工具。這兩方面的論爭，都反映了台灣文化菁英在外來政權統治下所產生的認同困境。要深入探討這兩個論爭，我們就必須先了解殖民時期台灣人在語言上的一般處境。

二、日本殖民的語言同化

　　在殖民統治的同化政策中，教育扮演核心角色。對殖民當局來說，教育意味著透過「國語」的日語課程，將被殖民者日本化。日語的使用，被殖民政府當做同化的基礎。1898年，也就是日本占領台灣三年後，已經有16個國語傳習所（日本語言學校）和36個分教場在運作。但是很快的，專收台灣孩童的正規小學，亦即「公學校」，取代了這些機構。1898年公布的「台灣公學校規則」的第一條，曾說明這個體制的兩大目的：一，使台灣孩童能精通國語；二，教授道德與實用學問，以培養日本公民的素質。事實上，以日語授課的時間，占每週總教學時數的70%，因此公學校是普及日語最重要的制度（Tsurumi 1977: 18；吳文星 1992: 310）。

　　儘管如此，殖民政府語言政策的執行成果低於預期。除了嚴重的曠課問題之外，台灣學齡人口註冊入學的比例，長期停留在相當低的水準。1919年，已完成公學校教育的人數，僅占全部人口的1.51%（吳文星 1992: 317）。1920年時，也只有2.86%的台灣人能在日常生活中理解並且說日語（周婉窈 1995: 119）。雖然殖民政府在1910年代到1920年代鼓勵台灣人組織各種民間的日語普及會，但語言同化的程度仍十分有限（吳文星 1992: 323-330）。

　　1920年代末，殖民政府開始積極推動日語教育。這與台灣內外的政治變化有密切關係。一方面，雖然日本帝國內部傾向自由主義的改革使得對殖民地的控制有所放鬆，但這卻只停留在1920年代。進入1930年代之後，日本國內社會、經濟情勢混亂，國外局勢動盪，尤其東亞更是如此。這些都導致日本及其殖民地都走

向威權獨裁，軍人再度掌握影響政策的權力（Peattie 1984: 21-22）。

另一方面，由於軍國主義復興，台灣內部的反殖民運動，特別是激進左翼路線，到了1931年末都被鎮壓殆盡。從1920年代初，一些年輕的台灣知識分子在日本與中國的共產主義與無政府主義的影響下，成為共產主義者或無政府主義者。1920年代下半葉，一些激進的反殖民團體開始出現。1931年末，這類團體全部瓦解。[9]相對地，由改良主義者領導的「台灣地方自治聯盟」，則持續活動到中日戰爭開始的1937年。不過，這個聯盟主要致力於推動台灣議會的設置與地方自治體系的改革，他們採取合法的手段，相當低調（Chen 1972: 493）。

做為1920年代末之後嚴格控制政策的一部分，殖民當局更為積極地推動日語教育工作。殖民當局的地方政府設立不同形式的國語普及會，並推行各種日語學習運動。除此之外，殖民政府也頒布規定，禁止在政府機關、銀行與會社等公共場合使用台灣人的語言，並要求這類機構只能雇用通曉日語的人。更重要的是，

9　1927年，一群年輕的共產主義者取得了台灣文化協會的領導權，而這個組織原先是由改良主義的反殖民運動者所創建並領導的。同時，共產主義者也跟發展中的農民與勞工運動建立緊密聯繫，或者主導了這類運動的相關組織。然而1929年初之後，日本對反抗運動的壓制變得日益嚴厲。這年2月，數百名全島的台灣農民組織——亦即「農民組合」——的成員遭到逮捕（台灣總督府警察沿革誌 1989c [1939]: 279）。1931年2月，殖民政府下令轉為激進路線的台灣民眾黨解散。見台灣總督府警察沿革誌（1989b [1939]: 262-263）。接著同年6月後，幾乎台灣共產黨的所有成員也被捕入獄。見台灣總督府警察沿革誌（1989c [1939]: 192-195）。於是先前變得與台共密切相關的台灣文化協會也隨之瓦解。見台灣總督府警察沿革誌（1989a [1939]: 392-393）。

在1931年，殖民政府正式命令設立各種地方行政層級的國語講習所。這些是正式學校教育體系的輔助機構，以12歲至25歲未曾就學的民眾為對象。[10]根據殖民政府官方記載，1937年能「理解」日語的台灣人已有1,934,000人，或達總人口的37.86%（吳文星1992: 353-359）。[11]相較於1920年在日常生活中能理解並使用日語的人口比率（2.86%），其成長幅度確實相當顯著。這種變化，主要由於1931年之後成立了許多國語講習所。

然而我們要注意，不能高估日語教育的成果。在一方面，許多被計算在能「理解」日語的範疇裡的台灣人，尤其是那些就讀於國語講習所的人，實際上仍不會說日語（周婉窈 1994: 131；1995: 121）。另一方面，日語從未取代台語等而變成日常生活溝通的主要工具。對被殖民者而言，日語向來主要是公共領域的語言。在皇民化運動之前的殖民語言教育，充其量是讓一部分台灣人變成雙語使用者（周婉窈 1995: 122-124）。

三、殖民地台灣的文學和語言改革

1930年代初期，台灣文化菁英界出現了關於文學發展和語言

---

10 這個年齡層的台灣年輕人可以在講習所免費學習日語，而學習的時間則從一年到四年不等。1937年4月，亦即恰好就在殖民政府更進一步推動激進的日本化運動——也就是中日戰爭期間戰時動員關鍵部分的「皇民化運動」——之前，共有2,812個國語講習所與185,590名學生。另外，招收一般台灣人、講習時間縮短許多的簡易講習所有1,555個，學生則有77,781名。見吳文星（1992: 353-359）。

11 當中的台灣人包括曾接受公學校教育、曾在國語講習所學習的人，以及正就讀於公學校與講習所的學生。

改革的爭辯，而這也是日本人更加嚴厲控制殖民地的時候。無論
是改良主義的、或是激進主義的反殖民運動，前景都十分黯淡。
同時殖民當局也比以往更積極地向台灣人灌輸日語。因此改良主
義者「待機」的想法所代表的漢民族認同，可以說飽受威脅。具
有吸引力的「進步的」中國，變得愈來愈遙不可及。隨著共產主
義者被鎮壓，「台灣民族」的理念也逐漸消失。在這種情況下，
對於那些仍懷抱反殖民意識並參與文學發展和語言改革論爭的台
灣知識分子而言，台灣特殊的社會、政治與文化現實面貌，反而
比以往更清晰地浮現出來。在政治的高壓氣氛下，他們對台灣文
化特殊性──尤其是將台灣文化與中國文化生活比較時的獨特之
處──的認真關懷，開始浮現。這種關懷所代表的某種獨特的認
同感，使得1930年代初期這兩方面的論爭，與1920年代初期對
台灣的文學和語言改革的討論非常不同。

1. 1920年代：白話文學和中國國語

　　早在反殖民政治運動在東京發展的時候，台灣知識分子就開
始關心語言與文學問題。在新民會機關報《台灣青年》的創刊號
當中，便曾刊載一篇由陳炘（1893-1947）所寫的〈文學與職務〉
（1920）一文。[12] 他的論點可以簡述如下。第一，文學乃「文化之
先驅也」；文學發展是民族興衰的指標。文學的職務在於「啟發
文化、振興民族」，亦即要「傳播文明思想，警醒愚蒙，鼓吹人
道之感情，促社會之革新為巳[己]任」。第二，當前以艱深的古
典文言文所寫的文學作品，早已喪失其神聖的文學精神與功能。
第三，台灣作家應當如同中國的白話文學運動一般，尋求「言文

---

12 關於陳炘的傳記，請見李筱峰（1996）。

圖2-1　陳炘在《台灣青年》創刊號發表的〈文學與職務〉

一致」，亦即書寫與口說語言的一致性。很明顯地，陳炘對文學應有的功能的觀念，與改良主義者認為台灣人是漢民族當中受殖民統治且「落後」的一支，兩者看法相當一致。他將文學——更精確地說，是白話文學——當做實現大眾啟蒙與社會改革的工具，這種理念也與改良主義者企圖提升台灣文化的想法，十分類似。

此外，陳炘之所以抨擊古典文言文寫作的文學，並提倡白話文學，是受到中國新文學運動的激發。1917年初，以胡適（1891-1962）與陳獨秀（1879-1942）為首的中國新一代知識分子領袖，推動了一場「文學革命」。他們的首要目標，便是放棄文言文的寫作方式，提倡改用以北京話為基礎的白話文，而這個時候北京話已逐漸被接受為中國的「國語」。胡適更公開宣布古典的「文言的文學」已死，並催生「國語的文學，文學的國語」。1919年

五四運動之後，新文學運動的傳播更加迅速廣泛，整個中國使用白話文寫作的情形也比以往更為普遍。因此1921年左右，教育部下令往後小學教科書使用白話文，而這個政策也陸續為許多中學和高等學府採用。於是白話文成為被官方、也被民間廣泛認可的「國語」（Chow 1960: 271-279）。中國新文學運動的成就，使陳炘的印象深刻。不過關於寫作與口說語言之間的一致性原則，陳炘指出了台灣的困境所在：台灣主要的本地語言，亦即台語，不僅沒有自己的書寫系統，也無法完全由傳統漢字來記述。

整體而言，陳炘的論點已經顯示1920年代初期台灣公開討論文學改革的方向。不過他的這篇開拓性的文章，並未引起太多注意。這個期間所進行的討論，焦點都圍繞在語言問題上。對於參與者來說，文學改革主要就是文學表達的語言工具的改造。用白話文字來啟蒙大眾，就成為台灣社會革新的重要課題。但一如陳炘曾點出台語書寫的困難，那些參與論爭的人士，也面臨了「應該用哪一種白話文來寫」與「如何寫」等問題。關於這點，傾向改良主義的知識分子，例如黃呈聰（1886-1963）與黃朝琴（1897-1972），認為中國白話文，而不是任何台灣語言，才是最適合的選擇。不過，他們也接受納入本地語言成分的「折衷」的中國白話文（黃朝琴 1979 [1923]；黃呈聰 1979 [1923]）。這樣的觀點，充分反映他們對漢文化／中國文化的強烈認同，以及對日語同化現象的抗拒。改良主義者的《台灣民報》從1923年創刊以來，便使用中國白話文，而非文言文或日語，這顯示了他們對台灣語言改革與大眾啟蒙的想法。做為唯一替被殖民者抒發心聲的媒體，這份刊物很快變成推展文學和語言變革的論壇。

白話文的提倡，在張我軍（1902-1955）鼓吹台灣的文學改革時達到高峰。1924年4月，正在北京求學的張我軍，對台灣以文

言呈現的古典文學，尤其是詩作，發動一連串的批判。這位年僅
22歲的胡適崇拜者，在《台灣民報》上以一系列文章引介胡適的
文學改革觀念，並列舉中國白話文運動令人讚佩的成就。對張我
軍來說，台灣文學是中國文學的支流，因此也必須跟隨中國文學
的發展方向前進。相較於中國的新文學，張我軍認為台灣文學是
中國傳統文學「敗草欉中的破舊殿堂」。受到胡適「國語的文
學，文學的國語」口號的啟發，張我軍提出台灣新文學運動的兩
個任務：「白話文學的建設與台灣語言的改造」。他清楚指出所謂
的「白話文」就是中國的國語文。他相信，一般受過教育者，即
使不會說中國國語，也能輕易地閱讀和書寫中國國語，因為「各
地的方言的組織和國語相差不遠」。張我軍如此解釋他對語言改
造的想法：

　　還有一部份自許為激底的人們說：「古文實在不行，我們
　須用白話，須用我們日常所用的台灣話才好。」……實在，
　我們日常所用的話，十分差不多占九分沒有相當的文字。那
　是因為我們的話是土話，是沒有文字的下級話，是大多數占
　了不合理的話啦。所以沒有文學的價值，已是無可疑的了。
　所以我們的新文學運動有帶著改造台灣言語的使命。我們欲
　把我們的土話改成合乎文字的合理的語言。我們欲依傍中國
　的國語來改造台灣的土話。換句話說，我們欲把台灣人的話
　統一於中國語。……倘能如此，我們的文化就得以不與中國
　文化分斷，白話文學的基礎又能確立，台灣的語言又能改造
　成合理的……。（張我軍　1979 [1925]: 102-103）

張我軍的新文學運動理念引發台灣傳統文人的反駁，他們相

圖2-2　張我軍在《台灣民報》發表〈新文
學運動的意義〉

信這種文學改革，會危害文言文所代表的傳統漢文化。然而相對來說，反對勢力十分微弱。相反地，年輕知識分子用中國國語為基礎的白話，寫出越來越多的文學作品，以此來展現對文學改革的支持，而他們的文句不可避免地含有本土語言的元素。在日本統治下，張我軍和其他文學改革的主要提倡者，都毫不隱藏自己熱切的漢文化／中國文化認同。他們對台灣的文學革命的熱情，除了受到1919年五四運動所代表的中國進步文化潮流的激勵，也受到1920年代初期殖民地比較自由的政治氣氛的鼓舞。大體而言，那些支持文學改革的台灣知識分子，大多抱持著這樣的文化認同。

2. 1930年代：鄉土文學和台灣話文

　　相較於擁抱中國國語的1920年代初期，1930年代初期所出現對「鄉土文學」和「台灣話文」（亦即台灣話的書寫系統）的提倡，則發生於更為高壓的政治環境。如同前面提到的，這個時期日本人對殖民地的控制日漸嚴苛。1931年底，除了台灣地方自治聯盟之外，各種反殖民運動都已遭瓦解。在這個時期，做為殖

民同化政策的主要部分——亦即日語教育，也正在大力進行。在
這種情勢下，許多年輕的台灣知識分子放棄了政治而轉向文化活
動，特別是文學。此外，雖然反殖民運動遭到全面壓制，但社會
主義思想對文學卻仍有很大的影響。由於1927年之後反殖民運動
快速發展，使社會主義思想在文學界盛行一時。世界性「普羅文
學」的概念，激勵許多年輕知識分子，使他們格外關懷勞動大眾
的處境（黃琪椿 1995: 56-57）。

　　鄉土文學與台灣話文的論戰延續兩年，而引發論戰的，是黃
石輝（1900-1945）的〈怎樣不提唱鄉土文學？〉一文。原先由改
良主義者創立的台灣文化協會在改採激進路線之後，黃石輝即是
其中主要的領導人物（台灣總督府警察沿革誌 1989a [1939]: 337,
422）。1930年8月，黃石輝在這篇文章如此寫道：

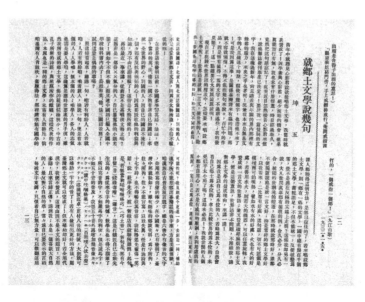

圖2-3　《南音》所刊載提倡鄉土文學的言論

> 你是台灣人，你頭載台灣天，腳踏台灣地，眼睛所看的是
> 台灣的狀況，耳孔所聽見的是台灣的消息，時間所歷的亦是
> 台灣的經驗，嘴裡所說的亦是台灣的語言，所以你的那枝如
> 椽的健筆，生花的彩筆，亦應該去寫台灣的文學了。
>
> ……
>
> 你是要寫會感動激發廣大群眾的文藝嗎？你是要廣大群眾
> 心理發生和你同樣的感覺嗎？不要呢？那就沒有話說了。如
> 果要的，那末，不管你是支配階級的代辯者，還是勞苦羣眾
> 的領導者，你總須以勞苦羣眾為對象去做文藝，便應該起來
> 提唱鄉土文學，應該起來建設鄉土文學。[13]

確切來說，黃石輝特別以勞動大眾為目標，提倡要開創一種
大眾文學的想法，並不是完全新鮮的。自1920年代初期台灣知識
分子開始鼓吹白話文學和中國國語以來，企圖創作一種在內容與
形式上都更平易近人、更貼近社會現實的新文學來啟蒙大眾，就
一直是年輕知識分子的主要關懷。然而在社會主義的無產階級文
學理念的影響下，黃石輝則訴求更為激進的文學「在地化」或
「本土化」。在一方面，文學主題必須描寫台灣現實的生活情境。
他認為呈現了生活現實的文學，可以吸引勞動大眾的興趣。不過
另一方面，文學的推廣所牽涉的，不只是文學的內容，還包括文
學的工具，也就是作家所使用的語言。黃石輝指出，文言文與現
代的中國國語，對於以台灣話為母語的勞動大眾來說，都難以理
解。用中國國語寫作的白話文學，或許能在中國受到歡迎。但黃
石輝認為，它在台灣仍舊不過是一種專由少數知識菁英發展把玩

13　引自廖毓文（1979 [1954, 1955]: 488-489）。

的「貴族」文學。因此他認為，推動鄉土文學，就是要「用台灣話做文，用台灣話做詩，用台灣話做小說，用台灣話做歌謠，描寫台灣的事物」。[14]

　　鄉土文學論爭要等到1931年7月，也就是黃石輝發表文章的一年後，才開始變得熱絡激烈。這個變化，起因於郭秋生（1904-1980）的〈建設「台灣話文」一提案〉與黃石輝的〈再談鄉土文學〉兩篇文章的出現。郭秋生在文章中明白強調，「……對於殖民地的同化政策，沒有一處會得收到最後的勝利……」。他指出，帶有歧視的差別教育和對舊式書房的限制，已經造成台灣人嚴重的文盲問題。就像一年前黃石輝發表的文章一樣，郭秋生也提到，對台灣人來說，不只是用文言文，即使是以中國國語寫作，都違反了言文一致的原則；而使用日語的話，則更不用說了。如果要嫻熟掌握這些語言，必須耗費極大的努力，而這使得絕大多數的台灣人因為無法閱讀日文和中國國語，便與現代知識隔絕。因此郭秋生相信，台灣話文是解決文盲問題最有效的工具。[15]另外，相較於他個人先前的文章，黃石輝的新文章專門探討鄉土文學的語言工具。他重申論點，認為就是因為鄉土「文學是代表說話的而一地方有一地方的話，所以要提倡鄉土文學」。黃石輝也再度強調，要用「台灣話描寫台灣的事物」，「因為我們所寫的是要給我們最親近的人看的，不是要特別給遠方的人看的」。[16]

　　郭秋生與黃石輝的文章，引發台灣文化菁英熱烈討論鄉土文

---

14 引自廖毓文（1979 [1954, 1955]: 488）。

15 引自廖毓文（1979 [1954, 1955]: 490）。

16 引自廖毓文（1979 [1954, 1955]: 489）。

圖2-4　郭秋生在《台灣新民報》發表的〈建設「台灣話文」一提案〉與在《南音》發表的台灣話文創作

學和台灣話文。這個時候的鄉土文學，於是被等同於台灣話文的文學。這次的鄉土文學爭議的焦點，與1920年代初的文學改革論爭一樣，都集中在語言層面。兩者差異在於，1920年代初的衝突，主要發生在倡議以中國國語創作白話文學的年輕知識分子，以及堅持以文言文寫作的傳統文人之間。但是1930年代初期這個階段的爭執，則主要發生在年輕知識分子當中主張以台灣話創作文學的一派，以及支持用中國國語寫作的另一派之間。普遍來說，論戰雙方都贊成有必要開創一種更能反映本地現實的文學。然而他們卻在描繪現實所需的語言工具上，意見不同。事實上，他們的爭論並沒有侷限在文學的範圍，而常常牽涉到什麼是一套能有效促進大眾教育的文字書寫系統。

　　反對台灣話文人士所持的論點，與張我軍所代表、1920年代

初提倡以中國國語來寫作之人士的看法，兩者實際上差距不大。他們的論點可以綜結如下。第一，台灣話粗俗幼稚，發展未臻完善，並不足以成為文學的工具。第二，台灣仍有福佬話與客家話等「方言」；甚至福佬話也可分出泉州和漳州腔，而這代表台灣話尚未形成統一標準。以福佬話寫作的文學，很可能讓說客家話的人無法理解。第三，中國人可能無法看懂台灣話文，台灣因此將與中國疏遠隔絕（廖毓文 1979 [1954, 1955]: 493-494）。這群辯論的參與者，和1920年代初期的先驅一樣，為了維繫台灣與中國的連帶而提倡中國國語的說與寫。這些台灣話文的反對者的觀點，清楚反映了他們鮮明的漢／中國文化的認同。

3. 殖民統治與台灣文化特殊性

從某種意義上來說，反對以台灣話來創作白話文學的人士，即使沒有完全規避問題的話，那麼至少並未充分掌握那些提倡者的論點。對提倡台灣話文的人來說，迫切需要創造一種台灣話文字系統的理由，在於台灣受殖民統治的特殊情勢。做為台灣話文的主要提倡者，郭秋生如此說道：

　　我極愛中國的白話文、其實我何嘗一日離卻中國的白話文、但是我不能滿足中國白話文、也其實是時代不許滿足的中國白話文使我用啦！中國的白話文、可完全在台灣繁殖嗎、既言文一致為白話文的理想、自然是不拒絕地方文學的方言的特色、那末台灣文學在中國白話文體系的位置、在理論上應是和中國一個地方的位置同等、然而實質上現在的台灣、想要同中國一地方、做同樣白話文體系的方言位置、做得成嗎。（郭秋生 1931: 11）

　　郭秋生在公學校讀書時，也跟隨私塾老師學習中國的文言文。然後他前往中國，在廈門接受中學教育（黃武忠 1980: 62），並學會流利的中國國語。他認為台灣已經深陷於殖民統治，因此致力於提倡台灣話文。這個時候的台灣，似乎再也沒有脫離異族統治的可能。反殖民運動的全盛時期已經過去，所有對殖民政權的挑戰也證明只是徒然。想要追求台灣與中國的再度統一，在當時無異於一場幻夢。台灣共產黨曾經一度懷抱的理想，亦即建立一個獨立的國家，在這個時候看來，也與和中國統一的企望類似，都不切實際。因此我們可以說，反對以台灣話寫作鄉土文學的人士，忽略了那些提倡者的重點：台灣事實上是一個獨特的、被殖民的地方。對於提倡中國國語的人而言，台灣仍舊是漢民族世界的一部分，也永遠無法與中國切斷聯繫。他們對於要用台灣話文來發展一套特殊文化的想法，感到焦慮不安（廖毓文 1979 [1954, 1955]: 495）。但對於如郭秋生等支持鄉土文學和台灣話文的人來說，此刻最重要的任務，則是確保台灣認同。黃石輝的言論，清楚地傳達了這種看法：

> 　　台灣是一個別有天地，在政治的關係上，不能用中國話來支配，在民族的關係上（基於歷史經驗），不能用日本的普通話來支配，所以主張適應台灣的實際生活，建設台灣獨立的文化。[17]

　　這些提倡者認為，發展一個獨特文化最有效而根本的方法，就是推行台灣話文。對他們來說，台灣文化的特殊性，才能夠代

17　引述自廖毓文（1979 [1954, 1955]: 495）。

表被殖民者的身分與認同，並且可以用來抵抗日本的同化政策。
這種對於台灣現實獨特性的深切關懷，反映了一種對台灣的新的
認同意識，已經逐漸形成。

　　對這些提倡者來說，鄉土文學在呈現特殊的社會現實上，扮
演重要角色。首先，作家不斷嘗試以台灣話文寫作所累積的經
驗，將有助於台灣話文的改進。郭秋生認為，提倡台灣話的寫
作，不只是要創造一套台灣話文。與推動中國白話文已經十年的
張我軍類似，郭秋生也受到胡適的口號所激發，認為推動台灣話
寫作的真正目的，不只是為了創造「台灣話的文學」，也是為了
建立「文學的台灣話」（郭秋生 1932: 25）。換句話說，鄉土文學
對台灣話文的改良，能夠做出重要貢獻，而台灣話文則被認為是
表達鄉土現實的最佳語言工具。

　　文學雙月刊雜誌《南音》的主編葉榮鐘（1900-1978），曾經
闡述台灣現實的獨特性質，他的說法在當時是十分典型的。葉榮
鐘認為，做為一個「社會集團」的台灣人，因為特殊的種族、歷
史、地理和風俗等條件，已經發展出某種共同的特徵。這種共享
的特徵，主要受到兩個因素所形塑。葉榮鐘如此解釋：

　　　第一就是台灣的特殊文化。……台灣既說是相續了一份漢
　　民族四千年的文化的遺產，培養於台灣特殊的境遇之下，兼
　　受了日本文化的洗禮。自然相信我們台灣必定也有我們台灣
　　特殊的文化。這個運命是我們先天的所註定的，我們只好從
　　這條路上跑。這纔配稱對我們自己的使命忠實，亦則對於世
　　界文化有所貢獻。第二就是我們的社會境遇。我們所過的特
　　殊的政治，經濟，社會諸生活和所受的特殊的教育與教化等
　　等莫不是足以形成我們特殊的社會狀態，構成我們的社會意

識的。（葉榮鐘 1932a: 卷頭言）

葉榮鐘認為，使台灣人有別於中國漢人的共同特徵，主要來自於殖民統治。與郭秋生及黃石輝類似，他也認為台灣受困於殖民統治的牢籠，幾乎沒有解放的希望。不過葉榮鐘這篇文章的主要目的，在於批評無產階級文學的概念，而像黃石輝這樣的年輕知識分子正是受無產階級文學理念的激發，才大力提倡以台灣話文寫作鄉土文學。葉榮鐘強調，台灣人的集體特性，是由特殊的文化和社會條件所形塑，並且蘊含於各種社會階層的成員之中；這種共同特徵，遠比階級意識更重要。因此葉榮鐘提倡「第三文學」，以取代「貴族文學」與「普羅文學」。他認為，未來的「台灣文學」，應該是以集體特性為基礎的第三文學；第三文學也必須處理台灣人的日常生活、感情、要求，以及對解放的渴望（葉

圖2-5 《南音》刊登廣告，徵求以文言、白話或台灣話文描寫台灣社會與文化的創作

榮鐘 1932b: 卷頭言）。葉榮鐘對無產階級文學的批評，結果卻顯示他與黃石輝所持的鄉土文學論點，並不是完全衝突。就關懷台灣現實的呈現來說，葉榮鐘的第三文學構想與黃石輝的鄉土文學理念，有許多相似之處。當葉榮鐘詳細解釋什麼是台灣人集體所共享的，並說明這些共同特徵在歷史上如何形成的時候，他正描繪了一種獨特的文化與意識。簡言之，葉榮鐘已經發展出一種異於中國性（Chineseness）的台灣性（Taiwaneseness）概念（Fix 1993: 264）。

事實上，葉榮鐘所主編的雜誌《南音》，正是推動以台灣話創作文學的重要刊物。從1932年1月創刊以來，這份雜誌就提供篇幅，讓知識分子辯論台灣話的文學創作，也開闢「台灣話文嘗試欄」。《南音》徵求稿件，雖然同時歡迎以文言、白話寫作的小說、戲曲、詩歌或時聯等，但特別指明「漢字台灣話文尤好」。此外，這份雜誌也不斷呼籲作家以鄉土歷史、風俗與社會生活為題材，創作台灣大眾文學。[18]

4. 漢民族文化認同的延續

不過以台灣話創作白話文學的提倡者的漢文化／中國文化認同，仍然不應忽視。儘管他們對於記述特定台灣話的詞素

---

18 相較於殖民時期台灣的其他文學雜誌，《南音》相對上較長的發行壽命——九個月，已經令人刮目相看。除此之外，三千份的發行量也與之前銷量最好的雜誌旗鼓相當。參見Fix（1993: 259）。事實上，一些研究者也已探討指出，這份雜誌的出版，反映了殖民時期台灣現代文學的高度發展。見黃得時1979（[1954, 1955]: 299-304）、王詩琅（1978: 5-6）、葉石濤（1987: 38），同時可參照廖祺正（1990: 88）。

（morpheme）時，何者才是「正確」或「較佳」的用字，可能有不同的意見，但是1930年代初期倡議台灣話文的人士，幾無例外地都主張以漢字來書寫台灣話。他們同時也創造新字來表記特定的詞素。這一類技術性的議題，變成重要的關懷所在，引發諸多討論。但即使如此，幾乎所有的台灣話文提倡者，都主張一種由漢字組成的文字系統，希望藉此保有台灣與中國、漢文化的聯繫。他們認為，中國人應該也能輕易讀懂這種台灣話文。舉例來說，雖然郭秋生認為台灣話若持續發展，很可能超出中國國語區域中的方言地位，但他也認為，這種書寫形式不過是「漢字體系的較鮮明一點方言的地方色而已的文字」；因此對於熟悉文言文或中國國語的人來說，台灣話文應當不難理解。[19]其他重要的提倡者，例如黃石輝、負人（莊垂勝）（1897-1962）、黃春成（1906-？）、李獻璋（1904-1999），也與郭秋生的觀點類似。[20]

　　正由於這種漢文化認同，台灣話文提倡者因而反對台灣話的拼音化，尤其是改良主義的反殖民者蔡培火（1899-1983）所提議的羅馬字母拼音方案。[21]19世紀末，英籍與加拿大籍長老教會傳教士將拼音字母書寫引入台灣。他們以羅馬拼音記載台灣話，並且出版台灣話版本的聖經。身為基督徒，蔡培火年輕時便學會以羅馬字母書寫台灣話。他認為，漢字原來或許可以用來表述台灣話，但日本統治早已經使被殖民者與漢字相當疏離。他相信24個字母所組成的拼寫系統，是提升民眾識字率與啟蒙大眾的最有效

19　引述自廖毓文（1979 [1954, 1955]: 491）。

20　見《南音》1 (1): 13；1 (4): 15；1 (5): 8-9 (1932)。可同時參照松永正義（1989: 80）。

21　見負人（1932: 13）、廖毓文（1979 [1954, 1955]: 491）。

工具。從1914年起，蔡培火便致力於鼓吹羅馬拼音系統。他開設講習會與研究會，發表一系列文章並編寫課本，也巡迴全島各地和東京，爭取台籍與日籍菁英的支持。雖然台灣文化協會曾經一度將拼音書寫的推廣工作，列為文化啟蒙計畫的一部分，但實際成果相當有限。很少有台灣的知識分子對蔡培火的提案感到興趣，許多人對於這種書寫方案的外國色彩，並不太能接受。此外，殖民政府也壓制蔡培火的活動，因為他們相信台灣話的羅馬拼音系統如果普及，將危害語言同化政策。因此到了1935年，羅馬拼音方案的提倡也就劃下休止符。[22]

　　雖然提倡以中國漢字為基礎的台灣話文運動人士，幾乎沒有受到殖民當局的阻撓，但就他們原先想要創造一個台灣話的文學、增進民眾識字、以及啟蒙大眾等理想來說，他們的成就也不過比蔡培火略多一點而已。由於台灣話缺乏一套標準化的文字，這使得絕大多數作家因而卻步。為了寫出台灣話，作家經常必須尋找合適的漢字，或者甚至另創新字。但即使費盡心力，也無法保證讀者能接受這些字或了解意思。這層障礙甚至使傑出的作家如賴和（1894-1943）與楊逵（1905-1985）等人，放棄了以台灣話寫作的實驗。1933年左右，以台灣話創作文學的興趣，終歸沉寂。

　　自從1924年張我軍激烈批判文言文的傳統文學，並且倡議使用中國國語以來，多數台灣現代文學作家已經用帶有濃厚地方色彩的中國白話文寫作。然而到了1930年代初，愈來愈多以日文寫作的年輕作家，也開始在文壇立足。這個時候，日本統治台灣已經超過三十年。這些年輕作家都是殖民地官方教育與在殖民母國

22　見廖毓文（1979 [1954, 1955]: 470-482）；廖祺正（1990: 32-39）。

圖2-6　賴和、郭秋生與黃石輝在《南音》討論台灣話文的新字問題

日本接受教育的產物（葉石濤 1987: 50；Fix 1993: 292）。1937
年激進的日本化運動、亦即皇民化運動開始之後，以中國白話文
為工具的作家被迫停止寫作（葉石濤 1987: 65）。皇民化運動做
為中日戰爭（1937-1945）期間動員體制一部分，主要任務之一是
讓台灣變成一個單語社會。公學校的傳統漢文課從1922年起被降
為次要的選修課程後，終於在1937年4月被正式廢止。接著，殖
民政府命令所有本地雙語報紙中的漢文版，也必須在1937年6月
前廢除。雖然殖民政府從未全面禁止使用，但台灣本地的語
言——特別是台灣話（福佬話）——的使用，比以往遭遇更多壓
制。這種激烈推行日語運動的結果，使得1943年能「理解」日語
的台灣人，已達總人口數的80%。雖然這份官方的數據顯然誇大
不少，然而能純熟運用日語的人，尤其是年輕一輩，數目確實逐
漸在增加。這主要由於學校基本教育的提升。1944年台灣的學齡
人口註冊入學的比例，已達71.31%（周婉窈 1995: 124-125, 134,
140）。[23] 日語因此成為主流的語言，而在公共場所中更是如此。

四、結論

　　整體而言，大眾啟蒙是台灣的反殖民知識分子共同的主要關
懷。在日本殖民統治時期，台灣人首次經歷了現代國家機構的統
治。對他們而言，由殖民行政管理以及殖民者與被殖民者之間的

---

23 在戰時氣氛籠罩的1942年，殖民地的公學校，以及專門給日籍兒童就讀的
　　「小學校」，都被改名為「國民學校」，與日本國內的小學相同。然而這些學
　　校基本上仍舊維持了二分的體系，一部分給日本人和少數台灣人就讀，另一
　　部分則只招收台灣孩童。台灣人如果想進入原來的小學校，仍然十分困難。
　　見Tsurumi（1977: 112-113）。

衝突所帶來的社會整合，在相當的程度上，導致傳統族群認同的衰退，並且促進「台灣人」認同感的形成。對反殖民的知識分子來說，啟蒙最重要的意涵，就是激發被殖民者的政治意識，強化他們抵抗日本同化的意志與決心。啟蒙包含「文化革新」，例如改正傳統風俗習慣、鼓勵民眾參與公共事務、向民眾傳播現代知識等。對他們來說，反殖民運動的成功與否，相當取決於台灣人是否能夠成為一個已經被啟蒙的民族，而足以在種族的「生存競爭」中與其他民族（包括日本人）相互競爭。1920年代之後，對文化革新的關懷與反殖民意識，激發了語言和文學改革的要求。由於被殖民者普遍的文盲問題嚴重阻礙大眾的啟蒙，語言改革於是成為重要的議題。這個議題的爭論焦點，在於究竟應採用哪一種語言為書寫工具，才能有助於向台灣人傳播現代知識，並成為對抗日本語言同化政策的有效手段。1920年代初，成為開路先鋒的文學改革運動，焦點正在於語言革新，同時也攻擊當時文言文的傳統文學對社會政治現實漠不關心，尤其忽略了被殖民者所受的苦難。從那個時候開始，文學就被反殖民知識分子認為是反映台灣現實、抒發被殖民者痛苦的心聲、並且實現大眾啟蒙的重要利器。因此他們心目中的新文學，充滿了「社會現實主義」或「社會寫實主義」（social realism）的特質。

然而語言改革不只是單純的技術問題，它更牽涉到台灣知識分子的文化認同，而這種文化認同不斷受到社會與政治條件的形塑與再形塑。相較於反殖民的政治抵抗運動，語言改革的構想，特別是1930年代初對台灣話文的提倡，則更清楚反映了台灣人菁英所面臨的文化認同困境。當一群年輕知識分子們認為掙脫異族政權統治的機會渺茫、不太可能重新恢復與中國的密切關係時，他們的目光開始轉向，認同這個島嶼，並且倡議台灣話文。他們

認為那種能夠充分展現殖民地特殊情境的鄉土文學概念，也因而浮現。這種新認同的核心，是對於被殖民統治所形塑的鄉土文化的獨特性，充滿深刻的關懷。很顯然的，主要是殖民統治使台灣與中國隔絕，也導致了新認同的形成。此外，1920年代初期中國國語的提倡，以及1930年代初期台灣話文的推動，兩者都受到現代民族國家意識形態中的核心要素——亦即國語的觀念——所激發。這種觀念認為，一個普遍共通的語言工具，是國家民族的集體生活所不可或缺的。

　　不過，我們不應輕易地用黑白分明的二分法來看待這樣的認同轉變。台灣話文提倡者堅持使用漢字來表述台灣話，反映了他們的漢文化認同。然而事實上，由於傳統私塾式微，公學校的古典漢文課又被廢止，台灣人能夠學習漢字的機會愈來愈少，這使得要用漢文來寫作的情形變得非常困難。此外，藉由管控台灣人赴中國大陸旅遊，殖民政府嘗試切斷台灣人與中國的連結。同樣地，如果中國人要到台灣，也不被鼓勵（史明　1980 [1962]: 336-337；戴國煇　1985: 250-255）。即使如此，那些提倡台灣話文的人士雖然主張作家應該以台灣的特殊現實為題材，但他們仍舊使用中國漢字，以便維繫台灣與中國的文化關係。也正因為這種漢文化／中國文化認同，使台灣知識分子在第二次世界大戰結束後，普遍歡迎台灣回歸中國的統治。殖民時期所出現的語言和文學改革活動，有助於我們更加理解戰後相似的爭議，而這正是下一章的討論重點。

第三章

戰後語言問題
與文學發展

　　在這一章，我們首先從第二次世界大戰結束、中國接收台灣之後，本省人與外省人最初的接觸、以及所產生的語言問題開始談起。中國接收台灣不久後，隨即推行國語運動，這顯示國民黨決心將台灣儘速「去日本化」和「中國化」。「台灣省行政長官公署」嚴格的單語主義（mono-lingualism）政策，使得向來習於透過日語吸收訊息、學習知識的台灣知識分子遭受沉重打擊。大部分的台灣作家，因此被迫退出文壇。1947年的二二八事件之後，單語主義的政策變得更為嚴苛。

　　其次，本章討論一段關於台灣文學發展的激烈辯論。1947年二二八事件的政治動盪之後，一群在文學上懷抱社會現實主義（或社會寫實主義）的外省籍左翼知識分子，嘗試要使台灣本地的文學界恢復活力。在爭論中，外省人與本省人對於台灣文學的特殊性、以及對於廣泛的台灣文化特殊性所展現的關懷，反映出後殖民社會中民族意識與地方意識的緊張關係。

　　再者，本章也簡要探討五〇到六〇年代台灣文學的發展。戰後親西方的文學現代主義盛行，凸顯當時台灣不僅在經濟與政治事務上依賴外國勢力，尤其是美國，而這在文化領域也是如此。本章最後聚焦於七〇年代的鄉土文學風潮，而鄉土文學在當時被視為替代文學現代主義的另一條出路。這一章也同時討論針對這種新文學風貌而來的辯論。雖然鄉土文學呈現的反帝國主義、左傾和地域傾向讓國民黨不安，但這種文學創作趨向仍然逐漸被廣泛接受。令人意外的是，雖然七〇年代的鄉土文學作家與提倡者事實上都受中國民族主義所激發，然而鄉土文學的發展，後來卻被台灣民族主義者當做他們的文學論述中的重要部分。

一、外省人與本省人的初期互動和語言問題

　　1944年4月，中國的國民黨政府預料對日抗戰即將勝利，於是組成「台灣調查委員會」，規畫接收台灣的相關事宜。國民黨的高層了解，台灣在殖民統治的現代化建設下，經濟發展與生活水準都比中國大陸進步，接收台灣因此將是一項挑戰。

　　日本語言同化主義的影響與效應，對於即將統治台灣的中國政府來說，尤其是潛在的威脅。第二章曾經提到，1944年有71.31%的台灣學齡兒童入學，接受為期六年、免費的小學義務教育。在同一個時期，雖然官方紀錄顯然過於誇大，但是已經指出有高於80%的台灣人能「理解」日語。此外，統計資料也顯示，在1942年，620萬台灣人之中已有超過150萬人，或者說總人口數的25%左右，至少受過小學教育，使他們具備日語的讀寫能力（吳文星　1992: 360）。[1] 1946年5月，也就是國民黨政府接收台灣七個月後，一位台灣本省籍語言學家吳守禮，曾如此描述殖民統治半個世紀後所帶來的語言轉變：

　　　　按著年紀的大小，台灣人的語言層，可以分做三階段。就是：老年，中年，少年。老年級，……智識人的話語，雖然大都是台灣話，生活語也是台灣話，但是語彙裡已經摻入不

1　在殖民時期，極少台灣人接受小學以上的教育。這是因為日本人刻意限制台灣人進入任何小學以上學校的機會。1943年，亦即殖民統治結束的前兩年，台灣人的中學（包括中學與職業學校）畢業生人數只有23,325人，高等學府（包括農林、商業、工業專校和師範學校，以及一所大學）的畢業人數為9,822人。總計而言，在1943年，接受小學程度以上教育的人口，只占總人口（6,133,867）的0.54%。見吳文星（1992: 101, 114）。

少的日本語和語法了。中年級，除了一部份人沒有熟習日本
話，大都能操日本話，看日本書，寫日文。有的更因受的是
日本教育，所以走思路作思想都用日本語的語法。這一層的
人，有的雖然會說一口還很流利的母語，可恰因為母語已經
由社會上退到家庭的一角落，他們不得不用日語想東西。母
語的根幹，雖沒有搖動，枝葉的作用已經變了。少年級，這
一層，不但學會了日本語言，有的簡直不會說台灣話了。[2]

在吳守禮的分類中，所謂中年與少年層級，主要指的是戰爭
結束時三十歲以下的人們。在這群台灣人當中，人際溝通上不論
是說或寫，都是以日語為主要的語言工具，而非他們的母語，這
種情形在城市地區尤其如此。三十歲以上的台灣人，則最多只有
2%能閱讀中文或以中文寫作（許雪姬 1991: 158）。整體而言，
戰爭結束時日語和台灣話是被殖民者的主要語言。

不過，學會一種語言和發展特定的文化認同之間，沒有必然
的關聯。精通日語並不一定意味著認同殖民者。同時我們也很難
確知台灣人被同化的程度究竟如何。戰爭期間（1937-1945）激進
的「日本化」或「帝國化」的皇民化運動，結果與原先殖民者所
預定的目標，也就是將台灣人迅速改造為帝國的臣民，落差甚
大。不過做為這個激進同化運動一環的「國語運動」，就某個程
度來說，卻是成功的。它教育了大多數的台灣人能「通曉」日
語，創造出以殖民者的語言為主要溝通工具的年輕一代（周婉窈

2　見吳守禮，〈台灣人語言意識的側面觀〉，《台灣新生報》「國語」週刊，第1
　　期，1946年5月21日。引述自吳守禮（1955: 72）。

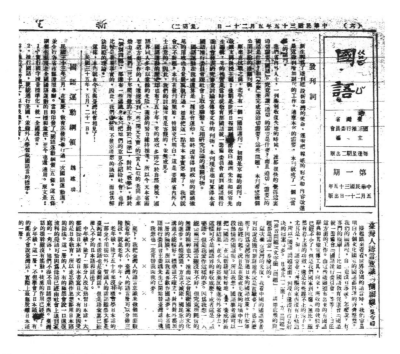

圖3-1　《台灣新生報》「國語」週刊第1期與吳守禮的〈台灣人語言意識的側面觀〉

1994: 136, 153）。[3]

　　除此之外，到1937年左右，台灣已經歷了數十年的社會安定與經濟繁榮。到這一年，台灣島內的生產總值已增加2.6倍，個人平均所得因此比中國大陸高出接近兩倍。台灣的基礎公共建設，例如公路、鐵路、港口、電信設施、公共衛生、教育機構等的數量，也遠遠超越中國大陸。農業進步所帶來的糧食供應量不

3　皇民化運動包括四個主要的運動。就國語運動之外的其他三個運動而言，宗教與社會風俗改革的接受度最低，改姓名運動並不普及，而志願兵制度則吸引許多台灣青年熱烈響應。見周婉窈（1994）。

斷增加，已超過人口成長的速度。人們即使不在家，也不必為了家門未鎖而擔憂。罪犯通常迅速地被逮捕與審判。大多數台灣人欣賞日本殖民統治的經濟成就與行政效率，而且會毫不猶豫地稱讚政府官員和軍人的能力和操守（Lai, et al. 1991: 26, 45）。

再者，相較於同樣經歷皇民化運動的朝鮮人，台灣人顯得較為順從、反抗程度較低（周婉窈 1994: 153）。事實上，在戰爭期間，越來越多人的衣著和行為舉止變得像日本人。許多十幾二十歲的人，對日本人的一切，即使還談不上稱讚的話，也可以說相當尊敬。一般而言，經過半個世紀的殖民統治，許多——縱使不是大多數——台籍菁英已經相當接受日本人的世界觀，即便他們依舊視傳統的中國禮教為理所當然。對許多不論是菁英或一般平民百姓的台灣人來說，日本人足以令人尊重與讚賞的客觀理由，例如個人操守、行政效率、經濟成就和社會穩定等方面，是十分明顯的。但是台灣人對於他們自己所受到的歧視待遇，仍然普遍感到憤怒（Lai, et al. 1991: 41, 44-45）。

1944年5月，當時擔任台灣調查委員會主任委員、不久後成為國民黨政府第一位台灣行政長官的陳儀（1883-1950），曾經談到他對於日本在台灣成功的同化措施，感到憂慮。他說：

> ［敵人］不僅奴化［台灣人的］思想而已，並禁用［中國］國文、國語，普遍地強迫以實施日語、日文教育，……所以，台灣五十歲以下的人對於中國文化及三民主義差不多沒有了解的機會，自然是茫然。這真是十二分的危險。……收復以後很困難的工作是教育。台灣［殖民］教育相當發達，……台灣人口只有六百餘萬，而有這樣多的學校，是［中國］他省所不及的。我們收復以後，對於必需的事業必須維持，使不停

頓，使台人了解[我們]革命的功效，並不致貽敵人以口實。
（陳鳴鐘、陳興唐　1989: 58-59）。

　　陳儀的觀點，正是那些被派來台灣的國民黨政府官員與教師
所具有的典型心態。對他們而言，來到這個被接收的島嶼，中心
任務是要與「日本語文以及日本思想作戰」（許雪姬　1991:
173）。於是教育被當成重新改造台灣人的最有效工具。陳儀強
調，傳授中國國語、國文、和歷史，將在這種教育計畫扮演主要
角色（陳鳴鐘、陳興唐　1989: 59）。因此 1945 年 3 月台灣調查委
員會提出的〈台灣接管計劃綱要〉明確指出，「接管後之文化設
施，應增強民族意識，廓清奴化思想」，以及

　　應確定國語普及計畫，限期逐步實施。中小學校以國語為
　　必修科，公教人員應首先遵用國語。各地方原設之日語講習
　　所應即改為國語講習所，並先訓練國語師資。（陳鳴鐘、陳
　　興唐　1989: 54）

　　簡單來說，國民黨政府設定的重大任務是一方面要將台灣人
「去日本化」，另一方面則要將他們「中國化」。提倡中國國語、
普及國語，便成為「中國化」計畫中的基本工作。
　　1945 年 10 月 25 日，日本將台灣移交給中國，台灣正式成為
中華民國的一部分。隨著這個歷史的重大轉變，台灣出現一種新
的社會人群分類方式，亦即「外省人」和「本省人」的區分。從
字面上來說，「外省人」的意思是「從中國其他省份來的人」，用
來指稱中國接收台灣之後來台的中國大陸人及其子女。大多數的
外省人是公務員和軍人。相對地，日本殖民時期所出現、用來指

稱島上漢人的稱呼「台灣人」，一直沿用下來。然而為了區分島
上的本地居民與新來乍到的外省人，才出現「本省人」一詞。這
個類別並不包括非漢族的原住民。在大多數的情形下，它也只用
來指稱占人口多數的福佬人，而不包括客家人。「台語」或「台
灣話」的概念也很類似，通常只用來指主要的本地語言福佬話，
而這和殖民時期的使用方式一樣。

　　國民黨政府接收台灣六個月後，「台灣省國語推行委員會」
成立，「國語運動」於是正式展開。這個委員會的目標，具體呈
現「去日本化」和「中國化」的想法：「實行台語復原，從方言
比較學習國語」以及「刷清日語句法，以國音直接讀文，達成文
章還原」（張博宇 1974: 51；Tse 1986: 25-26）。依據這些目標，
特別是從其中主張「台語復原」這部分來看，台灣省行政長官公
署的語言政策似乎應屬於「多語主義（multi-lingualism）」。

　　然而實際上，上述的政策卻是嚴格的單語主義，國語才是官
方唯一認可的語言。當時已擔任台灣省行政長官的陳儀，公開宣
布國語教育「要剛性的推行，不能稍有柔性」，亦即必須雷厲風
行，沒有任何彈性調整的餘地（許雪姬 1991: 163）。雖然陳儀的
日語流利，但他在抵達台灣時，就發誓絕口不說半點日語（Lai,
et al. 1991: 79）。陳儀政府明白語言問題確實是個障礙，因此接
收台灣之後的一年內，仍舊允許日文出版品的發行流通。但在
1946年底，政府要求逐步廢除日語（Lai, et al. 1991: 95）。同
年，學校教學開始使用國語。這一年的10月24日，亦即接收台
灣後的一年，中文報紙和雜誌上的日文版也被禁止（陳鳴鐘、陳
興唐 1989: 235, 412）。

　　「獨尊國語」的政策對台灣人知識分子而言，特別是對向來
習慣用日語吸收知識與訊息的年輕一代，是個沉重的打擊。從三

〇年代初期開始便已純粹用日語寫作、並且已經享有名氣的作家，這個時候都被迫退出文壇。他們賴以表達的文學語言，在公共領域被禁止。與日本殖民政策比較起來，國民黨政府的決策更加嚴苛。日本殖民政府是在統治台灣的四十二年之後（亦即1937年），才正式下令禁止雙語報紙中的漢文欄（見第二章）。就某種意義來說，在祖國的統治下，那些過去受日語教育長大的一代，突然變成「文盲」。

　　讓情況更加惡化的是，能夠說流利的國語，變成進入政府任職的要件。相較於日本殖民的官僚體系，國民黨的台灣省行政長官公署的行政體制規模縮減不少。許多因此失業的台籍公務員，相當不滿。此外，外省人幾乎占據了長官公署所有的高層職位。不管從絕對數量或相對比例來看，本省人獲得政府職位的人數，都比日本統治時期更少。[4]至於那些有幸在政府機關謀得工作的本省人，通常也只有無足輕重的職位。長官公署經常以多數本省人還無法流利使用國語，做為其用人政策的正當理由（許雪姬　1991: 166-167；Lai, et al.　1991: 65-67, 70）。雖然中華民國憲法即將於1947年12月25日實施生效，但陳儀仍於1946年1月宣布，在1949年12月之前，將無法舉行縣市長的直接選舉。陳儀指出，很多本省人仍在使用日語，接著強調：「為建設中國的台灣，首先要使本省人學習國語國文，現在要實行縣市長民選，實行危險得很，[本島]可能變做*台灣的台灣*」（斜體為筆者所強

4　在總計84,559名日本殖民行政官僚中，有46,955名台灣人（占56%）。但在新政府底下，總計44,451名公職人員中，只有9,951名台灣人（占22%）。因此在1946年，約有36,000位前台籍公職人員失業。更糟的是，在1945年和1946年，台灣省行政長官公署任命縣長、市長和鄉鎮長，幾乎全由外省人擔任。舉例來說，八位縣長中只有二位為本省人。見Lai, et al.（1991: 65-66）。

調）。[5] 此外，由於外省籍官員認為國語能力是公民身分的基準與
愛國精神的象徵，因此他們時常因為本省人無法流利使用國語，
而指責本省人仍受日本統治所「奴化」。相對地，本省人則經常
抱怨外省籍官員除了國語之外，根本一無所知（許雪姬 1991：
167-168）。這種事態的發展，讓語言障礙迅速演變成政治問題，
並成為本省人與外省人交惡的主要因素之一。

二、國民黨統治初期與二二八事件

語言問題正是外省人和本省人早期接觸情形的指標。本省人
痛恨日本人對待他們的方式，然而卻同時欣賞日本人的許多行事
風格，以及日本統治所帶來的物質條件提升。戰爭結束之際，本
省人一瞬間歡欣鼓舞，沖走了這種矛盾的情緒。本省人認為中國
大陸是他們的祖國、文化的源頭、祖先的原鄉。他們對於台灣重
新整編成為中國的一部分，熱烈地欣然接受（Clough 1991：
817；Lai, et al. 1991: 47）。許多本省人在「台灣光復」後最初的
幾個月，自動自發地學習國語。雖然其中某些人顯然是希望從新
的政治環境中獲取利益的機會主義者，但這仍反映許多本省人對
光復充滿熱情（何容等人 1948: 10-11）。然而本省人對國語的熱
情，在陳儀政府就任一年內便急遽衰退。對於他們自己受日本影

---

5 引自許雪姬（1991: 174）。亦可參見陳鳴鐘、陳興唐（1989: 571-572）。1946
年4月，長官公署確實曾辦理選舉，選出省、縣、市及鄉鎮級的參議會議
員。因此各級政府中的台籍民意代表人數，要比日本統治時期多。比起當時
中國其他省份的民眾，台灣人在地方與省級層次有更多的發言管道。見Lai,
et al.（1991: 68）。

響而被羞辱、指責為奴化，本省人感到憤怒，也埋怨他們在政治上備受歧視，而這些只是熱情消退的部分原因。

　　事實上，本省人所稱頌的解放者，亦即國民黨的中央政府，雖然帶領中國贏得對日抗戰，並且被公認為世界強權之一，但它的貪污、腐敗、無能，長期以來不斷受到外國人士的批評，也被本國人民所指摘（Pepper 1986: 738）。除此之外，戰爭帶來的摧毀破壞，已經使國民黨政府飽受痛苦，但它又旋遭共產黨軍事挑戰的糾纏。因此，本省人本身期待國民黨政府會很快創造出比日本殖民時期更好的政治與經濟環境，顯然是不切實際的。不幸的是，多數本省人抱持著這樣的想望。《南音》的主編葉榮鐘，曾經如此描述他那一代人對中國的看法：

　　　我們出生於割台以後，足未踏祖國的土地，眼未見祖國的山川，大陸上既無血族，亦無姻親。除文字歷史和傳統文化以外，找不出一點連繫，祖國祇是觀念的產物而沒有經驗的實感。（葉榮鐘 1995 [1964]: 419）

因此大多數台灣人對國民黨轉趨失望，並不令人驚訝。

　　讓事態更惡化的是，本省人對國民黨統治下的行政體系和經濟政策十分不滿，而這些體系與政策迅速引發社會的混亂。日本投降之後，台灣省行政長官公署成立，這意味著台灣被視為一個特殊省份，必須接受異於大陸其他省份的規範所統治。陳儀不僅被任命為台灣省行政長官，也擔任警備總司令。於是軍事與民政的權力，都把持在他一人手裡。此外，立法和司法事務也由行政系統直接管轄，而受行政長官的監督。相較於其他大陸各省省長只掌理民政、並執行省府委員會的決議，陳儀獨攬了更多的權

力。他的權力與先前的日本總督不相上下。至於台灣省行政長官公署與地方政府的組織架構，則幾乎是日本殖民官僚系統的翻版。許多本省人因此認為，長官公署等於日本殖民當局的復活。本省人經常稱呼長官公署為「新總督府」，認為它只不過換了一群新統治者罷了（鄭梓 1991）。

　　經濟失序讓本省人對政治現況更加憤恨不平。長官公署視日本人所有的公家財產和多數的私人資產為戰利品而加以沒收，但許多台灣人認為那些財產應當屬於他們。政府也放任過多錢鈔於市場流通，並採取國家主義政策以抑制自由市場。到了1946年初，通貨膨脹、失業和貨物短缺的現象急遽惡化，生活水準嚴重下降。日產充公和國家主義政策的主要目的，是為了有效動員台灣的經濟資源，以支援國民黨在大陸和共產黨的鬥爭。這種做法，更讓台灣人怒火中燒（鄭梓 1991: 258；Lai, et al. 1991: 72-73, 80-89）。

　　其他的因素，包括行政官僚人手不足而缺乏效率、貪污事件時有所聞、軍紀敗壞、持續從大陸湧入的難民等，都加重本省人和外省人之間的緊張。1947年春天台北的一場街頭騷亂，觸發了全島一連串的反抗事件。2月27日傍晚，正當一群緝查官員沒收一位本省婦人小販的走私香菸時，官員和婦人的爭執引來群眾圍觀。混亂之中，一位官員開槍射傷了人群裡的一名本省男子，並企圖逃離現場，而該名男子於隔日傷重不治（一說當場被擊斃）。這起騷亂迅速引起本省人對統治當局的激烈挑戰，擴及全島，為時兩週。許多都市民眾都被捲入其中。群眾攻擊外省人，當中為數不少遭到殺害。參與騷動的本省人也占據政府官廳和廣播電台，攻擊警察局並搶奪槍械武器。

　　混亂期間，一些台籍菁英組成幾個團體，領導群眾與長官公

署協商談判，要求政治改革與自由化，並主張政府應為悲劇道歉。這些組織中以城市裡的「處理委員會」最為重要。正當陳儀表示妥協的態度並答應滿足台灣人的期望時，部分民眾轉為激進，要求軍隊解除武裝，將武器交給處理委員會，並立法允許台灣人自治。但隨著大陸方面增派援軍抵台，本省人於是遭到大屠殺。到了3月底，反抗行動已經被全面鎮壓，社會恢復平靜與秩序，但是清除異己的肅清行動仍持續好幾年。這個公開的反抗，也就是「二二八事件」。[6]這個事件對台灣往後數十年的政治有極大的影響，一個最明顯的事實是，它造成本省人與外省人長久以來相互的敵意。再者，事件發生後一群異議人士成功逃離台灣，從而著手展開海外的台灣獨立運動。

在語言問題方面，二二八事件後長官公署的單語政策變得更加嚴苛。如同先前所述，早在二二八事件爆發之前，由於陳儀的不當統治，本省人學習國語的熱情已經消退。事件發生期間，參與反抗的本省人經常盤問外省人是否會說本地語言，尤其是福佬話。如果被盤問者無法以本地語言來回應——事實上這很常見，那麼他即使不是被殺害，也會被痛毆一頓。此外，反抗者占據廣播電台，並以福佬話或日語廣播，他們的標語、傳單、布告也幾無例外地使用日語（許雪姬 1991: 175-176）。雖然本省人用他們熟悉的語言來表達憤怒，是再自然不過的事，但這卻讓外省人相信本省人的心靈受日本影響的毒害，比他們原先所認為的還要嚴重。實際上，在長官公署後來所提交的二二八事件報告書中，認

---

6 關於二二八事件的詳細描述，可參見Lai, et al.（1991）；陳翠蓮（1995）。台灣人在大屠殺中的喪生人數，各種估計從數百人到十萬人都有。根據Lai等人的研究，則人數約為一萬上下。見Lai, et al.（1991: 159）。

為「日本人奴化教育之遺毒」正是反抗發生的主要因素之一。[7]在
成功鎮壓本省人的反抗不久之後，陳儀曾宣稱：

> 事變的發生由於日本人五十一年毒化的宣傳，使人民反對
> 政府；……那些和日本人有相同想法並且反對我們的人是卅
> 五歲以下的青年，他們多半不知道中國，只知道輕視中國
> 人；視中國文化制度如糞土，以為什麼都不如日本好，這些
> 人完全忘了他們的祖先是中國人。[8]

　　因此，事件之後，與日本有關的私人物品，例如日語唱片、
日文書刊、日本國旗等，都被沒收。日語也被禁用，針對公務員
和公共場合，尤其如此（許雪姬 1991: 178-179）。能說流利的國
語，成為在政府上班的條件。提倡國語、嚴禁日語、並且打壓台
灣本地語言，就成為二二八事件之後官方的語言政策。

三、1947-1949年的文學辯論

1. 國民黨統治初期台灣作家的處境

　　跟大多數本省人沒有兩樣，一般而言，本省籍的文學作家歡
迎台灣光復。對於他們終於能夠從日本人在皇民化政策下愈發嚴
格的審查制度中獲得解放，這些作家感到歡欣鼓舞。如同上一章

7　台灣省行政長官公署，〈關於台灣「二·二八」暴動事件報告〉（1947年3月
　　30日）。見陳鳴鐘、陳興唐（1989: 598-622）。

8　《台灣新生報》，1947年4月1日，頁1。引自Lai, et al.（1991: 139）。

所談到的，用日語而非中國白話文寫作的年輕作家在三〇年代初期，便已立足文壇。出生並成長於殖民時期的作家群，如吳濁流（1900-1976）、楊逵（1905-1985）、張文環（1909-1978）、龍瑛宗（1911-1999）、呂赫若（1914-1950）等，都是戰時台灣文壇的中堅分子，而當時以中國國語為基礎的白話文已被禁用，原來使用中國白話文的作家已逐漸退出文學界。受到殖民統治結束的鼓舞，許多戰爭期間在文壇已建立聲譽、擁有一席之地的作家，都投入了新報紙和新雜誌的編輯工作。國民黨發行的重要報紙《中華日報》，所刊登的稿件不少即出自這些作家。這份報紙的日文版裡一塊小小的「文藝」專欄，成為日語文學作品發表的主要空間（葉六仁 1986: 104-108；彭瑞金 1991a: 35-41）。

　　然而從台灣光復到政府宣布禁止中文報刊中的日文版，相距不過短短一年。以日文發表的作家發覺他們自己被祖國政府強制噤聲，就如同那些在日本人統治下只能沉默的中國白話文作家一般。1924年出生於台南的王育德，在戰後擔任台南一中教員、從事台灣新戲劇運動，後來流亡日本而成為海外台獨運動重要的領導者之一。在日文版面被下令取消的兩個月前，他以筆名寫道：

　　……台灣光復了。他們［作家們］興緻勃勃地想要大寫特寫日據時代不讓他們處理的題材。然而興奮和激動只是曇花一現，特意苦心慘憺地學到的日文卻不能公開使用。他們又變成國語講習會裏的一年級學生……

　　現在，我們之間有一種樂觀性理論成為力量。那便是我們極其民主的政府跟日本政府不同，所以會尊重言論及出版的自由。假若不是如此，那麼台灣文學的前程聳立著兩種障礙，［亦即語言障礙和政治障礙］。那麼現時台灣有哪一種文

學存在？如果勉強去尋找就找到「阿山文學」。它的本質是
以在台外省人為對象的，充其量只不過是本國短篇小說皮相
的介紹而已。當大多數的台灣人無法充分讀懂國語文的現
在，這種文學游離大眾，並不具有任何價值。（王莫愁 1984
[1946]: 108-109）[9]

　　很不幸地，政局的混亂讓語言問題更為惡化。二二八事件和
隨之而來的鎮壓，進一步將許多日文作家逐出文學界。在鎮壓期
間，長官公署也查禁許多報紙與雜誌。無數的本省籍作家、記
者、學者和藝術家遭到逮捕或殺害。二二八事件之後，文壇生態
的一大轉變，是各種報紙與雜誌多為外省人士所掌控。

2. 文學辯論：殖民統治與台灣語言文化的獨特性

　　然而由於了解到戰後以來台灣的文學發展受到挫折，一群外
省籍的文化知識分子初來台灣，便表示有意振興本地的文壇，展
現他們對本省籍作家的善意。二二八事件不久之後，長官公署發
行的《台灣新生報》文藝副刊的兩位外省籍主編何欣（1922-
1998）與歌雷（史習枚），便開始關心台灣的文學進展，以及本、
外省作家的合作。在他們主編期間，這份文藝副刊吸引了眾多討
論應該如何發展文學的文章，而這些文章同時來自本、外省籍的
作家與評論家（本省作家所寫的文章，通常從日文翻譯成中文後
才刊登）。1947年8月後，歌雷所主編的副刊「橋」，尤其成為最
主要的論辯舞台。這些論辯維持二十個月之久，一直到1949年4

9　引文中「阿山」（從山的那一邊來的人），指的是外省人。本省人藉此稱呼表
　　達輕蔑之意。

月「橋」副刊被廢止後為止。一般而言,外省人的善意是出於忽
略——如果不是完全無知的話——殖民時期台灣人的文學關懷與
成就,同時也由於他們熱烈地要宣揚中國五四運動之後的主流文
學觀點。此外,參與討論的外省人經常表達對台灣文學的特色有
所不安,流露出企圖將本地傳統整合到中國文學範圍的強烈欲望。
相對地,參與論辯的本省人士則要求日本統治下台灣新文學的成
果應該受到尊重與認可,但同時他們也未否認台灣文學可以成為
中國文學整體的一部分。他們呼籲外省人欣賞台灣文學的「獨特
性」,並且重視台灣文學對中國文學的未來發展可能有的貢獻。

　　關於掀起這場論戰的外省作家和評論家的背景,我們所知不
多。不過可以確定的是,他們幾乎都是左傾的、三〇年代中國文
學思潮主流的信徒(彭瑞金 1984: 3)由於在他們眼中,台灣是
「文學的沙漠」或「文藝的處女地」(江默流 1984 [1947]: 258;

圖3-2　1947年《台灣新生報》「文藝」副刊上外省籍作家江默流論台灣文藝

田兵 1985 [1948]: 178；阿瑞 1985 [1948]: 198），他們便鼓吹五
四運動後中國作家所廣泛接受的文學的社會寫實主義。「人民」、
「革命」、「解放」、「反封建」、「反帝國」，都是流行的用詞。[10]對
於這群外省籍知識分子來說，台灣文學做為中國文學的一部分，
必須跟隨中國文學的主流前進。他們認為，新的台灣文學必須是
新的寫實文學，作家們要「深入社會，與人民貼近，呼吸在一
起，喊出一個聲音，繼承民族解放革命的傳統，完成『五四』新
文學運動未竟的主題：『民主與科學』」（歐陽明 1984 [1947]:
275）。[11]

10　1919年五四運動之後，中國的智識潮流和政治發展的主要趨勢是：仿效西方
　　自由民主國家而要解決中國社會政治問題的改良主義與實用路線，逐漸被受
　　到蘇聯所啟發的激進路線所取代。這個潮流的演變，也影響了中國文學的發
　　展。1928至1937年十年間，亦即從全中國統一在國民黨領導的國民政府
　　下，到中日戰爭爆發，雖然中國共產黨受到政治壓制和軍事挫敗，但共產黨
　　人在文化界的影響卻逐漸上升。1930年3月，在魯迅（1881-1936）——文學
　　史家公認為現代中國最優秀的作家——和另一位重要作家茅盾（1896-1981）
　　的支持下，四十幾位作家於上海創立「中國左翼作家聯盟」。大部分的發起
　　人，都是當時不久前被列為非法的共產主義文學組織的成員。見Hsia（1971:
　　117-119, 124）。這個聯盟要求其成員「站在無產階級的解放鬥爭的戰線
　　上」，並且「援助而且從事無產階級藝術的產生」。此外，它也宣稱文學「必
　　須簡明易解，必須用工人農民所聽得懂以及他們接近的語言文字；在必要
　　時，容許使用方言」。這個左翼的聯合陣線，此後主導了三〇年代的中國文
　　壇。見Lee（1986: 429）。

11　廣義來說，五四運動不僅包括1919年中國的學生和知識分子針對北京軍閥政
　　府外交失敗所進行的社會與政治示威抗議，也包含1917年開始的新文學革命
　　與新思想運動——這個運動往後被統稱為「新文化運動」。見Chow（1960:
　　2-5）。同時參見本書第二章「1920年代：白話文學和中國國語」一節。這個
　　知識運動以嚴厲批判傳統道德與社會秩序為基礎，致力於追求一個全盤的
　　「新文化」，而這種精神正體現在1919年的五四示威遊行中。新文化運動的

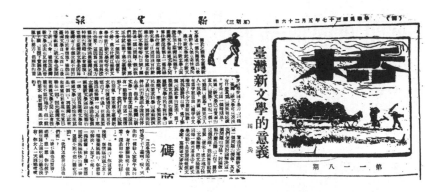

圖3-3　1948年《台灣新生報》「橋」副刊上外省籍作家田兵論台灣新文學

　　一般而言，這些外省籍知識分子對於重振本地文學活動的善意與熱情，受到肯定與讚賞。尤其是他們的反帝國主義和人道主義的關懷，獲得許多本省籍討論者的支持。上一章提到，三〇年代的台灣，曾經出現受到社會主義「無產階級文學」理念所激發、提倡以台灣話文書寫的「鄉土文學」運動。對於曾經身歷這段文學運動的人來說，外省籍人士所討論具有社會主義色彩的社會寫實主義，一點也不陌生。一些參與討論的本省人，例如知名作家楊逵和葉石濤（1925-2008）、評論家廖漢臣（廖毓文，1912-1980）等，呼應外省人的觀點，並且歡迎將「進步的、人民的文學」引進台灣。他們呼籲外省和本省作家「消滅省內外的隔閡，共同來再建，為中國新文學運動之一環的台灣新文學」，互相合作（毓文 1984 [1947]: 268；楊逵 1984 [1948]: 281-282；葉石

　　領導者來自當時中國才現代化沒多久的學校與大學。除了反帝國主義之外，這個運動的另一個目標是建立一個科學和民主的「新文化」，以擺脫這個古老國家封建歷史的羈絆。見Furth（1983: 322）。

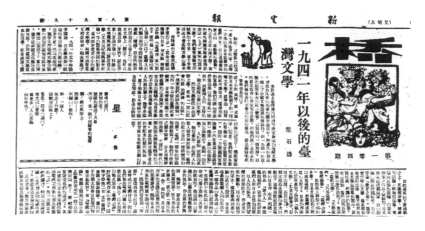

圖3-4　《台灣新生報》「橋」副刊上葉石濤對外省籍作家的回應

濤 1984 [1948]: 291）。不過，本省籍的討論者也暗示，戰後的社會政治秩序敗壞，已經使許多本地作家放棄寫作。他們試圖提醒外省人注意殖民時期台灣現代文學的歷史，強調從二〇年代初黃呈聰、黃朝琴提倡文學和語言改革以來，台灣作家早已有豐碩的成果（毓文 1984 [1947]: 266-267；楊逵 1984 [1948]: 280；王錦江 1984 [1947]）。

　　在這次的文學爭論中，二二八事件對文學的影響，明顯可見。如同前述，就外省人的觀點來看，日本的教化灌輸，是這一次動亂的部分原因。本省人要求自治，被抨擊是受到日本人「毒害」的症狀。二二八事件讓殖民統治的影響蒙上更嚴重的污名。在討論中，本省人強調本地作家的成就，激起了外省籍批評者的疑慮。外省籍討論者對殖民統治的遺緒感到不快，呼籲要將地方的文學傳統整合到「民族」的文學傳統之中。他們認為，雖然殖民時期的本省作家被隔離於祖國的文學潮流之外，但他們相信，關於如何發展台灣文學的問題，具體來說就是如何讓祖國文學中

無法分割的一部分能夠有所發展的問題；要促進台灣新文學茁壯，也就是在促進中國新文學中一個重要部分的發展（歐陽明 1984 [1947]: 274-275）。

事實上，在《台灣新生報》文藝副刊歷時二十個月的討論當中，焦點主要都圍繞在台灣文學和更廣泛的台灣文化的「特殊性」上。一位外省人士以尖酸的口吻，強烈批評台灣文學傳統的特殊之處：

> 日帝統治台灣五十一年之久，在思想上，所留給我們的，是「資本帝國主義殖民地封建文化」。台灣光復以後，在這種文化上面又再加上帶有「官僚性格」與「買辦性格」的半奴隸文化。這兩種文化所溶合起來的就是「原始的妓女文化」。這種「原始的妓女文化」是產生于這個台灣的「特殊性」上面的。這種寄生的、落後的、腐敗的「原始的妓女文化」，就是台灣新文化的死敵。
>
> 現階段的台灣新文學運動，如果站在台灣文學的「特殊性」上面來說：其意思，就是：台灣進步的文藝工作就是團結起來，共同來剷除這個「原始的妓女文化」的一種運動。……對外就是要努力與國內的「戰鬥的民主主義文學友軍」，取得密切連繫而促成步調一致的新現實主義文學運動。……這種帶有濃厚的，台灣特殊性的「原始的妓女文化」，出現于台灣思想方面的姿態的，隨便的提出幾個具體的證據來說，就是「台灣獨立」與「托管」等的不正思想。……（吳阿文 1984 [1949]: 298-300）[12]

12　二二八事件後，一些本省籍異議人士與美國政治人物，曾經倡議讓台灣成為

　　這位作者的激烈措辭，清楚展現出他對台灣文化的獨特性、以及對於與這種獨特性有關的分離主義的厭惡。副刊主編歌雷也宣稱，台灣文學就跟中國大陸上任何的「邊疆文學」沒有兩樣，其特殊之處就在於四種要素：簡單的敘事技巧、慣用日語詞彙與獨特的台語俗話和口語、受日本作家影響、以及某種反殖民意識。[13]對歌雷和其他外省籍批評者來說，這些特殊成分主要就是殖民統治的產物，並且造成本地的文學傳統匯入中國的民族文學時的障礙。他們認為，為了克服這些障礙，本省作家必須學習國語，而同樣重要的是，本省作家應該運用祖國文學界主流的社會寫實主義，為人民創作「人民的文學」。這些外省籍批評者強調，台灣文化普遍上必須「創造出無特殊性的境地，……使台灣文化能與國內文化早日異途同歸」。[14]

　　認為台灣文學與文化的特殊性就在於殖民統治遺緒，這幾乎是外省籍批評者的普遍看法。然而一些本省籍的討論者則駁斥，這種論點讓外省人無視於台灣的實際面貌。例如彭敏指出，當解釋台灣任何不合理的事情時，殖民經驗已經變成過度方便的理由。「這是日本的影響」是外省人隨時準備做的結論，尤其是他們談到社會弊病的時候。彭敏指出，這種觀點已經形塑了對台灣社會的刻板印象（彭敏 1985 [1948]: 194-195）。[15]另一位本省籍討論者也以筆名瀨南人發表相同的批判。他在駁斥外省籍作者陳大禹的文章論點時寫道：

受美國或聯合國託管的領土。見陳翠蓮（1995: 408-423）。

13　引自彭瑞金（1984: 10）。

14　引自彭瑞金（1984: 11）。

15　彭敏是彭明敏的筆名。他生於1923年，發表這篇文章時25歲。

「台灣的處境造成異同國內明顯特殊的色彩是起因於曾經淪陷於日人統治下五十餘年」且他以為「僅僅以此就足以構成台灣在中國，最突出的特殊性。」前已述過，台灣的特殊不是單在於此，所以不應該特別強調這一點，台灣的地理位置，地形地質，氣候產物——就是自然底環境才會造成，被西班牙與荷蘭人竊據，以及淪陷於日本——的歷史過程，並且這些歷史過程，再和她的自然環境互相影響而造成台灣的特殊，而這種特殊，使得台灣需要建立台灣新文學。……

我並不否認台灣是中國的邊疆之一。但我肯定台灣文學的目標[不]是在建立邊疆文學。更難承認冠以地名就會使其作品減少價值而終于成為邊疆文學。總之：為了適應台灣的自然底或人文底環境，需要推行台灣新文學的運動，但是建立台灣新文學的目標不應該在於邊疆文學。我們的目標應該放在構成中國文學的一個成份，而能夠使中國文學更得到富有精彩的內容，並且達到世界文學的水準。（瀨南人　1985 [1948]: 189-190）

瀨南人的觀點，讓人想起日本殖民時期的1932年葉榮鐘所提出的「第三文學」理念。葉榮鐘倡議建立一個以台灣人「社會集團」的特殊性為基礎的文學。他認為台灣人的特殊性主要由於殖民統治經驗，以及台灣與其文化源頭——中國大陸——隔絕。葉榮鐘認為，這樣的特殊性已讓台灣人和大陸上的中國漢人有所區別。認定日本的統治已無可動搖、解放之日也幾乎沒有可能，這種想法，促使黃石輝提倡「鄉土文學」、郭秋生倡議台灣話文、葉榮鐘則提出「第三文學」的構想。對他們來說，殖民統治成為台灣特殊性最重要的來源，因而必須嚴肅看待。為了確保被殖民

者的民族認同，他們都有類似的結論，認為發展台灣的「獨特的
文化」或「獨立的文化」極為必要，而以台灣話寫作的文學則是
其中基本的部分。但相對地，一旦殖民經驗被外省人視為社會病
態與政治問題的主要根源，那麼本省籍知識分子如彭敏、瀨南
人，則試著淡化殖民經驗對形塑特殊文化的重要性。瀨南人清楚
指出，發展新的台灣文學的目的，是讓它成為中國文學的一部
分。不過即使如此，在要求正確看待台灣的特殊性時，他顯然相
當關切本地認同能否延續。因此就這方面來說，以瀨南人為代表
的本省籍討論者的觀點，相當類似於以黃石輝、郭秋生和葉榮鐘
為代表的日本殖民時期知識分子的看法。他們的態度，相較於外
省籍批評者所普遍抱持的看法，亦即台灣文學與台灣文化必須達
到「無特殊性」的境地，則構成鮮明的對比。

　　儘管外省籍知識分子展現善意，企圖幫助本地文壇重振生

圖3-5　《新生報》「橋」副刊上瀨南人對錢歌川、陳大禹的反駁

機，但二十個月以來針對台灣文學性質與未來發展的論辯，卻由
於1949年4月《台灣新生報》的「橋」副刊被廢除，因此戛然而
止。主編歌雷因被控與抗議警察的學運「四六事件」有所牽連而
遭到逮捕，也導致副刊被撤廢。「橋」副刊的廢止，代表著發軔
於二〇年代初期的台灣現代文學，至此告一段落，而台灣另一個
新的文學時期又將開始（彭瑞金　1991a: 62）。雖然這場論辯對往
後台灣的文學發展影響微弱，然而它的歷史意義卻值得我們重
視。這場議論主軸圍繞在台灣文學和台灣文化的「特殊性」，這
牽涉到如何面對、處理殖民統治的文化遺緒的難題。對於在中國
大陸飽受日本侵略之苦的外省籍討論者（和國民黨政府）來說，
這些遺緒無疑是民族敵人所殘留下來的毒素。但是對本省籍的討
論者而言，殖民統治的經驗則是形塑獨特集體認同的重要成分。
於是在某種意義上，污衊殖民統治的文化遺緒，便是污衊本省
人。在國民黨統治接下來的數十年，這些文化遺緒被貶抑與排
斥。一直要到七〇年代初期，殖民時期台灣人的政治與文學活
動，才再度引起社會大眾與學界的興趣。從八〇年代初開始，關
於日本殖民統治底下反殖民的抵抗與文學活動的敘事，則逐漸成
為台灣民族主義的歷史論述的主要部分（見第四章與第六章的分
析）。

四、1950與1960年代國民黨的統治

　　1949年12月，也就是「橋」副刊被裁撤的八個月後，國民
黨主政的中華民國政府在內戰中敗給中國共產黨，撤退到台灣。
事實上，自1946年之後已有超過一百萬的難民從大陸逃難來台。
1950年初蔣介石在台北復任總統一職時，中華民國的命脈正處於

危急存亡之秋。然而1950年6月由蘇聯支持入侵南韓的戰爭爆
發，讓美國認為台灣如果被中國共產黨軍隊占領，將威脅到太平
洋地區的安全，於是美國第七艦隊銜命保護台灣。1954年末，美
國與中華民國簽訂共同防禦條約，建立了長期的經濟與軍事援助
計畫的正式架構。從五○到六○年代，美國對台灣的保護，提供
了台灣的安全保障，使台灣可以維持政局穩定與持續的經濟發展
（彭懷恩 1987: 69-71）。同時美國也運用其影響力，幫助中華民
國保有聯合國的席位，並且阻止中華人民共和國的加入。

　　國民黨將過去在中國大陸上的政府體制搬來台灣，而這個體
制是依據1946年在南京正式通過的憲法所建立的。三個國會機構
（國民大會、立法院與監察院）的成員，都是1947年與1948年在
大陸所選出的。他們的任期被延長，以維持三個機構的功能，但
他們在台灣並沒有實際代表的選區與選民，也沒有公眾監督的壓
力。事實上，這三個民意代表機構都由國民黨所掌控（Tien
1989: 140）。蔣介石擔任國民黨主席、國家元首和三軍統帥，握
有許多重大決策的最高主導權。與國民黨政府一同撤退來台的兩
個小政黨，實無影響力可言。任何組織新政黨的活動，也都被禁
止。國民黨控制下的政治體系，基本上是仿效列寧黨國體制所建
立的一黨專政系統。

　　雖然省級和地方層級的選舉提供了本省人參與政治的重要管
道，但是由外省人所領導的國民黨卻擁有選擇地方領導者的權
力。黨國體制內的重要職位，幾乎都由外省人占據。黨國權力位
階愈高的地方，本省人的蹤跡就明顯愈少（Chang 1994: 114）。
因此地方政治所實行的民主選舉，並沒有改變國民黨政府威權統
治的根本性質。此外，在各種規定的限制下，尤其在〈動員戡亂
時期臨時條款〉和實施戒嚴的控制下，公民權處處受限。前者使

總統享有憲法所賦予的範圍之外更多的權力。而自1949年頒布戒嚴令之後所實施的戒嚴，則將台灣界定成中國內戰中的交戰區域，因此允許軍事法庭祕密審判任何被控涉嫌叛亂的人士（Tien 1989: 108-110）。

戰後二十年間，台灣的政治體制沒有什麼基本的改變。六〇年代末，國民黨黨員已接近一百萬人。除了掌控政府機關之外，這些黨員控制了各式各樣的人民團體和學校，在維持政治穩定上扮演核心角色。政治反對運動，則被成功壓制。[16]台灣獨立運動則主要在日本與美國發展推進，然而這些運動的規模不大，也經常受派系之爭所牽制，對台灣內部政治發展的影響微弱。[17]

政治穩定成為台灣六〇至七〇年代經濟快速發展的基本條件。[18]農業生產減少，工業蓬勃發展，伴隨著快速的都市化和勞動

---

16 例如這二十年間有兩個重要的政治反對活動，都以失敗收場。政論雜誌《自由中國》的外省籍主編雷震，曾經嘗試建立一個包含外省人和本省人的反對黨，但最後於1960年被判刑十年而入獄。這個《自由中國》事件的詳細經過，可參見Mendel（1970: 114-117）、李筱峰（1987: 55-84）。另外，曾任國立台灣大學政治學系系主任的彭明敏，以及他的兩位學生，祕密草擬一份宣言——〈台灣人民自救運動宣言〉，呼籲台灣民眾起而反抗「蔣介石政權」。1964年他們被逮捕，但彭明敏後來潛逃出境。可參見彭明敏的自傳 *A Taste of Freedom: Memoirs of A Formosan Independence Leader*（1972）。此書的中譯本可參見彭明敏（1984 [1972]）、（1988 [1972]）。〈台灣人民自救運動宣言〉的英譯版本可參考Mendel（1970: 249-260）。

17 關於海外台灣獨立運動的相關資料，可參見陳銘城（1992）、陳佳宏（1998）。

18 1949年開始的土地改革，不僅對農業生產與工業化有重要貢獻，也為緊接而來的經濟快速成長鋪下基礎。六〇年代的台灣，經濟普遍起飛。平均每人國民所得的年增率從五〇年代的2.7%，增加至六〇年代的5.8%。外銷產品的快速增加，是高經濟成長率的主因，也導致了經濟的基本結構變化。農業產

階級人口的顯著增加。[19]令人矚目的經濟起飛、都市化、以及勞動
力組成的改變，造成1960年代財富分配不均、農村凋蔽和勞雇關
係等社會問題逐漸嚴重。這些社會經濟的變化，正是六〇年代
末、七〇年代初新的文學創作趨勢——亦即戰後的「鄉土文
學」——出現的背景，而鄉土文學對後來的台灣民族主義文學論
述的發展極為重要。不過在分析鄉土文學之前，我們有必要先簡
短討論戰後二十年的文學演變。

五、五〇、六〇年代的戰鬥文藝、國民黨意識形態與現代主義文學

傳統的失落，是1949年之後台灣文壇的基本特色。一方面，
語言問題讓殖民時期活躍的本省籍作家失去寫作能力。接著二二
八事件而來的鎮壓，更進一步將作家逐出文學界。他們的退出，

値占國內生產淨額的比例，從1960年的33%，下降至1970年的18%，而此
時工業產值的比例則從25%上升至35%。見Clough（1991: 836-849）、彭懷恩
（1987: 75-78）。

19 六〇年代，大都市人口成長了87%，鄉鎮人口增加了73%，但這個期間台灣
總人口數不過上升35%。除此之外，六〇年代農業、漁業、林業的勞動人口
數只增多16%，但相較之下，商業、製造業與服務業的勞工人數則分別攀升
了43%、82%與115%。見Clough（1991: 842, 848-849）。我們必須注意的
是，雖然主要的大資本家有外省人也有本省人，但中小企業才是推動經濟成
長的主要動力，而大多數的中小企業主為本省人。再者，本省人與外省人的
社會流動管道不同。一般而言，本省人集中在私人企業，而在這些領域，日
常事務的進行，主要靠他們的母語，特別是福佬話。相對地，外省人通常於
公部門謀職，包括國民黨、政府單位、軍隊和其他國營企業。見Chang
（1994: 118-120）。

造成本地文學發展的重大斷層，也使得殖民時期台灣文學發展的
遺產無法傳承（Mei 1963: 73；呂正惠 1995:11-14）。另一方面，
幾乎所有當代中國文學的重要作家都留在大陸。大多數1930年代
的重要作家，例如魯迅、老舍和巴金等人的作品，也因為他們支
持共產主義而被全面禁止。受五四運動所激發的三〇年代作家的
作品，被允許閱讀的只剩下如徐志摩、朱自清等人的抒情感懷之
作（Chen 1963: 78；Lau 1973: 623）。自歌雷被捕，以及「橋」
副刊遭撤除之後，五四以後的中國現代文學發展特色，尤其是左
翼的社會寫實傳統，在台灣就銷聲匿跡。政治上的箝制同樣威嚇
著本省與外省籍作家。由政府支持、外省籍作家創作的「戰鬥文
藝」是當時政治氣氛的代表，在五〇年代初期十分流行。強烈的
反共宣傳與專門描寫反共鬥爭，是戰鬥文藝的主要特色。它的場
景幾乎都在中國大陸，而鄉愁是其中主要的情感基調（Chen
1963: 78）。

圖3-6 1955年8月29日《聯合報》關於戰鬥文藝的報導

「戰鬥文藝」反映了國民黨的意識形態。國民黨再三宣示中華民國是全中國唯一的合法政府，並且決心收復大陸失土。國民黨政府也不斷強調它是中國傳統文化的捍衛者（Chun 1994: 55）。傳統中國文化的價值、象徵符號、歷史、藝術、工藝、國語、大陸江山景致等，受到官方的推崇讚揚，但與這些東西相對的台灣本地產物則被輕視貶抑。尤其是在1966年，為了對抗當時中華人民共和國興起的「無產階級文化大革命」，蔣介石發起「中華文化復興運動」。這個運動的宣言強調，中國歷史和文化傳統中的偉大道統，在中國大陸已遭摒棄踐踏，因此我們需要一個致力於「文化復興」的運動來捍衛民族文化傳統的存續。這份宣言也聲稱，孫中山的《三民主義》是中國文化傳統的精華，也是反共戰爭的指導原則，為保衛民族傳統所不可或缺（Tozer 1970: 82-83）。學校教育、大眾媒體、軍隊訓練，以及各種名義上的人民團體組織，都是灌輸這類意識形態的重要工具，而通常都由外省人控制了這些社會化機構。

在政治高壓和文化封閉的大環境下，創刊於1956年、由夏濟安教授與其台灣大學同仁共同主編的《文學雜誌》，是第一份沒有明顯政治宣傳的嚴肅文學刊物。它也代表一群外省籍知識分子，有意揚棄某種「流亡或漂泊心態」，並且摒棄當時過度的逃避主義（Chen 1963: 80；Lau 1973: 624）。這份雜誌強調不「逃避現實」，呼籲作者「反映他的時代表達他的時代的精神」，並且「說老實話」。然而這份刊物最後於1960年停刊，無法實現它期許的目標（Lau 1973: 625）。

儘管這份雜誌在推廣本身文學理念上的成效不大，但夏濟安仍培育出一群頗具天分的年輕作家，他們都是他在台灣大學外國

文學系的學生。但諷刺的是，這些作家與他們的老師不同，對於描繪社會政治現實處境沒有多少興趣（Lee 1980: 9）。身為成長於台灣的外省籍第二代，他們偏好探索個人的內在經驗，沉浸於感官、潛意識與夢境的個人世界中。在描寫這種心理經驗時，這群作家依賴各種「現代主義」文學作品中經常出現的影射技巧（Lau 1973: 626）。他們創辦《現代文學》，致力於有系統地引介西方二十世紀的現代主義文學。這份雜誌所設定的任務是：「試驗，摸索和創造新的藝術形式和風格」，並對中國人的傳統從事「破壞的建設工作」。[20]《現代文學》帶來主題與技巧的創新，對六〇年代台灣的文學產生重大的影響。外來引進的文學理念與技巧，被當時絕大多數的年輕作家奉為圭臬。

　　《現代文學》的實驗重點是小說。但事實上，詩作是台灣現代主義文學的開路先鋒。早在1953年，外省籍詩人紀弦（1913-）便創辦了《現代詩》雜誌，並且在1956年成立「現代」詩社，有八十位詩人加入。詩社的首要任務，可以說是要使台灣的詩全盤西化。紀弦主張，新詩必須有賴直接移植自西方的現代主義傳統，而不是從中國古典詩中汲取養分。《現代詩》從1953年發行，直到1963年結束。由於它的提倡，使得充滿大量異於傳統、甚至近乎荒誕晦澀的意象與象徵的現代詩，在台灣蔚為風尚。兩個同樣成立於1954年的重要詩社：「藍星」和「創世紀」，都遵循著類似紀弦的「引領詩界的另一場革命，推動新詩的現代化」理念，對台灣的詩歌與文學有著重要影響與貢獻。[21]

　　小說和詩作中的文學現代主義，反映了台灣自五〇年代中期

20　引自 Lee（1980: 14-15）。

21　引自 Lee（1980: 11）。

以來，在比較屬於開明自由派的知識分子之間盛行的現代化意
識。[22]「現代」詩社與《現代文學》的成員，經常倡言兼容並蓄，
號召作家吸收東西方文學和藝術傳統的精華，創作兼具「中國」
和「現代」特質的作品。儘管他們如此宣稱不拘一格的折衷理
念，但是從五〇年代中期到「鄉土文學論戰」出現的七〇年代中
期，這段時間的小說和詩作的最顯著特徵便是西化傾向，在形式
與技巧上尤其如此。這二十年可以說是台灣文學史上的現代主義
時期（呂正惠 1995: 3-4）。

六、鄉土文學論戰

1. 1970年代初的政治變化與「回歸鄉土」文化潮流

　　經過二十年的政治穩定與經濟繁榮，1970年代初台灣遭遇一
連串的外交挫敗。國民黨政府首先面臨的重大外交挑戰，是關於
台灣東北方釣魚台列嶼的主權爭議。由於台灣和日本都宣稱擁有
這些島嶼，而美國宣布它所管轄的沖繩島與釣魚台列嶼即將交還
日本，因此引發這項主權爭議。1971年春，海外與台灣的大學生
與教授發起了「保衛釣魚台運動」的組織活動。然而國民黨政府
對這個主權爭議事件，態度相當低調而無積極作為（Huang 1976:
5-12）。

　　此外，台灣最主要的支持者美國也開始改變它的國際政治策
略。為了能有效解決越戰問題，並掌握更多與蘇聯談判的籌碼，

22　就本書的研究目的而言，另外兩種文學類型──散文和戲劇──的歷史重要
　　性，遠低於小說和詩，因此筆者沒有討論這兩個部分。

美國試圖與中華人民共和國建立友好關係。就在國民黨政府剛度
過釣魚台主權爭議的挑戰之際，1971年7月美國總統尼克森宣布
將訪問北京，以尋求雙方關係的正常化。在此同時，美國也逐漸
撤回它對台灣保有聯合國席次的支持。終於在1971年10月，聯
合國會員國投票通過中華人民共和國加入，並排斥台灣。當台灣
在爭取合法代表全中國的努力上失去了美國的奧援時，愈來愈多
的國家和台灣斷絕外交關係，轉而承認中華人民共和國。[23]自此之
後，幾乎每年都發生新的斷交事件（Tien 1989: 221-222）。

　　一連串的外交失敗，引發要求政治改革的聲浪。其中《大學
雜誌》扮演著激發改革熱情的核心角色，它的五十幾位創辦成員
包括本、外省籍的年輕學者與企業家。這份雜誌提出內容廣泛的
政治改革方案，涵蓋各種政治、社會與經濟議題。不過到了1973
年1月左右，《大學雜誌》成員在國民黨的壓力下分裂，其中一
些成員被延攬進入國民黨決策階層，政治改革的呼聲因此很快地
平息下來（李筱峰 1987: 91-107）。

　　不過《大學雜誌》成員的政治改革計畫所呈現的兩大特色，
預示著一波橫跨整個七〇年代的新文化潮流即將來臨。首先，如
同黃默所指出的，「重視現實」一詞足以貼切地形容這些成員的
整體理念，亦即他們認為台灣不應再為當前無法實現的目標耗費

---

23 1971年，台灣仍與68個國家保有外交關係，同時僅有53個國家承認中華人
　民共和國。在聯合國決定排除台灣之前，有一些國家斷絕與台灣的關係，並
　承認中華人民共和國為中國唯一的合法政府。但當台灣被逐出聯合國後，情
　況更為惡化。1971年總計共有12個國家終止與台灣的外交關係。1972年美
　國總統尼克森訪問中國後，另有15個國家轉而承認北京。而台灣除了美國之
　外最重要的貿易伙伴——日本——與台灣斷絕外交關係，對台灣更是一個重
　大打擊。見Tien（1989: 221-222）。

過多心力。他們認為與中國統一是最終的政治目標，但主張當下最重要的任務是好好經營台灣。再者，這群成員重視社會底層民眾的福祉，特別是並未分享到經濟繁榮果實的農民與工人（Huang 1976: 23-24, 59）。《大學雜誌》的主張與成員吸引了大學生的支持，不過對廣泛社會的影響不大。大學生受到激勵鼓舞，開始涉入社會議題。他們走入鄉間、漁村和礦區以了解下層社會。他們提出的報告，揭露了下階層民眾的生活困境。在這種政治和社會氛圍中，一股特殊的「回歸鄉土」潮流於是浮現。文化菁英對於社會底層民眾的生活現實、以及對於鄉土文化資產表現強烈的興趣，是這股潮流的重要特色。普遍來說，七〇年代的文化氣氛迥異於前二十年，而文學在推動這波新文化潮流上，扮演主要角色。

2. 鄉土文學與論戰：反帝、左傾與地方色彩

相較於其他類型的文化活動，文學率先感受到新時代的脈動，並觸及社會經濟變遷所引發的相關問題。在1977年「鄉土文學論戰」興起之前，台灣的現代詩受到主張「為人生而藝術」的評論者接連不斷的攻擊。台灣現代詩的形式與內容，包括語義含混、過度使用西方意象和句法、耽溺於個人情感、逃避當前社會現實等，都招受嚴厲的指責。[24]

對現代詩的攻擊，代表著對文學現代主義之主導地位的公開

---

24 這一系列嚴厲的批評，主要出自兩位學者，亦即海外華裔的英國文學教授關傑明，以及在台北擔任客座數學教授的唐文標。關傑明和唐文標分別於1972年2月與1973年8月發表批評。見 Kwan-Terry（1972）；唐文標（1976[1973]）。

反抗。七〇年代初期的社會政治變遷，激發了這股新興的文學潮流。尉天驄（外省籍）及其同仁是《文季》雜誌的編輯，而這本雜誌正刊載了對台灣現代詩的批評，並且出現了一連串針對台灣現代主義小說的嚴厲評論。《文季》率先公開批判台灣的文學現代主義，並且提倡社會寫實主義，以此為該雜誌的信條。事實上，《文季》及其前身《文學季刊》（1966-1970）、《文學雙月刊》（1971），培養了鄉土文學的主要作家，如陳映真（1936-）、黃春明（1939-）、王禎和（1940-1990）等人，而他們都是本省人。

當1974年8月《文季》停刊時，文學氣氛已有明顯轉變。「鄉土」和「寫實」成為文學討論中的流行用語。1977年鄉土文學論戰發生的前幾年間，各種雜誌和報紙上大量出現支持鄉土文學的文章。在這段時期，王拓（1944-）和楊青矗（1940-）也成為著名的鄉土文學重要作家（呂正惠　1995: 57）。王拓與尉天驄、陳映真，又成為鄉土文學理念的主要闡述者。

鄉土文學基本上以小說作品為主，而使鄉土文學獨樹一幟的便是它介入現實的入世精神。典型的鄉土文學作品，通常描寫鄉下人和小鎮居民在經濟困頓下的艱難處境。鄉土文學的故事場景經常是工廠、農村、漁港或某個日漸凋蔽的城鎮，幾乎所有主角都出身卑微。這些作品也通常運用社會下層民眾的對話，不過這些對話是用「國語化」的福佬話來陳述。再者，鄉土文學作家和提倡者認為，台灣是以犧牲農民和工人為代價，才得以實現經濟的快速成長，而過度依賴日本與美國的投資，也讓台灣變成「經濟殖民地」（陳映真 1977: 68；王拓 1978 [1977]: 109）。根據劉紹銘的說法，鄉土小說流行的主題可以歸納如下：

(1) 在各個層面上反抗日本與美國的「帝國主義」，尤其是

在文化與經濟層面上；(2) 要求社會福利改革和財富公平分
配；(3) 讚美小鎮或鄉間「小人物」的基本美德；以及 (4)
在面對「醜陋的美國人」和「貪欲的日本人」的傲慢無禮和
粗俗下流時，要堅持民族自尊。（Lau 1983: 147）

　　從上述的反帝國主義觀點出發，台灣所引進的文學現代主義
看起來便是由沒落的西方資本主義所生產，並且由「文化買辦」
所販賣的貨色，而這正是《現代文學》雜誌所代表的。台灣的文
學現代主義就是出現於上個世紀末、不健全的西方世界觀點的仿
製物。台灣的現代主義文學則因極度的菁英主義、逃避主義、個
人主義和「為文藝而文藝」的中心思想，而遭受指責（蔣勳 1977:
2；王拓 1978 [1977]: 112；許南村 1976: 77-78）。

　　相較之下，鄉土文學作家與提倡者呼籲要創造一個「根植於
現實生活，和民眾站在同一地位，去關心擁抱社會的痛苦和快
樂」的人民或民族的文學（王拓 1978 [1977]: 114）。就這種寫實
風格、入世精神和人道關懷來說，鄉土文學相當類似中國現代小
說的傳統，尤其是三〇年代所流傳下來的作品（Lee 1980: 21）。

　　事實上，對國民黨政府和許多強烈反共的作家和評論家（一
般而言是外省籍）而言，這個發展中的鄉土文學，意味著過去在
中國大陸的意識形態戰線上打敗國民黨的左翼、社會寫實文學，
又重新出現。[25]1977年8月，外省籍而與國民黨關係密切的評論家
彭歌（1926-），對鄉土文學發動了最早的公開攻擊。他以一系列
的報紙文章，批評王拓、陳映真和尉天驄的反帝主義和階級分
析。彭歌認為，反帝主義的目的必須要對抗共產主義者的帝國主

25　參見本章註10。

圖3-7　《聯合報》刊出彭歌對鄉土文學的抨擊

義，而中共才是這種帝國主義的罪魁禍首，而不是日本與美國在台灣的資本主義投資。此外彭歌也認為，用階級概念來處理社會議題，譬如王拓、陳映真和尉天驄的做法，只會挑動更多的社會衝突。他強調只有共產主義才會以這種方式解釋社會變遷，因此影射王拓、陳映真、尉天驄是左派異端分子（彭歌 1977）。

接著彭歌的批評所出現的，是藍星詩社成員中傑出的外省籍詩人、曾任《現代文學》編輯的余光中，他提出了更嚴厲的指控。余光中認定鄉土文學等同於1942年毛澤東於「延安文藝座談會」上提倡的「工農兵文藝」（余光中 1977）。大量呼應彭歌和

圖3-8　《聯合報》刊出余光中對鄉土文學的批判

余光中論點的文章，緊接著出現在各種由國民黨和政府所扶持的報紙與雜誌中。從1977年秋天批判的浪潮湧現之後，鄉土文學支持者也不得不替自己辯護。

　　不久後，國民黨召開全國「文藝會談」，會中指控鄉土文學灌輸讀者顛覆性的思想，亦即共產主義關於文藝的異端邪說，因而敗壞社會。[26]另外，鄉土文學作家也因為專門刻畫台灣的社會經濟現實，而被懷疑提倡「地域主義」、甚至「分離主義」。文藝會談中的強硬措辭，顯示國民黨打壓鄉土文學發展的決心。[27]綜合來說，鄉土文學之所以無法見容於國民黨政府，主要因為它的左傾特質、與毛澤東所謂的「工農兵文學」明顯相似、以及濃厚的地域主義色彩。

26　這一次的會談召集了二百七十多人與會，包括黨、政、軍中負責文藝業務的官員、民間文藝社團負責人、報紙藝文副刊和文學雜誌編輯、廣播與電視文藝節目主持人、大專院校文學系系主任，以及國內外作家等。攻擊鄉土文學的相關言論，參見Wang（1980: 45-56）所引用的全國文藝會談宣言。

27　1977年8月29日的《聯合報》社論，即是懷疑鄉土文學作家提倡地域主義的例子之一。見彭品光編（1977: 286-287）。

為了駁斥這種指控，尉天驄指出「工農兵文學並沒有什麼不好」，因為文學本來就應當替這些人說話。[28] 此外，王拓也申論鄉土文學既非「鄉村文學」，也不是「鄉愁文學」。王拓寫道，在鄉土文學討論中，

圖3-9　1977年8月29至31日國民黨召開「文藝會談」的新聞報導

　　……所說的「鄉土」……所指的應該就是台灣這個廣大的社會環境和這個環境下的人的生活現實；它包括了鄉村，同時又不排斥都市。而由這種意義的「鄉土」所生長起來的「鄉土文學」，就是根植在台灣這個現實社會的土地上來反映社會現實、反映人們生活的和心理的願望的文學。……凡是生自這個社會的任何一種人、任何一種事物、任何一種現象，都是這種文學所要反映和描寫、都是這種文學作者所要瞭解和關心的。這樣的文學，我認為應該稱之為「現實主義」的文學，而不是「鄉土文學」。（王拓　1978 [1977]: 118-119）

28　見明鳳英編（1979 [1977]: 29）。

在王拓的看法中，鄉土文學的題材不應局限於工人或農夫。作家們必須描繪不同的社會議題，並且處理社會各種人群的心理狀態。作家應當關懷社會整體的現實。事實上，因為所有鄉土文學的主要作家都誕生並成長於台灣，台灣成為他們唯一熟悉的社會環境。如同王拓所說的，「鄉土」所指的就是台灣，作家眼前的首要任務，就是運用社會寫實主義的技法描寫鄉土的現實。其他居領導地位的鄉土文學作家，如陳映真、黃春明、楊青矗，以及鄉土文學的主要提倡者尉天驄等人，也都有類似的看法（陳映真 1977: 76；楊青矗 1978 [1977]: 297）。[29]

台灣的政治異議人士，一直要到八〇年代初期，才開始對國民黨的統治提出民族主義的公開挑戰（王甫昌 1994）。一般而言，這段時期或許可以認定為 Hroch 的民族主義運動三階段理論中的「階段 B」。八〇年代上半葉確實可以看到反國民黨的政治反對運動人士推動台灣民族主義，而且得到越來越多台灣民眾的支持。因此對某些人來說，七〇年代「回歸鄉土」文化潮流，也許就適切地充當了 Hroch 理論架構中「階段 A」的角色——這個意思是說，當時台灣知識分子熱切探索台灣的文化與社會特質，並且積極鼓吹，使人們對這些特質有所覺醒，奠定了八〇年代時勢發展的基礎。然而如果就引領回歸鄉土文化潮流的文學的主要動機和意識形態來說，簡單地將七〇年代的文化活動及其影響當做是台灣民族主義運動的「階段 A」，是有所誤導的。

一個重要的理由是，鄉土文學作家們的地域主義不應被過度強調，也不應被視為與中國民族主義對立的分離主義。就像先前

---

29 黃春明的看法，可參見尉天驄等（1978 [1977]: 777）；尉天驄的觀點，則可參見明鳳英編（1979 [1977]: 31）。

所提到的，二二八事件後在海外進行的台灣獨立運動，對台灣政治少有影響。做為接受戰後國民黨統治下學校教育的第一代成員，鄉土文學的主要作家都懷抱著中國意識。為了反駁那些認為鄉土文學過於狹隘而不足以反映中國問題的批評，黃春明指出，因為台灣是中國的一部分，台灣的問題也就是中國的問題。他強調，描寫台灣社會的生活與困境，也就是創作中國的民族文學。[30]另外一位重要作家楊青矗，如此駁斥地域主義、甚至是分離主義的指控：

> 凡寫的是以中國的某一土地為背景，以當地社會發生的現實，都是中國的鄉土文學，何必過敏說有地域觀念。寫台灣鄉土的人，侷限於他生於此，只瞭解他身處的社會狀況，一份責任心抒寫自己鄉土所發生的愛與恨，他無法……到日夜夢縈的大陸住一段時間，去感受自己這塊大鄉土所處的苦難，為這一代的中國人作見證，他只有寫他自己身處的鄉土，為它盡一份棉薄的責任，並無不對。近來一些知識份子掀起寫鄉土的高潮，無非要作家們不要跟在洋人屁股後面迷失自己，為自己的社會創造自己的東西，提倡的有外省人也有本省人，這是社會的需要，相信大家都沒有偏狹的地域觀念。（楊青矗　1978 [1977]: 297-298）

楊青矗清楚地指出鄉土文學提倡者的首要目標，亦即反抗現代主義文學所代表的親西方和個人主義的巨大潮流，並且要求作家關懷社會議題與鄉土文化。

30　見尉天驄等（1978 [1977]: 777）。

　　就本質上來說，鄉土文學的推動，是對戰後台灣的政治經濟依賴外國強權——特別是美國——的一種反抗。它也是對文化西化的一種抗拒，雖然在國民黨的壓制下，這些作家與批評家並未觸及政治課題。釣魚台主權爭議與隨後一連串外交挫敗事件激發了廣泛的「回歸鄉土」文化潮流，而文學的發展事實上是這個文化潮流的一部分。正如王拓所明白指出的，和他同一個世代的知識分子「都是在這個〔保釣〕運動中被教育過來的人」（王拓 1978 [1977]: 102）。王拓與其他的知識分子主張的反帝主義，與五四時期的那一代知識分子所倡導的理念，十分類似。兩者都出於中國被外國強權欺凌而來的道德憤慨。事實上，「保衛釣魚台」的示威遊行裡，大學生使用了1919年五四運動的反帝國主義標語，將當前的政治處境與半個世紀之前的相互對照。對於鄉土文學作家與提倡者來說，戰後台灣淪落成「經濟與文化殖民地」，以及七〇年代初一連串的外交失利，都是中國受外國強權宰制和剝削的延續。他們乃從中國「百年國恥」的歷史脈絡，來理解這些經驗。

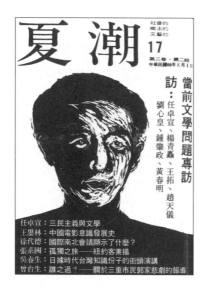

圖3-10　1977年8月《夏潮》以鄉土文學為專題

　　就鄉土文學作家與提倡者的中國民族主義來說，國民黨以及非官方的批評者認為鄉土文學是地域主義的、甚至是分離主義的，這種指控是相當沒有根據的。

　　真正讓這些指控者不安

的，與其說是鄉土文學的地域主義，不如說是這些作品對既存社
會經濟體系的批判。對國民黨政府而言，這些批判和三〇年代中
國左翼作家的批評都同樣有害，理由在於它們挑戰了國民黨的統
治權威，尤其是在國民黨政府與中華人民共和國對峙的時刻。陳
映真在為王拓的第一本小說集作序時，曾經清楚道出許多鄉土文
學作家與提倡者心中典型的中國民族主義信念。他說：

> 　　二十世紀的中國，是一個交織著侵略與反侵略、革命與反
> 革命的中國。為了國家的現代化；為了國家的獨立和民族的
> 自由，她經歷無數的苦難，跋涉遼遠的坎坷。在這樣的中國
> 現代史中，一個有良心的中國作家，是不能、也不肖於撿拾
> 西方頹廢的、逃避的文學之唾餘，以自欺自瀆的。因此，帶
> 著強烈的問題意識和革新意識的現實主義，從中國近代文學
> 史的全局去看，是中國文學的主流。從這個觀點去看，王拓
> 和台灣多數關心社會、敢於逼視現實中的問題點的年輕作
> 家，已經莊嚴地承續了這個不可抑壓的使命。……為一個光
> 明幸福的中國和世界之塑造，提供應有的努力。（許南村
> 1976: 34-35）

　　陳映真的看法，代表台灣在經歷過二十年的文學現代主義流
行之後，二十世紀上半葉中國的文學意識特有的「對中國的執
念」，又再度興起。[31]其中有沉重的中國民族主義的道德重擔，有

31　知名的中國現代文學史家夏志清曾經指出，中國文學現代時期——始於1917
　　年的文學革命、結束於1949年中華人民共和國成立——的特色，是某種「道
　　德重擔」，亦即「它固執地關注於中國做為一個民族如何受到精神弊病的折

沸騰的愛國熱血，這些都如同數十年前在中國大陸所出現的一樣。

鄉土文學論戰持續大約一年，到了1978年初漸趨平息。多少讓人出乎預料的是，鄉土文學並未遭到官方的彈壓，不過迄今為止，國民黨的決策過程仍屬未知（呂正惠 1995: 58）。論戰結束後，鄉土文學被廣為接受。愈來愈多的作家探討公共議題，文學作品也比以往更常檢視社會經濟的現實。

七、結論

相較於殖民時期對新文學的提倡，不論是發生於1947年或1977年的戰後文學論戰，幾乎沒有談到語言的問題，因為使用北京話為基礎的國語已經被視為理所當然。1947至1949年的論戰，是一群曾經生活在日本統治下的台灣知識分子與一些初至台灣、熱烈信奉左翼社會寫實主義的外省知識分子之間的爭辯。相對地，1977至1978年論戰爆發的原因，則主要是國民黨政府懷疑一群年輕的本省籍作家在小說作品中煽動左派思想和分離主義。

整體來說，這兩個文學論戰都牽涉到民族認同與地方認同的

磨，如何因此導致中國無法自立自強，或者難以改變社會上不重人道的積習。」因此這段時期的重要作家，無論是小說家、劇作家、詩人和散文作家，普遍洋溢著愛國情操。但是這種愛國精神轉而產生某種「愛國的偏狹主義」，認為中國的處境是中國人特有的，無法與其他地方相提並論（Hsia 1971: 533-534, 536）。由於對國家厄運的擔憂盤踞心頭，這些現代中國作家在試圖理解自己國家的社會政治亂象時，對文學內容的關注，遠大於對文學形式的興趣，而且偏向社會寫實主義（Lee 1983: 451）。

衝突。對這兩場論戰中的本省籍作家來說，他們的地方認同未必無法與他們的中國民族認同並存。當1948年瀨南人強調有必要推展一個新的文學運動以便讓文學相應於台灣的自然與社會環境，他同時也宣稱運動的終極目標是要讓台灣文學成為中國文學的一支。1970年代推動鄉土文學的作家和提倡者的論述裡，類似的這種傾向則更為明顯。事實上，那些為鄉土文學辯護的人，大致都懷有相當強烈的中國意識，熱切關懷中國的民族苦難和命運。

　　然而由於國民黨與中國共產黨的鬥爭，戰後的台灣實際上切斷了和中國大陸的任何聯繫。和日本殖民時期一樣，台灣社會隔絕於它的文化源頭和祖先的原鄉。就像王拓所承認的，所謂的「鄉土」，主要指的就是台灣。儘管他們有著中國民族主義的熱情，但做為戰後受國民黨教育的第一代，他們當下所熟悉的現實環境，就是台灣社會。就這個事實來說，七〇年代的鄉土文學作家所處的情境，與殖民時期鄉土文學與台灣話文提倡者所面對的處境，極為相近。這也類似於1947至1949年論戰中本省人所遇到的境況，不過四〇年代的這些本省籍論戰者相對上較少強調台灣社會的「特殊性」。

　　七〇年代在鄉土文學受到廣泛接納之後，「現實」、「人民」等成為文學討論的流行用語。從這段時期作家等認識到台灣是眼前的「鄉土」而言，鄉土文學也許有理由可以被認為是替台灣民族主義的文學論述發展奠下基礎。不過即使如此，如果我們將七〇年代簡單地當做「階段A」，亦即認為這段時期預示著台灣民族主義的來臨，那麼這也是有所誤導的。這段時期確實看到文化菁英們對本地社會生活與文化資產的強烈興趣與熱情探索，然而這種關注與情懷，卻與一種具有明確政治意涵的「台灣意識」相去甚遠。如同筆者將在第四章分析的，在文學作家與評論家之間

浮現的台灣民族主義，以及他們的民族主義文學論述的發展，都有賴八〇年代初期特殊的政治情境與條件。不過即使是如此，從八〇年代以來，鄉土文學論戰卻已經被台灣民族主義者重新詮釋為台灣民族認同與中國民族認同的衝突。七〇年代鄉土文學的開展，被稱頌為邁向「建國的文學」的一大步。這個時期的鄉土文學，因此被認為是「台灣民族文學」歷史上重要的一頁。但是如果我們考慮到鄉土文學提倡者心中懷抱的中國民族主義，那麼這樣的發展便顯得相當令人意外，而這正是下一章所要討論的主題。

第四章

確立民族文學

　　第二、第三章的討論顯示，從日本殖民時期以來，本省籍文學作家和評論家就一直關心台灣文學的特殊性。殖民時期和戰後階段，眾多的文學作家與評論家都論及這個議題。這種關懷，反映他們重視台灣歷史和文化的獨特之處，並且相當關注文學的角色，認為文學可以成為表現這些特性的最佳工具。戰前、戰後針對台灣文學特質與發展的討論與論戰顯示，本省籍文學作家和評論家內心大致都懷抱著一種特殊的、屬於台灣本地的認同。這些作家與評論家偏向於以一種比較實用的角度看待文學，認為文學是維繫、強化讀者的台灣認同感的有效方法。然而對他們而言，台灣的地方認同與漢／中國的國族認同並不必然相互衝突，他們本身也展現清晰的漢／中華民族意識。這對七〇年代鄉土文學作家與提倡者來說，也是如此。

　　不過隨著八〇年代下半葉台灣民族主義的政治活動快速發展，原先對台灣文學特殊性的持續關懷，明顯地轉變為建立「台灣民族文學」的企圖。「台灣意識」與「中國意識」因此變得無法相容。本章的目的，就在於分析「台灣民族文學」的傳統如何在論述上被建構出來。以1964年創辦的《台灣文藝》雜誌和《笠》詩刊為中心所集結起來的本省籍作家和評論家，在文學理念的激進化過程中，扮演著關鍵角色。本章首先考察《笠》和《台灣文藝》作家群的早期歷史。1977年鄉土文學論戰發生之前，這兩群作家——尤其是《笠》詩人——的主要關懷，是如何寫出「既中國又現代」的作品。其次，本章進一步討論七〇年代台灣政治反對運動的興起。1979年美麗島事件之後，政治反對運動便展露出明顯的民族主義性質，而《笠》與《台灣文藝》作家群也開始與反對運動人士有所聯繫。他們的文學活動與作品，於

是變得相當政治化。

　　本章第三部分的重心，在於八〇年代上半葉《笠》與《台灣文藝》作家們所開始推動的台灣文學「去中國化」。雖然七〇年代的鄉土文學作家心懷中國意識，但是從八〇年代初開始，「台灣意識」支持者與「中國意識」擁護者相互爭議對立。抱持政治反對立場、具有台灣意識的批判者開始將戰後的鄉土文學與反對運動相提並論，將兩者再現為台灣意識發展的結果。這些批判者也著手重新詮釋台灣文學的歷史。對《笠》與《台灣文藝》作家們來說，問題的焦點在於台灣文學能否被認定為獨立於中國文學之外的一個文學傳統。最後，本章討論了1986年之後的政治變遷，尤其是台灣民族主義的發展。做為台灣民族主義文化論述主要部分的文學論述，在這段期間聚焦於「台灣民族文學」課題上。於是一個比較沒有福佬中心主義色彩、更具有多元文化特色的「台灣民族文學」傳統的概念，至此已經被建構成形。

一、1950年代的本省籍文學作家

　　在1950年代，就人數與知名度而言，本省籍的作家在文壇處於相當邊緣的位置。如同上一章所述，1949年後台灣的文學界的一個重要特徵，是傳統的失落。日本殖民時期發展的台灣文學的遺產，並沒有傳承下來。此外，現代（五四之後）中國文學的傳統，特別是左翼的社會寫實主義的文學，也受到壓制。在五〇年代，流行的文學是懷鄉的、政治宣傳式的「戰鬥文藝」，並且絕大多數由外省作家所創作。就那些在日本殖民晚期建立一定聲譽的本省籍小說家來說，譬如吳濁流、楊逵、張文環、龍瑛宗、呂

赫若等人，都已因為不同的原因淡出文壇。[1]

　　在這十年左右，大概只有十位左右如今被稱為「戰後第一代的台灣小說家」執著於寫作。[2]第二次世界大戰結束時，他們的平均年齡是二十歲，並且都接受過殖民時期下的教育而通曉日文，但戰後則都自學中文。一般而言，他們在殖民時期都少有寫作經驗，直到戰後五〇年代初才開始其文學生涯。[3]這群小說家不僅與殖民時期台灣人發展的文學傳統有了斷層，對中國大陸五四時期之後的文學發展，也少有所知。他們以自學的中文寫作，專注於自己熟悉的、生活周遭的題材，因此發展出樸實、平淡的作品風格，也幾乎沒有什麼文學的、或甚至社會政治意識形態上的特殊關懷（葉石濤 1984: 139）。舉例而言，在這些小說家之間發行的《文友通訊》（1957年4月至1958年9月）上的簡短討論，顯示他們對「方言文學」少有興趣。他們視國語的使用為當然，認為以「台灣方言」寫作是沒有必要的。[4]

　　與上面這些小說家比較，在五〇年代，當時的本省籍詩人，則與外省籍作家有較多的來往。那些在殖民時期就開始寫作的本

1　五〇年代時，吳濁流只出版了他的日文作品和中國古典詩。見張良澤（1977: 7-8）。楊逵因起草了呼籲台灣進行政治改革的宣言，在1949年被判刑入獄。張文環和龍瑛宗都已經停止寫作。呂赫若則於1950年過世。見葉石濤（1987: 91）。

2　這群小說家包括陳火泉（1908-1999）、李榮春（1914-1994）、鍾理和（1915-1960）、施翠峰（1925-）、鍾肇政（1925-）、鄭煥（1925-）、廖清秀（1927-）、許炳成（文心，1930-1987）、與林鍾隆（1930-2008）。

3　兩個例外是陳火泉與鍾理和。前者在戰爭期間寫作並獲得日本芥川文學獎的候補，後者曾至中國，並於1944年開始以中文寫作。

4　其中只有鍾肇政對「方言文學」還抱持正面態度，認為方言的使用應該是台灣文學的特色中重要的一環。見《文學界》第5期（春季，1983）: 135-136。

省籍詩人，與同輩的小說家一樣，幾乎已退離文壇。然而與「戰後第一代台灣人小說家」有相似教育背景的三位本省籍詩人，吳瀛濤（1916-1971）、林亨泰（1924-）、與錦連（1928-），則加入紀弦所領導的「現代」詩社。此外，在國民黨統治下成長並受教育的更年輕一代本省籍詩人，譬如林宗源（1935-）、白萩（1937-）、李魁賢（1937-）、黃荷生（1938-）、薛柏谷（1935-1999），也投稿給現代詩社的刊物《現代詩》。林亨泰、錦連、與白萩，後來也加入以外省籍詩人為主的「創世紀」詩社。一般而言，在五〇年代，上述的本省籍詩人與大多數的外省籍詩人相似，都在追求紀弦所提倡的「中國詩的現代化」。

二、早期的《台灣文藝》與《笠》

　　1964年4月，吳濁流得到巫永福（1913-2008）、陳千武（1922-2012）、張彥勳（1925-1995）、葉石濤、鍾肇政等一群本省籍作家的支持，創辦了《台灣文藝》（以下簡稱《台文》，1964-）。同年3月，十二位本省籍詩人，包括吳瀛濤、陳千武、林亨泰、錦連、白萩、黃荷生、趙天儀（1935-）等，組織了「笠詩社」，並於6月開始發行《笠》詩刊（1964-）。從那時候開始，《台文》與《笠》這兩份刊物彙集了大多數的本省籍作家，包括在殖民時期成長者與戰後的世代。從八〇年代下半葉起，這兩份文藝刊物的作家與文學批評者，成為推動台灣文化民族主義的主力。而八〇年代末之後，這兩份刊物的誕生更被形容為五〇年代「戰鬥文藝」宰制下台灣文學的復興。在他們的文學論述中，這兩份刊物的創辦，標誌著台灣民族意識在本省籍作家中的重大發展。這兩份刊物被認為在台灣「民族文學」中扮演關鍵角色，特

圖4-1 《台灣文藝》創刊號封面與目錄

別是因為它們彌合了戰前與戰後世代本省籍作家之間的斷層。因
為這兩份刊物在台灣文化民族主義者的台灣文學論述中的重要
性，因此有必要探討它們早期的歷史，特別是《笠》的發展。

1. 吳濁流、《台灣文藝》與中國文化

　　《台文》創刊號最引人注意的地方是吳濁流提倡漢詩──亦
即中國古典詩──的寫作（吳濁流 1964a），這和五〇、六〇年
代流行的文學現代主義形成鮮明的對比。和許多在日本殖民時期
成長的本省籍知識分子一樣，吳濁流不只接受殖民官方的正式教
育，而且在私塾學習漢文。除了習於以日文寫作小說之外，他同
時也寫中國古典詩。在《台文》創刊號的一篇文章中，吳濁流不
滿胡適過分偏袒白話詩文，以及胡適對仍然寫作古典詩者的敵
意。他同時批評當時台灣的現代詩受到外國文化影響而產生──

尤其是模仿、使用——西洋的句法與形式。他認為中國古典詩是漢／中國民族文化的精華,「可與民族共榮」,因此提倡其寫作技巧的改革,譬如放寬某些格律上的限制',以便使現代人易於習作。吳濁流同時也呼籲現代詩的作者放棄對西洋作品形式與技巧的依賴,「創造有中國文化格律的白話詩」。事實上吳濁流為《台文》所設定的主要任務就在鼓勵作家「共建有中國文化格律的文藝」,「共同努力來推進中國文化之向上」。[5]吳濁流對中國文化的現代化抱持折衷調和論的看法,而這反映了六〇年代台灣一般具有社會文化改革傾向的知識分子普遍抱持的觀點。因此他強調要兼採中國固有文化的長處,譬如中國古典詩,以及外來文化的優點,以創造「合乎時代的我們中國的詩」(吳濁流 1971: 14)。雖然吳濁流也認為作家必須認識台灣的特殊環境,作品要立基於這種特殊性,亦即「台灣文藝,要根據台灣的特殊環境而產生一個個性」,但他也主張「這個性又要合於中國的普遍性,同時具備世界的普遍性,才有價值可言」(吳濁流 1964b)。

　　吳濁流在1976年10月,也就是「鄉土文學論戰」發生的大約十個月之前逝世。直到他去世,《台文》都闢有專欄,刊載中國古典詩作。在吳濁流的主編之下,《台文》登載的作品主要來自本省籍作家,包括笠詩社的詩人。這本刊物於是成為本省籍詩人、小說家、散文家、與文學批評者發表作品的主要園地。雖然吳濁流個人有強烈的文學信仰,但是很難說《台文》的作者群有什麼共同的特殊關懷。至於七〇年代初「回歸鄉土」的潮流,對這份刊物也沒有特別顯著的影響,只有在吳濁流去世後,鍾肇政繼任為新主編,《台文》才致力於評介黃春明與楊青矗等主要

5　見《台灣文藝》1964年10月,5: 1。

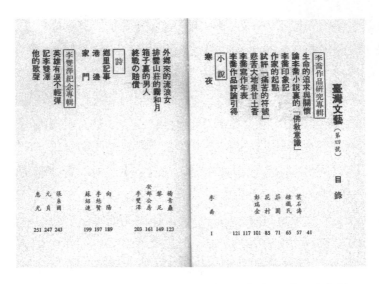

圖4-2　1977年第57期的《台灣文藝》以李喬作品研究為專輯

「鄉土小說家」的作品。它也重新登載楊逵、張文環、龍瑛宗、
巫永福與葉石濤等本省籍作家在殖民時期所寫的小說。此外，鍾
肇政主編下的《台文》也開始出現一系列特輯，討論重要的本省
籍作家，如鍾理和、鄭清文（1932-）、李喬（1934-）、以及鍾肇
政本人。藉著向讀者介紹這些本省籍作家與作品，《台文》表達
了對「鄉土文學」的支持。

2.《笠》詩人與中國現代詩創作

　　和《台文》類似，《笠》成為本省詩人集中的園地。在六〇
年代末，笠詩社的成員已超過三十人。除了一、兩位之外，他們
都是本省籍。和《台文》的作者群相比，他們對詩有較為一致的
看法。至於他們組成詩社的動機，在於認為「目前詩壇……創作
選稿之流於人情……以捧場或漫罵代為正當批評」，因此他們企

圖「針對其弊病，籌組出版一夠水準的，慎重其事的詩誌，以挽救目前詩壇之頹廢現象」（陳明台 1969: 21）。這些動機，可以說相當平和。《笠》在創刊號上這樣昭告讀者：

> 五四對我們來說，已不再意味著什麼意義了。我們可以將五四看成過去的，正如同我們將唐、宋視為過去的一樣；這是我們敢斷言的，因為我們已有了與前時代完全相異的詩的原故。在詩的「場」上，這時代已於不知不覺中形成了「隔絕」的現象，這個「隔絕」現象，雖然意味著對前時代的詩的一種痛烈的訂正乃至於否定；但是由於這個原故，更顯示出年青的一代有著旺盛活潑的創作力。不論如何，這個世代終於有了屬於這個時代的詩，這是比任何事情都值得慶賀的，這是不必再說明的吧！[6]

因此笠詩社成員在1980年代之後宣稱《笠》的創辦與《台文》的出現一樣，都是基於一種與「中國意識」對立而自主的「台灣意識」（陳千武 1989: 2；白萩 1989: 6），[7]實情則並非如此。這本刊物呼籲創作並謹慎評價「屬於這個時代的中國詩」，以「保存民族文化與幫助讀者之鑑賞」。

我們甚至很難說笠詩社的成立，是出於決心抵抗台灣現代詩嚴重的「西化」。[8]五〇年代末，十年來由紀弦領導，並成為新詩西化大本營的「現代詩社」成員們，幾乎已經解散。然而「創世

6　見《笠》1964年6月，1: 5。
7　另外李敏勇的說法，可參見郭成義（1982: 175）。
8　李敏勇的觀點是一個例子。見郭成義（1982: 175）。

圖4-3　1964年《笠》詩刊創刊號封面與目錄

紀」詩人繼而快速崛起，成為傾向西方的文學現代主義理念的主
要提倡者。他們認為必須拋棄狹隘的地域主義，強調詩的世界
性、超現實主義、原創性與純粹性（張漢良、蕭蕭 1979）。創世
紀成員投注精力於嘗試前衛的文學形式，以及探索個人世界裡的
「純然的體驗」，對詩壇有很大的影響力。從1959到1969年這十
年左右，可以說是該詩社的全盛時期。在這期間，笠詩社很少有
抵抗的具體表現。《笠》甚至向它的讀者正式推薦《創世紀》詩
刊。[9]

　　笠詩社成員幾乎未曾參與七〇年代初對台灣現代詩的批判，
這可以視為他們對傾向西化的文學現代主義少有具體反對行動的
指標。這段時間，各種批評諸如濫用西洋意象與句法、過度沉溺

9　見《笠》1966年6月，13:10。

於個人情緒、逃避眼前的社會現實、語意含混不清等，主要直接
針對創世紀詩人而來。在七〇年代中葉的鄉土文學論戰時期，如
同一些資深的成員在那個時候所承認的，笠詩社在論戰中並沒有
扮演什麼角色，而論戰對他們的創作也少有影響。[10]

　　簡而言之，笠詩社的成立與《笠》的創辦，與《台文》的誕
生一樣，和政治上地域傾向的發展幾無關係，更別說是出於台灣
民族主義。相對地，這兩份刊物各自以不同的方式展現鮮明的中
國意識。笠詩社對流行的傾向西方的文學現代主義也很少刻意抵
抗。我們可以說，就像戰後二十年其他重要的詩社一樣，在當時
流行的「現代化」意識下，笠詩社關懷的是如何將詩現代化而創
造「中國現代詩」。一方面，這時期不論是外省或本省籍的台灣
詩人，絕大多數都已拋棄中國古典詩的限制（尤其是在聲韻格律
方面）以及文言文的寫作方式，改以白話文創作。此外，儘管他
們懷有中國意識，但如同這個時期的小說家一樣，他們普遍與中
國五四時期之後的文學傳統有所隔絕，很少能讀到1949年以前中
國的現代詩，也對五四之後的文學傳統少有敬意。另一方面，為
了實現中國詩的「現代化」，台灣的詩人引入了許多可以被寬鬆
歸類為「現代主義」的西方文學技巧。就這種對中國詩「現代
化」的熱情而言，笠詩人和六〇年代主要由外省人組成的其他重
要詩社，沒有太大的不同。

3.《笠》、《台灣文藝》與鄉土文學

　　使笠詩社和其他重要詩社有所區別的，主要是其成員較為樸

10　這是趙天儀與李魁賢在當時的討論所指出的，見《笠》1978年10月，87: 42-
　　43。至於白萩的看法，見《文學界》1982年冬，4: 182。

實明朗的寫作風格，以及對處理日常生活題材的興趣。在一方面，和那些急於嘗試現代主義前衛寫作技巧的詩人不同，他們刻意避免語意模糊與過度使用西方意象。那些成長於殖民時期而只在戰後自學中文的一代，在創作上尤其如此。用一種較為人熟悉的、不矯揉做作的方式寫作，也許是一種可靠的辦法，讓他們可以清楚地表達意念，讓讀者易於了解。另一方面，和當時大多數耽於內在經驗的詩人相比，笠詩社成員較重視日常生活的題材。這種題材，就像他們樸實明朗的寫作風格一樣，使他們的作品比充滿現代主義技法的詩更有現實感，也比較容易讓人接近。正因為如此，雖然《笠》在鄉土文學的發展上幾乎沒有扮演重要角色，但是鄉土文學流行時，《笠》被某些人認為具有「鄉土精神」（陳千武 1975）。至於《台文》，重要的資深小說家與文學評論家葉石濤早在1968年，就因為它「頗有鄉土色彩」而加以特別推薦（葉石濤 1968: 37）。就像笠詩社的兩位重要成員在當時所指出的，《笠》的風格與鄉土文學的現實傾向「巧妙地，剛好合流」，「觀念相通，看法一致」，亦即在文化潮流的轉變中，兩者的契合是一種「偶然」。他們並指出，其同仁詩作的「鄉土精神」缺乏社會、政治的意涵，和六〇年代末之後受重視的鄉土小說的鄉土精神並不一樣。[11]

　　不過，就像上一章曾提到的，七〇年代受重視的鄉土文學主要作家是本省籍的陳映真、黃春明、王禎和、王拓、與楊青矗。外省籍的尉天驄及其同仁所編輯的《文學季刊》、《文季》雜誌則培養了陳映真、黃春明、與王禎和，成為鄉土文學的重要推動者。國民黨政府所攻擊並且引起論戰的對象，是這群作家與批評

11　這些是李魁賢與李敏勇的發言，見《笠》1978年10月，87: 43。

家，和他們的寫實作品。就像葉石濤後來所指出的，這群年輕的
作家與吳濁流等老一輩本省作家已少有接觸，而他們的作品也與
日本殖民時期台灣作家的「過時」的鄉土文學幾無關聯。總之，
不管是《台文》或《笠》，對六〇年代末與七〇年代初鄉土文學
的發展都沒有顯著的影響。它們在回歸鄉土的潮流中，扮演相當
邊緣的角色。[12]

4.《笠》、鄉土精神與中國現代詩

　　雖然鄉土文學的發展對笠詩社的創作少有影響，但鄉土文學
逐漸受到重視，確實使其成員重新評價它們自己的組織與刊物的
歷史意義，同時也使他們有更高的期望，要在七〇年代明顯轉變
的文化環境中，扮演較以往更重要的角色。在這波受七〇年代初
台灣外交挫敗所激發的回歸鄉土潮流中，笠詩社逐漸強調其「現
實主義」的傾向，而與「創世紀」、「藍星」這兩個主要詩社疏
遠。當七〇年代初台灣的現代詩逐漸受到嚴厲的批評時，笠詩社
明白表達他們對創世紀詩社的「超現實主義」與藍星詩社新近的
「古典抒情」傾向的不滿。在1973年4月與10月出刊之《笠》的
「卷頭言」，首先批評大多數詩人普遍不關心現實，接著重申他們
對生活與社會現實的關懷，以及創作「在這一個時代的這一世代
的詩」的熱情。[13]

---

12 從這兩份刊物的銷售量來看，它們對鄉土文學發展少有影響的這個事實，就
　　更加明顯。在鄉土文學論戰期間，笠詩社的重要成員李魁賢指出：「《笠》詩
　　刊發行範圍太小，沒有給予外界積極的刺激和影響。」見《笠》1978年10
　　月，87: 43。至於《台文》從創辦到吳濁流逝世，並沒有國內的訂戶，只有
　　免費寄送贊助者與國外機構。見《出版家》1976年10月，52: 71。
13 見《笠》1973年4月，54: 1，1973年10月，57: 5。

　　也就在這個時候，《笠》開始介紹殖民時期本省籍詩人的現代詩作，呼籲「經由傳統的再認識」，修正「詩學界已經迷失的方向」。[14]在一方面，從1972年10月起《笠》增加了一個不定期的專欄，介紹並討論王白淵（1902-1965）、吳新榮（1907-1967）、郭水潭（1908-1995）、巫永福的現代詩作，試圖使讀者注意殖民時期本省籍詩人的成就。另一方面，笠詩社愈來愈強調殖民時期的文學遺產在促動戰後台灣現代詩發展上的重要性。紀弦曾經宣稱是他將現代詩的「火種」從中國大陸引進台灣，是台灣現代詩的先驅。[15]相對地，笠詩社強調在殖民時期，本省籍詩人已經從日本人那兒學習到源自現代主義、象徵主義、與超現實主義的許多西方現代詩技巧，因而建立了一個獨特的詩傳統。雖然沒有否認紀弦對台灣現代詩發展的顯著貢獻，笠詩社宣稱林亨泰等本省籍詩人將殖民時期的詩藝術帶入了紀弦所領導的現代詩社。他們強調，雖然殖民時期的本省詩人已經熟悉西方現代詩的藝術與技巧，但殖民時期的詩傳統最重要的特色，是詩人對生活與社會現實持續一致的關懷。[16]

　　做為一個由戰前與戰後世代的詩人組成的團體，笠詩社逐漸把自己呈現為殖民時期以來發展的台灣現代詩傳統的捍衛者。再者，在流行的鄉土文學趨勢中，笠詩社愈來愈謳歌簡樸的、不矯

14　見《笠》1973年10月，57: 5

15　例如見紀弦（1966: 4）。紀弦於1929年在中國大陸時開始寫詩，不久他成為李金髮與戴望舒這兩位三〇年代重要詩人的崇拜者，而李、戴兩人深受法國象徵主義的影響。戴望舒是《現代》（1932-1935）詩刊最主要的作家，紀弦也向這份刊物投稿，而被視為戴望舒所代表的《現代》團體的一員。參見紀弦（1966: 3）；古繼堂（1989: 124-125）。

16　此種看法，見《笠》1977年10月，81: 41-42；1980年2月，95: 54-57。

揉做作的寫作風格，以及對生活與社會現實的關懷，並且把這種風格與關懷形容為台灣現代詩傳統的本質。對他們而言，這種本質正是「鄉土精神」的核心，而他們自己的刊物《笠》和其他的詩歌期刊不同，是這種鄉土精神的唯一代表。[17]鄉土文學論戰剛結束不久，笠詩社即為自己設定了建立「本土詩文學」的任務。[18]和「鄉土」比較，「本土」在笠詩社的論述脈絡中，更清楚地指稱台灣，而非中國大陸。[19]笠詩社揭櫫「現實主義的藝術導向」為他們的寫作圭臬，宣稱藝術性、社會關懷、與鄉土精神的平衡發展是他們的基本原則。[20]笠詩社響應鄉土文學提倡者的看法，呼籲詩人創作一種能代表「我們的土地與我們的時代」的作品。[21]從七〇年代中期起，「土地」與「寫實」就成為笠詩社經常運用的口號。

　　然而這個時期笠詩社的地域傾向，和七〇年代鄉土小說家的地域傾向一樣，不應該加以過分誇大，甚至視之為與中國民族主義完全對立的分離主義。就像上述提到的，笠詩社批判當時詩人不加反省的西化傾向，以及對社會現實的冷漠，因而致力於介紹殖民時期台灣的現代詩遺產。在七〇年代初台灣開始遭逢重大外交挫敗的背景下，笠詩社強調的是殖民時期台灣詩人的中國民族意識，以及對中國「祖國」拯救台灣的渴望。巫永福在殖民時期所寫的兩首詩，〈孤兒之戀〉與〈祖國〉，特別被挑選出來做為這

17　見《笠》1978年10月，87: 5。

18　見《笠》1978年6月，85: 77。

19　因此李魁賢曾建議使用「台灣詩文學」，而非「本土詩文學」。見《笠》1978年12月，88: 43。

20　見《笠》1980年6月，97: 1；1980年12月，100: 1。

21　見《笠》1977年6月，79: 1。

種情感的見證。[22]再者，前面也提到，笠詩社的成員既包括戰前的

22　見《笠》1972年12月，52: 5-9；1978年10月，87: 2-11；1981年4月，102:
　　33-35。這兩首詩原來以日文寫作。關於這兩首詩在七〇年代初被譯成中文並
　　發表的經過，見巫永福（1978）。〈祖國〉一詩中譯發表後，陸續被轉載，其
　　經過見李魁賢（1987 [1982]: 14）。趙天儀曾於1978年台北的「七七抗戰紀念
　　會」上朗誦該詩，其經過與引起的熱烈回應，見李魁賢（1987 [1982]: 14）；
　　王曉波（1988 [1987]: 240）。這兩首詩的內容是：

　　孤兒之戀

　　　亡國的悲哀　被日人／謾罵為清國奴的憤怒／把它埋入苦楝樹下算了／
　　但花香的風溶化不掉呢／默默　拭去淚珠／佇立著仰望雲的我／雲脆弱地
　　散開了／孤兒的思維和嘆息／在日光裡越來越厲害

　　　清國奴是什麼意思？／被罵的悲哀在身心／清淨的溪流含著憂愁／仙丹
　　豔紅的花／和卡特里亞蘭花的華美／也失去了清爽／木蓮花含苞嘆息／吐
　　不出優雅的芳香

　　　聽青鵑的哀鳴　就想國土／聽院子裡鳥叫　就想國土／聽了就憂愁／就
　　在夜灯下哭泣／在基隆海日出的時候／在台日航路船上憤怒著／把恥辱藏
　　在故鄉的山巒／把孤兒的想思藏在浪波

　　　日夜想著難能獲得的祖國／愛著難能獲得的祖國／那是解纜孤兒的思維
　　／醫治深深的恥辱傷痕／那是給與自尊的快樂／使重量的悲哀消逝／使沈
　　溺的氣憤捨棄深淵／呀，難能獲得的祖國尚在

　　　由於苦悶而快窒息似的／眼淚流不住呢／到竹叢裡走一走看看吧／雖無
　　信神之心／仍想著奉媽祖來到這島上的／祖先而感到悲哀／在遙遠的竹叢
　　黑暗裡／只要有一點光亮／就好了……

　　祖國

　　　未曾見過的祖國／隔著海似近似遠／夢見的，在書上看見的祖國／流過
　　幾千年在我血液裡／住在我胸脯裡的影子／在我心裡反響／呀！是祖國喚
　　我呢／或是我喚祖國？

　　　燦爛的歷史／祖國該有榮耀的強盛／孕育優異的文化／祖國是卓越的／

詩人,並且逐漸將自己呈現為殖民時期台灣現代詩傳統的捍衛者,同時笠詩社仍與一些戰後的日本詩人維持密切的關係,因此該團體曾被一些批評者抨擊為「日本詩壇的殖民地」。此外,笠詩社幾乎完全由本省籍詩人組成,而且關注本土/台灣的地域傾向愈來愈清晰,這些事實也招致一些懷疑。為了回應這些批評與懷疑,在1978年2月,正逢鄉土文學論戰逐漸停息之時,笠詩社的女社長陳秀喜(1921-1991)如此說道:

> 我是個受日本教育的人,我可以用日本話,日本文字寫日本詩,但我為何卻辛苦的學中文寫中國詩呢?因為我不甘被殖民,我是中國人,「笠」詩刊當然是中國人的詩刊……我自己最痛苦便是被殖民過,我更加熱愛這個民族,熱愛這個鄉土……我身上流著的是中國人的血,我的文學也是中國的文學,我是中國人,我便走中國人的路,絕對不允許有人說我們是被殖民的。[23]

啊!祖國喲醒來!/祖國喲醒來!

　國家貪睡就病弱/病弱就會有恥辱/人多土地大的/祖國喲　咆哮一聲/祖國喲　咆哮一聲

　民族的尊嚴在自立/無自立便無自主/不平等隱藏有不幸/祖國喲　站起來/祖國喲　舉起手

　戰敗了就送我們去寄養/要我們負起這一罪惡/有祖國不能喚祖國的罪惡/祖國不覺得羞恥嗎/祖國在海的那邊/祖國在眼睛裡

　風俗習慣語言都不同/異族統治下的一視同仁/顯然就是虛偽的語言/虛偽多了便會有苦悶/還給我們祖國呀!/向海叫喊　還給我們祖國呀!

23 見《笠》1978年2月,83: 55-56。在當時的政治高壓統治下,作者面臨官方

對笠詩社而言，「鄉土文化即是中國文化的一環」，因此「台灣文學」，包括「光復前的台灣文學」，即使有其獨特成分，都是「屬於中國文學的一部分」。[24]就像笠詩社的兩位創社成員林亨泰與趙天儀所說的，他們所致力的，不只是創作「現代詩」，而且是「現代中國詩」；他們所希望成為的，不只是「現代詩人」，而且是「現代中國詩人」。[25]就像鄉土小說家一樣，笠詩社成員懷抱著鮮明的中國意識。

然而自八〇年代初期之後，笠詩社和《台文》的作者群已成為「台灣本土文學」概念的主要建構者，將「台灣本土文學」建構為一個獨特的文學傳統。在八〇年代結束前後，「本土文學」的概念更進一步發展成「台灣民族文學」。關於台灣民族文學的論述，構成了八〇年代中期以來快速發展的台灣民族主義的一個重要部分。台灣民族主義政治的發展，以及這種文學的政治化，主要是因為1979年高雄美麗島事件的刺激。為了了解這種政治化

的監控與文字獄，因此他們可能在寫作時自我設限、自我檢查，而未曾暢所欲言。筆者並不否認有這種可能。在被懷疑有異端的政治與文化思想而遭受指控時，作家面臨身家之危，不得不奮起辯解，這種情形亦不難體會——正如筆者所引的陳秀喜這段話所顯示的那樣。然而在自我設限中流露或一時辯解下宣稱的「中國意識」，並不必然就是「虛假」而非真誠的。就本章所依據的史料來看，《笠》與《台灣文藝》兩團體絕大部分的作家在六〇、七〇年代的中國民族或國家認同，並非全為自我設限或一時辯解下「不得已」的「交心」，而是他們主觀上相當明確的自我認同的一部分。同時這樣的發現，也並不否認當時他們在作品所表現的對台灣本鄉本土的真情摯愛。但這種情感與他們的中國民族或國家認同並行不悖，並非提升到民族或國家認同的層次上而與他們的中國認同相衝突。參見本書第七章的討論。

24 見《笠》1977年10月，81: 40-43。

25 見《笠》1973年4月，54: 91-92；1980年1月，95: 1。

的動態,我們有必要先考察七〇年代初期後台灣顯著的政治變遷,特別是挑戰國民黨的政治反對運動的快速發展。

三、1970年代國民黨的統治與台灣政治反對運動

1. 外省人的政治宰制與本省人的政治權力上升

戰後到八〇年代下半葉以前,台灣一直是由外省人所宰制、一黨獨裁、威權統治的國家。在戰後以來,有愈來愈多的本省人加入國民黨。七〇年代初,國民黨黨員人數已近百萬,本省籍黨員人數也大約在這個時候開始超越外省人。1972年5月,蔣中正的長子蔣經國就任行政院長。在當時釣魚台列嶼主權爭議之後一連串外交挫敗的背景下,蔣經國開始面對省籍問題,比以往任命較多的本省人擔任黨內與政府的要職,以便確保本省人對國民黨的支持。

再者,三個主要的中央民意代表機構——國民大會、立法院與監察院,是國民黨政權合法性的重要來源。於1947、1948年間在中國大陸選出的這些機構的老代表們,不僅象徵著政權的歷史連貫性,並且有助於延續「中華民國代表全中國」的宣稱。然而到了六〇年代末,這些民意代表的老化與過世開始變成嚴重的問題。於是在1966年,國民大會修改了憲法的「動員戡亂時期臨時條款」(以下簡稱「臨時條款」),允許總統訂頒辦法,舉行增選或補選,以補充三個民意機關的代表席次。從1969年起,增額選舉不定期地舉辦,一些由台灣民眾所選出的新成員於是加入了中央民意代表的行列。

即使本省人分享的政治權力已有所增加,但外省人在國民黨

的高層、政府、以及中央民意代表機構的人數仍然超過本省人。整個社會依舊是由外省人所宰制。[26]不過，增額選舉之類的變革卻為本省人提供了掌握更多政治權力的管道。本省人在國民黨內與政府中的權力位置獲得提升，此外本省人在競選期間對國民黨的挑戰，加上他們在商業上的成就，都使他們比以往更具影響力。

1975年，蔣中正逝世。蔣經國在他父親死後不久，隨即被選為國民黨主席。1978年，國民大會投票選舉他為中華民國總統。儘管蔣經國推行一些溫和改革，但在他統治的初期，政治體系的威權本質仍然少有改變。戒嚴和其他種種政治控制，依舊穩固地壓制這個社會。

2. 黨外的興起

就在蔣經國取得權力的同時，台灣的異議政治也開始顯著發展。在此之前，政治反對運動被成功壓制了二十年左右。[27]1969年11月，一名具有大學學歷的工人康寧祥，當選為台北市議員。同年12月的「中華民國自由地區中央公職人員增選補選」，是國民黨統治下的中華民國自1948年之後首次的國會中央民意代表選舉。在這次選舉中，多次連任台北市議員的黃信介在康寧祥的支

---

26 1987年，外省人至少仍占有四分之三的國民黨中央黨部、行政院、與立法院的重要位置。軍方和國家安全會議的高層幾乎全部是外省人。國民黨的中央常務委員會中，外省人也占了委員席次的55%。1988年，本省人首次在國民黨中常會取得多數席次。不過當時70%以上的國民黨黨員為本省人，因此本省人的代表性不成比例的問題，仍然相當嚴重。見Tien（1989: 37-38）。

27 例如1964年，彭明敏和其學生因企圖散發反國民黨的宣言而遭到逮捕，在台灣內部並沒有立即引起更多的政治反對活動。參見本書第三章註16。此後十年左右，對國民黨統治僅存的挑戰，只有來自在省級和縣級選舉中與國民黨候選人對立的少數本省籍政治人物。見Tien（1989: 94-95）。

持下，當選為立法委員。康寧祥本人則於1972年也當選為立委。自從黃信介與康寧祥在全國性的政治舞台上崛起，「黨外」一詞於是開始被用來指稱非國民黨的、獨立的政治人物。黨外一詞，也創造了一種政治團結感（李筱峰　1987: 122）。

　　台灣的異議政治向來以政論雜誌為中心。七〇年代以前，許多智識性雜誌如《自由中國》和《文星》的編輯與作者多為缺乏廣泛選民支持的外省籍知識分子（Tien　1989: 95）。[28]1975年8月，康寧祥、黃信介等人共同創辦了《台灣政論》的政治性雜誌。這本雜誌聚集了許多的黨外人士，並且開創了台灣異議政治的一個新階段。儘管幾個月後國民黨政府查禁了這份刊物，但1977年底同時舉行的五項地方公職人員選舉中，許多候選人都在康寧祥與黃信介所協調聯繫的黨外名號下參選。台灣因而首次出現全島性的反國民黨政治結盟。這次選舉，黨外最終在77席省議員中贏得21席、20席縣市長中贏得4席，可以說是空前的勝利。

3. 美麗島事件與反對運動激進化

　　1978年12月，美國總統卡特宣布美國將終止與台灣的外交關係，並且承認中華人民共和國，宣稱它認知到對世界上只有一個中國、也就是中華人民共和國。這個消息一出，台灣社會大為震驚。然而黨外人士受到1977年選舉告捷的激勵，因此試圖進行更進一步的組織活動。1977年選舉期間群眾聚集抗議所導致的中壢事件，也使他們意識到群眾運動的力量（李筱峰　1987: 125；

---

28 《自由中國》的情形，參見本書第三章註16。《文星》是一本致力於提倡科學與西方自由民主理念而較為嚴肅的雜誌。1957至1965年《文星》雜誌的主編，是由外省籍、年輕而激進的反傳統主義者李敖所擔任。參見本章註68。

王甫昌 1996: 151）。[29]於是從1979年春開始，黨外人士舉辦一系列演講和群眾大會，以動員民眾的支持。同年8月，黃信介與一群黨外人士創辦了一份新的政論雜誌《美麗島》，這代表了黨外集團往結社目標更進一步。這份雜誌的支持者幾乎囊括了所有重要的異議人士，而雜誌社遍及全台的「服務處」也扮演著地方黨部的角色。這份雜誌的銷售量很快就超過十萬份，它也被認為是黨外集團的機關報（李筱峰 1987: 145；Tien 1989: 96；王甫昌 1996: 151-152）。這一年12月10日，《美麗島》在高雄市的服務處舉辦群眾集會遊行，以宣揚人權，但卻演變成嚴重的警民衝突，使許多警察與民眾負傷。這個事件爆發之後，許多《美麗島》集團的領導成員和地方的反對人士立即遭到逮捕。[30]

雖然美麗島事件是黨外人士的一大挫敗，它卻促成了反對運動的激進化。在黨外運動由《台灣政論》發展到《美麗島》的期間，黨外人士扮演著「忠誠反對者」的角色，並且提倡「民主化」。他們認為台灣的政治體系受到憲法臨時條款和戒嚴的扭曲，因此要求政府進行根本的改革。但是這兩份改革傾向的雜誌，幾乎不曾要求三個中央民意代表機構進行非增補性的或全面性的改選，以驅逐那些老代表，更不曾主張台灣獨立。簡言之，他們並未挑戰國民黨的基本教條，亦即所謂中華民國是代表全中國的唯一合法政府。然而美麗島事件之後，反對運動領袖的身陷

---

29 1977年選舉期間在桃園縣中壢市，一萬多名民眾抗議選務舞弊疑雲，抗議活動最後演變成群眾與警方的暴力衝突。這是1947年二二八事件之後第一次發生的反政府群眾示威。

30 後來包括立法委員黃信介在內的八名核心領導者，以煽動叛亂的罪名被判處十二年到無期徒刑不等的刑期而入獄。另外其他三十多位異議人士則被判處較輕的有期徒刑（李筱峰 1987: 152）。

囵圈，使黨外陣營中的激進人士得以興起。國民黨在八〇年代上半葉對反對運動人士的鎮壓，使激進派所主張更為衝突性的運動路線具有正當性，並且促進更激進的政治改造理念獲得廣泛流傳（王甫昌　1996: 155-168）。

再者，黨外政論雜誌在八〇年代上半葉迅速蓬勃發展。[31] 激進派人士所主辦的雜誌，特別是《深耕》及其後續系列，開始挑戰國民黨政府的合法性，同時藉由談論政治禁忌的二二八事件，描繪台灣歷史上不同政權底下的反抗英雄，並且謳歌身為「台灣人的光榮」，以提倡「台灣意識」。不同於八〇年代以前的反對運動，黨外激進派人士開始推展「台灣民族主義」的理念。1983年的全國立法委員增額補選，黨外候選人的共同政見第一條即大膽地宣稱「台灣的前途，應由台灣全體的住民共同決定」，清楚顯示了黨外意識形態的激進化。換句話說，黨外候選人主張台灣人應當享有「自決」的權利。這項主張也成為1985年地方選舉黨外

---

31 整體來說，這些刊物提倡政治民主化、保障公民權、新聞自由、釋放政治犯、改革政府組織、反對黨合法化等。根據歐陽聖恩的研究，在1975至1985年的十年間，各式各樣黨外政論雜誌的出版，總共超過了一千期。見歐陽聖恩（1986: 21）。王甫昌則指出在1980年代上半葉，黨外出版了50種以上的政論雜誌，見王甫昌（1996: 168）。不過李立（1983: 11）在《生根週刊》發表的文章，曾經就1979年《美麗島》雜誌與他發表文章的1983年5月左右兩個時間點，比較各種黨外雜誌的銷售量，他說：「合計目前黨外十四種雜誌每個月發行十九本的銷售量，總計約在十五萬本左右，平均一種僅八千本，沒有任何一本雜誌的銷售量超過二萬本，以此成績和『美麗島雜誌』，一期發行十五萬本、銷售十二萬本來比較，真是瞠乎其後。就總體的數量而言，民國六十八年〔1979年〕閱讀黨外雜誌的讀〔者〕和現在一樣多，並未因目前黨外雜誌林立，而使讀者數量增加，相反的，黨外讀者反有減少」。對這種現象，李立提出一些解釋，認為是由於文章品質降低、雜誌數量多而使得權威性降低、彼此影響銷路、讀者容易倦膩等。

候選人的主要政見（王甫昌 1996: 169, 171）。

四、台灣意識論戰與鄉土文學

1980年代前半葉，黨外所推動的「台灣意識」，不只針對國民黨的「中國意識」，也針對左傾的政治異議人士所主張的「中國意識」。他們批判的主要目標，是以重要鄉土作家之一陳映真為代表人物的半政論性雜誌《夏潮論壇》。[32]1983年，流行民歌手侯德建潛往中國大陸的事件，引發了一場論戰。參與者針對社會政治行動的指導方針究竟應該是以台灣為取向或以中國為取向，辯論這些取向的內容與正當性究竟何在。[33]這場後來被稱做「台灣意識論戰」的交鋒對峙，主要發生在《生根週刊》（《深耕》系統的雜誌）作者群與《夏潮論壇》作者群之間。

1. 中國意識與台灣意識

做為「中國意識」的代言人，陳映真將侯德建的行為解釋為受「自然的民族主義情感」所感召，而這份情感是基於對「文化的、歷史的中國」的熱愛，而非出於認同任何一個過去的或現在的中國政權，例如中華民國或中華人民共和國。陳映真認為，這種對「中國歷史、文化、和地理的摯熱的感銘」，是超越「任何一個世俗的，於歷史中為暫時的權力」，而為全體中國人所共

---

32 陳映真因參加研讀馬克思著作的讀書會而在1967至1973年入獄。

33 1983年夏天，流行民歌手侯德建取道香港進入中國大陸。他是紅極一時的歌曲〈龍的傳人〉的演唱者。這首曲子歌頌大陸的山川景致，也發抒對外國強權欺凌中國的義憤。

圖4-4　1983年6月《前進週刊》討論侯德健潛往中國大陸事件

有，不論他們是本省籍的或外省籍的。他否認在台灣的本省人與外省人彼此存有實質的差異，也否定台灣意識的提倡者所說的「中國人＝支配民族＝支配階級」、而「台灣人＝被支配民族＝被壓迫、剝削階級」的關係。陳映真如此闡述所謂的「中國意識」：

> 一個經數千年的年代，經過億萬中國人民所建造的、文化的、歷史的中國⋯⋯民族主義，是這樣的中國和中國人的自覺意識；是爭取這樣的中國和中國人之向上、進步、發展、團結與和平；⋯⋯以無數慘痛的代價，越來越多的兩岸中國人民體悟到這迫切的需要，並願為中國的自由、民主和民族團結而奮鬥。（陳映真 1988 [1984]: 36-37）

台灣意識的提倡者基於一種多少帶有決定論與唯物論的角

□台灣近代最傑出的女政治家
　許世賢博士一生傳奇
□台灣意識－黨外民主運動的基石
□許棠淑在紐約演講記

圖4-5　1983年台灣意識論戰期間
的《生根週刊》

度，認為人們的主觀意識是受客觀條件制約的，批判諸如陳映真等人所倡議的中國意識為「虛幻的」。[34] 雖然他們對歷史細節的看法未必一致，例如台灣意識何時出現、哪些歷史經驗對台灣意識的發展有較大的影響等，但幾乎所有台灣意識的提倡者都認為，由於獨特的社會經濟發展歷程，以及不同的歷史影響來源，台灣社會已經發展出異於中國大陸的認同（Halbeisen 1991）。

絕大多數的台灣意識提倡者認為，日本殖民統治的五十年左右是台灣（民族）意識的形成階段。他們強調日本人從事的經濟發展建設，已經將全島融合成一個整體。他們指出，早期漳州、泉州與廣東移民之間的族群界線已經變得模糊，全體台灣人之間也逐漸浮現一種共同體的感受。[35] 對許多台灣意識的提倡者來說，台灣歷史上漢人移民對抗不同的「外來統治者」，包括西班牙人、荷蘭人、明朝遺臣鄭成功王朝、與大清帝國，都明顯促進了這種共同體意識的發展。對這些提倡者來說，台灣被殖民與反殖民的歷史，也正是一部剝削與抵抗的歷史。台灣意識因此就是一

34　舉例來說，這種說法可見陳樹鴻（1988 [1983]）、葉阿明（1983）、施敏輝（1988 [1984]）。

35　陳樹鴻的文章，是這種觀點的典型陳述。見陳樹鴻（1988 [1983]）。

種抵抗精神。[36]

2. 鄉土文學與台灣意識

在八〇年代上半葉黨外人士的台灣意識論述中,七〇年代流行的鄉土文學開始和台灣的政治反對運動相提並論,兩者都被視為是長久發展而存在之台灣意識的自然產物。黨外的台灣意識提倡者認為,七〇年代整體的經濟發展與政治的動盪,已經使以台灣為主體的台灣意識深入社會各層面。他們借用馬克思主義上、下層結構關係的概念,認為鄉土文學與政治反對運動兩者都是台灣政治與經濟現狀的忠實反映。[37]這種說法的典型代表,可以用《生根週刊》上的一篇文章為例。這篇文章的作者陳樹鴻說:

> 台灣鄉土文學究竟是什麼呢?它的對象就是這一個被共同的政治經濟生活連結在一起的台灣人民的生活,描寫他們所受的壓迫與不平,描寫他們的發展與前進。鄉土文學運動的動力是台灣意識對非鄉土文學的批判,並且在台灣實體的存在上建立起一個相對應的、反映客觀的文學世界。

> 正如台灣鄉土文學運動是要在台灣實體的客觀存在上建立起一個反映現實的文學世界一樣,黨外的台灣民主運動也是要在同樣的客觀存在上,建立起一個相對應的民主政治。而推進它的原動力則是台灣意識,針對否定台灣現實的非民主體制的批判。(陳樹鴻 1988 [1983]: 198-199)

---

36 可參見施敏輝(1988([1984])對這種理念的典型闡述。

37 例如陳樹鴻(1988 [1983])、施敏輝(1988 [1984])。

　　在這種論述中，鄉土小說家與鄉土文學提倡者鮮明的中國意識幾乎完全被忽略。反之，鄉土小說家認識到台灣是主要的「鄉土」，這一點則被刻意強調，而他們對中國民族主義議題的深刻關懷，則未曾被提及。當激進的黨外成員運用民族主義的原則，並且以建立新的民族國家來思考台灣的未來時，台灣意識開始被視為與中國意識無法相容。這種論述代表的是美麗島事件之後，新近出現的黨外台灣民族主義，而非代表鄉土文學主要作家與提倡者當時的想法。我們在八〇年代上半葉的黨外民族主義論述中，看到一種特殊的旨趣正快速發展：亦即根據目前的關懷與期望，而重新建構對歷史過往的認知。

五、陳映真、葉石濤與鄉土文學：中國史觀與台灣史觀

1. 葉石濤：台灣鄉土認同與中國國族認同的平衡

　　黨外人士對鄉土文學性質的詮釋，最主要針對陳映真的看法而來。[38]如同上一章曾經提到的，陳映真與其他鄉土提倡者一樣，他們提倡鄉土文學，都有意重新激發台灣民眾的中國意識。從那個時候開始，陳映真就成為非國民黨的中國民族主義理念的熱情代言人。事實上，在「鄉土文學論戰」期間，他便質疑葉石濤的觀點為「分離主義」。葉石濤的寫作生涯，從日本殖民晚期一直延續到戰後多年。他身為資深作家，一直是鄉土文學的重要支持者。他很可能是戰後第一位討論鄉土文學議題的文學評論家。他在鄉土文學受重視的大約十年前，亦即1965年，發表了〈台灣的

38　見陳樹鴻（1988 [1983]）、施敏輝（1988 [1984]）。

鄉土文學〉一文，用「鄉土文學」一詞來指稱台灣從日本殖民時期以來發展的現代文學，以便將本省的文學遺產區別於「中國文學」的民族傳統。[39]這與後來七〇年代流行的「鄉土文學」概念並不相同。台灣作家從賴和（1894-1943）、楊逵到吳濁流，從鍾理和、鍾肇政到笠詩人，都被歸類為鄉土文學作家。葉石濤認為這樣的鄉土文學應當被視為中國文學的一部分，並試圖在文學表達上，尋求台灣鄉土認同與中國國族認同之間的平衡。在這篇開創性的文章中，他如此思考未來：

> 本省鄉土文學在日據時代確實有提倡的必要，藉此發揮民族精神，……但，現在是否可繼續存在，是否有必要特別加

39　1951至1954年，葉石濤因被懷疑與煽動叛亂者有所關聯而受牢獄之災。在出獄之後，他淡出文壇十多年。直到1965年，也就是《台灣文藝》與《笠》創刊的次年，葉石濤才重新發表他的小說與評論。〈台灣的鄉土文學〉是葉氏重回寫作崗位後的新作之一。從此之後，葉石濤以文學評論推崇本省籍作家的作品，這對六〇年代中期至七〇年代中期處於文壇邊緣位置的這些作家們，是相當大的鼓勵。因此，葉石濤可說是扮演著台灣作家「庇護者」的角色。鍾肇政曾經如此描述六〇年代後半期他和其他台灣作家與葉石濤的關係：

> 在我們的陣容裡評論一直是較弱的一環。故而葉的評論文學顯得格外珍異。我也不憚於指出，他的論文固然深入精到，顯示出他做為一名評論家的深湛學養，然而他的出發點是：「人家不理我們，我們自己來」的伙伴意識，故而揄揚的成份居多。我們可以說是「相濡以沫」的一群，我確認培養一種連帶感，至關重要，這也正是我特別推崇葉石濤的原因之一。
>
> 我必須坦白地說，我對他一直有著濃重的依賴感。我總覺得，在我們這一群無助無告的伙伴們當中，有葉石濤其人在，便等於有了一根擎天巨柱，起碼可以撐起一份小小的、可憐兮兮的局面。憑他那一支評論的、創作的筆，我願意深信有那麼一天，我們可以爭得一塊文學天空。（鍾肇政1989: 318-319）

以珍視、培養，抑或大聲疾呼的提倡？這答案當然是否定的；……年青的一代既沒有日文的羈絆，他們當然更少畛域的觀念，自然地熔化在中國文學裡，更進一步地努力形成為世界文學的一翼。這是鄉土文學的最好歸宿，也就是上一代作家夢寐以求的結果。然而我們是否應該丟棄鄉土文學優美的傳統呢？這個答案也是否定的。由於本省過去特殊的歷史背景，亞熱帶颱風圈內的風土，日本人留下來的語言和文化的痕跡，同大陸隔開，在孤立的狀態下所形成的風俗習慣等，並不完全和大陸一樣。生為一個作家這不就是豐富的題材嗎？能發掘這些特質，探求個體的特殊性，我認為可以給我們中國的文學添加更廣的領域。（葉石濤 1965: 73）

葉石濤的看法，讓人想起殖民時期葉榮鐘的「第三文學」、

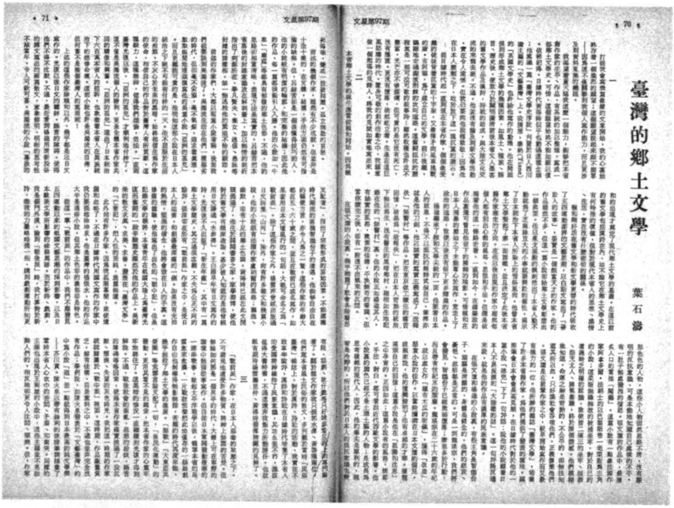
• 71 •　文星第97期

文星第97期　• 70 •

臺灣的鄉土文學

葉石濤

圖4-6　葉石濤於1965年發表於《文星》的〈台灣的鄉土文學〉

以及國民黨政府接收台灣不久後瀨南人提出的「台灣新文學」理念。他們都有一個共同的旨趣，亦即鼓勵作家處理台灣社會的獨特之處。他們的觀點也都反映出不同時期的知識分子，對於在不同政權之下發展出來的文學、所具有的身分，有著持續一致的關懷。尤其對瀨南人和葉石濤來說，作家在尋求鄉土認同與中國國族認同的平衡時，有必要維持台灣意識。

做為資深的文學作家與評論家，葉石濤嘗試定位「鄉土文學」的身分，他的企圖無疑延續了台灣知識分子在面對台灣社會特殊性時，那種明顯的「執念」傳統。但是在現代主義文學具有相當影響力的時期，葉石濤的開創性文章，並未引起太多的注意。

1977年，葉石濤在其著名的〈台灣鄉土文學史導論〉文章中，則將上述的執念表達得相當清楚深刻。這篇文章發表於鄉土文學論戰發生前的三個月。葉石濤強調台灣特殊的自然環境，以及島上各種不同的文化遺產。他一方面承認，儘管台灣文化有其濃烈的鄉土特色，但仍舊屬於漢文化的一支。但另一方面也強調台灣接連受不同政權壓迫統治的經驗。他如此定義「台灣意識」：

> 既然整個台灣的社會轉變的歷史是台灣人民被壓迫、被摧殘的歷史，那麼所謂「台灣意識」──即居住在台灣的中國人的共通經驗，不外是被殖民的，受壓迫的共通經驗。（葉石濤 1977: 69）

葉石濤從「被壓迫、被摧殘的歷史」、「被殖民、受壓迫的共通經驗」角度理解台灣現代文學的發展，堅定主張台灣作家必須懷有一種特殊的意識，與人民站在一起，而非與統治者共謀，同時台灣的鄉土文學也必須是「反帝、反封建」的。事實上，從日

圖4-7　1977年5月刊出葉石濤
〈台灣鄉土文學史導論〉的《夏潮》
封面（封面誤為〈序論〉）

本統治下1920年代初提倡以中國白話文寫作以來，台灣新文學或現代文學的全體都被描繪成是一個「反帝、反封建的傳統」。對葉石濤來說，「堅強的現實意識，參與抵抗的精神」，以及現實主義或「寫實主義手法」就是台灣鄉土文學傳統的特色（葉石濤　1977）。在這種對鄉土文學的描繪中，台灣被殖民、受壓迫的慘痛經驗，便成為台灣特殊性的核心部分，而這也正是作家所必須處理的。

2. 陳映真：中國民族主義與「在台灣的中國文學」

和1947至1949年參與辯論台灣新文學發展的本省人、以及七〇年代初鄉土文學的提倡者一樣，葉石濤並不認為鄉土意識必然與中國民族意識無法相容。然而對於那些心懷強烈中國情懷的批評者——例如陳映真——來說，葉石濤對台灣意識的強調，以及他對鄉土文學的描述方式，都相當令人懷疑。在葉石濤的〈台灣鄉土文學導論〉一文發表不久後，陳映真在一篇文章中對於葉石濤輕描淡寫地處理殖民時期台灣作家所顯露的中國民族情感，表達不滿。陳映真同意這個階段的台灣文學是「反帝、反封建」的，並強調這種文化上的抵抗是「以中國為民族歸屬之取向的政

治、文化、社會運動的一環」的。陳映真認為，殖民時期台灣的現代文學發展，是充滿強烈反帝與反封建信念的中國現代文學不可分割的一部分。台灣人的抗日運動，也是中國人奮鬥追求民族解放的重要部分。陳映真強調，這種反殖民台灣意識的本質正是一種崇高的中國意識，而葉石濤所說的「台灣鄉土文學」，事實上就是「在台灣的中國文學」（許南村　1978 [1977]）。

　　雖然陳映真與葉石濤兩人都主張反帝國主義和反封建主義，但陳映真的鄉土文學理念明顯不同於葉石濤所抱持的。如同第三章曾提到的，在戰後政治、經濟與文化上都依賴外國勢力、以及七〇年代初外交失利的情勢背景下，七〇年代鄉土文學推動者所企圖對抗的，是對西化潮流毫無批判的接受，而現代主義文學被認為是這種態度的代表。以陳映真為例的鄉土文學擁護者，特別從中國長期受外國侵略和壓迫的國族創傷的角度，來理解當時政治社會的變遷。他們提倡鄉土文學，希望激勵台灣民眾的中國民族主義。對於大多數不論是外省或本省籍的支持者來說，鄉土精神主要就在於喚醒對國恥的認知，並決心為中國——不管是做為「自由中國」的中華民國或未來的「統一的中國」——的復興強大，有所貢獻。我們可以說，陳映真所代表的觀點是「以中國為取向」的，而葉石濤所持的看法是「以台灣為取向」的。這是七〇年代鄉土文學發展趨勢當中，兩股歧異的傾向。

　　但是這兩股歧異的傾向之間的矛盾，在鄉土文學論戰期間不太受到注意。鄉土文學論戰主要發生在支持者與那些和國民黨關係密切的批評者之間。批評者攻擊的主要對象，是陳映真、黃春明、王禎和、王拓與楊青矗所寫的小說，以及尉天驄肯定鄉土文學的觀點。與《笠》與《台灣文藝》作家對「回歸鄉土」潮流的發展少有貢獻的情形相似，葉石濤當時對鄉土文學的見解，也沒

有造成顯著的影響。

　　然而在美麗島事件之後，或者更精確地說，在八〇年代上半葉黨外激進人士開始推動台灣意識時，葉石濤的觀點逐漸比陳映真的看法獲得更大的影響力。雖然是葉石濤率先提倡台灣意識，但是黨外激進成員似乎並非倚賴他的觀點。不過，這些黨外人士對台灣歷史的理解，以及對台灣意識的定義，都與葉石濤相當一致。他們之間主要的差異在於，葉石濤尋求文學表現中鄉土意識與中國國族認同的平衡，但黨外的反對運動者則比葉石濤更為激進，主張「台灣人不要『中國意識』」。[40] 當黨外雜誌的作者開始將鄉土文學與黨外政治反對運動相提並論時，傾向於支持台灣獨立的本省籍文學作家與批評家，也開始推崇葉石濤早期對本省籍作家與作品的評論，並將他的看法往前推進一步。對他們而言，葉石濤 1965 年具有前瞻性的〈台灣的鄉土文學〉一文，指出了「〔戰後〕第一代作家與〔殖民時期〕先行代作家一脈相連，香火不絕，台灣文學的潛流不斷……」（彭瑞金 1983: 48）。至於葉石濤 1977 年的〈台灣鄉土文學史導論〉，則因為指出台灣（鄉土）文學是以台灣意識為基礎，而被認為提供了「台灣文學」的絕佳定義（宋冬陽 1984a: 14-19）。[41] 整體而言，八〇年代支持台灣民族主義的文學批評者在論述台灣文學時，基本上不出葉石濤上述兩篇文章的主要觀點。然而在八〇年代這些文學批評者的推演論

40　見施敏輝編（1988: 115）。

41　必須注意的是，如同前面指出的，至少在七〇年代陳映真、黃春明等人的鄉土小說流行之前，葉石濤用「鄉土文學」一詞指稱從殖民時期到戰後當時所有本省籍作家的現代文學作品，以便與「中國文學」的民族傳統區分開來。因此葉石濤當時的「鄉土文學」概念與七〇年代之後流行的「鄉土文學」一詞所指不同。

述下，葉石濤在兩篇文章中強調台灣歷史、社會、文化、文學的
特殊性，但又主張文學表現應該平衡台灣地方認同與中國國族認
同，這種用心則被有意或無意地忽略。葉石濤觀點裡中國意識的
殘存痕跡，在支持台灣獨立的評論家的重新演繹闡述之下，終於
消失無蹤。

六、1980年代前半葉「去中國化」的台灣文學

1. 文學的政治化

　　美麗島事件導致了政治反對運動的激進化，也激發了文學的
政治化。事實上，在鄉土文學論戰停息後不久，王拓與楊青矗這
兩位主要的鄉土小說家就放棄文學生涯而投入政治反對運動。兩
人都成為1978年底中央民意代表增額選舉的黨外候選人，但這次
選舉因美國突然與台灣斷交而停辦。王拓與楊青矗後來加入《美
麗島》團體，並且因為涉及美麗島事件而入獄。這個事件深深影
響了《笠》與《台文》作家。他們許多人明白承認這個事件使他
們的政治意識覺醒，並且認識到國民黨統治的獨裁性格。「戰後
第一代台灣小說家」之一、同時也是資深《台文》成員的鍾肇
政，明白指出美麗島事件之後的「台灣意識論戰」對他的深刻影
響，將他的台灣意識具體化。他說：

　　　美麗島軍法大審之後，本土精神昂揚……於是乃有一九八
　　三年到八四年間的「台灣意識論戰」，打得如火如荼。……
　　坦白說，我也是這場論戰的受惠者。這個時期，我退隱鄉
　　間，對文壇事不再問聞，埋頭寫我的長篇小說。然而，原來

存在於我心中的意念——一個台灣文學主義者的思念及嚮
往，被那一場論戰具體化、理論化了，也被凝固了。(鍾肇
政 1989: 333-334)

長期以來是《台文》作者的重要小說家李喬，在1994年2月
成為其總編輯。李喬也曾清楚地表達了類似的覺醒：

　　大的時代變遷對作家是重要的，說來很可笑也很可恥，我
自覺成長得很慢。我經常向三十多歲的寫作朋友講：我有十
幾年的生命是停頓的，白活了十年到十五年；要不是時代的
變化，可能我終其老死都不會「長大」。現在我想我是「長
大了」。今天我知道自己想要什麼？想做什麼？能做什麼？
我寫的是以台灣歷史為背景的小說，我是在社會的重大事件
中找到焦點，大時代的衝突使自己的生命獲得衝激因而成
熟，例如中壢事件、美麗島事件，讓我成長。不然的話，我
可能終其生找不到生命意義的焦點，也就找不到文學的焦
點。……我也曾高談藝術是獨立於現實之外，和政治是不接
觸的。……現在已跳出那個階段……在台灣的作家卻顯然的
要分出你是黑是白，是正義是不義；作家若還想「超乎政治
之外」是可恥的，文學沒有政治是假的，尤其是當前的台灣
作家。(李喬，趙天儀 1988: 30-31)

另一位在鄉土文學論戰結束後成名，並且後來曾擔任《台
文》編輯委員的年輕一代本省籍作家宋澤萊(1952-)，也生動地
描述了美麗島事件對他個人的重大衝擊：

一九七九年底恐怕是我們年輕人一個很重要的再啟蒙。我
猶記得，在那之前，我還是多麼純粹的一個被瞞在世界真相
底下的人。在那之前，我們都還思索人間究竟有什麼絕對的
事？人性究竟是善是惡？何謂最終的信仰？社會的法則是什
麼……但是那以後，我們突然改變了，只在一夜間，我們變
成了另一個人。你看！多麼傻，我們的答案就在那兒，人類
的真面目就呈露在那兒，而整個歷史的真相就是那樣，以前
我們多愚蠢，而現在我們聰明起來了。[42]

鍾肇政、李喬、宋澤萊的自白，分別代表戰後第一、二、三
代本省籍小說家受美麗島事件的深刻影響。

這個重大政治變動的衝擊，對笠詩社的重要詩人——例如鄭
炯明與李敏勇（1947-）——的影響也非常明顯。[43]它使《笠》與
《台文》作家開始觸碰各種敏感的社會、政治議題，例如關於二
二八事件的記憶、反共戒嚴下的社會生活、國族認同的問題等
等。從1980年代初開始，這些小說家與詩人的作品用隱微的或明
白的筆法，抗議國民黨的統治。就像當時擔任《台文》社長的陳
永興所指出的，小說家與詩人受到黨外對國民黨挑戰的激勵，使
得「……『台灣文藝』，在尺度上也比過去的二十年有很大的突
破，……沒有任何題材是不能寫的，沒有任何作品是不敢登
的……」。[44]笠詩社與《台文》列名的「本社同仁」、社務委員、
編輯委員、作者群等，幾無例外地由本省人組成，兩個團體作家

42　引自高天生（1985: 224）。

43　見鄭炯明（1987: 8-9）；吉也（1988: 101）。

44　見《台灣文藝》1984年11月，91: 32。

作品中的抗議，無疑有強烈的族群政治意涵。

《笠》與《台文》兩個作家群長久以來維持密切的關係。自《台文》創辦以來，笠詩社成員一直是重要的投稿作家與贊助者。吳濁流在1976年逝世後，笠詩社的資深成員巫永福，繼任為《台文》的發行人。在1983年1月，《台文》列名的「本社同仁」有46位，其中有13人即為笠詩社成員，包括笠詩社的兩位創社社員陳千武與趙天儀。[45]在八〇年代上半葉，這兩個作家群開始與黨外發展公開的密切關係。楊青矗與王拓在1983年12月與1984年11月分別出獄後，都加入《台文》而成為其「同仁」。《台文》列名的「同仁」，還包括黨外重要的領導者江鵬堅（之後成為民進黨的第一任主席）、周清玉（國大代表）、與洪奇昌（之後當選國大代表）。[46]在1984年9月，《台文》策畫了一個專輯，歡迎因美麗島事件被捕的八位黨外領導者之一的林義雄被釋放出獄。[47]

圖4-8　1982年《文學界》創刊號

1982年初，三位笠詩社與《台文》的資深成員鄭炯明、曾貴海、與陳坤崙，在高雄創辦了

45　見《台灣文藝》1983年1月，80: 版權頁；《笠》1982年12月，112: 18。

46　見《台灣文藝》1984年11月，91: 版權頁。

47　見《台灣文藝》1984年9月，90: 4-28。林義雄的母親和兩名女兒在審判期間遭到謀殺。

《文學界》（1982-1989）。八〇年代，在笠詩社與《台文》成員為主之本省作家、文學評論者的努力下，這份新的文學刊物與《笠》、《台文》，一起成為建構政治化之「台灣文學」概念的主要園地。

2. 什麼是「台灣文學」？：入世精神、抵抗意識與本土化

當笠詩社與《台文》成員及其作品愈來愈政治化，關於「台灣文學」定義的議題，對他們而言也愈來愈重要。葉石濤長久以來是《台文》的重要支持者與投稿作家，並且在1983年開始列名為《台文》同仁。承襲葉石濤的看法，亦即台灣鄉土文學應該是基於台灣意識而寫出的作品，《台文》年輕一代成員如高天生（1956- ）、彭瑞金（1947- ）與陳芳明（1947- ）的文學評論，在八〇年代上半葉台灣文學概念政治化過程中，扮演重要的角色。和葉石濤早期的看法比較，他們的論述呈現了將台灣文學「去中國化」的激進傾向。

高天生等《台文》年輕一代成員對台灣文學的重新定義，從他們對所謂「邊疆文學」說法的批判開始。1981年1月，本省籍的知名評論家、當時為中國時報藝文組主任的詹宏志，在一篇討論報紙小說獎得獎作品的文章中問道：「如果三百年後有人在他中國文學史的末章，要以一百字來描寫這卅年的我們，他將會怎麼形容，提及哪幾個名字？」這篇評論認為，戰後台灣所有的文學創作可能都是徒然的，因為這些作品未來很可能都被貶入「邊疆文學」的範疇（詹宏志 1981: 23-24）。詹宏志的觀點很快引起高天生的批評。和葉石濤的觀點相近，高天生並不否認「台灣文學乃中國文學的支流」，不過高天生強調，由於台灣文學本身特殊的歷史發展與性格，因此它必須視為一種獨特的傳統。高天生認為，台灣作家的作品必須從台灣文學本身的歷史角度來評判，

而非從中國文學史的觀點（高天生 1981: 297-298）。我們可以發現，高天生的看法與1948年瀨南人對外省人看待台灣文學方式的批評，十分類似。高天生在八○年代初期提出這種看法，反映了對台灣文學的獨特性的關注，以及更廣泛來說，對於台灣文化特殊性的關懷，又重新出現。

用彭瑞金的話來說，上述的關懷就是在於「到底台灣文學能不能成為一獨立而完整的文學脈流？緊接著，他的承傳如何？它應如何拓展？」彭瑞金相信，問題的答案在於人們是否能看重台灣所發展出來的獨特文學素質。這種素質主要存在於「本土化」特質之中，而所謂的本土化指的是台灣作家對這個島嶼的認同感，並且決心奮力捍衛它的決心。他認為：

> 只要在作品裡真誠地反映在台灣這個地域上人民生活的歷史與現實，是植根於這塊土地的作品，我們便可以稱之為台灣文學。因之有些作家並非出生於這塊地域上，或者是因故離開了這塊土地，但只要他們的作品裡和這塊土地建立存亡與共的共識，他的喜怒哀樂緊繫著這塊土地的震動絃律，我們便可將之納入「台灣文學」的陣營；反之，有人生於斯、長於斯，在意識上並不認同於這塊土地，並不關愛這裡的人民，自行隔絕於這塊土地人民的生息之外，即使台灣文學具有最朗廓的胸懷也包容不了他。有人把這樣的檢視網稱做「台灣文學」的「本土化」特質，其實這不只是一項特質而已，應該是台灣文學建設的基石。（彭瑞金 1982: 2-3）

彭瑞金認為，真正屬於「台灣文學」的作品必須具有這項特質；而這種精神特質的存在，則毫無疑問地「可以檢視三百年來

自荷鄭以降的所有台灣文學作品，從這裡我們證明了台灣文學自
有其歷史的淵源和它獨特的精神傳統」。他寫道：

> 　　因此我們要強調「本土化」是最具透視力的網，透過這面
> 網，我們可以鬆口氣說，我們的祖先確確實實用自己的歌
> 喉、我們自己的聲音，唱我們的心聲。「台灣文學」的承傳
> 確定我們是有詩有歌的民族，我們在這裡可以找到我們是個
> 有自己文學的民族的自信。同時，按著歌聲尋去，我們又要
> 發現，無論苦難多深、災禍多深，這樣的歌聲並不曾稍輟，
> 也不曾變調，它是整個台灣土地的聲音，我們有責任吟唱下
> 去。（彭瑞金 1982: 3）

　　彭瑞金強調，「確立本土化的台灣文學才是最主要的課題」。
因此台灣作家必須「能從縱軸上承續三百年來苦難的台灣歷史命
運」，「能在橫面上綜括一千八百萬實存於島上的人民生活面貌」
（彭瑞金 1982: 3）。彭瑞金的「本土化」理念，可以說是葉石濤
的「台灣意識」概念的進一步發展。他們兩人都從台灣的外來統
治歷史的角度，來看待台灣的文學發展。對他們而言，抵抗外來
壓迫的反抗精神，構成台灣文學的重要主題。
　　1980年代上半葉，「台灣文學」一詞愈來愈具有政治意涵。
在陳芳明那篇經常被引述的〈現階段台灣文學本土化的問題〉一
文中，他以筆名宋冬陽，重新檢視葉石濤與陳映真在鄉土文學論
戰期間所提出來、但未受重視的不同觀點。陳芳明認為，葉石濤
的「台灣（鄉土）文學」概念是基於健全的「台灣意識」，而陳
映真的「在台灣的中國文學」概念則反映不切實際的「中國意
識」。對陳芳明來說，這兩種意識是無法並立的。他認為，陳映

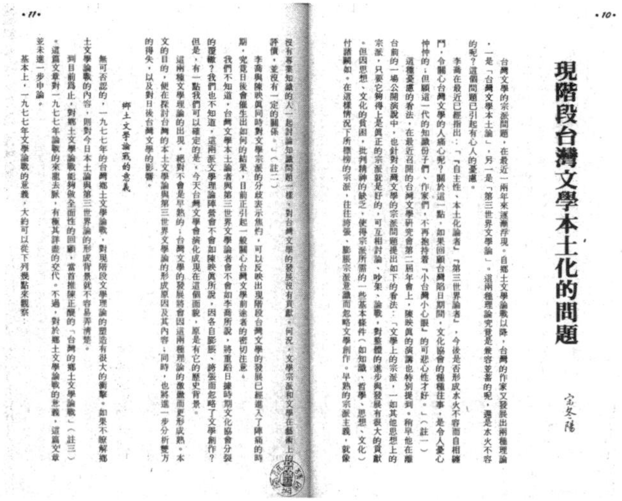

·10·

現階段台灣文學本土化的問題

宋冬陽

台灣文學的宗派問題，在最近一兩年來逐漸浮現。自鄉土文學論戰以降，台灣的作家又發展出兩種理論，一是「台灣文學本土論」，另一是「第三世界文學論」。這兩種理論究竟是兼容並蓄的呢，還是水火不容的呢？這個問題已引起有心人的憂慮。

李喬在最近已經指出：「『自主性、本土化論者』『第三世界論者』，今後是否形成水火不容而自相鬩鬥，令關心台灣文學的人痛心呢？關於這一點，如果回顧台灣陷日期間，文化協會的種種往事，是令人憂心忡忡的；但願這一代的知識份子們、作家們，不再抱持着『小台灣小心眼』的可悲心性才好。」（註一）

這種憂慮的看法，在最近召開的台灣文學研究會第二屆年會上，陳映眞的演講也特別提到。稍早他在離台前的一場公開演說中，也針對台灣文學的宗派問題提出如下的看法：「文學上的宗派，一如其他思想上的宗派，只要它夠得上是眞正的宗派就是好的，可互相討論、吵架、論戰，對整體的進步與發展有很大的貢獻。但因思想、文化的貧困，批判精神的缺乏，使得宗派所需的一些基本條件（如知識、哲學、思想、文化）付諸闕如。在這樣情況下所標榜的宗派，往往誇張、膨脹宗派意識而忽略文學創作。早熟的宗派主義，就像

·11·

沒有專業知識的人一起討論知識問題一樣，對台灣文學的發展沒有貢獻。何況，文學宗派和文學在藝術上的評價，並沒有一定的關係。」（註二）

李喬與陳映眞同時對文學宗派的分歧表示焦灼，可以反映出現階段台灣文學的發展已經進入了陣痛的時期。究竟日後會催生出如何的結果，目前正引起一般關心台灣文學前途者的密切注意。

我們不知道，台灣文學本土論者與第三世界文學論者會不會如李喬所說，將重蹈日據時期文化協會分裂的覆轍？我們也不知道，這兩派文學理論陣營會不會如陳映眞所說，因各自膨脹、誇張而忽略了文學創作？但是，有一點我們可以確定的是，今天台灣文學會演化成現在這個面貌，原是有它的歷史背景。

這兩種文學理論的出現，絕對不會是早熟的；台灣文學的發展將會因這兩種理論的激盪而更形成熟。本文的目的，便在探討台灣的本土文學論與第三世界文學論的形成原因及其內容；同時，也將進一步分析雙方的得失，以及對日後台灣文學的影響。

鄉土文學論戰的意義

無可否認的，一九七七年的台灣鄉土文學論戰，對現階段文學理論的塑造有很大的衝擊。如果不瞭解鄉土文學論戰的內容，則對今日本土論與第三世界論的形成背景就不容易弄清楚。

到目前爲止，對鄉土文學論戰能夠做全面性的回顧，當首推陳正醍的「台灣的鄉土文學論戰」（註三）。這篇文章對一九七七年論戰的來龍去脈，有極其詳盡的交代。不過，對於鄉土文學論戰的意義，這篇文章並未進一步申論。

基本上，一九七七年文學論戰的意義，大約可以從下列幾點來觀察：

圖4-9　1984年陳芳明發表在《台灣文藝》的〈現階段台灣文學本土化的問題〉

真將中國過去百年所遭逢的苦難怪罪於西方帝國主義的勢力是錯誤的；中國民族主義本身的壓迫本質，正當化了國民黨的獨裁統治和省籍關係的不平等，因此同樣必須被批判。陳芳明相信，在反對運動蓬勃發展時，任何認同台灣的作家必將致力追求台灣文學的「本土化」與「自主性」（宋冬陽 1984a）。

這個時期對台灣文學最完整的政治化定義，可能是李喬所提出的。援引葉石濤與彭瑞金的看法，李喬如此定義：

> 「所謂台灣文學，就是站在台灣人的立場，寫台灣經驗的文學」。
>
> 所謂「台灣人的立場」，是指站在台灣這個特定時空裏，廣大民眾的立場；是同情、認同、肯定他們的苦難、處境，希望，以及追求民主自由的奮鬥目標——的立場。這個立

場，與先住民，後住民，省籍等文化、政治、經濟因素無關。

　　所謂「台灣經驗」，包括近四百年來，與大自然搏鬥與相處的經驗，反封建，反迫害的經驗，以及反政治殖民，經濟殖民，和爭取民主自由的經驗。（李喬　1983: 7）

　　在這樣的定義中，葉石濤1977年〈台灣鄉土文學史導論〉中用來形容殖民時期台灣鄉土文學特質的「台灣意識」概念，被推進一步，涵蓋了國民黨統治時的戰後時期。這意味著戰後的台灣人（李喬在此強調不分族群），和他們的祖先一樣，面對高壓的統治而展現抵抗的精神。對李喬而言，為台灣而寫、寫關於台灣的事，是認同台灣的作家寫作的指導原則。

　　中國文學史家夏志清在分析現代（特別是1949年之前）中國文學的特色時，曾指出現代中國作家的道德重擔，主要源自他們對中國國家／民族命運與前途近乎執念的深刻關懷。[48]如果模仿夏志清的概念，那麼我們可以說，在八〇年代初，一種「對台灣的執念」已經在《台文》與《笠》成員之間形成。他們對台灣的命運與前途的嚴肅關懷，使他們將七〇年代鄉土文學流行以來對文學實用功能與社會政治意義的強調推到極致。然而對台灣執著的關懷，已經取代了在鄉土小說家身上復起的那種「對中國的執念」。他們對文學的看法，顯然不同於另外一種理念，亦即堅持藝術的自主地位、認為文學作品具有獨立於社會功能之外的內在價值。這種理念，曾經激發台灣的現代主義論者，使他們能夠抵抗那些企圖指導他們寫作方向的政治與道德壓力（Chang 1993:

48　夏志清的論點，見本書第三章註31。

12）。再者，《台文》與《笠》成員在推進鄉土文學介入現實的入世精神時，他們同時也將自己描繪成鄉土文學的先驅。例如《笠》詩刊的編輯曾經強調，「二十年前，由《笠》詩刊開始倡導的『現實精神』」，甚至衍生出鄉土文學、本土文學等。[49]

3. 台灣人的形象

當《笠》與《台文》成員以政治化的方式來界定台灣文學時，他們同時也建構了台灣人的特殊形象，亦即將台灣人描繪成不同的外來政權壓迫統治的受害者。清朝將台灣割讓給日本這個歷史事實，被強調成是祖國有意拋棄這個島嶼的鐵證。受《台文》創辦人吳濁流在1945年所寫小說《亞細亞的孤兒》的激發，他們同時也將台灣描繪成孤兒（彭瑞金 1983；李喬 1984；宋冬陽 1984b）。這本小說根據吳濁流在戰爭期間於上海與南京旅行的經驗，著重探討殖民統治之下台灣人的認同問題。故事主角是台灣青年胡太明，他赴日求學時發現儘管說得一口流利的日語，但仍舊被日本人歧視。懷抱著儒家思想的胡太明，後來轉往祖先的原鄉──中國，以尋覓有意義的生活。然而他發覺，對所有的中國人而言，身為台灣人，就等於是日本人的走狗。台灣人不僅受日本人、也受中國人的懷疑歧視。這讓胡太明深覺自己是個孤兒。由於對中國的寄託幻滅，他回到台灣，最後發瘋。[50] 對笠詩社與《台文》的成員來說，這部小說給台灣人的啟示就是：台灣人必須覺醒，認識到他們不是中國人，而是台灣人，而有如孤兒的

---

49 見《笠》1984年4月，120: 144。

50 可與吳濁流的《南京雜感》（1977 [1951]）比較。也可參考他的回憶錄《無花果》（1995 [1968]），特別是第八章。

圖4-10　吳濁流《亞細亞的孤兒》的1957年日文版、1959年與1962年的中文版

台灣人必須建立自信。

　　《笠》與《台文》成員建構台灣人的歷史形象，描繪台灣人為殘暴統治的受害者，以及被中國拋棄的孤兒。在這個過程中，《笠》與《台文》成員也同時宣稱自己所屬的這兩個團體是台灣人的代言人，笠詩社成員開始宣稱他們是唯一能「站在台灣人的立場，寫出台灣心聲的詩人團體」，而他們的作品最能具現「台灣精神」，因此最能代表李喬所定義的台灣文學（杜國清 1985）。同樣地，從1983年起，《台文》封面上出現的口號是「擁抱台灣的心靈」，並且開始製作一系列的專輯，探討台灣語言、歌謠、歷史事件與人物等，目的在增加讀者對台灣的認識，以促進他們對台灣的認同感。

4. 日本殖民統治做為一種「資產」

　　為了將台灣人的歷史經驗與集體記憶區別於外省人──或者

圖4-11　1983、1985年《台灣文藝》呼籲「擁抱台灣的心靈、拓展文藝的血脈」

更廣泛的中國人——的歷史經驗與集體記憶，笠詩社與《台文》
成員開始強調日本殖民統治時期的重要性。例如在1982年10
月，《笠》與《台文》分別同步推出專輯，探討台灣詩人與小說
家如何處理日本殖民統治的經驗，尤其是台灣人在戰爭——「太
平洋戰爭」——期間所遭受的苦厄。對笠詩社與《台文》成員來
說，反省殖民時期的歷史經驗，是「台灣文學在尋求本土自主化
的基礎」；日本殖民統治與「太平洋戰爭」經驗賦予台灣文學一
種獨特的性質與價值，特別是一種「抵抗性格」，而這種傳統特
質並非來自「漢民族」的根源。[51]

　　笠詩社成員在八〇年代初對被殖民經驗的這種強調，和他們

51　見《台灣文藝》1982年10月，77: 4-7，19-117（「台灣小說中的太平洋戰爭經
　　驗專輯」）；《笠》1982年10月，111: 14-20（「台灣現代詩的殖民地統治與太
　　平洋戰爭經驗（座談）」）。

在七〇年代中鄉土文學論戰時期刻意淡化殖民統治對他們的影響，構成鮮明的對比。如今被殖民的歷史變成是一項「資產」，而不再是「負債」。對笠詩社與《台文》成員來說，殖民統治正可以用來支持他們的宣稱，亦即認為台灣文學已經脫離中國文學的脈流而形成一個獨特的傳統。在重估殖民時期台灣作家現代詩「遺產」時，陳芳明雖然沒有否認中國五四運動對殖民時期台灣新文學發展的影響，但他認為台灣作家對殖民統治的控訴，已使台灣新文學有其特質。這種特質，意即「台灣新文學一開始就奠下入世的傳統」，和現實、鄉土密切結合，因此可「以現實主義一詞來概括台灣新文學傳統的全部」（宋冬陽 1983: 14-15）。

在八〇年代上半葉，《笠》與《台文》成員致力於將台灣文學「去中國化」，亦即將殖民時期以來的台灣（本省）人的文學發展，詮釋成一個與中國（民族）文學進展少有關聯、或沒有關聯的獨特文學傳統。自從八〇年代下半葉以來，他們則致力於將台灣文學「民族化」，亦即將台灣文學賦予一種民族的性格，將它再現為一個獨特的「台灣民族」的文學傳統，而這個傳統所指涉的，比八〇年代上半葉的台灣文學概念更廣泛，包括日本殖民時期之前的、以及各族群的文學表現。台灣文學也被視為是獨特的「台灣民族」的文學。因此這些支持台灣獨立的作家與文學批評者的台灣文學論述更進一步政治化。這種文學意識形態的激進化，是伴隨1986年底之後台灣顯著的政治變遷而來的。戰後台灣第一個反對黨的成立、政治控制的持續放鬆、台灣獨立運動的快速發展、政治統治菁英的「台灣化」、以及台灣與中國大陸互動的增長，所有這些因素匯合在一起，促動了將台灣文學民族化的論述發展。

七、1986年以後的政治變化

1980年代上半葉，黨外反對運動一方面受到內部激進派與溫和派之間的紛爭所困擾（這兩派的代表分別是《深耕》成員、以及康寧祥與其同志），另一方面也試圖彼此整合、達成團結（Tien 1989: 98-99）。1986年9月，黨外宣布正式成立「民主進步黨」（以下簡稱民進黨），這在當時戒嚴法規範下仍屬於不法行為。然而國民黨政府雖宣稱民進黨為違法組織，但並未對這個新政黨採取任何正式行動。國民黨政府對民進黨的容忍，預示了它在接下來幾年的一連串政治改革。這些改革都在於回應以民進黨為主的反對者的挑戰，使得大環境比以往更利於政治競爭。[52]

1. 台灣民族主義的顯著發展

做為戰後台灣第一個反對黨，民進黨致力於挑戰國民黨所教化宣傳的「中國意識」。國民黨長期依賴本身的中國民族主義論述，尤其是宣稱國民黨控制的中華民國是全中國唯一合法政府的

---

52 1987年初許多政治犯獲准假釋出獄，大多數因為美麗島事件入獄的反對運動領袖也重獲自由。其中包括黃信介、張俊宏、與姚嘉文，都成為新反對黨的領導人物。緊接著於同年7月，政府終於解除了將近40年的戒嚴，改以新的「國家安全法」的管制取而代之。戒嚴的終結，使得新政黨可能合法化，非軍人的民眾不再受軍法審判，憲法所賦予的集會與遊行權利也重新恢復。然而國家安全法明確規定一般公民集會結社，包括政黨，不得主張共產主義或台灣獨立。參見Tien（1989: 112）。1987年末，國民黨政府開放民眾到大陸探親。這項政策開啟了台灣與中華人民共和國之間各種非官方互動往來的熱潮。1988年1月，國民黨政府取消報禁和報紙張數的限制，促成新聞自由的大幅提升。關於1988年以前報紙發行的主要限制，可參見Berman（1992: 12-30）。

說法，以正當化它對台灣的統治。國民黨同時宣稱以光復大陸失土為終極目標，將台灣視為「共匪叛亂」期間的戰區。國民黨政府因此制訂憲法臨時條款與戒嚴，並延長在1947、1948年間於大陸所選出的三個中央民意機關代表的任期。民進黨從成立開始，便戮力推動台灣獨立，同時在八〇年代後半葉致力促使三個中央民意機關的老代表們全面退職，以選舉出能夠代表台灣民眾的新代表。隨著美麗島事件後黨外激進理念的發展，民進黨的黨綱，也提倡以台灣的名義「積極爭取重新加入聯合國」，以及「台灣前途應由台灣全體住民決定」，「任何政府或政府的聯合，都沒有決定台灣政治歸屬的權利」。

　　由於民進黨成立之後，激進派在其中較占優勢，民進黨在八〇年代後半葉的反對運動方式主要在於發動群眾集會和街頭抗爭。台灣民族主義則是這些群眾運動主要的意識形態方針。台灣最普遍的本土語言——台語，開始成為群眾運動場合中最重要的語言。台語的俚諺、俗語、音樂、歌謠等，經常被用來強化參與者的台灣意識。此外，關於台灣人在不同政權之下受苦受難，尤其是二二八事件與美麗島事件所帶來的犧牲，以及關於台灣人應當為自己的政治命運作主的偉大歷史使命等，這一類的道德論述也不斷被重述。所有這方面的修辭與象徵，都帶有強烈的民族主義意涵（王甫昌　1996: 174-188）。雖然這個時期的政治控制已經比較放鬆，國民黨政府仍舊憑藉權力、運用各種手段來壓制反對運動，包括發動宣傳以削弱民眾對民進黨的支持，並且以具體的法律行動對付群眾運動領袖。儘管官方百般阻撓，八〇年代後半葉台灣獨立運動仍然顯著地進展。[53]

---

53 列入國民黨政府黑名單的海外台獨運動領袖的返台，是台獨運動顯著發展的

　　1991年10月，民進黨在修正黨綱時加入新條文，使台灣獨立運動達到一個高峰。這項條文強調台灣與中華人民共和國是不同的國家，並且要求「建立主權獨立自主的台灣共和國」。儘管這項激進的理念經常讓黨內的溫和派領袖感到不滿，但民進黨於是成為正式主張台灣獨立的政黨。

　　1992年5月，在群眾的街頭抗議壓力下，刑法條文終於有所修正。因此主張台灣獨立之類的非暴力運動者，不再被視為煽動叛亂。用來打擊非暴力反政府運動者的法律條文被廢除之後，最主要的後續效應便是「統獨之爭」變得更加激烈。對於台灣的政治地位以及其人民的國族認同等議題，不同的主張所引發的衝突緊張，又激發了一般而言看似毫無關聯的各種政治、社會與文化議題的爭論，不斷出現。因此，九〇年代初所謂的「國家認同問題」，成為相當受關注的政治議題，以及族群衝突的焦點。[54]

　　到了八〇年代末，雖然國民黨仍舊贏得大多數人的支持，但

　　重要原因之一。如同前一章提到的，受1947年二二八事件激發的台獨運動，主要在日本和美國發展，對台灣社會內部的影響作用不大。然而戒嚴解除之後，許多列入黑名單的運動領袖成功地非法入境台灣。雖然其中有幾位遭到逮捕，但是這些海外異議人士的返台，使得海外台獨運動與台灣的反對運動會合，台獨運動因此獲得更大的動力。再者，憲法的「動員戡亂時期臨時條款」賦予總統不受限制的權力，並使國會民主的機制無法發揮作用。1991年5月，蔣經國的繼任者李登輝總統宣布廢止這項臨時條款。這項宣布正式終結了台灣與中華人民共和國的對戰狀態，也帶來更多的言論自由。

54 政治控制的日漸放鬆，鼓勵了更多人投入反對運動。另外，同樣重要的是，八〇年代以來的經濟結構變遷、工時減少、與教育水準提高等因素，使人們擁有更多自主的時間可以參與業餘活動，他們因此也更有機會參與反對運動，以及接觸異議的意識形態，這些異議的意識形態包括民主的價值、傾向台灣獨立的態度和族群意識等。見王甫昌（1997）。

在各種選舉中,民進黨平均約獲得30%左右的選票。雖然民進黨否認本身是「本省人的政黨」,但民進黨的絕大多數支持者是本省人。許多研究也已指出,不到10%的外省人把選票投給民進黨。相較之下,即使不是所有的本省人都支持反對運動,但民進黨所獲得的選票的95%來自本省人(例如Chang 1989;林佳龍1989;吳乃德 1993;王甫昌 1994)。反對運動的領導者,也幾乎都是本省人。[55]此外,民進黨用來動員民眾支持的策略,幾乎都是基於台灣民族主義、並帶有福佬族群色彩的訴求、修辭與象徵。這些策略,都不免使外省人感到疏離。[56]

2. 國民黨「台灣化」

隨著政治的自由化與反對運動的發展,執政的國民黨也出現顯著的「台灣化」。從1970年代初期以來,三個中央民意機關代表的「增額補選」,以及蔣經國任用更多的本省人進入國民黨和政府高層,使本省人獲得管道,得以占有全國性的政治領域中的重要位置。本省籍的技術官僚李登輝,在蔣經國的用人策略下快速晉升。1984年,李登輝成為蔣經國總統任內的副總統。1988年1月蔣經國過世後,李登輝繼任為國民黨主席與中華民國總統。做為第一位本土出生的黨國領導人,李登輝得到本省籍菁英的支持。愈來愈多的本省人被指派擔任黨和政府的要職,決策圈內本省人的人數也開始超過外省人。[57]此外,1991年4月國民大會通過

---

55 民進黨兩位重要的外省籍人士,費希平和林正杰,由於覺得受到民進黨的支持者排擠,分別於1988年與1991年退黨。

56 一直到1992年8月,也就是「外省人台灣獨立協進會」成立後,民進黨才獲得外省人比較實質的支持。見王甫昌(1994: 8-9)。

57 李登輝依據憲法規定,做完蔣經國總統該屆任期內的剩餘兩年,並且擔任國

的憲法增修條文，提供了三個中央民意機關所有的終身職代表退職的法律基礎。於是，全台各選區分別於1991年與1992年選出國民大會與立法院的新任民意代表。

　　在民進黨與黨內本省籍的競爭對手的挑戰下，國民黨內的外省人備感威脅，因此開始團結組織起來。黨內主要基於省籍背景的激烈派系之爭，經常發生。[58]1993年，一群絕大多數為外省人的領導人物終於退出國民黨，另組屬於他們自己的「中國新黨」（以下簡稱新黨）。為了對抗李登輝所領導的「台灣化的國民黨」，新黨公開宣稱自己是「正統」的國民黨，堅定主張中國民族主義、「捍衛中華民國」，並且追求中國的統一。[59]從1993至

民黨的代理主席。從這個時候開始，國民黨內有愈來愈多的本省人取得權力，因而引發黨內外省籍與本省籍領導人物之間的嚴重鬥爭。做為第一位本土出生的國民黨領導人，李登輝得到本省籍工商界重要人士與地方政治人物的支持，而他們向來被摒除於中央政治圈之外。因此李登輝能夠在外省人所掌控的國民黨內建立權力基礎，並且應付民進黨的壓力。在克服了黨內反對者的挑戰後，1988年7月李登輝正式被選為國民黨主席，並且在1990年被選舉為總統。1993年時，本省人已經掌握國民黨中央常務委員會57%的席次。1992年時，七成的國民黨黨員（總人數為2,600,000人）為本省人。見Huang（1996: 113-121）。1993年，連戰獲得李登輝提名，成為戰後第一位本省籍的行政院長，這是另一個本省人在政府中取得大權的象徵。

58 國民黨的外省籍領導人物組織了幾個聯盟，以對抗李登輝，抨擊他的「獨裁」領導，以及他對台獨運動的容忍。事實上，外省籍政治菁英甚至指控李登輝贊成建立一個主權獨立的台灣共和國，也質疑在他領導下成立的「國家統一委員會」，只是個幌子。關於國民黨內部的派系，以及這期間內部鬥爭的詳細討論，可參見Chang（1994；1996）、Hood（1997，第六章）。

59 根據一份1995年的調查結果顯示，44%的新黨支持者為外省人。有人認為新黨是「外省人的政黨」，不過這份調查也同時顯示新黨45%的支持者，是本省籍的福佬人。見Chang（1996）。

1995年左右，新黨與民進黨各自動員其支持民眾，而國民黨本身也繼續「台灣化」。因此傾向與中國統一以及支持台灣獨立人士之間的衝突競爭，在這段期間達到高峰（Chang 1994；1996）。

3. 新的族群分類與新的國族認同

國民黨顯著「台灣化」的結果，讓民進黨不再獨占那些一般而言對台灣懷有情感的民眾的支持。雖然絕大多數的民進黨支持者都具有鮮明的台灣意識，但懷有清楚台灣意識者的民眾卻不必然擁護民進黨。即使執政黨依舊主張中國的統一，但在這些人當中，支持國民黨的人數仍然比支持民進黨的多（王甫昌 1994）。[60]

在九〇年代上半葉更自由的政治氣氛中，台灣民眾的政治利益認知愈來愈複雜。不過一個事實是，這期間認同自己是台灣人的民眾顯著增加，而認同自己是中國人者顯著減少。[61]同時民進黨的主張也有所調整，比創建初期更有彈性、更重視現實的考慮。

---

60 一份1992年的調查指出，多數具有中國意識的民眾（其中包括自認為：一、是中國人；二、是中國人也是台灣人；三、是台灣人也是中國人）都支持國民黨。至於那些自認為是台灣人的民眾當中，12%支持民進黨，21%支持國民黨。見王甫昌（1994）。此外，李登輝之所以廣受台灣民眾支持，主要是因為他的台灣認同並支持政治改革。1992年，新選出的國民大會代表通過總統直選的憲法增修條文，這是國家最高領袖第一次可以由人民直接選出，而非透過國民大會。1996年3月，總統直選的選舉在中華人民共和國的軍事威脅下進行，李登輝成功獲得主張統一或獨立、主張中國意識或台灣意識的選民支持，總得票率為54%。見廖益興（1996）。

61 舉例來說，一些調查研究顯示，自認是台灣人的比例，從1991年的16.5%，增加到1996年的33.1%，而自認是中國人的比例，則從1991年的32.5%，下降到1996年的16.6%。這段期間內，自認為既是台灣人也是中國人的比例則未有太大變化，從1991年的47%到1996年的45.1%。見陳文俊（1996）。

為了淡化民進黨受福佬人控制的形象，並且爭取其他族群的支持，大約在1989年前後，民進黨的領導者開始用「四大族群」來指稱台灣不同族群背景的人民。[62]這個分類後來被大眾、包括國民黨與新黨廣泛接受，逐漸與以往本、外省人的二分法並行，甚至有取而代之的趨勢。伴隨這個新的分類詞彙而來的，是社會上開始普遍提倡族群平等的觀念。新的族群分類的流行，代表民眾逐漸認識到四個族群的差異，而這種差異以往在國民黨的中國民族主義意識形態主宰下是被淡化的。另外，支持台灣獨立的人士提倡將台灣視為一個「命運共同體」。這種概念的目的在於促進民眾的信念，使他們相信彼此之間雖然有族群界線的區隔，但在一個政治社群的架構下，仍然緊密相連。命運共同體概念在九〇年代上葉的出現，目的在促進一種帶有民族主義傾向的新的台灣認同感（Chang 1996）。

John Breuilly 曾指出民族主義意識形態的運用，可以發揮協調（coordination）、動員（mobilization）、與合法性（legitimacy）三種不同功能。他同時強調，不同的民族主義有不同的功能，而即使是同一民族主義，在不同的階段也可能企圖發揮不同的作用（Breuilly 1996 [1994]: 166-167）。我們可以說，八〇年代上半葉黨外提倡的台灣民族主義，主要的作用在動員福佬族群的政治支持，以挑戰國民黨。到了八〇年代末、九〇年代初，雖然台灣民族主義者動員民眾支持的需要始終存在，但其意識形態在結合

---

62 1990年12月，台灣總人口數已超過二千零三十五萬人，而關於各族群人口數的估計則有不同說法。根據黃宣範的研究，1990年的人口組成如下：福佬人占73.3%，外省人13%，客家人12%，以及1.7%的原住民。見黃宣範（1993: 21）。

「四大族群」與「命運共同體」的論述後，逐漸凸顯了協調與合法性的功能，亦即協調台灣不同族群，並對外、尤其是對中華人民共和國，宣稱台灣做為一個獨立自主的政治社群的合法性。換句話說，台灣民族內涵（從福佬族群為主的本省人到四大族群）與屬性（較排外的福佬中心主義到較開放的多元文化主義傾向）的轉變，意味著台灣民族主義所企圖發揮之功能的轉變。這種變化，充分呈現國族認同的社會建構的性質，顯示國族做為一種集體認同，往往是民族主義運動引發的結果，而非其原因（Gellner 1983: 55；Hobsbawm 1990: 10）。換句話說，做為集體認同的民族，通常是文化的與政治的動員所帶來的後果，而不是在所謂民族成員心中長久存在的感受。支持台灣民族主義的作家與文學評論者，他們的台灣（民族）文學論述在八〇年代下半葉後的變化，正反映了上述台灣民族主義的轉變，以及國族認同在社會建構中逐漸浮現的性質。

八、建立民族文學：1980年代下半葉及之後

自從1986年民進黨成立後，笠詩社與《台文》成員更進一步參與反對政治，成為台灣民族主義政治與文化發展的一個重要部分。民進黨成立不久後，這兩個團體的主要成員，例如巫永福、葉石濤、李喬、楊青矗、李敏勇、趙天儀等，倡議進一步將具有鮮明的台灣意識的文化菁英組織起來。1987年2月，「台灣筆會」成立，以楊青矗為首屆會長，約有130位會員，包括詩人、小說家、散文家、文學批評家、畫家、音樂家等。笠詩社與《台文》成員則為主要會員與領導幹部，而《台文》也成為這個新團體的機關刊物。台灣筆會的〈成立宣言〉強調「文化運動是一切改革

的根源」，因此要求「全面的文化改革」，以改善社會。[63]〈宣言〉
同時呼籲作家「全面的覺醒」，投入社會改革，以建立一個「精
神的政府」。[64]在八〇年代末，台灣筆會發布一系列公開聲明，抗
議國民黨政府不准海外台獨黑名單人士返台、逮捕政治異議人
士、壓制群眾運動、逃避二二八事件中屠殺本省人的責任等等。
在這期間，楊青矗曾擔任民進黨的《民進報》週刊的總編輯，而
笠詩社與《台文》成員如李敏勇、陳芳明也成為這份週刊的重要
撰稿人。[65]

1. 民族主義文化論述的浪潮

在台獨運動快速推進的八〇年代下半葉，我們也看到台灣文
化民族主義的文化論述蓬勃發展。在這個發展中扮演主要角色
的，正是笠詩社與《台文》的作家與文學評論家。整體來說，這
一波文化論述的最大特色是致力於將台灣文化「去中國化」之後
再「民族化」。《台灣新文化》（1986年9月—1988年5月）與
《新文化》（1989年2月—1990年12月）這兩本雜誌的創刊發
行，代表了這一波高度政治化的文化論述風潮。這兩份期刊的名
稱，明白顯示其創辦者提倡一種新的文化認同的企圖，而其社長
或發行人都是民進黨的重要領導人謝長廷。笠詩社與《台文》的
主要成員，譬如趙天儀、李喬、楊青矗、宋澤萊、高天生、李敏
勇等，則為這兩份刊物的顧問、社務或編輯委員。[66]在這時期，這

---

63 見《台灣文藝》1987年5月，105: 6。
64 見《文學界》1987年月，21: 4-6。
65 見《台灣文藝》1989年3月，116: 118。
66 在1996年首次舉辦的總統直選中，謝長廷是民進黨提名的副總統候選人。

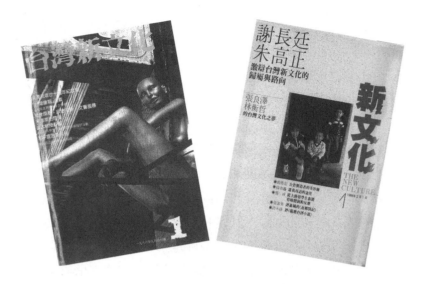

圖4-12　1986年《台灣新文化》、1989年《新文化》創刊號

兩份新刊物與《台文》成為台灣民族主義者傳播其文化論述的主要管道。

　　這波文化論述有幾個重要特色。第一，在一系列的二分方式中，台灣文化與中國文化被相互對立起來。中國文化被描繪成僵硬的、封建的、反動的、壓迫的、定著於土地的等。相對地，台灣文化則被讚揚為有彈性的、現代的、進步的、民主的、海洋導向的等。在這些相當簡化的界定方式中，台灣文化被視為不同於中國文化的獨特傳統。確切來說，台灣民族主義者這種描述中國文化的方式，並不是完全創新的。中國五四運動時期的激進反傳統主義者，是對中國過往的文化和歷史遺產進行類似批判的先鋒。[67]

67　關於五四時期針對中國傳統文化的激烈批評，可參見Chow（1960，特別是第十二章）、Lin（1979）、張岱年（1989）。

1960年代初台灣發生的「中西文化論戰」和八〇年代中國的「文
化熱」時期，同樣也能找到類似的攻訐。[68]事實上，二十世紀中國
知識分子的歷史最醒目的特徵之一，就是打倒中國文化傳統之激
進態度的持續出現。這種反傳統主義反映了中國知識分子意識中
一種文化認同的深刻危機（Lin 1979）。

　　然而，儘管他們對中國文化傳統極為厭惡，但五四運動、中
西文化論戰、與文化熱時期知識分子所發展的文化論述，都顯示
他們熱切地尋求新的中國文化認同。相較之下，台灣民族主義者
針對中國文化傳統的批評，其獨特之處在於排斥中國文化認同。
從當代中國歷史的角度來看，這或許是第一次有一群漢人試圖以
原先被公認為地方性的文化認同，取代中國的民族文化認同。

　　台灣民族主義的文化論述的第二個特色，是強調台灣文化的
多元起源。在一方面，台灣歷史上非漢人之原住民文化的角色，
愈來愈被強調。對台灣民族主義者來說，原住民在台灣定居數千
年的歷史，說明了台灣具有自己特殊的文化成分，而無法輕易歸
併於漢人的中國文化之中。原住民的文化因此被運用來重構一個
新的「系譜」，而這個系譜的起源有別於中國文明（Chang

68　台灣在1962年1月發生「中西文化論戰」。一群以外省籍、歷史研究所畢業
　　的李敖為代表的年輕知識分子，其中包括外省人與本省人，嚴厲抨擊中國文
　　化傳統、以及捍衛這個傳統的社會體制與學院的保守人士。他們在《文星》
　　雜誌上鼓吹「全面西化」。西方意義下的「科學」、「自由」、「民主」、「人
　　權」等，也都成為這些反傳統人士宣揚的重要理念（李筱峰 1987: 86-87）。
　　1965年12月國民黨政府下令查禁這份雜誌，這種結局不太令人意外。當時
　　激進的文化評論挑戰國民黨提倡中國傳統的教條，因此受到壓制。在中國八
　　〇年代「文化熱」時期，反傳統的文化論述典型的例子之一，是1988年著名
　　的電視系列劇「河殤」。

1996）。再者，除了日本人的統治，荷蘭人的殖民（1624-1661）與西班牙人的占領（1626-1641）時期，也被認為是台灣文化特殊性的重要來源。不過實際上荷蘭人與西班牙人只有短暫殖民台灣的島嶼南端與北端而已。強調台灣文化的多元起源，目的明顯是為了淡化中國文化在形塑台灣文化上的重要性。

　　台灣民族主義的文化論述的第三個特色，在於翻轉了中國文化與台灣文化在歷史上的中心與邊陲的關係。由於台灣人口絕大多數為漢人，因此台灣文化向來被視為是具地方色彩的中國文化。然而藉著強調台灣文化的多重起源，台灣民族主義者指出中國文化只是台灣文化的一部分。此外，政治壓迫、社會沉痾、與道德淪喪等，都被歸咎於「邪惡的」中國文化的影響後果。對台灣民族主義者而言，國民黨與共產黨的統治，都具體呈現了儒家思想所形塑的「封建」的與「獨裁」的政治文化。台灣民族主義者堅信，戰後國民黨的統治造成中國文化的進一步擴散滲透，台灣的戰後世代則是國民黨灌輸中國歷史文化傳統之教育下的受害者。對他們來說，1989年要求民主的抗議者在北京天安門遭到血腥屠殺的事件，更足以證明中國人的邪惡根性。因此，中國文化是台灣文化當中應該去除的部分。台灣民族主義者強調，清除台灣人心靈中的中國意識，是為創造台灣新文化的先決條件。

　　八〇年代晚期，提倡台灣民族主義的知識分子開始經常使用「文化主體性」一詞，熱切地呼籲要「建立台灣文化的主體性」或「創造主體性的台灣文化」。這成為台灣民族主義的文化論述的第四個特色。這個脈絡下的「主體性」一詞，主要類似西方觀念論哲學（idealist philosophy）中的「主體（subject）」意涵。這個脈絡中的主體性，指的是人的存在狀態，亦即做為意識所在的思考的主體。這個意義蘊含了主觀與客觀、思維與現實、或者自

我與他者的區分，也意味著主體是行動與意義的源頭。[69]因此，主
體性的台灣文化於是被類比為個人的心靈。台灣民族被當做有如
個人一樣，能夠自主思考、判斷、與行動。對台灣民族主義者來
說，文化正是民族意識的所在。台灣文化主體性的概念，意味著
獨立於中國文化之外的自主性，以及兩個「民族」之間的界線。
《台灣新文化》雜誌每一期的題詞，清楚地顯示出這種關於文化
主體性的修辭：

> 過去，我們總是戰戰兢兢地活在中國文化的家長權威，和
> 封建社會制度的重重束縛裡。但是今天，我們台灣新文化，
> 則將以一個在沉睡與清醒間的少壯之軀，頃間衝破繭殼，挺
> 立在世界的競技場上。

在這種文化論述中，美、英兩國的關係，是台灣與中國之間
理想關係的典範。一群英國清教徒毅然決然遠離祖先家園與文化
根源、渡海建立屬於自己的國家，這段歷史對台灣民族主義者來
說，深具啟發意義。他們運用有如「美國夢」的理想——也就是
個人可以在充滿機會的土地上獲得獨立、不再受過往所束縛、不
必再被僵化的禮教成規拘束在特定的社群中等理想，來支持民族
主義的理念方針。[70]

2. 一個變數：中華人民共和國

從八○年代末以來，台灣民族主義文化論述的福佬中心色彩

---

69 見O'Sullivan等編（1994: 309）。

70 關於美國夢，參見Madsen（1995）。

已逐漸淡化。「台灣民族」由「四大族群」共同組成的看法,逐漸流行。這種改變一方面反映出台灣獨立的主張需要客家人、外省人與原住民的支持。另一方面,這也凸顯了台灣社會體認到中國在國際政治上的影響力日增、並且導致台灣的外交處境愈發困窘的事實。不管是國內或國外的情勢發展,都使得塑造一個清楚的台灣認同,相較於以往,成為更迫切的議題。台灣民族主義的文化論述,也因此逐漸呈現出多元文化的特色。

中華人民共和國對台灣的政治,一向有相當大的影響。1949年以來,台灣與中國雙方歷經軍事衝突時期(1949-1978)與和平對峙時期(1979-1987)。由於1978年在鄧小平主導下對西方國家開放並進行經濟改革,中國逐漸在國際政治上扮演比過去更活躍、更有影響力的角色。隨著1979年美國斷絕與台灣的外交關係,並轉而承認中華人民共和國,台灣在合法代表全中國的宣稱上,愈來愈難與中華人民共和國競爭。與他國斷絕外交關係所帶來的創傷,在台灣已經變得司空見慣。[71]

除此之外,1987年開放大陸旅遊之後,各種非正式的接觸活動,譬如文化與體育交流,變得十分熱絡。這些互動引發了八○年代末台灣的「大陸熱」。兩岸四十年來的隔絕,使得中國的種種資訊都相當吸引台灣民眾的興趣。市面上充斥著各種來自中國、或與中國有關的書籍、雜誌、音樂和影片,其中有許多是非法商品。雙邊的間接貿易往來與台灣企業在中國的投資金額,都快速增長。[72]1991年2月,「國家統一委員會」(國統會)制訂〈國

71　以1998年1月來說,台灣僅與28個國家保有正式的外交關係。

72　在1994年,台灣與中國的貿易往來約占台灣該年貿易額的10%。到這一年,中國已是台灣最大的投資目標國,台灣也成為中國國內第二大的投資者。見

家統一綱領〉（國統綱領），提倡台灣與中國應「不否定對方為政
治實體」。同年4月，國民大會決議廢止《動員戡亂時期臨時條
款》，李登輝總統並明令宣告動員戡亂時期於5月1日終止。對台
灣而言，這些變化等於宣示結束與中華人民共和國的內戰狀態，
並將兩岸關係定位為兩個同時存在於中國、互不隸屬的對等政治
實體。然而中國仍宣稱對台灣擁有主權，堅稱中華民國只是地方
政府。在迫使台灣「回歸祖國」時，中國從未宣布放棄使用武
力。尤其是面對台灣宣布獨立的可能性，中國更不願意放棄武
力。[73]

　　由於體認到中國對國際政治的影響力日增、與台灣的接觸日
漸頻繁，台灣民族主義者開始擔心民眾的態度將逐漸傾向中國。
因此對支持台灣民族主義的知識分子來說，指出台灣與中國的文
化差異就變得非常重要。凸顯台灣文化的特殊性，將有助於提升
民眾的台灣認同。關於這點，一位台灣民族主義人士強調：

　　　　我認為文化是相對照才有辦法顯現出來。文化乃是某一群
　　人生活模式的特質，至於「一群人」就必須界定出地區來。
　　在我們談台灣文化的時候就必須將台灣從地理上先界定出
　　來。仔細說就是我們談台灣相對於中國時，是否有其獨特的

ROC Government Information Office（1996: 156-157）。

73 儘管台灣在經濟上依賴中國，中國對台灣進行軍事威脅，都可能削弱民眾對
台灣獨立的熱情，但與中國的交流來往並沒有自動地激發人們對統一的興
趣。由於瞭解到兩岸生活水準差距很大、政治上的相當差異、以及中國對台
灣始終有強烈敵意等，都讓台灣民眾對中國感到疏遠。90年代前半葉支持統
一的民眾比例逐漸下降，而贊成台灣獨立的民眾比例顯著增加。不過大多數
的民眾仍然偏好維持現狀。例如可參見陳文俊（1996）的研究。

文化出現？台灣是否有形成了某種生活上的特質？讓這種特質使每個人自覺起來以加速台灣人覺得他與中國人間的不同。所以在討論「到底台灣有沒有文化」的時候，我認為應該是說台灣有沒有一種獨特的特質文化足夠強到使每個人都能有[自]覺。自覺到可與中國相對照，對照完後發現與中國之間的差異性反過來再幫忙台灣建立一個獨立的國家。[74]

九、塑造民族文學

1. 書寫台灣人的台灣文學史

文學論述是台灣民族主義文化論述的主要部分。八〇年代下半葉以來，笠詩社、《台文》作家與文學批評者在這種文化論述發展中扮演相當重要的角色。他們所致力的，主要就是文學的議題。他們的文學論述，普遍都具有前一節所述的文化論述的四種特色。首先，在八〇年代後半葉，對這些作家與文學批評者而言，一個極其迫切的議題是台灣文學史的撰寫。鄉土文學論戰之後，笠詩社與《台文》成員經常援引日本殖民時期以來的現代台灣文學成就，用來正當化他們的本土或台灣傾向。然而到八〇年代末為止，大致上只有兩篇比較重要的現代台灣文學的簡短歷史介紹，分別由黃得時（1979 [1945, 1955]）、陳少廷（1977）所撰寫。[75]

相對地，到了1987年左右，至少有三部涵蓋戰前與戰後時期

---

74 見《台灣文藝》1991年6月，125: 12-13。

75 陳少廷的書，大體上根據黃得時的長篇文章所撰寫。

的長篇台灣現代文學史著作，已由中國學者撰寫成書並出版。自從七〇年代末中國共產黨採取「改革開放」政策以來，台灣研究在中國便快速發展。第一個官方的台灣研究機構在1980年成立後，台灣文學的研究也開始發展。上述的三部著作，成為八〇年代後中國快速發展的「台灣研究」成績的一部分。[76]一般而言，中國學者的台灣文學研究充滿中共關於中國統一的政治宣傳，並且刻意突出台灣文學作品中表露的「中國意識」。這些研究經常強調中國五四運動對日本殖民時期台灣現代文學的重大影響，宣稱整個台灣文學不過是「中國民族文學」的一部分。[77]在這種情況下，笠詩社與《台文》成員開始擔心對台灣文學史的「解釋權」，將被中國學者所獨占。從八〇年代初以來，他們經常呼籲要撰寫「台灣人的台灣文學史」。[78]

至1987年，葉石濤的《台灣文學史綱》（以下簡稱《史綱》）終於出版。[79]自八〇年代初以來，葉石濤已逐漸成為「自主的台灣文學」論述的主要建構者之一（余昭玟 1991）。他的《史綱》，代表支持台灣獨立的文化菁英論述文學的典型模式。這本書首先簡略勾勒明鄭時期到日本殖民初期中國古典文學在台灣的傳播與

---

76 關於八〇年代之後中國研究台灣文學的發展情形，見劉登翰（1990）、古繼堂（1992）、宋如珊（1993）。從1986至1991年，中國已出版八本涵蓋戰前與戰後時期的長篇台灣現代文學史著作。見宋如珊（1993: 104）。

77 例如劉登翰（1995）。

78 例如呂昱（1983）、高天生（1983）、林衡哲（1986）、陳芳明與彭瑞金（1987）、陳少廷（1987）、陳嘉農（1988）。

79 八〇年代中，《文學界》成員警覺到中國學者對台灣文學史的積極研究，因而集體商議決定撰寫台灣文學史。原來決定由葉石濤等人分別負責一部分，但後來由於史料蒐集不易等因素，葉石濤因此先行撰寫《史綱》。見《文學界》1988年冬，28: 70-71。

發展，接下來的一章則敘述日本殖民時期台灣新文學的出現與進展。《史綱》其餘的五章，則討論戰後台灣現代文學的發展。雖然這本書並未完全抹煞外省籍作家及其作品，但葉石濤做為資深又熱心的鄉土文學與台灣意識提倡者，顯然偏好本省作家，而以較大的篇幅加以討論。[80]

圖4-13　1987年葉石濤的《台灣文學史綱》

在《史綱》的前序中，葉石濤明白地指出撰寫該書的「目的在於闡明台灣文學在歷史的流動中如何地發展了它強烈的自主意願，且鑄造了它獨異的台灣性格」（葉石濤 1987: ii）。雖然他承認日本殖民時期台灣現代文學的出現，是受中國五四時期白話文運動的影響，但他認為當時台灣作家已「逐漸產生和建立自主性文學的意念」。他認為，因為日本統治而使台灣與中國大陸持續分隔，因此這種發展方向是必須的、「正確而不可避免的途徑」（葉石濤 1987: 28）。

抱持這種多少有點決定論意味的態度，葉石濤在《史綱》中修訂了他過去對台灣文學的一些看法。就像前面已經討論的，事實上，直到鄉土文學論戰時期，葉石濤仍認為鄉土文學當然是中國文學的一部分，而文學表現應該追求台灣地域認同與中國國族認同的平衡。對他而言，這兩種認同並非無法並存。1984年，亦

80　可比較余昭玟對葉石濤的台灣文學觀點的批評。見余昭玟（1991）。

即《史綱》出版的三年前，他在一篇討論六〇年代台灣文學的文章中，曾推崇《台文》與《笠》兩種刊物具有「台灣新文學運動一脈相承的傳統精神」，亦即「對時代社會的強烈的批判精神」。但是他也批評這兩份刊物的作家「過份注重本土現實及社會性觀點」，因此使他們「失去由整個中國或世界的立場來分析鄉土問題的巨視性看法以及歐美文學嶄新思想的吸收和容納」（葉石濤1984: 143）。不過在根據這篇1984年文章所寫成的《史綱》段落中，雖然我們也見到幾乎相同的批評用語，但「整個中國」一詞已被刪除（葉石濤 1987: 118）。

這個例子也讓我們想起葉石濤對七〇年代初的鄉土文學的看法。在這篇1984年的文章中，葉石濤也指出年輕的本省籍鄉土小說家，包括陳映真、黃春明、王拓、楊青矗等人，跟老一輩的本省作家，譬如吳濁流，已少有接觸，因此他們的作品已非「老調的鄉土文學」。葉石濤繼續說：「這可能是新一代的這些作家不太認同台灣本土意識較強的老一輩鄉土文學，而是較能從整個中國的命運來思考台灣文學的前途的關係。這也許是一種進步吧」葉石濤（1984: 146）。不過在源自1984年這篇文章的《史綱》的段落中，上面引文中對年輕一代鄉土小說家正面讚賞的肯定語氣，已被修改成較中性用詞，而「這也許是一種進步吧」一句，則被略去（葉石濤 1987: 123）。

修改自己過去對台灣文學的看法，以符合自己目前的台灣民族主義主張與當前的民族主義政治發展，這種情況並非只發生在葉石濤一人身上。八〇年代下半葉，在支持台灣獨立的作家與文學批評者之間，這並非不尋常的事。譬如本身也是笠詩社一員的陳明台（1948-），在1982年討論笠詩社詩人在作品中表現的鄉愁時指出，笠詩社中較年輕的「第二世代」詩人，譬如白萩、趙天

儀、林宗源、李魁賢等人的歷史體驗,「是由台灣光復,無寧說
是一個全然新的歷史的『生』而開始」;而他們的文學生涯的出
發「是從成為祖國的、中國的,和原本即是做為故鄉而存在的台
灣的交接點而邁步⋯⋯」(陳明台 1982: 19)。到了1989年,這
篇評論收入《笠》的文章結集出版的《台灣精神的崛起》一書
時,作者已將上面引文中的「台灣光復」、「全然新的歷史的
『生』」字眼,代之以「國民政府的接收、支配台灣」這種較負面
的用詞,而原本在「中國的」之前出現的「祖國的」一詞也被略
去(陳明台 1989: 32)。

　　在這段期間,葉石濤《史綱》出現之前唯一出版成書的日本
殖民時期台灣新文學史的作者陳少廷(1932-),也為了他自己
1977年的《台灣新文學運動簡史》一書中「著力於闡述中國文學
對台灣新文學之影響」而表達歉意。面對一些台灣民族主義者對
他早期著作的嚴厲抨擊,陳少廷承認「台灣新文學有其獨特性及
其存在之社會文化背景,因此,把台灣新文學視為中國文學之支
流,乃是不當之論。⋯⋯日據時代的台灣新文學是台灣文學,不
是中國文學」(陳少廷 1987;1988)。[81]

2. 建國的文學

　　九〇年代初期以來,我們可以在台灣文化民族主義者的論述
中看到他們努力地將台灣文學「民族化」。這個時期政治自由化

---

81 關於台灣民族主義者對陳少廷該書的批評,見陳芳明與彭瑞金(1987)、許
　　水綠(1988)。在《台灣新文學運動簡史》中,陳少廷認為「台灣的文學本
　　來就是源自中國的文學」,因此1945年「台灣重歸祖國,自然就再沒有所謂
　　『台灣文學』可言了⋯⋯」。見陳少廷(1977: 165)。

圖4-14　1991年《文學台灣》創刊號

的加速，顯然促進這種發展，特別是1991年憲法臨時條款的廢除與1992年刑法的修正，更促成前所未有的言論自由。公開提倡台灣獨立之類的激進主張，已不再是非法行為。針對這種新情勢，已停刊的《文學界》的三位創辦人鄭烱明、曾貴海與陳坤崙，在1991年12月再度於高雄創辦一份新的刊物《文學台灣》（1991-）。笠詩社與《台文》的重要成員，包括葉石濤、陳千武、鍾肇政、李喬、李敏勇、陳芳明、彭瑞金等人，擔任其顧問或編輯委員。九〇年代初以來，《文學台灣》與《笠》、《台文》於是成為台灣文化民族主義者提倡台灣民族文學概念的主要園地。

　　笠詩社與《台文》成員將台灣文學「民族化」的努力，主要可分兩方面。第一，台灣現代文學的發展被重新詮釋成一個追求獨特的台灣民族認同或國家認同的歷史過程，而民族或國家認同被視為日本殖民統治下的1920年代以來、整個台灣現代文學的基本主題。他們強調，台灣文學的發展自始就朝著「建構台灣民族」的方向發展，尤其是1930年代日本殖民統治下台灣文化菁英提倡以「台灣話」（主要是福佬話）寫作「鄉土文學」，被視為最早追求台灣文學獨特性、自主性與「主體性」的努力。[82]在這種論

82　譬如彭瑞金（1992）；陳芳明（1992a）；鄭烱明等（1994: 96-102）。

述中，日本殖民時期提倡鄉土文學與堅持以漢字書寫「台灣話文」（台灣話的書寫系統）的人士，他們的漢／中國文化認同自然被有意或無意地淡化。另外，如同第三章指出的，許多參與1947至1949年文學論戰的本省籍文化菁英的最終目標，是希望地域性的文學表現能被接受為中國文學的一部分。不過他們強調台灣文學與文化獨特性的論點，也被台灣民族主義的文學評論者，視為日本殖民時期台灣文化菁英關懷台灣文學與文化「主體性」的自然延續。[83]

再者，1964年《台文》與《笠》的出現，開始被視為二二八事件後台灣意識的復興。笠詩社與《台文》成員如今形容兩份刊物的創辦為有意識的反國民黨的舉動，而它們持續地提倡台灣意識，最終甚至促成七〇年代鄉土文學與黨外政治反對運動的發展。[84]至於七〇年代中的鄉土文學論戰，則被定位為台灣民族認同與中國民族認同互相衝突的結果。[85]然而，如同上一章所提到的，鄉土文學的主要作家與提倡者都從「中國民族苦難的命運」來理解戰後的社會政治變遷，並顯現出他們熱切的中國意識。總而言之，對支持台灣民族主義的作家與文學評論者來說，從1920至1990年代，所有的台灣（本省）作家都因為關懷台灣人做為一個獨特民族的命運而緊密相連；台灣文化與文學主體性的建立，是不同世代的台灣（本省）作家奮鬥的目標。對這些台灣文化民族主義者而言，就像一個民族試圖建立其獨立的政治主權一樣，台灣作家始終在尋求建立「文學主權」，而台灣文學必須擁有自己

83　例如鄭炯明等（1994: 103）。

84　這種說法，譬如白萩（1989: 5-6）；李敏勇（1991: 3）；彭瑞金（1993: 69）。

85　譬如陳芳明（1992a）。

的國籍。[86]

3. 台灣民族文學：四大族群，合而為一

　　將台灣文學「民族化」的第二個面向，是將台灣文學的起源「多元化」。八〇年代初笠詩社與《台文》成員開始使用的「本土文學」或「台灣文學」，主要指的是日本殖民時期以來台灣（本省）人創作的現代文學，特別是小說與詩。八〇年代末，當「四大族群」與「命運共同體」概念開始流行，台灣文化民族主義者的文學論述也開始強調台灣文學的多族群性格。就像台灣文化開始被描繪成具有多元的起源一樣，台灣文學也開始被認定有各種的來源。台灣文學的源頭被認為至少包括：(1) 原住民文學（傳統神話、傳說、歌謠與最近原住民的文學作品等）；(2) 漢人民間文學（福佬與客家民間故事、謠諺、戲劇等）；(3) 漢人古典文學（明、清以來傳統詩、文等）；(4) 日本殖民時期新文學（台灣人與在台日本人作品等）；(5) 戰後文學（本、外省人的各類文學作品）。[87] 所有這些都被視為台灣民族文學的組成部分，而其中原住民文學與漢人民間文學又受到前所未有的重視。對台灣文化民族主義者而言，神話、傳說、歌謠之類的原住民文學的存在，顯示台灣文學的傳統可以往前推溯幾千年，是一個源自原住民文學的獨特民族文學傳統。原住民文學與漢人民間文學，都具有強烈的地方色彩，因此被用來合理化「台灣文學不應該被歸類為中國文

86　譬如彭瑞金（1989，1992）；鄭炯明等（1994）。

87　譬如呂興昌（1993）。葉石濤甚至認為應該納入「平埔九族」，認為「台灣目前的種族應為五個種族」，而「台灣文學應該由這五個種族共同創造，共同建構。」見葉石濤（1994:11）。

學」的說法。[88]對他們來說，從日本殖民時期開始，台灣文學就是台灣新文化與民族解放的先鋒，雖然台灣人獨立建國的目標尚未達成，但八〇年代以來的台灣文學已先行獨立，而「獨立的台灣國不可沒有獨立的台灣文學」。美國十九世紀思想家愛默生（Ralph W. Emerson），曾經呼籲當時美國的知識階層應該結束他們長久以來對歐洲文化傳統的依賴。就台灣文學與中國文學的關係來說，彭瑞金在1995年的一篇文章中仿效愛默生的主張，認為九〇年代是「宣告台灣文學獨立的時候了」。[89]

十、結論

　　本章探討一群關注台灣文學獨特性的本省籍作家與文學批評家，如何發展建立一個民族文學的理念。整體而言，1947至1949年文學論戰之後，關於本省籍作家作品之特質的公開討論，沉寂了三十年左右。國民黨政府統治台灣之後，政治上的高壓統治，以及對日本殖民時期遺產的污名化，都造成戰前與戰後世代本省籍作家之間的隔閡與斷層。在這三十年間，本省籍作家在人數與

88　譬如許水綠（1987: 53）；呂興昌（1992）；葉石濤（1992a；1994）；吳錦發（1992）。

89　見彭瑞金（1992；1994；1995）。1837年愛默生在麻塞諸塞州劍橋向美國大學生聯誼會（Phi Beta Kappa Society）演講時，批評美國知識分子長期依賴「其他國土的學識」，特別是歐洲的知識傳統，使得美國人只能被餵食「異國穀糧的乾枯殘餘」。他說：「歐洲優雅的文藝女神的聲音，我們已經聽得太久。美國的自由人的精神也已經被懷疑變得膽小、只知模仿、和溫馴乏味。」他呼籲美國的知識分子「擁抱平凡」、「探索我們所熟悉的、卑微的東西」、誠摯地接近它們，並且說出自己的心聲。見Emerson（1929 [1837]: 25, 35-36）。

公共知名度上，比起外省作家來說，都處於文壇相當邊緣的位置。年輕的本省籍作家也普遍對殖民時期的台灣文學所知甚少。

　　這段期間，葉石濤是相當少數幾位觸及殖民時期台灣作家之文學遺產議題的評論家之一。他在1965年的文章〈台灣的鄉土文學〉中，特別強調戰前與戰後世代本省籍作家的相近之處，將他們的作品都歸為「鄉土文學」，並且認為是屬於中國民族文學的一部分。葉石濤的文學生涯橫跨殖民統治晚期與戰後階段，提倡台灣地域認同與中國國族認同的平衡，流露出一種「對台灣的執念」，亦即對於台灣歷史與文化特殊性的強烈關懷，同時關注這些特殊性如何在文學中表現出來。

　　由於受到美麗島事件的刺激，以及事件之後台灣政治反對運動之意識形態動員的影響，《笠》與《台文》成員的文學論述逐漸政治化。在這個時候，先前葉石濤與陳映真詮釋台灣文學本質時的不同與對立，亦即前者「傾向台灣」與後者「傾向中國」的立場，於是被重新提出來討論。從1980年代上半葉開始，笠詩社與《台文》成員的文學論述便聚焦於台灣文學的「去中國化」。五四時期的中國文學改革對殖民時期台灣文學發展的影響，因此被淡化。台灣人被認為是中國拋棄的「孤兒」和暴政統治下的受害者，而台灣文學史被重新詮釋成一部表達台灣人的渴望的歷史。介入現實的入世精神、抵抗意識、與寫實技巧，則被認定為是台灣文學傳統的特色。同時，日本人在台灣的殖民統治，也被視為有助於將台灣文學與中國文學劃分開來的一項重要資產。在這段期間，台灣意識逐漸被認為與中國意識無法相容。

　　隨著八〇年代後半葉台灣民族主義的快速發展，笠詩社與《台文》成員的文學論述也更加激進。他們的文學論述做為民族主義的文化論述浪潮中的主要部分，致力於建構一個包含「四大

族群」所有文學作品的「台灣民族文學」傳統。在這段期間，主張台灣獨立的作家與文學評論家，對於他們自己過去討論台灣文學時具有中國意識的說法有所修正與致歉，並不是罕見的事。笠詩社與《台文》成員也依據他們當前的關懷而重新詮釋他們本身早期的歷史。1920年代以來的台灣文學，甚至都被認為是朝向締造台灣國族的方向發展。

　　過度宣誇的現象在民族主義的文學論述中十分常見。關於民族文學發展的種種宣稱，經常不是立基於經驗事實。它們包含了許多道德修辭、富於情感的象徵、重新詮釋過的歷史、以及重新協商的族群界線。民族主義的文學作家和評論家正是經由不斷重述的過程，才創造出一個文學傳統。他們賦予台灣文學史某種特殊的意義，並建立關於台灣文學史的特殊「事實」或知識，在論述上締造了一個民族文學。對民族主義者來說，一個獨特文學傳統的存在，便能證明一個民族的存在。伴隨一個「新的」文學傳統的創造完成，一個新的國族認同感也同時浮現。對於台灣民族文學的「發明」過程的分析研究，清楚顯示了族群性或民族性的建構性質，並且說明了言詞論述在族群或國族認同的建構過程中所扮演的核心角色。

　　再者，論述本身並非自己單獨存在。台灣民族文學的相關論述，是1986年以來快速發展的台灣民族主義的重要部分。它們和為了掌握自身政治前途的鬥爭緊密相連。從比較福佬中心的角度來看待台灣文學，轉變到多元族群的、多元文化的台灣民族文學概念，這也與八〇年代末至九〇年代初的政治變遷息息相關。這項轉變不僅反映出台灣民族主義需要獲得更多福佬人以外的族群支持，也顯示它需要創造一個更具包容性的台灣認同，以做為社會團結的基礎，共同面對中國對台灣日漸增加的威脅。

　　對一些主張台灣獨立的作家和評論家而言，只有當作家們以台灣的語言——特別是福佬話——寫作時，民族文學才擁有自己的表達工具。整體來看，台灣民族主義的文學論述的演進，從反省「寫什麼？」（寫台灣人的苦難、奮鬥、和渴望），到「為誰而寫？」（為台灣人、為提倡一個獨特的集體認同而寫），進一步到「為何而寫？」（為了建構台灣文化與文學的「主體性」、為了締造國族而寫），最後反省到「用什麼寫？」（用台灣語言來寫）。倡議以台灣語言寫作，是1980年代末之後出現的語言復興運動的主要部分。這讓我們想起1930年代日本殖民統治下所提倡的台灣話文以及用台灣話創作文學。語言一直是民族主義的核心議題。接下來在第五章，將進一步討論台灣文化民族主義中的這個重要面向。

締造民族語言

1994年4月14日，李登輝總統接受一群記者的訪談。這或許是戰後台灣的政治領導人第一次針對政權轉換造成的語言問題，公開發表看法。李登輝說道：

> 我七十來歲，從日據時代、光復到現代，在不同的政權下，我深刻體會到做一個台灣人的悲哀。日據時代講台語、要在太陽下罰跪。光復後也一樣，我的兒子憲文、媳婦月雲在學校說台灣話，也曾被處罰脖子掛牌子。我為什麼這麼了解這種情況，因為我常去鄉下和他們聊天，他們也都活在歷史上，我想最可憐的是台灣人，想要為自己打拚也打拚不出來，日本時代是這樣，光復後也是這樣，我對這個感受很深。[1]

李登輝的談話，可以說是對台灣本土語言受到政治壓迫的情形，提供一個相當扼要的回顧。如同先前第二章曾討論的，日語的普及，在殖民政府同化台灣人的政策中，扮演相當重要的角色。殖民教育主要透過做為「國語」的日語教育，使被殖民者「日本化」。雖然殖民統治的前三十年間，語言同化的效果不彰，但是1920年代末以後，日本人推行更為積極的語言教育計畫，使相當比例的台灣人變成雙語使用者。之後戰爭期間激進的「日本化」運動，主要目標之一更在於使台灣成為單語的社會。公共場合不僅禁用漢字，講本土語言也比以往受到更大的壓制。殖民政府因此宣稱全台灣已有80%的民眾能夠「理解」日語。在殖民晚期，日語已成主流用語，公眾領域中尤其如此。就在第二次世界

1　中央日報（國際版），1994年4月16日。

大戰即將結束之前，在台灣有超過71%的學齡人口進入小學就讀，而大約25%的台灣民眾則至少曾受過小學教育，使他們可以讀寫日語。因此在戰爭結束之際，三十歲以下的台灣人主要的讀寫溝通工具就是日語，而非他們的母語。[2]

　　第三章也已經指出，國民黨政府接收台灣後，新政府所面對的艱鉅任務是使台灣人一方面「去日本化」，另一方面要「中國化」。推行一種新的國語，是這項將台灣人重新社會化之計畫的關鍵部分。雖然「國語運動」所公開宣稱的政策表面上屬於「多語主義」，但實際執行的卻是嚴格的「單語主義」，提倡以北京話為基礎的國語。使用國語的能力被視為是否具有中國公民精神與愛國情操的主要判準。1947年二二八事件後，單語主義執行得更為嚴厲。宣揚國語、禁用日語、以及限制公共場合台灣語言的使用，成為官方的語言政策。簡言之，台灣連續經歷了兩種統治者所強加的國語，亦即日語和北京話為基礎的國語。這兩種國語政策都以「同化的單語主義」為目標，兩者相較於以英國「隔離的單語主義」為例的殖民政策，相當不同。英國政府允許殖民地的不同學校使用不同的地方語言，但在日本與國民黨統治下的台灣，各級學校只能使用國語，唯有國語才是官方語言。日本與國

2　葉石濤生於1925年，日本殖民統治結束那年，他二十歲。葉石濤的語言經驗，是當時三十歲以下受過教育的台灣人的典型。他如此寫道：

　　　從［漢文］讀書房到州立台南二中畢業，在這漫長的十多［年］年幼、少年時代，我對台灣的歷史和社會一無所知。儘管我在家裡過的是傳統的台灣人生活，也就是漢人的傳統生活，說的是母語，但使用母語的機會很少。在殖民地社會裡通行的是國語（日本語）。所以我說母語的能力非常低劣，除簡單的日常用語之外，幾乎無法用母語談高深的學問和文學理論。（葉石濤　1991: 41）

民黨的政策，也與許多國家施行的雙語共容政策，例如今日的新加坡所採行的，差異甚大（Cheng 1979: 543）。

然而影響台灣語言生態的最重要因素，也就是政治環境，從1980年代開始經歷了巨大的轉變。第四章曾經提到，帶有獨特的福佬族群色彩的台灣民族主義，在八〇年代後半葉迅速發展。這個民族主義的特色之一，是公開使用台語（福佬話），用來強化台灣主要族群福佬人的台灣認同，並動員他們的支持。而台灣政治自由化的重要影響之一，是許多竭力復興本土語言——包括台語、客家話與原住民語——的行動，一一出現。尤其是復興台語的努力，成為台灣民族主義重要的一環。

在這種趨勢下，外省籍政治菁英感受到要學習台語的壓力。1993年英國的《經濟學人》雜誌曾經略帶誇張地報導：

> 他的爺爺一定不會同意。擔任政府部會首長[僑務委員會委員長]、身為當代台灣的創建者蔣介石的孫子蔣孝嚴[章孝嚴]，正在學習台語。其他也公開地正在努力讓自己的舌頭學會將近85%的台灣人慣用語言的人，還包括台灣省主席宋楚瑜，以及法務部長馬英九。能講台語很快地變成政治生涯的必要條件。競選期間若能哼上幾首台語流行歌，就能贏得選票。[3]

上述這篇報導提到的幾位人物，都是國民黨內的外省籍高層

---

3 《經濟學人》1993年8月7日，頁38。本省籍福佬人的人數為台灣總人口的73%。因此引文提到的人數比例，可能是報導者將客家人和福佬人加在一起的結果。關於台灣人口中的族群組成比例，參見第四章註62。

官員，這種轉變在八〇年代初期根本難以想像。台灣政治反對運動的發展，對國民黨的統治正當性造成極大威脅。國民黨外省籍政治人物學習台語的現象，反映了國民黨本身「台灣化」並尋求主要族群的福佬人支持的努力。

如同 Ralph D. Grillo 曾經提過的，一些八〇年代研究告訴我們，「任何探討語言優勢、語言階層和語言不平等的研究，無可避免地都是一種政治研究。……」從不同的語言之間的不平等關係來看，語言其實是一種「被競奪的對象」，而所謂「語言政治，就是關於衝突和鬥爭」（Grillo 1989: 7，17）。本章接下來，首先將考察國民黨威權統治及其語言政策的關係。討論的焦點在於國民黨面臨了國內外質疑其統治台灣的正當性時，如何提倡國語，企圖使國語成為民族團結統一的主要工具，以及「消滅共匪」的有力武器。

再者，本章將分析以締造一種新國語為宗旨的政治活動。台灣民族主義者挑戰了國語做為唯一合法的官方語言的地位，同時試圖復興本土語言，特別是台語。本章的分析焦點，特別在於他們要建立一套台語書寫系統的努力。台灣民族主義者將主要的本土語言——台語——等同於台灣文化、台灣民族、以及獨立的台灣國，而一套台語的書寫系統則被認為是台灣民族性的證明，以及台灣政治獨立不可或缺要件。

最後，本章將探討書寫台語的積極實驗，如何影響了民族主義者的台灣文學概念。福佬籍的台灣民族主義者從語言的角度重新定義台灣文學，這種做法使客家籍的民族主義者感到不滿。福佬與客家籍的台灣民族主義者之間，由於語言、文學議題所導致的緊張關係，凸顯出受當代民族國家（nation-state）概念啟發而進行的國族建構中，如何平衡國族認同與族群平等的重要難題。

　　不過筆者要指出的是，雖然本章強調政治對上述現象的重要性，但這並不意味著其他的社會與經濟因素，例如工業化和都市化等，對台灣語言消長變化的情形沒有什麼影響力。

一、官方語言政策及其結果

1. 國民黨的語言政策與意識形態

Pierre Bourdieu 曾經說過：

> 　　官方語言在它的起源和社會使用它的方式上，都與國家緊密相關。正是在國家形成的過程中，那些造成一個由官方語言所宰制、所統一之語言市場的條件，也被創造出來。（Bourdieu 1991: 45）

　　在西歐的脈絡中，現代國家的形成，經常伴隨著「民族」的創建。以法國為例來說，1789年法國大革命標誌著現代法國民族的誕生。透過全國性的國家教育系統，法語成為創造法國民族的一項重要工具（McDonald 1989）。Grillo指出，法國舊政權的結束所造成的政治統合困境，有待解決；民族做為社會上、文化上、語言上統一又同質的集體，於是提供了一個解決之道。對於法國的革命者而言，效忠國家就是效忠法語，反之亦然。民族、國家和語言被等同起來，而其中有著將國家政體「族群化」（ethnicization）的強烈要求：「國家必須成為一個民族」（Grillo 1989: 29, 37）。這意味著，語言統一的籲求，代表了現代國家對政治支持的需要。推動使用一種官方語言，在促進社會與文化的

同質化、以及創造「民族的統一」上，扮演主要的角色。民族國家模式的語言規劃，是現代國家的基本信條。然而在多族群和多語社會裡，例如在台灣，官方語言政策蘊含的民族國家意識形態，經常導致語言上的壓迫。

二十世紀初興起的中國國語運動，代表了建立中國現代國家的努力。如同王爾敏曾指出的，國語運動之前出現的現代中國語言改革，是受中國的積弱不振和外國勢力的威脅所激發。語言改造的目的就是為了救國，而「國語」的概念則與現代中國民族主義密切相關（王爾敏 1982）。

在台灣的國民黨政府正是懷抱著中國國語運動的理念。由於與中華人民共和國的長久對峙，加上本、外省人之間的緊張關係，國民黨以推行國語做為促進民族團結的主要手段與摧毀「共匪」的有力武器。首先，所有國語以外的台灣本土語言，如福佬話、客家話與原住民語，都被政府貶為「方言」。在公眾場合使用這些語言，被視為對民族統一與團結的危害。使用國語，則被認為是促進族群間和諧所不可或缺的必要條件。只有以北京話為基礎的國語，才有資格被稱為「語言」。雖然在現代中國民族主義的歷史上，這類的意識形態並不是第一次出現，但唯有在台灣，國民黨政府才有能力付諸實踐。國語於是被認定為中華民國唯一的「正統」語言，亦即象徵國民黨統治地位的一種標準語言和普遍規範。對國語的主要威脅是大多數人的母語——台語，因此任何公開提倡說台語的做法，都被視為反國民黨或支持台灣獨立的行為。[4]

---

4 1983年，就在黨外人士積極提倡台灣意識之際，一位國民黨的外省籍立法委員在立法院院會中就國語議題發表看法：

　　國民黨政府的語言意識形態的第二個面向，反映了共產黨的
中國對國民黨統治合法性的外部威脅。除了台灣內部緊張的省籍
關係之外，國民黨與共產黨為了代表中國之正當性的爭奪戰，也
左右了台灣的政治。就這點來說，以北京話為基礎的國語，便成
為中華民國充分具備「中國性」的證據。因此說自己母語的台灣
本地民眾被要求「捨棄方言」，以揚棄他們的「地域主義」。國民
黨政府將自己描繪成傳統中華文化的唯一繼承者。在政治、社
會、文化上將台灣「中國化」，代表的是國民黨與共產中國的鬥
爭中，試圖合法化本身的統治、爭取台灣民眾支持的企圖。推行
國語是這個企圖的主要部分，顯示國民黨的黨國體制嘗試將自
己——借用 Grillo 的說法——「族群化」的意圖。藉著推動「傳
統中華文化」，國民黨將自己形容為真正的中國特性的守護者。
任何宣揚台灣本地文化的作為，特別是提倡要使用台語，都被當
成是對「中國性」與國家統治合法性的威脅。國民黨的國家、中
華民族、中華文化與國語，彼此之間被劃上等號。實行民族國家
模式的語言政策，經常被用來解決政治統合的難題，而國民黨力
圖推動「中國化」，具體展現了這種做法。[5]

　　台獨想要分化中華民國，偽稱台灣人不是中國人，強調黨外人，提倡閩
　　南語，打擊國語，阻礙國語的普及，語言的統一，造成分裂的局面。所謂
　　黨外人說：「學生講方言有罪麼？」又主張「國語、閩南語及客家語，應
　　並列為官定語言。」有這個必要麼？這不是從語言上製造分裂麼？學生為
　　何可以講方言？學生為何不講國語？……所有是似而非〔筆者按：原文如
　　此〕，分歧謬誤的思想，都必須澈底鏟除。」（穆超 1983: 13）

5　中國國民黨的宣傳組織「中央文化工作會」的主任周應龍，在「中國語文學
　　會」會員大會發表的演說，具體呈現出國民黨的語言意識形態：

　　　　我們更應特別警惕的，就是大陸共匪……一方面是〔我們必須思考〕如何

　　國民黨的語言意識形態藉著各種管道來實踐。從1965年起，台灣省政府要求所有公務員在上班時間講國語。法庭上也明確規定只能使用國語，而無視於訴訟當事人可能不懂國語（洪惟仁1992a）。學校做為社會化最重要的制度之一，成為語言意識形態主要的推行者。國民黨政府長久以來便利用學校教育推動兩項同化台灣人的主要工作，亦即使用國語的能力與對中國的認同感（Wang 1989: 102）。第三章曾提到，1946年開始，台灣的學校教學就以國語進行。以北京話的基礎確立國語，並且在全中國推廣國語以達到語言統一，這種官方政策制訂於1929年。從那個時期以來，台灣為非北京話地區中，唯一在全部各級學校裡以北京話為標準語而教授所有科目的地方（Cheng 1979: 557）。1956年之後，尤其是國小和中學的學生，被禁止在校園講台灣本地的語言。如果被發現違反規定，學生會受到各種方式的處罰，而嚴厲的懲罰也很常見。本章一開始提及李登輝總統談到他的兒子與媳婦曾經遭受的處罰，就是如此。

　　相較之下，外省籍學生一般來說並未受到這類羞辱。關於外省人語言使用的實際情形，仍須更多的調查研究來確認。不過事實上，外省籍人口中說的是中國不同地區的語言（如廣東話）。由於在台灣使用相同的中國大陸地方語言的人們既稀少又分散，外省人大多失去了講同樣語言的社群。一旦他們使用自己的地方語言，多數被局限在家庭中。因此普遍來說，外省人彼此、以及

　　使中國思想主流藉著中國語文 [國語] 的教學、傳習、使用而發揚光大，另一方面是 [我們必須知道] 如何使中國語文在教學、傳習、使用的過程中能適當地容受與傳遞我中國傳統的文化。這就是我們重視發展國語文教育的意義所在。在此時最好通過中國語文的教學、傳習、使用……以闢 [共產黨的] 邪說。（周應龍 1984: 8）

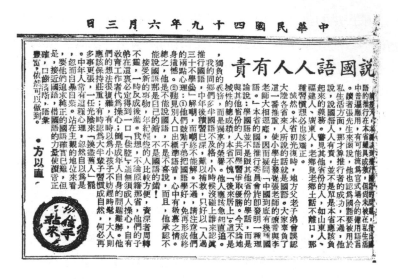

圖5-1　1960年《徵信新聞報》上提倡說國語的文章

與本省人溝通時，只能使用國語。正因為國語已經成為外省人身
分與集體認同的重要標誌，外省籍學生比本省籍學生更有意願學
習國語。事實上，不論他們父母的原籍在何方，國語已經成為年
輕世代的外省人的「新母語」。由於能流利地說寫國語是獲得教
育成就的基本要件，外省籍的年輕人在這方面因此有較好的表
現，這反映在高等教育中外省籍學生比例較多的現象上（Wang
1989: 103）。[6]在現代國家中，教育體系在官方語言的建構、合法
化、與強加推行的過程中，扮演關鍵性的角色。官方語言有助於

6　1966年，也就是官方以省籍背景進行教育統計的最後一年，有大約34%的大
　　專學生為外省人，這個數字是總人口當中外省人所占比例的2.5倍。1987年
　　外省籍大專學生的比例估計約為30%，或是總人口之中外省人比例的兩倍。
　　見Wang（1989: 103）。

形塑人們的同質性，而這種同質性是一種具有相同意識的社群的
基礎，也就是民族的黏接劑（Bourdieu 1991）。在台灣，學校在
扮演這種角色上，相當成功。

　　另一個社會化的主要執行者——電視，也被嚴格限制了非國
語之台灣本土語言的使用。[7]1962年第一個電視頻道「台視」開播
時，國民黨政府便限制非國語節目的時間，必須少於總播映時間
的16%。儘管訂有限制規範，但由於台語畢竟是大多數人的母
語，因此台語節目愈來愈受歡迎，電視台有時並不遵守政府規
定。為了因應這種趨勢，國民黨採取更嚴格壓制台語節目的措
施。1972年，教育部文化局明令非國語的電視節目應當減少，包
括連續劇、布袋戲、歌仔戲和廣告在內的台語節目，每家電視台
每天不得播映超過一小時。除此之外，1976年施行的《廣播電視
法施行細則》明文規定：「電台對國內廣播應用國語播音的比
例，廣播電台不得少於55%；電視電台不得少於70%。使用方言
應逐年減少。」因此在七〇年代初，電視上碩果僅存的歌仔戲與
布袋戲，被迫使用國語。再者，由於預算拮据，台語節目的品質
通常都比國語節目粗糙。這類節目中角色的社會經濟地位大多較
低：例如文盲、農民、工人、漁夫、老年人、以及特別是年長的
女性。因此台語被呈現為落後、粗俗、無知、女性氣質和老年的
象徵。

2. 被壓迫的本土語言：台語

　　電視節目替台語塑造的屈辱形象，充分說明了台語在台灣的
現實處境。第一，日本殖民時期已經嚴重流失的台語文讀系統，

7　關於電視台語言問題的詳細討論，參見史敬一（1983）。

圖5-2　政府推行國語、壓制本土語言的各種新聞報導：

1. 1970年6月27日《中國時報》：電視布袋戲改為國語發音

2. 1975年11月19日《中國時報》：立法院通過「廣播電視法」條文，規定電台
   播音以國語為主，方言應逐年減少

3. 1977年12月30日《聯合報》：批評省議員開會用閩南語，民眾支持推行國語

4. 1980年4月27日《聯合報》：新聞局長宋楚瑜宣布電視台語節目將逐漸減少，
   至全部以國語播出為止

在國民黨政府箝制台語語言教育下，幾乎完全失傳。因此運用這個系統所展現出的傳統台語的高雅文化，例如用台語吟誦古詩文，對年輕一代的本省人來說，變得十分陌生。台語的主要功能，變成只是處理日常事務的口語會話而已。台語關於日常生活的詞彙甚至也逐漸消失，而其中一部分已被日語和國語的用詞所取代（洪惟仁 1985）。這因此導致語碼混合夾用（code mixing）的現象，尤其是談到新觀念與新事物的時候，例如「電腦網路」、「洗衣機」、「微波爐」、「漢堡」等。人們處理的新觀念與新事物愈多，使用國語的情形也就愈明顯（楊秀芳 1991）。台語因此逐漸喪失了文化生產與再生產的媒介的基本功能。

第二，一些研究指出，由於商業界中多半是福佬人，台語仍舊是其中主要的溝通語言，但台語在福佬背景的年輕人當中，特別是在知識分子之間，正走向滅亡（鄭良偉 1990）。根據洪惟仁的田野調查，年紀越輕的本省籍福佬人，母語能力越差（洪惟仁 1992a）。此外，黃宣範的研究也發現（1）福佬身分的大學生談話的對象越年輕，使用國語的機會越高；（2）國語是福佬身分的大學生社交活動時的第一選擇（黃宣範 1988）。事實上，台灣民眾的族群同化一部分隨著教育水準和地理區域而有差異。從偏好使用國語與對中國的認同感這兩方面來說，大專生是台灣民眾當中同化最為成功的部分。根據1987年一項全國性的調查顯示，有超過半數以上的大專畢業生在家中使用國語，並且認同中國，而這個比例是將近教育程度較低（高中及以下）之本省人的兩倍。尤其對教育程度較低的人而言，說母語，特別是台語，仍舊是本省人族群認同的顯著特徵。再者，這項調查也顯示，台灣北部的語言同化程度，遠高於其他地區（Wang 1989: 138-144）。國民黨推行單語主義的結果，可以從下面這個例子看出來：1987年，當

政治氣氛顯著轉變的時候，電視台準備新增一個簡短的台語新聞
時段，但發現他們很難找到一位足以勝任的播報員。

第三，語言的階層關係已然確立。台語被認為是「方言」，
代表落後、粗魯、鄉野、沒有教育、和低社會經濟地位。相反
的，做為「語言」的國語，則成為現代、優雅、都市、具有學
識、和高社經地位的象徵。[8]語言的階層關係，與政治領域的族群
位階相當一致：外省人是統治者，而本省人，其中大多數是福佬
人，則是被統治者。

簡單來說，國民黨政府提倡北京話為基礎的國語，圍繞在將
台灣人「中國化」的中心目標，亦即宣稱台灣是「中國的一部
分」、合法化其統治、並且將國民黨政府是全中國代表的宣稱正
當化。為了達到這個目的，台灣本土語言、特別是台語的使用，
因而受到嚴格限制。

一直到八〇年代中期，國民黨尊崇國語為具有政治合法性之
語言的政策，仍舊未曾改變。從1983至1985年，教育部國語推
行委員會提出《語文法》草案，以國語為唯一的官方語言，並規
定政府機關、行政部門、會議等公開場合，以及學校、大眾傳播
媒體只許使用國語。然而，由於受到強大的民意反對，教育部最
後撤回推動《語文法》的計畫。

8　舉例來說，一位在官方支持的雜誌《中國語文》上投稿的福佬人，對於他能
　說一口「標準」國語深以為傲。他說：

　　　筆者每次上台北，舉凡上街購物，或是搭乘計程車，一律使用國語。一
　　來表示我受過相當的教育，會說相當程度的標準國語；二來是避免人家聽
　　出我的中南部口音，把我當鄉下土包子看待，敲我的竹槓。因之我謹守
　　「說話用國語」的原則，無往不利。（陳竹水 1978: 15）。

圖5-3　1985年10月26日教育部擬定〈語文法〉草案的新聞報導

3. 台語：族群象徵與復興

第四章談到，八〇年代下半葉，帶有獨特福佬族群色彩的台灣民族主義迅速發展。民進黨領導的反對運動，其領導者和支持者絕大多數是本省人，尤其以福佬人為主。台語因此成為民進黨會議、群眾集會和街頭抗議時的主要語言。事實上，在民進黨成立之前的八〇年代上半葉，特別是選舉期間，黨外反對運動人士就以語言做為爭取支持的有效手法。即使是國民黨的候選人──不僅是本省籍的，也包括外省籍的，都可能講台語來打動選民。台語因此變成「選舉的語言」。在黨外人士之間，使用台語成為表達政治不滿和族群忠誠的象徵。

同樣在八〇年代前半葉，正當黨外反對運動者開始提倡「台灣意識」時，他們也開始觸及台灣的語言議題。這段期間，他們

批評的焦點在於學校教育的「獨尊國語」政策、廣播與電視中對台語使用的限制、以及研擬中的《語文法》草案。[9]不過黨外針對國民黨語言政策的抨擊，並未引起廣泛的重視。

　　一直到1987年，語言問題才引發社會大眾普遍的關注。這一年3月，民進黨重要的立法委員朱高正，在立法院會期中以台語發言質詢。身為新成立的反對黨當中大膽而勇於挑戰的立法委員，朱高正刻意說台語，以羞辱國民黨的外省籍內閣官員和年邁的終身職立委。朱高正的挑戰揭露了一個事實：外省籍政治菁英儘管在台灣生活了將近四十年，不但聽不懂、也無意學習最主要的本地語言。朱高正的行為，引起國、民兩黨立委間的嚴重衝突，也促使社會大眾熱烈討論語言問題與官方語言政策的改革。

　　在對官方語言政策愈來愈高漲的批評聲浪中，1987年8月，台灣省政府教育廳通令各國小及國、高中，不可懲罰在學校說本地語言的學生。接著於1987年年底，三家全國性的電視頻道都在每天短暫的台語節目之外，各增加二十分鐘的台語新聞時段。兩年後，其中一個頻道（台視）開始出現每週一次、三十分鐘的客語節目。除此之外，1990年2月，台灣南部的國立成功大學首次在國家的教育體系內開設台語課程。同年5月，行政院新聞局取消了電視台電視節目使用本土語言的限制。

　　在此同時，民進黨開始努力推動小學與國中的雙語教育。1989年地方縣市長選舉中，民進黨候選人將雙語教育計畫列入競選政見。其中六名當選人開始在他們執政縣市的小學、國中開辦「母語教學」，包括台語、客家話與原住民語言。在這些縣市，國

9　關於這段期間黨外雜誌討論語言議題的相關文章，林進輝（1983）所整理的合集，很方便讀者參考。

圖5-4　成功大學開設台灣第一個台語課程的新聞報導

民黨所控制的縣市議會，並不令人意外地經常刪除雙語教育的預算。再者，本土語言仍然缺乏標準的音標與書寫系統，也很難找到合格的教師與教材。不過儘管阻礙重重，這項語言教學計畫仍然在九〇年代初民進黨執政的縣市開始實施。

隨著政府對本土語言的管控放鬆，以及反對黨對雙語教育的提倡，八〇年代末之後出現了本土語言——特別是福佬台語——「復興」的現象。台語戲劇和電影重新出現，台語流行歌興盛，許多大學校園也組成台語和客語社團，大量的台語字典、雜誌和語言專書、論文也陸續出版。

二、確保民族語言

1. 台語的命名

　　雖然社會上對說台語、教台語、研究台語的興趣重新復甦，然而對於那些關心語言問題的台灣民族主義者來說，並不能滿足於此。從1980年代下半葉開始，許多台灣民族主義者便致力於本土語言的復興與書寫系統的創造。由於福佬人主導了台灣民族主義運動，因此這些關於語言的行動與努力，重點都在於台語。

　　台灣民族主義者拒絕接受台語為「方言」的官方定義。他們指出，戰後長久以來官方的認定影響了民眾的認知，不僅將國語之外的台灣本地語言貶為方言，許多人甚至將台語誤認為以北京話為基礎的國語的一個「方言」；事實上，儘管台語與國語屬於相同語系，但兩者是不同的「語言」。[10] 舉例來說，身為語言學家、台灣筆會成員、同時也是台語復興運動主要領導人之一的洪惟仁（1946-），曾經寫道：

　　　　我不否認鶴佬語[台語、福佬話]或客家語是漢語的一支派，說是漢語的方言亦可。但古漢語已經死亡，現在的鶴佬語、客家語、粵語、吳語、官話之間分裂已久，各自代表著自己的文化系統。不能因為它是古漢語的一支，就說它是方言，而不是語言。這就好比英、法、德語、西班牙語、俄語……乃至印度語，各是古印歐語的一支，但沒有人敢說印度語是英語的一種方言。雖然英語儼然已成世界共通語。印

───────────

10　例如林錦賢（1988）、鄭良偉（1990）、洪惟仁（1992a）。

度語既不是方言，為什麼鶴佬語或客家語是方言？（洪惟仁
1992a: 61）

此外，洪惟仁強調，鶴佬語（台語）、客家語、粵語、以及
「台北國語」或「台北華語」源頭的北方官話等之間的差異程
度，已經超過德語、法語、英語以及俄語之間的差異。他認為，
看待語言的系譜時，不能採用不恰當的「政治立場」或國家的觀
點，而應該從「歷史語言學的立場」深入了解「鶴佬話、客家話
與北方官話根本是平起平坐的漢語支系語言」的關係，更應該從
「社會語言學的立場」指出國語和台灣鶴佬語既然無法互相溝
通，因此兩者是相異的語言（洪惟仁　1992a: 16-17）。

對民族主義者來說，台語不僅僅是異於北京話的另一種語言
而已，它更是「優於」北京話的語言。不論從音系結構、詞彙的
精密性、語法的邏輯性，乃至能豐富地傳達日常生活的經驗，台
語無疑地比北京話更優越。[11]事實上，海外台獨運動先驅、研究台
語的語言學家王育德，也曾在五〇、六〇年代期間給予台語類似
的高度評價。[12]

對這些民族主義者來說，一種語言的沒落，是一個族群認同
所賴以維繫的傳統文化衰敗萎縮的預兆。他們認為，對台灣人而

---

11 譬如洪惟仁（1992a）；許極燉（1992）。

12 客家籍的語言學者羅肇錦認為，北京話的語音、語法與詞彙受阿爾泰語系的
影響相當深。與北京話相比，閩南語（台語）與客家話是理解傳統中國文化
的更有效工具，這些「方言」比國語更「中國」。不過，與其說羅肇錦強調
福佬話與客家語的「台灣性」，不如說他強調兩者的「中國性」。他並不贊同
台灣文化「獨立」於中國文化之外，而他堅持復興本土主要語言的目的，是
為了保存並發揚傳統中國文化。見羅肇錦（1992）。

言，國語無異於外國語言，台灣的本土語言才是表現台灣獨特性的主要工具。他們強調，傳統的台灣文化已經逐漸式微，受到國語所代表的中國北方文化的嚴重破壞。[13]然而，本土語言事實上不是只有台語而已。八〇年代末之後，提倡說、寫、研究台灣最主要的本土語言——台語——的復興運動，使不少客家人感到不悅。福佬籍作家將台灣文學重新定義為「台語文學」，造成主張台灣獨立的福佬與客家籍作家之間的緊張關係，這反映出客家人對於他們在一個福佬人逐漸占優勢的社會中的前途，感到憂慮（見下文的討論）。

2. 台語書寫系統與台灣民族主義

2.1 早期的台語書寫史

國語提倡者將台語貶為「落後的方言」，一部分的原因在於台語缺乏一套書寫系統。[14]事實上中國南方的福佬人，早在六百多年前，就用漢字記載福佬話的民間劇本。[15]但以漢字書寫福佬話的歷史，其久遠程度也許超過學者目前所知。在台灣，以漢字寫諺語、民謠、和民間戲劇劇本的歷史，可以追溯到清朝統治時期。在日本殖民統治時期，台灣人則開始以漢字來寫台語流行歌。即便今日這仍是普遍的做法。但是，由於30%的台語詞素無法用既有的漢字來記述，書寫者經常隨意借用現有的漢字，甚至自創新

13　例如洪惟仁（1992a: 24）。

14　這類觀點，可以王孟武（1982）、穆超（1983）為例。

15　1975年，中國考古學家在廣東省潮安縣挖掘出以漢字書寫的福佬民間戲劇的劇本。這份劇本原來出版於1432年。見洪惟仁（1992b: 12）。

字。因此台語並沒有標準的書寫系統，而未經記述的那些詞素，更是缺乏一定的寫法。如同第二章曾提到的，1930年代初鄉土文學和台灣話文的提倡者，對於如何選擇台語的「正確」用字、或者創造「更好」的用字等技術性問題，就已經出現爭辯。台語缺乏標準的書寫系統，使得當時台灣作家用台語寫作的實驗受到挫折。以漢字書寫台語造成的混亂與困擾，可以說是台語鄉土文學發展失敗的部分原因。

羅馬字母拼音是台語另一個主要的書寫系統。如同第二章指出的，十九世紀晚期，西方的長老教會傳教士為了在台灣傳教，以羅馬字母拼音來書寫記錄本土語言。事實上，一本由羅馬拼音台語所寫成的基督教教義，早在1605年就由大英博物館出版（洪惟仁 1992b: 13）。羅馬字母拼音可以如實地表達各地語言，並且記述台語的全部詞素。羅馬拼音也被普遍認為比漢字更利於民眾的學習與使用。但是十九世紀末以來，只有長老教會信徒使用字母拼音的書寫系統。在教會以外的出版品使用台語的字母拼音書寫，也不被日本殖民當局與國民黨的同化的單語主義政策所允許。此外，拼音字母本身的外來性質和宗教氣息，也讓社會大眾有所排斥。使用羅馬拼音，被看成是基督徒的象徵（Cheng 1979: 546）。第二章談到，在日本殖民時期，蔡培火曾經投注了

圖5-5 以羅馬拼音台語發行的1939年元月份《台灣教會公報》

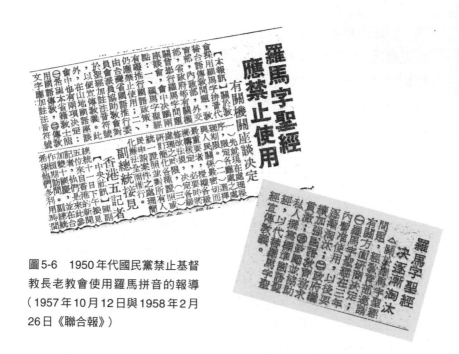

圖5-6　1950年代國民黨禁止基督
教長老教會使用羅馬拼音的報導
（1957年10月12日與1958年2月
26日《聯合報》）

二十幾年的心血，提倡台語的拼音字母系統，但是他的努力在日
本政府的壓制下被迫終止。另外，羅馬拼音字母發源於西方，又
帶有宗教色彩，應該也是蔡培火無法獲得台灣知識分子支持的部
分原因。在戰後，國民黨唯恐羅馬拼音化會鼓勵民眾使用本土語
言，使民眾不願學習國語，因此多次發布規定，禁止長老教會使
用羅馬拼音的本土語言。羅馬拼音寫成的本土語言聖經、聖歌
集、與通訊都遭禁止。但即使如此，一直到現在，許多長老教會
信徒仍舊使用羅馬拼音化的本土語言。[16]簡言之，在台灣，不論是
以漢字或羅馬拼音書寫台語，都不是一般大眾溝通的工具。

16　關於國民黨禁止使用羅馬拼音化的本土語言的政策，可見夏金英（1995: 84-
87）的簡要描述。可參考比較張博宇編（1987: 466-468）。

2.2　1987年前後的台語寫作

八〇年代下半葉以前，幾乎沒有作家以本土語言寫作。笠詩社的資深成員林宗源（1935-）被譽為戰後以漢字寫作台語詩的先驅。早在六〇年代前後，他便在國語白話詩裡加入台語的詞彙與句法。七〇年代，林宗源以「純正」的台語寫作。他用母語寫作的原始動機，在於單純地希望能用母語貼切活潑地表達自己的內心，並非起於任何特定的政治信念。他認為，一個人的母語是表達內心思想與情感最有效的工具。[17]雖然一些鄉土文學作家，例如黃春明，也以台語來表達小說中角色的對話，但極少1977至1978年鄉土文學論戰的參與者（不論是支持或反對鄉土文學的任何一方），曾經談到語言問題。論戰之後的1979年秋，林宗源曾在《笠》詩刊上發表〈以自己的語言、文字、創造自己的文化〉一文批評：「談鄉土文學，很少人談到語言的問題，不用自己的語言，創造的文學，怎能算是鄉土文學」。但當時的他與其他笠詩人一樣，並未實際參與論戰。[18]在文章中，他認為：

> 有人以為台語，是粗俗的，不能用來寫詩，實在是對台語的誤解，詩的雅、俗決定在作者的功力，不是語言的通俗。其實台語是一種更詩的語言，有八聲的變化；活潑的、有情趣的、優雅的。從心內供出，有一份親切感。……假如以一種語言思考，而又以另一種語言表現，這種作品，必然是脫線的作品，不鄉不土的作品，不是發自內心直接產生的詩，不是自己

17　見鄭炯明（1978）。
18　見鄭炯明（1978）；林宗源（1979）。

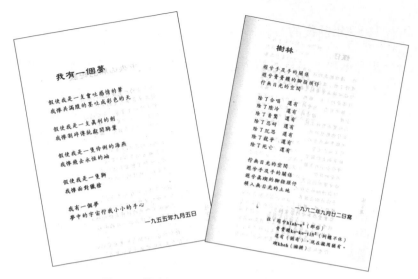

圖5-7　林宗源1955、1962年創作的台語詩

的詩，自己的文化。……鄉土、鄉土，只有精神，而不以自
己的語言根植在鄉土，所開的花，是什麼？其花形、花香，
必然會有異樣異味，它不是我們的花，我們的文化。沒有民
族性的文化，還談什麼國際性的文化。（林宗源 1979: 39-41）

　　林宗源提倡以自己的語言文字來創造自己的文化，對他來
說，「台人也是中國人的一族。何況一個國家，是由幾個民族形
成的，不同的民族，有不同的特色、文化，盛行，文化才能豐
富」（林宗源 1979: 40）。

　　不過，似乎並非所有的笠詩人都支持林宗源以台語寫作的實
驗。有些人認為，用漢字寫成的台語詩很難讓人理解。[19]一直到七

圖5-8 向陽1976年創作的台語詩

○年代中期，才有另外一名用台語寫作的詩人出現。1976年4月，年輕的《台文》成員向陽（本名林淇瀁，1955-）在《笠》詩刊發表了他最早的幾首台語詩。和林宗源一樣，向陽寫作的動力來自於一個相當單純的願望，亦即用母語自然地表達自己的情感思想。[20]

八○年代上半葉，一些黨外雜誌的作者撰文介紹日本殖民統治時期台灣知識分子提倡以漢字書寫台語、以及蔡培火推動台語的羅馬拼音的歷史。[21]但就像黨外人士對國民黨官方語言政策的批評一樣，這些文章也沒有引起多大的注意與迴響。1984年9月，在日本的台裔歷史學家許極燉（1935-），在《台灣文藝》發表一

20 見郭成義（1982: 178-179）。

21 例如楊碧川（1983）；許水綠（1984）。

篇探討台灣語言和台灣文學關係的文章。他非常同情殖民時期作
家以台語寫作的嘗試，呼籲當前的台灣作家創作「台語的台灣文
學」，並發展可供書寫的「台灣文學的台語」（許極燉 1984）。
許極燉的呼籲，讓我們想起三〇年代早期郭秋生提出的口號，亦
即不只是要創造「台灣話的文學」，也要建立「文學的台灣話」。
在八〇年代上半葉，除了林宗源與向陽之外，另外三位本省籍作

圖5-9　由左上、右上、下：宋澤萊、黃勁連的台語詩各兩首、林央敏的詩作一首

家宋澤萊（《台文》成員）、黃勁連（1947-，笠詩社成員，後來擔任《台文》總編輯）、與林央敏（1955-，後來成為《台文》編輯委員之一）也開始創作台語詩（林央敏 1996: 23）。

1987年1月，宋澤萊在《台灣新文化》雜誌發表一篇用台語寫作的文章〈談台語文字化問題〉。這是戰後本省籍作家第一次公開提倡以台語寫作。宋澤萊呼籲台灣作家進行台語創作的實驗。對他而言，用台語以外的語言寫作，對於台灣本土文化的復興沒有什麼貢獻。他認為，從「鄉土文學」演變到葉石濤、彭瑞金、陳芳明和李喬所定義的「台灣文學」，再從「台灣文學」演變到台語文學，是必然發生的（宋澤萊 1987）。從1986年9月創

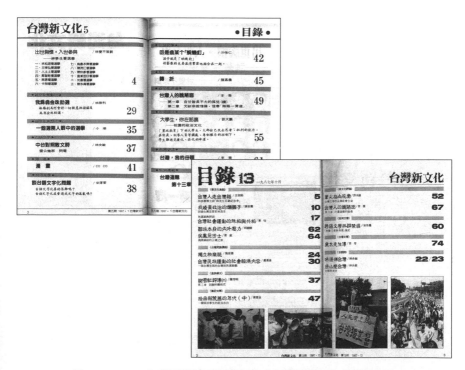

圖5-10　1980年代下半葉《台灣新文化》積極刊登台語文學作品

刊以來，宋澤萊為社務委員之一的《台灣新文化》雜誌，便積極
提倡台語文學。這份雜誌刊登大量的台語詩、散文、短篇小說與
故事，一直到1988年5月停刊為止。《台灣文藝》做為台灣民族
主義作家集結的園地，從1987年9月開始，也特別登載了台語、
甚至客語的作品。

　　1987年之後，隨著反對運動人士愈來愈挑戰官方的單語政
策，以及國民黨政府對公開使用本土語言的監控逐漸放鬆，愈來
愈多的作者開始用台語寫作。[22]他們的作品都刊載於反國民黨或具
有台灣民族主義傾向的報章雜誌上，例如《台灣文藝》、《笠》詩
刊、《文學界》、《新文化》、《台灣新文化》、《自立晚報》、與
《民眾日報》等。從1989至1995年間，至少有十二個以復興本土
語言、設計台語書寫系統、和提倡台語文學為目的的社團組織成
立。這些社團組織的成員經常相互重疊，而一般而言，他們彼此
間的往來也十分密切。這些社團組織都有自己定期出版的刊物，
不過這些刊物大致上發行不廣、流通有限。[23]由林宗源、黃勁連與
林央敏等人所建立「蕃薯詩社」，便是其中之一。做為戰後第一
個推動以本土語言寫詩的詩社，蕃薯詩社列出下列寫作準則：
（1）使用台灣本土語言（包括台語、客語、與先住民母語），創
造「正統」的台灣文學；（2）提倡台語書寫，提升台語文學與歌
詩的品質，追求台語的文字化與文學化；（3）表現社會人生、反
抗惡霸、反映被壓迫者與艱苦大眾的生活心聲；（4）創造有台灣

民族精神與特色的新台灣文學作品。我們可以說，這些準則綜結
了八〇年代下半葉之後那些提倡台語文學的人士所共有的理念
（林央敏 1996: 98）。這些準則同時也展現了戰後時期《笠》與
《台文》作者群所擁護的現實主義方向。[24]

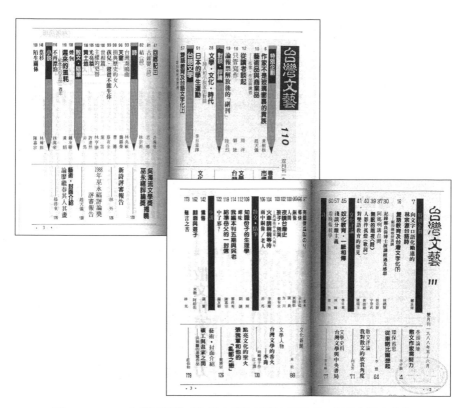

圖5-11　1980年代下半葉《台灣文藝》刊登台語作品、提倡台語文字化

---

24 這十二個團體之一的「學生台灣語文促進會」，是一個大學與高中學生提倡
　本土語言的聯合組織。它的成立反映出年輕人對於台語和客語寫作的興趣已
　逐漸增加。關於這些大學與高中學生的社團組織及其活動的詳細說明，見學
　生台灣語文促進會（1995）。

圖5-12　林繼雄的著作與其中台語羅馬拼音作品

2.3　台語書寫系統與構想

　　就像殖民時期鄉土文學與台灣話文的提倡一樣，八〇年代末之後企圖建立台語書寫系統的努力，和台語文學的提倡無法分開。也只有在1987年之後以台語寫作的作者逐漸增加時，建立標準台語文字的問題才獲得比較多的關注。雖然對台語作家來說，漢字仍然是表現他們的母語的首要工具，但是那些無法以既有漢字記述之30%的台語詞素，依舊是台語文字標準化工作的主要障礙。兩個流行的解決方法中，一個較為傳統的是借用既有漢字或創造新字，以標記無法記述的詞素，另一種方法則是將這些詞素轉為羅馬拼音。事實上，這兩種方法同時存在於1987年以後的台語作品中。然而，在使用漢字或拼音的台語書寫中，詞素的標記都還沒有統一標準，因此即使是說台語的母語人士，有時也不容易完全讀懂某些台語文章。

　　對台語復興運動者來說，建立一套標準的台語書寫系統是迫切需要的。八〇年代下半葉之後，關於台語書寫系統，出現各種不同的看法與提議。相關的技術問題，例如如何挑選適合的漢字，經常引起辯論。各方的理念與提案，都積極地爭取社會的認可。[25]第一，有些人主張全盤放棄漢字，並鼓吹以拼音系統來書寫台語。他們試圖改進西方傳教士發明的台語羅馬拼音系統。化學教授林繼雄（1930-）是積極推廣這類理念的代表人物。[26]第二，另外一群人則主張完全以漢字來書寫台語，是唯一實際可行的方法。他們認為，近幾十年來漢字的拼音書寫在中國進展緩慢的事實，顯示漢語系的語言在發音上比較不適合以拼音字母來記述。至於那些無法以既有漢字表示的台語詞素，他們便依據漢字部首來創造新字。在日本的台裔語言學家鄭穗影（1942-），是這個主張的主要提倡者。[27]

　　第三種方案結合了漢字與拼音字母的書寫方式。這方面的提倡者認為，由於絕大多數的台語詞素能有效地以漢字呈現，因此這個主張是最為實際的解決辦法。他們強調，書寫那些無法以漢字標記的詞素，最好的做法是用羅馬拼音。夏威夷大學的台裔語言學教授鄭良偉（1931-）是這個方案的主要倡導者。[28]八〇年代

25　關於各種書寫台語的不同提案，洪惟仁（1992b）的評介，很方便讀者參考。1991年8月，一群語言學者組成「台灣語文學會」。他們的主要目的在於建立台語與客語的音標、整理常用漢字、提倡使用本土語言。這個學會在1991年底制訂了「台灣語言音標方案」（Taiwan Language Phonetic Alphabet, TLPA）。見《台語文摘》25（1992年1月）：49-57。

26　關於林繼雄對台語書寫系統的看法，以及他所發展的拼音系統，見林繼雄（1989）。

27　鄭穗影對台語書寫的見解和自創新字的實驗，見鄭穗影（1991）。

28　鄭良偉對於書寫台語的看法，以及他結合漢字與拼音兩種模式所寫的文章，

圖5-13　鄭穗影的著作與其中全用漢字書寫的台語章節

末之後，兩種書寫方式的混合使用是台語寫作的最普遍方式。事
實上，由於考慮到一般大眾在日常生活中仍使用漢字，一些主張
台語應全面羅馬拼音化的提倡者，例如林繼雄與林央敏，也接受
這種方法做為「暫時」的替代方案。[29]至於第四種提案的主張者洪
惟仁，則認為韓國諺文是書寫那些無法以現有漢字表述之詞素的
最佳拼音模式。洪惟仁認為，就圖形構成來說，韓國諺文比起羅
馬拼音字母，在視覺上更能與漢字相互搭配。因此他認為將漢字
與改良後的韓國諺文並用，是最好的台語書寫系統。[30]

見鄭良偉（1989；1990）。另外一位同樣主張結合兩種書寫方式的重要提倡
者是許極燉，見許極燉（1990；1992）。

29　譬如林繼雄（1989: 81-104）；林央敏（1989: 78）。

30　實際上，洪惟仁完全以漢字書寫台語，這顯然是因為目前在台灣還極少有人
懂得韓國諺文的使用方法。他對台語書寫系統的觀點，見洪惟仁（1992c）。

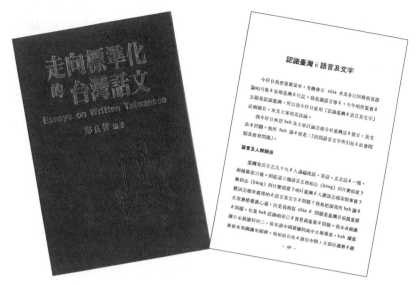

圖5-14　鄭良偉的著作與其中漢、羅併用書寫台語的篇章

　　從比較的角度來看，當代試圖建立台語書寫系統與台語文學
的嘗試，要比日本殖民時期推動台灣話文與鄉土文學的努力，有
更多的進展。一方面，1930年代初的提倡者仍懷有相當強烈的漢
文化意識。因此除了蔡培火為特例之外，其他人都支持用漢字書
寫台語，以維繫台灣人與中國大陸和漢文化的關聯。對於當時這
種主張的重要領導者郭秋生而言，台灣話文「……純然不出漢字
一步，雖然超出文言文體系的方言的地位，但卻不失為漢字體系
的較鮮明一點方言的地方色而已的文字」（廖毓文　1979 [1954,
1955]: 491）。然而如何選擇「正確」或「較佳」的漢字，或者甚
至創造新字來表達那些無法用漢字表述的詞素，這些難解的技術

_____

　　他的台語文章，舉例而言，可以參見《台灣新文化》1987年1月，5: 42-44；
　　1987年5月，8: 73；以及他在各期《台語文摘》中的文章。

問題阻撓了作者們的台語創作實驗。相較之下，那些致力於建構
獨特的台灣文化、在八〇年代末以來主張書寫台語的提倡者，幾
無例外地都是台灣民族主義者。他們大部分不再執著於漢字，並
且自由地將某些台語詞素轉為羅馬拼音。將台語羅馬拼音化不僅
讓台語寫作更為容易，也促進了台語文學的發展。拼音文字的採
用，代表著在中國所主宰的古老表意文字地區（包括中國周邊國
家）中，走向地域性民族主義的歷史的一大步。[31]

　　此外，近年來電腦科技成為台語書寫得以發展相當迅速的一
個重要因素。特別針對台語書寫所設計的文書處理軟體，可以幫
助使用者選擇漢字或羅馬拼音字。台語寫作和出版工作，因此變
得更加容易。同時，極為便利的溝通工具——電子郵件系統，也
促進當代台語書寫提倡者的意見交流，並且有助於建立彼此的關
係與團結。相較於殖民時期的前輩們，當代提倡者從現代科技中
獲益匪淺。

　　對那些致力於建立標準台語書寫系統的人們來說，這種書寫
系統是確保「台灣性」所不可或缺的工具。例如鄭良偉曾強調：

　　台灣社會的文化內涵，雖然也會得用華語表達，但是經過
華語翻譯的過濾會失去一寡台語特有的物件。同時閣卡按怎

---

31 自古以來，漢文書籍不僅在中國流通，同時在韓國、日本和越南，以及滿
　洲、蒙古、西藏和其他鄰近國家中的某些階層裡，也同樣閱讀這些漢文書
　籍。這些地區的人們以各種不同方式來讀漢字。語言學和歷史學家 Fosco
　Maraini 認為，東亞使用表意文字而形成歷史悠久的統一狀況，代表一種人們
　「文化的四海一家」（the cultural brotherhood of man）；相對地，字母系統，
　「特別是被太多附加的變音符號（diacritical signs）弄得過於複雜與沉重時，
　會使人們相互隔絕並助長狹隘的民族主義。」對他來說，將漢字這種發展完
　善的表意文字系統改為羅馬拼音，是一種退步而非進步。見 Maraini（1979）。

都無法度通擺脫中文背後的文化包袱。寫中文愛用中文思考，用中文思考就無法度無去使用遐的遠遠ti中國大陸的文化所產生的華語詞，華語成語。因為華語代表歸向中國的文化結，來源是中國的中原，規範的標準是中原現代的中心地——北京。若用華語來寫出台語文化，往往會有偏差。用台語寫，才會當用台語思考，才會當有鄉土的實在性及實感性。（鄭良偉 1993: 174）

對提倡台語書寫的人來說，語言是承載文化的最重要工具。他們認為在呈現台灣性上，國語，或者說「北京話」、「華語」，以及其文字系統，是拙劣的工具。他們相信台灣人不再使用國語，有助於清除中國文化的不良影響。對他們來說，一套台語文字是一個獨特文化傳統的見證。這種觀點顯示一個新的國族認同的發展，挑戰了國民黨對台灣與人民的「中國化」作為。對台語文字提倡者、特別是對那些要求全面羅馬拼音化的人們來說，創造一套台語的書寫系統對於台灣獨立而言是至關重要的。主張完全以羅馬拼音書寫台語的陳明仁（1954-），同時也是笠詩人和台灣筆會、蕃薯詩社的成員，他曾經如此說：

一個無家己文字的民族是無未來的民族，尤其台灣若欲行向一個獨立的國家，台語文字化的需要性更加迫切。

但是伊[漢字]所負載的文化意涵嘛有真負面的封建思想。……一個人若無獨立、成熟的思考，去接觸著古早漢字的冊，意識型態佇不知不覺中會去予污染著。這是筆者從事台灣建國運動上大的煩惱，嘛是主張漸廢漢字的主因。（陳明仁 1992: 138-139）

三、台語文學與台灣文學的重新定義

八〇年代末之後積極嘗試建立一套台語標準文字的努力，與台語文學的提倡密切相關。大量以台語寫作詩歌、小說、散文的實驗，激發了對台語文字標準化的深入研究。事實上，不同理念的支持者主要以文學寫作來測試並提倡自己的主張。對台語書寫的積極實驗，轉而直接影響了台灣文學的概念，並造成推動台灣民族文學的福佬人與客家人之間的摩擦。

如同第四章所提到的，當《笠》與《台文》成員在美麗島事件之後逐漸參與反對運動時，他們體認到，特別是對本省籍作家而言，建立一個清晰的文學認同確實有迫切的需要。於是為了將本身獨特的文學傳統與中國文學區隔開來，他們以「台灣文學」一詞取代了「鄉土文學」。「台灣文學」一詞，漸漸具有民族主義的意涵。一些《台文》成員，例如高天生、彭瑞金、陳芳明與李喬，追隨先前葉石濤對所有台灣現代文學之特徵的詮釋，從作品題材和意識形態的角度，重新提出對台灣文學的定義。李喬認為：「所謂台灣文學，就是站在台灣人的立場，寫台灣經驗的文學」。換句話說，對這些作家與文學批評家而言，為這個島嶼和人民寫作，並且以這個島嶼和人民為寫作題材，是在台灣創作的作家必須具備的目標。八〇年代期間，主張台灣獨立的作家與文學批評家們，一般而言都接受這個觀點，但是關於台灣文學的定義與寫作所使用的語言之間的關係，則很少有人討論。除了林宗源、向陽、宋澤萊、黃勁連、與林央敏等人是明顯的例外，當時支持台灣民族主義的作家和其他作家（無論是本省或外省籍）大致一樣，都認為以國語來寫作是理所當然的。

但是隨著八〇年代末之後愈來愈多的作家嘗試以台語寫作，

作品所使用的語言與台灣文學概念之間的關係,逐漸成為議題。一些福佬作家和文學批評家,開始從語言的觀點重新定義台灣文學。他們對台灣文學的重新定義,在過去一起建立台灣民族文學理念的福佬、客家作家與文學評論者之間,造成緊張的關係。首先,這樣的緊張關係來自於一個事實:從日本殖民時期開始,雖然「台語」或「台灣話」字面上的意思是「台灣的語言」,但主要所指的是福佬話。因此當福佬作家與評論家認為「只有台語文學是台灣文學」時,客家作家與評論家便覺得受到排斥。

　　舉例而言,台語寫作的先驅林宗源,在一本台語詩選的附錄裡,曾經如此說道:

　　　台灣文學就是台灣人用台灣人的母語寫的文學。Ti⁷各族建立共通的台語及文字的時,用台語寫的文學也就是台灣文學。有台灣文化的內涵、有台灣人理想的世界觀的作品就是台灣文學。……這本台語詩選集,其實也就是正港的台灣文學選集。……台灣文學絕對勿會當算做中國文學的支流。台灣文學……有伊家己的天及地獨立存在。(林宗源 1990: 214)

　　林宗源與其他台語作家,開始將語言要素帶入台灣文學的定義中。對他們而言,除了寫作主題與意識形態之外,語言也必須是文學概念裡的根本要素。他們認為,任何一個能稱之為台灣文學的作品,不只是為這個島嶼與人民寫作、以這個島嶼與人民為寫作題材,同時也應該以台灣的本土語言寫作。因此以國語寫成的作品,和其他外語作品一樣,不再被認為屬於台灣文學。

　　不過我們要注意,林宗源等人擴大了「台語」一詞的意義,用來指稱台灣各種非國語的本土語言,包括福佬話、客語、甚至

原住民語。他們提倡「台語文學」，呼籲外省人之外的其他各族群以自己的母語寫作。如同先前所述，林宗源擔任社長的蕃薯詩社不只呼籲人們以福佬話寫作，也提倡其他母語的書寫。對「台語」與「台語文學」概念的重新定義，具體顯示台灣民族主義者努力將「台灣民族文化」的起源多元化，並且削弱國語所代表的中國文化的重要性。不過實際上「台語」一詞長久以來已經是福佬話的代名詞。雖然林宗源與其他提倡者明白指出他們所謂的「台語」，包含所有非國語的本土語言，但是他們強調「只有台語文學才是台灣文學」的說法，因為被懷疑仍潛在著福佬中心主義，因此仍然造成《台文》中客家籍成員的疑慮。

　　更重要的事實是，就台語（福佬話）寫作的作家人數持續增加來說，台語是八〇年代末之後比較成功地被用於書寫的本土語言。大量的台語書籍出版，也有幾種台語雜誌發行。不論是以漢字或羅馬拼音來進行，台語書寫的長遠歷史，無疑是有助於當前發展的重要因素。雖然書寫形式並未統一，但漢字與羅馬拼音字的混合使用，也有利於人們的台語寫作實驗。前述提及的十二個以復興本土語言為宗旨的社團（創立於八〇年代末至九〇年代中期），雖然當中有些強調他們的目標是復興所有的本土語言，而不只是福佬話，但他們都致力於建立台語文字與提倡台語文學。在九〇年代，復甦本土語言的努力，顯然以台語為中心。客家人與原住民復興母語的作為，相對上就顯得較為邊緣。在這個階段，極少有客家人嘗試建立客語文字，更遑論原住民。

　　事實上，宋澤萊在1987年的一篇文章中曾強調，就界定出一個明確身分認同的必要性而言，從鄉土文學到「台灣文學」、再從台灣文學到台語文學的演變發展乃勢所必然。1991年9月，另一位《台文》編輯委員林央敏發表了〈回歸台灣文學的面腔〉一

文。身為福佬台灣人，林央敏堅持「台語」一詞必須專門用來指福佬話，就像殖民時期以來就已存在的用法一樣，而因此「台語文學」必須視為是台灣文學的代表。他寫道：

　　台灣的官方語言或者是普通話……始終都不是台灣人的母語，所以台灣的文學面腔一直無法固定、無法形成一種比較切合民族精神、民族性格的模式。簡而言之，由於台灣從未真正獨立，所以無法形成一种面像比較清楚、体系較為獨立的文化，使得台灣文學的面像也無法自然的開花結子，才讓一代一代的台灣文學家、評論家為了台灣文學的定義問題而在這裡爭論不休。……

　　既然「台灣話」是指台灣賀佬話［福佬話］，因此，「台灣文學」的面腔就一般性來說，應該是指用台語做媒体來描寫台灣的人、事、物，以表現台灣人的思想、感情的作品，也就是台語文學。（林央敏　1996 [1991]: 118, 125）

　　林央敏明白表示台語（福佬話）文學就是台灣文學的代表類型，但又並不完全等於台灣文學。他承認以台語以外的語言——例如「清據時代」的「漢語古文體」、「日據時代」的「日文白話體」、和戰後的「中文白話體」——寫成的作品，都屬於廣義的台灣文學（林央敏　1996 [1991]: 126-127）。即使如此，林央敏的文章隨即引起客家作家與文學批評家的指責，尤其以兩位《台文》重要成員李喬與彭瑞金為代表。他們兩人都反對「台語（或台灣話）是福佬話」、「台灣文學是台語文學」的說法。他們覺得福佬話獨占了「台語」或「台灣話」之名，彷彿意味著福佬話才是台灣唯一的合法語言（李喬　1991；彭瑞金　1991b，1991c）。

李喬認為，「台語」這個名稱必須用來稱呼四大族群所說的全部語言，包括福佬話、客家話、北京話和原住民語。李喬強調，台灣文學必須從題材與意識形態來界定，而非語言。他堅持他那篇1983年的文章中廣受徵引的定義：「台灣文學的定義是：站在台灣人立場，寫台灣人經驗的作品便是」。對李喬來說，任何為這塊島嶼及其人民所寫、並描繪他們的文學作品，就是台灣文學，無論它使用的是何種語言（李喬 1991）。

面對著福佬人所領導的政治反對運動快速發展，以及台語復興運動的活躍，客家人因而擔心他們與自己的語言可能再度被邊緣化。八〇至九〇年代，政治反對運動政治由福佬人所主導。從民進黨成立以來，台語成為黨內會議、民進黨推動的群眾集會和街頭抗議的主要語言。即使是與民進黨關係密切的客家人也有被排斥的感覺，因此批評民進黨幾乎是「福佬人的」政黨。1988年，客家人發起「還我客語」運動，要求客語電視節目，但只爭取到每週在一家全國性頻道上播映半小時的客語節目（台視的「鄉親鄉情」）。1989年，客家人反國民黨與反福佬人的情緒達到最高點。他們不只抗議國民黨的「一黨獨大」，也抨擊民進黨的「福佬沙文主義」，他們試圖組織「客家黨」，但最後沒有成功。當執政的國民黨走向台灣化與台灣民族主義的發展，兩者都顯示出福佬人的優勢時，客家籍的台灣民族主義者反對台灣文學的新定義，反映了他們對自己族群的社會地位普遍感到憂慮。

四、結論

復興台灣本土語言的種種努力，挑戰了代表國民黨「中國化」意識形態的「獨尊國語」的官方語言政策，而這些努力與嘗

試構成台灣民族主義的重要部分。雖然台灣民族主義愈來愈具有多元文化的色彩，但振興母語的努力多集中在主要的本土語言——台語——之上。一些關注不同社會中語言問題的研究，已經指出下述事實：「拯救少數族群語言的運動，很諷刺地，經常建立在某些對語言的相同成見上，而正是這些看法導致少數族群語言被壓迫與／或被壓抑……」（Woolard and Schieffelin 1994: 9）。復興台語的努力，可能存在著往這個方向發展的危險。一如Florian Coulmas所指出的，國語的概念以及它在政治上的強制推行，可以說具有凝聚的力量，但相反的情況也可能。「語言可以像任何文化標誌一樣，是一種具有破壞性的力量，而且很清楚的是，在許多已經將自己建設成現代國家的地方，國語的意識形態明顯導致社群內部的衝突，並且從某種意義上來說，創造出弱勢少數」（Coulmas 1988: 11）。在國民黨政府統治下，國語被頌揚為促進團結的力量。相反地，台灣政治反對運動者指摘它為壓迫的源頭。積極復興台語的企圖，卻轉而引發客家人的焦慮。對於台語的復興運動者來說，他們的語言是承載傳統文化的最重要工具。他們相信，台語的文字系統是形成新民族與實現台灣獨立的必要基礎。文化和語言，與未來的民族以及醞釀中的國家之間，被劃上了等號，被視為不可分割。

　　事實上，台灣民族主義者所推崇的許多台灣文學史上的重要人物，都是客家人。舉例來說，十位五〇年代「戰後第一代台灣小說家」中有兩位是客家人，亦即鍾理和與鍾肇政。《台文》的創辦人吳濁流也是客家人。此外，從八〇年代初以來，李喬和彭瑞金兩位客家人，也成為「台灣（民族）文學」的重要提倡者。鍾肇政、李喬與彭瑞金也都是《台文》的重要成員。八〇年代以來，《笠》與《台文》的福佬與客家成員齊心合力建構台灣文學

的概念與台灣民族文學史。然而當一些福佬成員試圖將語言因素
加入台灣文學概念時，客家成員開始感到不滿。這個時候語言隨
即成為一種破壞性力量，造成福佬、客家籍台灣民族主義者之間
的緊張關係。

與世界上絕大多數的其他地方一樣，台灣是個多族群和多語
言的社會。復興台語的努力，凸顯了一個棘手問題，亦即──用
Jan Blommaert 與 Jef Verschueren 的話來說──「每一個弱勢當中都
有弱勢」（Blommaert and Verschueren 1991: 373）。一個企圖挽救
少數族群語言的運動，可能轉而變成威脅其他少數族群語言的新
壓迫。這種矛盾的情形，已經發生在奧克西塔尼亞（Occitania）、
摩爾達維亞（Moldavia）、哈薩克（Kazakhstan）、與斯洛伐克
（Slovakia）等地（Eckert 1983；Blommaert and Verschueren
1991）。這對復興台語的努力來說，更是一個切要的問題，尤其
因為這個語言的使用者實際上是人口中的多數。事實上，少數族
群語言運動所面臨的困境，與實行國語意識形態時的內在問題十
分類似，也就是說，「語言是否能在政治上發揮作用，而不會變
成一種壓迫的手段，讓說不同語言的人們變得更加難以和平共
存」（Coulmas 1988: 12）。國語意識形態與少數族群語言運動的
缺陷，都與以族群認同為基礎的政治動員密切相關。任何劃清界
線的同時，可能意味著貼標籤、排斥和壓迫。因此難題在於：屬
於不同族群的人們如何能在逐漸清楚覺察到彼此相異的族群背景
時，又能團結在一起。這是一個內在於現代民族國家建構中的兩
難，亦即如何達到國族認同（凝聚團結）與族群認同（多語主義
和多元文化主義）的平衡。台灣的語言問題，貼切地體現了這種
兩難的問題。

第六章

書寫民族歷史

從先前幾章的討論，我們可以發現，對於語言問題與文學發展的不同看法，都與人們對台灣歷史的不同理解密切相關。日本殖民統治末期，葉榮鐘基於台灣人做為一個「社會集團」的特徵，倡議建立「第三文學」。他認為台灣人普遍的共同特色，是台灣歷史發展的結果。在思索這個獨特文化如何在歷史中演變成形時，他發展一種對於「台灣性」的看法，而這種台灣特性與「中國性」已經有所不同。在日本殖民統治結束、國民黨政府統治台灣而動盪紛擾的最初幾年，一群本省籍知識分子同樣也從台灣歷史特殊性的角度，關切台灣文學的未來。例如瀨南人認為，台灣特殊的自然環境與歷史過程，尤其是受西班牙、荷蘭與日本等外族殖民統治的經驗，都使台灣產生與眾不同的文化風貌。對他來說，正是這種文化特殊性，使得「台灣新文學」的建立有正當性與迫切需要。

一直到八〇年代上半葉，戰後台灣的文學作家與評論家，幾乎少有例外，理所當然地將台灣所發展的文學視為「中國文學」的一部分。即使他們心中懷有所謂的台灣意識的話，那至多只是一種地域認同，而與他們的中國民族情感並行不悖。對於那些談到台灣社會特殊性的作家或評論家來說，他們的目的不是為了建立一套獨立的文學傳統，而是為了——借用瀨南人的話來說——使台灣文學「……構成中國文學的一個成份，而能夠使中國文學更得到富有精彩的內容，並且達到世界文學的水準」。七〇年代，鄉土文學作家與提倡者所宣揚的，也是這種想法。這些作家從中國與外國強權鬥爭的歷史角度，來理解台灣戰後的政治社會變遷。台灣在政治、經濟、文化各方面對外國勢力——尤其是美國——的依賴，被認為是十九世紀中期以來外國宰制下中國「國恥」的延續。他們藉著提倡鄉土文學，鼓吹中國民族主義。對鄉

土文學提倡者來說,「鄉土精神」,亦即熱愛台灣本地文化、關懷社會議題,是中國民族主義的基礎。「回歸鄉土」意味著回歸中國民族意識的源頭。

　　一直要到美麗島事件後的那幾年,以台灣為主體來看待台灣文學的想法才逐漸出現,挑戰以中國為主體的角度。做為文學生涯跨越殖民晚期與戰後的資深小說家和評論家,葉石濤曾在鄉土文學論戰期間,從台灣接連受到不同政權壓迫與殖民統治的經驗,詮釋台灣現代文學的歷史發展。對他而言,入世精神、抵抗意識與社會寫實主義,已經成為台灣的文學傳統的基本信念。在葉石濤的定義下,「台灣意識」是一種台灣人關於被殖民、被壓迫之共同經驗的歷史意識。他強調,真正的台灣作家必須具有這種台灣意識,同時這種意識也必然支持台灣鄉土文學長久以來的原則。自從八〇年代上半葉之後,當黨外反對運動開始積極提倡台灣意識,《笠》詩刊與《台灣文藝》的作家與批評家的台灣文學論述,也逐漸顯現民族主義的性格。圍繞在這兩份刊物的作家與批評家,將葉石濤的台灣文學理念更往前推進一步,除去原先葉石濤的理念中殘存的中國意識痕跡。他們批評「邊疆文學」的說法,推動台灣文學的「本土化」,這些都蘊含著一種強烈的要求,亦即強調要從台灣的角度關注台灣歷史,而不是從國民黨、中國共產黨、或者是左翼反國民黨的中國民族主義者(以陳映真為代表)之中國的角度。《笠》與《台文》的作家對台灣歷史命運的深刻關懷,形成一種「對台灣的執念」,使他們堅持台灣文學的宗旨必須是「為台灣和台灣人而寫,寫台灣和台灣人」。

　　九〇年代初期之後,由於逐漸體認到有必要爭取其他族群的支持,同時面對中華人民共和國在國際政治中快速崛起的影響力時,有必要促進社會的團結,因此台灣民族主義的福佬中心色彩

逐漸淡化。在這種情況下，將台灣文學描述成具有多元族群起源與特徵，這種新論述於是開始發展。一群台語（福佬話）作家與文學評論家在試圖重新定義台灣文學為「台語文學」時，將「台語」的意義擴大，不僅用來指福佬話，也包括客語、甚至是原住民語。這正代表了上述台灣文學的新論述。支持台灣民族主義的作家和文學評論家強調，遠從二〇至九〇年代的台灣現代文學發展，象徵台灣人對於自己獨特民族性的一貫追求；這段期間所有的台灣作家，由於都關心台灣做為一個獨特民族的歷史命運，因以能夠相互聯繫起來。對於推動台語書寫的人士來說，一套台語的文字系統則不僅是確認「台灣性」存在的必要憑據，也是區別於中國文化而發展自己長遠的文化傳統時所不可或缺的要件。

　　簡言之，眾多不同世代的台灣作家與文學評論家，都依據他們對於台灣歷史的詮釋來正當化他們在語言、文學議題上的種種宣稱。由於這些議題深刻地牽涉到認同的難題，歷史因此在台灣的語言和文學論述上扮演相當重要的角色。人們為了主導歷史敘事（historical narrative）而產生的競爭，向來是認同政治的主要面向。人們爭奪歷史的敘事，就在於它對集體記憶的形成、維繫與重塑，至關重要。一種特殊的集體認同，部分取決於集體記憶的特定建構方式——包括如何詮釋「我們」是誰、「我們」經歷過什麼，以及因此什麼是「我們」所共享的。發展一個新的集體歷史敘事，以及壓抑或消除舊的集體記憶，通常反映了集體認同的轉變。就國族認同來說，Ernest Renan 曾指出：「一個民族的核心本質，在於所有的個人都擁有許多共同的事物，同時他們也遺忘許多事情」（Renan 1990 [1882]: 11）。

　　本章的主旨，首先在於探討一種台灣獨特的集體記憶，在受到官方主流的歷史敘事排斥與壓制後，如何復甦重建。首先，筆

者將分析國民黨的統治與「中國史觀」的關係。戰後台灣國民黨的政治與文化宰制，透過一套關於台灣與中國大陸的歷史關係的特殊詮釋，在意識形態上建立正當性。這個官方的歷史敘事強調，台灣是中國的邊疆，早期中國漢人移民對台灣發展有重大貢獻。這種敘事也著重凸顯國民黨在中國大陸時，如何致力於將台灣從日本殖民統治中解救出來。戰後台灣的學校教育，尤其是歷史課程教學，在向社會大眾灌輸這種中國史觀上，扮演主要角色。政府鼓勵社會大眾「尋根」，以提倡中國意識。在中國史觀的籠罩下，使得社會上普遍認為台灣存在的理由就是實現中國未來的統一。台灣社會的特殊歷史記憶與文化傳統，則絕大多數被懷疑或輕蔑。這種傾向，明顯反映在戰後三十年左右台灣史研究的停滯。

　　第二，本章進一步討論台灣民族主義者如何以提倡「台灣史觀」來挑戰關於台灣歷史的官方主流詮釋，並且試圖重塑台灣人的國族認同。美麗島事件之後，黨外人士率先提倡以台灣為主體的歷史觀。1983年的「台灣意識論戰」，使台灣歷史的討論明顯地政治化。關於國族認同的各種爭論衝突，變得與台灣歷史的不同詮釋顯著相關。1980年代上半葉，黨外人士對於台灣歷史的敘事，特點在於重新挖掘日本殖民統治下的反殖民抗爭史，以及原住民文化傳統的歷史。對黨外人士來說，重新探究抗日歷史，尤其是1920年之後的非暴力反殖民鬥爭，意味著他們的反國民黨運動，是台灣人長久以來反抗外來統治的歷史的一部分。此外，原住民在台灣定居的歷史，則被用來挑戰台灣自古以來即屬於中國的說法。尤其是平埔族與早期漢人移民通婚、並同化於漢人的歷史被重新提出來，以抨擊所謂台灣人純粹是漢人的論點。

　　黨外人士在美麗島事件之後，建構了台灣人苦難與抵抗的集

體記憶，為往後二十幾年政治反對運動的論述修辭與象徵，確立了基調。這是促使八〇年代中期以後台灣民族主義快速發展的重要因素。在這期間，主張台灣獨立的歷史研究者不斷提倡要書寫「由下而上的台灣史」，也就是「民眾觀點」的歷史。這種理念的具體實踐，就是挖掘1947年二二八事件歷史真相的行動。因此本章最後探討政治反對運動人士將二二八歷史悲劇事件再現成「國族創傷」現象。此外，消逝的平埔族歷史與文化的重尋挖掘，也是這一章的另一個分析重點。筆者要指出的是：人們逐漸認同於消逝的平埔族，有助於台灣社會大眾將台灣想像為一個多族群、多元文化的國族。

一、國民黨的統治與中國史觀

在過去一個世紀多以來，曾經有三股政治力量試圖形塑台灣的國族認同。其中的每一種政治勢力，都努力用自己的歷史敘事教化社會大眾。為了將被殖民者改造為天皇的子民，日本殖民政府採用同化政策。如同第二章所述，其中最重要的是將日語當做「國語」來推廣。專為台灣學童而設的「公學校」，以教授日語為重要任務，成為同化的機構。1922年的第二次《台灣教育令》，調整了公學校的課程，使它更接近以招收在台日本孩童為主的小學校，「日本歷史」相關課程於是首次列入修課項目。這個課程所宣稱的授課目標，是提供對於「國體」的概要介紹，並培養「國民精神」（台灣教育會 1973 [1939]: 365；Tsurumi 1977: 99-100）。

接著在國民黨統治之下，台灣人經歷了政治與文化上激烈的「中國化」。國民黨政府統治台灣後，隨即努力清除日本同化政策

留下的影響。提倡北京話為本的「中國國語」,是整個再中國化
計畫中的核心部分。當然,向社會大眾教化一套特定的歷史觀也
同樣重要。這套歷史敘事著重台灣與中國大陸的密切關係,強調
共同的歷史經驗。相較之下,從八〇年代初期以來,台灣的政治
反對運動人士致力於重新詮釋台灣史、重新建構台灣史,並以
「台灣史觀」取代「中國史觀」。他們的努力,主要在於將歷史敘
事「去中國化」並且「台灣化」。這些作為都是一體的兩面:一
方面阻擋或抹除舊有的集體記憶,另一方面建構一個新的,以促
成新的國族認同,亦即要做「台灣的台灣人」,而不是「中國的
台灣人」。

1. 史觀與統治的正當化

就像前幾章提到的,國民黨統治台灣的特色在於將台灣「中
國化」。在政治上,國民黨宣稱它是孫中山「三民主義」的忠實
信徒,堅守這一套關於中國民族建設、民主制度和經濟發展的政
治信條。國民黨同時也宣稱它是1912年孫中山所建立之中華民國
的合法捍衛者。國民黨堅持1936年在中國大陸訂定之憲法所規定
的政府組織架構,強調中華民國是全中國唯一的合法政府,不斷
重申收復大陸失土的決心,譴責中國共產黨為叛亂的「共匪」。
一直要到1980年代初台灣海峽兩邊的關係漸趨和緩之後,國民黨
才不再使用這種說法。[1]在戰後數十年,尤其是美國與中華人民共
和國的關係正常化之前,就像西方世界所認識的,台灣成為「自
由中國」,對立於「共產中國」。

1　類似地,1970年代末之前,中國共產黨將台灣的中華民國定位為非法的地方
　政府,稱之為「蔣幫」。

在文化上，國民黨政府強調自己是中國傳統文化「正統」——尤其是儒家思想——堅決的捍衛者。孫中山的《三民主義》被形容為融合了中西政治思想的創造性著作。中國的共產主義則是源自西方的異端邪說，破壞了中國文化傳統。1966年蔣中正發起的「中華文化復興運動」，代表了國民黨典型的文化政策。這個運動的首要目標，是對抗中華人民共和國激進又反傳統的「無產階級文化大革命」，對往後二十年左右台灣的文化領域影響重大。官方對許多具有中國大陸色彩的文化價值、象徵、藝術、音樂、戲劇、工藝等的提倡，和推行國語一樣，都壓抑、犧牲了台灣本土文化。

如同前面討論過的，國民黨在政治與文化領域的宰制，依據一套台灣與中國大陸之歷史關係的特殊詮釋，在意識形態上建立正當性。就中國內戰延續所造成的國共鬥爭來說，這套歷史敘事就必須處理棘手的問題，例如：才剛脫離殖民統治的台灣在其中的角色是什麼？國民黨的反共鬥爭和反攻大陸政策，對本省人的意義是什麼？國民黨回答這些問題所依據的歷史敘事，可以稱為「中國史觀」。根據國民黨的說法，台灣在歷史上是中國的一部分，本省人跟外省人一樣都是中國人。因此本省人和在中國共產黨統治下的人民是血濃於水的「同胞」。就漢人移民來台的歷史而言，這套史觀強調漢人在開發這個中國邊疆島嶼、以及傳播漢文化上的貢獻。舉例來說，在台灣建立第一個漢人政權的鄭成功，由於將荷蘭人逐出台灣，並挑戰大陸上非漢人的滿清帝國，因此被國民黨歌頌為「民族英雄」。國民黨企圖將共產黨趕出中國並收復大陸的決心，也被拿來與鄭成功的反清復明相提並論。

國民黨強調，孫中山發起的國民革命和蔣中正領導的對日抗戰，一部分的目的都在於讓本省人從日本殖民統治中獲得解

放。[2]日本統治時期本省人的反殖民運動，被宣稱是受中國國民革命所激發，因此是它的「支流」。在這個觀點之下，1945年中國抗日戰爭勝利，使台灣終於能脫離殖民統治，本省人因此受益甚多。本省人在國民黨的統治下「回歸祖國」，才能夠重見天日。

扼要來說，國民黨強調台灣與大陸共同的血緣連帶、文化背景、與政治發展關係，宣揚有關台灣與祖國緊密相連的歷史知識。藉由建構關於過往的集體記憶，國民黨試圖說服本省人，他們與這個政權有著共同的未來，也有共同的敵人，亦即中華人民共和國。這個敘事意味著在國民黨的合法政府與叛亂的中共匪黨的鬥爭中、在中國文化正統與外來的馬克思主義邪說的對立中，本省人與國民黨政府合作，顯然是明智的選擇。按照上面的想法，本省人變成在中國的國共內戰中，國民黨政府新近增添的助力。也正是在這層意義下，台灣被「中國化」。在這種中國史觀下對中華民國、中華人民共和國兩者關係的闡述，符合當時冷戰時期極端對立的國際政治意識形態與軍事鬥爭，反映了中華民國與中華人民共和國分別屬於美國與蘇聯兩大集團的事實。

2. 尋根、愛鄉更愛國

官方中國史觀的宣揚與國語推行運動一樣，在七〇年代初達到高峰。這段期間，國民黨政府遭遇一連串邦交國的斷交事件，台灣獨立的理念在海外台灣人之間快速擴散，台灣社會也興起

2　Frank S.T. Hsiao（蕭聖鐵）與Lawrence R. Sullivan探討眾多的歷史文獻後，指出在1943年開羅會議聲明台灣歸還中國之前，無論國民黨或中國共產黨都不認為台灣是中國的一部分，也未曾宣示他們將致力於「收復」台灣。參見Hsiao and Sullivan（1979）。同時參閱本書第二章第一節中的「激進的反殖民運動」小節。

「回歸鄉土」的文化潮流等。國內外情勢的變化，都傾向激發人們對於台灣的認同，挑戰了國民黨宣稱是中國唯一合法政府的說法。在這種情勢下，官方為了重振中國意識，因此積極提倡中國史觀的台灣史研究、展覽、講習、大學課程等。由台灣省文獻委員會、中國青年反共救國團共同推行而始於1970年的「台灣史講習會」，於1973年改名為「台灣史蹟研究會」，又於1978年改為「台灣史蹟源流研究會」，正是官方為了重振中國意識的眾多重要策略之一。這個組織舉辦了許多主要針對大專學生、中小學校長及教師等的寒、暑假營隊。這些營隊課程的重點，在於學習台灣的地理、風俗、宗教、歷史古蹟等，積極努力地使人們認識台灣與中國大陸在歷史文化上的密切關係（戴寶村 1994: 54-55；台灣省文獻委員會 1998: 421-425）。此外，國民黨政府藉著鼓勵社會大眾「尋根」，以提倡中國民族主義。「愛鄉更愛國」成為七〇年代政府的重要宣傳口號。國民黨的歷史意識形態宣傳的另一個重要時期是八〇年代初。黨外人士在美麗島事件後開始鼓吹「台灣意識」，發展台灣民族主義，於是國民黨出版一系列以台灣與中國之歷史關係為主題的書籍，以便抵制黨外歷史敘事（見下文）的影響力。其中某些書名，例如《中國的台灣》（陳奇祿等 1980）、《台灣的根》（黃大受 1980）、《血濃於水》（潘敬尉 1981）等，明白傳達了國民黨所要提倡的觀點。前述國民黨典型的歷史敘事，在這個時期出版的書刊中俯拾即是。[3] 這些出版品的目的，是要用歷史證據駁斥「台獨的邪說謬論」（潘敬尉 1981: 1）。

國民黨的史觀，透過學校、大眾傳媒、軍隊等各種重要的社會化機構傳播。在教化社會大眾的中國史觀上，國語推行運動扮

3　參見中國國民黨黨史委員會（1988）。

圖6-1　1970年代末、1980年代初國民黨宣傳中國史觀的台灣史書籍

演重要角色。中、小學教科書的編纂與出版由中央政府控制，有助於官方立場的宣傳。歷史與地理教科書的內容以大陸為主，台灣只占很小的篇幅。中國史觀的敘事，在中小學的《歷史》、《社會》、《公民》、《國語》等教科書上隨處可見。[4]誠如石計生等人所指出的，在這樣的教科書中，台灣被「中國化」（被視為歷史上中國的一部分）、「正統化」（保存著中國歷代先賢的文化傳統智慧）、「工具化」（做為反攻大陸的復興基地）、以及「典範化」（是未來統一中國後發展政治經濟的模範）（石計生等 1993）。這些因素都導出一個結論：台灣是為了未來中國的統一和榮耀而存在。

　　不過1996年以後，政府修改了部分政策，民間的作者與出版

4　關於台灣的教科書由政府統一編輯出版的情形，以及當中所顯露的意識形態，參見石計生等（1993）的分析研究。

圖6-2　1980年11月12日《中國時報》報導政府發起「愛鄉更愛國」運動，重申「台灣是中國人的台灣」

社開始可以撰寫或發行國民小學教科書，之後再由中央政府審核。此外，從1997年起，國民中學第一學年新增了「認識台灣」課程（又分為「歷史」、「地理」與「社會」三部分）。這是台灣戰後由國家主導的義務教育體制中，首次納入台灣歷史專屬的課程。不過中國歷史與中國地理的課程，仍舊在國民中學後兩學年占了主要地位，這與小學與高中其他年級的情形是一致的。這種新課程是由教育部依據「立足台灣、胸懷大陸、放眼天下」的理念所設計的（教育部　1994: 829）。

3. 台灣史研究：中國研究的次領域

在中國史觀的主導下，戰後台灣的文化領域長期的顯著特徵之一，是台灣獨特的歷史記憶與文化傳統被邊緣化、被輕視。第五章所討論的戰後本土語言的處境，正是這種文化傾向的例證。

政治的威嚇，使得中國史觀可以處於宰制地位。任何強調台灣特殊性的學術研究，尤其是人文與社會科學領域，都不免被懷疑是否在宣傳政治上的分離主義。日本殖民統治時期，殖民政府與日本學者廣泛調查、紀錄台灣各方面的社會生活面貌，為台灣研究打下基礎。但戰後國民黨的統治卻中斷了台灣研究的發展，形成研究上的斷層。從五〇至八〇年代中期，台灣本身很少被視為一個合理正當的研究題材。在人們眼中，台灣是中國的縮影，許多學者也認為台灣是研究中國社會文化的「實驗室」。[5]

5　在1966年的一篇文章中，本省籍的社會學家陳紹馨形容台灣是「中國社會文化研究的實驗室」。見陳紹馨（1979b [1966]），同時參見楊國樞（1987）、徐正光（1991）。國外的台灣研究者，同樣也把台灣當成中國大陸的替代品，這在七〇年代末中國向西方國家開放以前，更是如此。美國人類學家Hill Gates與Emily Martin Ahren曾經如此寫道：「人類學家在他們的研究工作中所預設的台灣與中國的關係，會對這個研究領域的未來有很大的影響。」Gates與Ahren認為，雖然一些研究台灣的人類學家本身設定的研究題材「是某種外在於行動者的力量對社會關係的形塑，而這些力量未必和〔中國〕傳統有關」，但其他的人類學家則研究「一些試圖遵循文化原則的行為，而這些文化原則與中國的過去有關，或者是可以輕易與中國的過去有所牽連」。Gates和Ahren認為向來流行的是上述第二種觀點，他們說：「〔外國〕人類學家因此前往台灣研究他們已經無法在〔中國〕其他各省進行的研究。是台灣具有的〔中國〕代表性，而非其本身特殊的性質，才吸引學者最初的研究興趣，並激發出能幫助我們瞭解中國人生活的優異研究貢獻，例如Margery Wolf的《林家》（*The House of Lim*）一書。」見Gates and Ahren（1981: 8）。另一個類似的例子則是美國學界的台灣歷史研究。美國歷史學家Douglas Fix批評美國的台灣史研究，只是中國史領域的「附屬品」。他指出，七〇年代末以前，美國學者研究台灣，只是因為他們沒有管道進入中國。為了瞭解中國，他們研究台灣，而台灣這個島嶼本身不見得能引起他們的興趣。這些學者強調台灣的「中國特色」，但忽略了台灣的特殊性。Fix認為，美國的台灣史研究者至少花了將近三十年，才明白台灣不只是中國的一個省份。見費德

就台灣史研究來說，國民黨政府擔心它會鼓勵地域主義和台灣獨立運動的想法（李鴻禧 1987: 6），因此政治敏感性成為研究者進入這個學術領域的障礙。到六〇年代中期，台灣史研究的進行主要侷限於以幾份刊物為中心的一小群本省籍學者，以及各級地方政府的文獻委員會。這段期間，研究重點多以資料的蒐集與整理為主。[6] 從六〇年代中期至七〇年代末，由於受到「回歸鄉土」文化潮流的影響，台灣社會對台灣史的興趣與研究逐漸增加。涵蓋不同學科的台灣史研究計畫開始出現。不過，台灣史研究仍然普遍被視為中國史研究的次領域，也就是屬於中國地方史的研究範疇（戴寶村 1994: 52-53）。

八〇年代中期以前，台灣學術界中偏離中國史觀的台灣社會文化研究，極為少見。本省籍的人類學家陳其南為了解釋1683至1895年清朝統治時期台灣漢人移民社會的轉型性質所提出的「土著化」理論，可以說是一個重要的例外。與陳其南的「土著化」概念大相逕庭的，是外省籍歷史學家李國祁所提出的「內地化」理論，而這是中國史觀的一個典型代表。這兩位學者的理論都發表於1975年，都在於探討清代台灣社會與文化的變遷方向，尤其是關於漢人移民社會是否與中國大陸的社會結構逐漸接近。[7] 在鄭

廉（1988: 57-58）。不僅對台灣學者、也對外國（特別是美國與日本）研究者來說，台灣本身很少被當做研究主題，關於這種現象的詳細討論，可參考《自由中國評論》（*Free China Review*）雜誌1994年2月號的專題報導。

6　第二次世界大戰結束後，將近三十年左右的光陰，唯一在學院中講授台灣史的學者是國立台灣大學的楊雲萍教授。參考 *Free China Review* 1994，2月號：20。

7　關於「內地化」與「土著化」理論的討論，見蔡淵絜（1985）、黃富三等（1986）、陳孔立（1988）、翁佳音（1989）、陳信治（1990）。

成功的政權出現之前，台灣大多數移民的漢人只是短期逗留的冒險者。一直到鄭成功統治時期，台灣才成為漢人定居的地方。自此以後，漢人人口開始逐漸增加（陳紹馨　1979a [1966]: 452-453）。李國祁首先提出批評，認為「過去一般的看法，因清廷初有於棄台之議，每以為疏於治台。此種情形應祇限於康熙一朝」。他強調，雍正以後，台灣的內地化已逐漸加深（李國祁1975: 15，註2）。李國祁如此寫道：

> 台灣自康熙時期歸入清帝國版圖後，雍正以降，清廷所推行的政策，則為使其內地化，其目的在使台灣變成為中國本部各省的一部份……。大體而言，及十九世紀中期，其西部已開發地區內地化幾已完成，非僅設官分治與中國本部十八行省相同，甚至地方官亦大多是科舉出身，社會上領導階層已由豪強之士轉變為士紳階級。民間的價值判斷與社會習俗均以儒家道德標準為重。（李國祁　1975: 5）

不過李國祁指出，到了這個時期，「唯就全島而言，此一完全內地化的地區究嫌過小，僅限於台南至台北的西部平原中心地帶。」他進一步討論，認為從1875至1891年，沈葆楨、丁日昌、劉銘傳等清朝官員的經營，尤其是劉銘傳的「撫番」、「拓墾」、「設官分治」三項做法，相當關鍵。李國祁強調：「此三項都是使全島達於文治的最重要措施。經由這種措施方能使台灣在政治及文化上達成與內地無異，凝聚成真正的中國版圖的一部分。故而沈葆楨丁日昌劉銘傳均有同樣的體認，作過同樣的努力」（李國祁　1975:14；1982: 97）。

相較之下，陳其南並不同意李國祁對清代台灣社會變遷的說

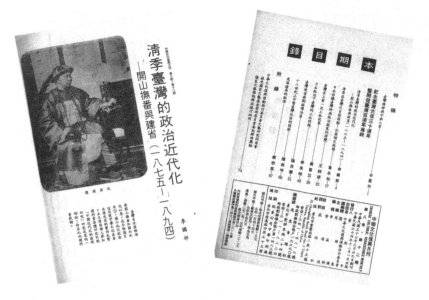

圖6-3　1975年12月《中華文化復興月刊》刊出李國祁論台灣內地化的文章

法，他認為漢人社會是由「移民社會」走向「土著社會」。根據
陳其南的研究，早期的移民社會裡，漢人的社會群體認同主要以
大陸祖籍地為基礎：來自福建省漳、泉兩府的漳州人和泉州人，
而客家人的祖籍則多為廣東省。這三大群體之間頻繁激烈的械
鬥，反映出當時普遍的人群分類方式。然而陳其南指出，在後來
的土著社會中，認同的基礎改變了。社會人群分類開始以地域的
連結為基礎，與台灣特定的地緣、而非與中國大陸的地緣有關，
也不是基於血緣關係（陳其南　1984: 337-338）。

　　陳其南提出漢人移民社會土著化的兩項指標。第一，械鬥的
次數已經減少。地方化的宗教信仰逐漸具有融合這三大族體的作
用，許多跨越人群界線的「祭祀圈」逐漸發展。第二，一些遷移
來台的宗族會派遣其成員返回大陸祭拜祖先，但漸漸在台灣的定

居地上建造家廟宗祠。陳其南因此認為，清朝晚期的移民者已和大陸慢慢疏遠，開始認同於台灣（陳其南 1990: 91）。

由此觀之，「內地化」理論目的明顯是為了解釋清帝國的擴張，以及傳統中國文化的擴散。相較之下，「土著化」理論則著重移民社會本身的社會與文化變遷（陳其南 1984: 359-360）。如同陳其南自己所強調的：「土著化概念的基礎參考點是台灣本土，而內地化概念的基本指涉點則在『中國本部』」（陳其南 1984: 350）。

圖6-4　1984年陳其南論台灣漢人移民社會土著化的文章

不過，儘管陳其南強調漢人移民對中國的疏遠，但他對台灣漢人移民社會轉型的描述，仍然與基於政治化之「台灣史觀」的民族主義歷史敘事，相去甚遠。陳其南認為台灣是研究中國社會與文化的「實驗室」，因此他的理論是為了闡明一部分「現代中國人在邊疆地區及海外的拓殖過程」（陳其南 1984: 336）。因此我們可以說，陳其南探討清朝台灣社會的研究，對他本身來說仍屬於中國研究的次領域。然而他所提出的「土著化」概念，在八〇年代時卻廣為台灣民族主義者所接受，並且被運用來支持他們的「台灣史觀」。

二、台灣史觀的發展與台灣民族主義

1. 早期海外反國民黨的台灣史學

從1947年二二八事件結束至六〇年代，海外反國民黨的台灣人建構他們自己關於台灣歷史的敘事，並加以出版，以正當化他們不同於國民黨的政治主張。在這些歷史書籍當中，最著名的莫過於蘇新的《憤怒的台灣》（1993 [1949]）、史明的《台灣人四百年史》（1980 [1962]）、以及王育德的《台灣：苦悶的歷史》（1993 [1964]）。這三位作者都認為他們是從台灣人被統治與被壓迫的立場闡述台灣史，以取代統治者和壓迫者的觀點。這些統治、壓迫者是接連而來的西方、中國與日本的殖民政權，以及當前的國民黨政府。不過這三位作者的政治理念卻差別極大，因此他們強調歷史的不同面向，賦予相同事件與人物不同的意義，也

圖6-5　蘇新、史明、王育德的台灣史著作

對台灣未來的政治走向提出相異的結論。

　　蘇新是中國共產黨的熱情支持者，他強調台灣人堅定的中國意識，共產黨對台灣抗日運動和二二八事件的影響，以及戰後「美國帝國主義陰謀」企圖控制台灣等。蘇新在中國國共內戰期間完成此書，並向讀者揭示將探討許多關鍵性的問題，例如國民黨政府是否能以台灣為退路、蔣介石是否將成為「鄭成功第二」、「美國帝國主義者」會不會佔領台灣，以及中國共產黨是否會把台灣人從數百年來的異族統治中「解放」出來。最後蘇新總結指出，台灣將在大陸實現解放的不久後也獲得解放（蘇新 1993 [1949]: 12, 223-225）。相對地，史明與王育德則提倡台灣在政治上獨立，並對國民黨與中共宣稱對台灣的主權，提出嚴厲批評。兩人也譴責鄭成功政權對台灣的剝削，強調台灣獨特的社會政治發展，尤其是由日本殖民統治帶來的改變。這些立場，都顯示出他們對中國的疏離與厭惡（史明 1980 [1962]: 106-111, 691-693；王育德 1993 [1964]: 52-65, 114-117）。不過史明是社會主義的忠實信徒，而王育德則偏好西方的自由民主制度。[8]然而這三種異於國民黨說法的另類的歷史敘事，在八〇年代末以前的台灣，都被列為禁書。由於這些書籍無法公開，只能私下偷偷閱讀，因此它們對於八〇年代之後台灣史政治化的影響也有限。

2. 美麗島事件之後台灣史的政治化

　　「台灣史觀」的公開浮現，主要起因於國內重大的政治變

8　針對史明《台灣人四百年史》所做的一般性討論，參見吳密察等（1991）。對史明的「台灣民族」概念的分析，見吳明勇（1994）。另外關於中華人民共和國學者對史明的歷史著作的批評，參見許南村編（1994）。

化，特別是美麗島事件，而非來自上述海外台灣人異議者的歷史
論著（張炎憲 1993a: 84）。第四章曾經提到，美麗島事件導致八
〇年代上半葉政治反對運動意識形態的激進化，使得「台灣意
識」的興起。黨外人士在這段期間內提倡的台灣意識，主要以重
新詮釋台灣史為基礎。他們試圖改變台灣民眾的集體記憶，以便
動員他們、爭取他們的支持。台灣史觀事實上是由黨外人士所引
領倡導的。

　　筆者在第四章也指出，在八〇年代上半葉提倡「台灣意識」
的黨外人士，不僅抨擊國民黨政府的「中國意識」，也批判左派
異議人士所懷抱的「中國意識」，尤其是圍繞在《夏潮論壇》雜
誌而以陳映真為代表的人士。儘管這些左派反國民黨人士批評國
民黨政府的資本主義經濟政策，指摘它過度依賴「帝國主義勢
力」（尤其是美國），但對黨外人士來說，這些左派人士與國民黨
同樣堅持中國民族主義、追求中國統一，所以彼此並無太大差
別。1983年的「台灣意識論戰」，主要發生在《夏潮論壇》作者
群和屬於黨外激進派的《生根週刊》作者群之間。在論戰期間，
一位黨外作家已經指出，論戰中集體認同的衝突起因於對台灣歷
史經驗的不同詮釋（黃連德 1988 [1984]: 145）。八〇年代上半
葉，中國意識與台灣意識的提倡者都用相同的雄辯與修辭策略，
譏諷對方對台灣史的「無知」或「扭曲」。雙方都宣稱他們對台
灣史的理解，比對方更全面、客觀與正確。[9]如前所述，國民黨政
府長期以來依靠「中國史觀」來正當化它對台灣的統治，尤其是
在憲法臨時條款與戒嚴法下嚴密的政治控制，以及三個國會代表

9　這種修辭策略與宣稱，可參見宋冬陽（1984a）、戴國煇（1984）、吳德山
　　（1984）、秦琦（1988 [1984]）。

不舉行定期改選等。國民黨做為流亡政權，宣稱要反攻大陸，強調所有這些非常態的政治措施都是反共動員時期必要的權宜之計。但是這些政治措施嚴重侵害公民權利，並導致本、外省人之間的政治權力相當不平等。美麗島事件發生後的八〇年代，黨外人士開始批判國民黨政府的政治主張與左派異議人士的中國意識裡所蘊含的「中國史觀」。一般而言，國民黨政府與左派異議人士都強調台灣和中國大陸之間的類似，以及在文化與歷史上的密切關係。相對地，黨外人士則凸顯台灣的獨特性，以及它如何已經走上了屬於自己的歷史發展道路。抱持不同政治主張的人們各自運用他們對台灣史的詮釋，以正當化各自的國族認同與政治信念。黨外政論雜誌上，經常可見以1945年之前台灣歷史為題的文章。例如在激進的黨外政治雜誌《生根週刊》中，不僅經常有探討台灣史的專題文章，也同時登載一系列「大家來學台灣話」的文章，用來教導讀者認識台語。[10] 另外，由黨外溫和派領袖康寧祥

---

10 《生根週刊》從1983年2月13日創刊第1期開始，包括後續的《生根週刊》革新版，幾乎每一期都闢有「鄉土與文化」專題，題材有台灣史、台灣文學、台語教學等。在台灣史方面，這些專題文章主題幾乎都集中在日本殖民統治時期，包括總督府民政長官後藤新平推動的現代化、台灣議會設置請願運動、台灣羅馬字運動、台灣文化協會的分裂、台灣農民運動史等。接續《生根週刊》的《台灣年代》（發行至1984年4月29日的第8期），依然有「台灣史」專題部分，其中的文章不再限於日本殖民統治時期，而開始介紹平埔族社會、荷蘭與西班牙的殖民、明鄭統治等，也討論日本殖民時期的台灣話文運動。《台灣年代》之後又陸續更名的《台灣廣場》、《台灣潮流》、《台灣展望》、《伸根》、《深根》週刊等，與先前的《生根週刊》（含革新版）、《台灣年代》相比，則只有較零星地出現關於台灣史的文章。不過在《台灣廣場》、《台灣潮流》中仍然有「台灣人的光榮」專題，其中的文章包括〈大家重新來讀台灣史〉（《台灣廣場》1984年6月29日第3期）、〈台灣的開拓史等於山胞血淚史〉（《台灣潮流》1984年10月8日第8期）、〈台灣老百

主持的《八十年代》雜誌，也在1983年之後陸續刊出一系列的文章介紹台灣史。在這段期間，台灣史於是逐漸政治化。

3. 日本殖民時期的「重現」：反對運動的教訓

一直到八〇年代初期，戰後對台灣歷史的學術研究，向來被視為中國史研究中相當邊緣的次領域，而這類研究大多針對日本殖民統治時期以前，尤其是中國清朝統治的階段。一般通俗的歷史著作，情形也大致如此。如果觸及日本殖民時期，那麼這段歷史通常被簡單地描寫成一段殖民壓迫的歲月。八〇年代中期以前出版的台灣史著作，通常著重1920年以前的武裝抗日，其中那些受到1911年孫中山領導反清革命成功所鼓舞的反抗事件，更是備受重視。在殖民統治期間前二十年的激烈抗日行動，被用來闡示台灣人的「祖國意識」。[11] 至於1920年以後非武裝抗日運動中複雜的反殖民政治意識形態與行動策略，卻被過度簡化。這些著作充其量只提及改良主義者的自治運動，並且比較片面地強調某些運動領導者的中國認同。幾乎沒有任何這些著作談到改良主義者在台灣與中國的未來關係上，所抱持的曖昧模糊態度。除此之外，日本統治時期左翼激進的反殖民運動，一般而言視台灣與中國為兩個相異的民族，並且傾向於支持台灣獨立。但這部分歷史因為

姓抗暴的一段歷史——馬力埔事件〉(《台灣潮流》1984年10月15日第9期) 等。《台灣展望》有〈台灣人不可忘的一頁歷史——36年春的二二八事件〉 (1985年3月1日第7期)等。

11 根據翁佳音的研究，日本殖民初期，大多數的台灣人反抗運動，目的在於讓台灣重歸清朝的統治。他指出，19世紀末中國大陸出現的反清運動，對台灣人武裝抗日的影響不大。此外，1907年之後，許多抗日人士宣稱的是要在台灣建立一個獨立王國。見翁佳音（1986: 第4章）。

背離國民黨的政治原則，因此在這些著作中幾乎都不曾提及。1980年代中期之前，一套標準的台灣人抗日運動的歷史敘事，尤其是那些國民黨與政府所出版的著作中出現的，通常從1920年之前的武裝抗日開始談起，接著約略描述改良主義者的反殖民運動，然後就跳到孫中山領導的中國革命黨人決心從日人手中收復台灣，以及國民黨政府為此所做的貢獻，特別是1945年對日戰爭的勝利。[12]1980年代初期，國中、高中教科書裡關於日本殖民時期的描述，就是這類敘事的典型。[13]

　　1980年代上半葉，黨外政論雜誌以大量的篇幅討論日本殖民統治，特別是台灣人的抗日運動。黨外人士「重新挖掘」抗日運動的歷史，認為他們的反國民黨運動，是台灣人長久以來反抗異族統治的傳統的一部分。[14]這個說法意味著國民黨和日本殖民政府一樣，都是「外來政權」。另一方面，對黨外人士而言，抗日運動，尤其是1920年以後的非武裝抗日，對當前的反國民黨運動來說，提供了寶貴的教訓。武裝抗日的意識形態與行動策略，屬於中國歷史傳統上官逼民反的典型，它們之所以失敗，原因就在於各個抗日團體只追求私利，所以容易接受招降。由於黨外政治反對運動受派系所困擾，黨外人士因此必須從武裝抗日的失敗經驗中汲取教訓。[15]一位黨外雜誌作家如此寫道：

12　這類的歷史敘事，見方豪（1951）、郭廷以（1954）、台灣省文獻委員會（1974）、盛清沂等（1977）、陳三井（1981）、程大學（1981）、李雲漢（1981）、潘敬尉（1981）。

13　中學教科書中的這類歷史敘事，可參見李哮佛（1982）的徵引。

14　這種論點，例如顏尹謨（1984），參照施敏輝（1988 [1985]: 6）。

15　關於美麗島事件之後黨外內部的派系問題，參見李筱峰（1987: 184-214）、Tien（1989: 98-99）的探討。

　　〔武裝抗日〕這裡面根本不存在一絲政治的意識型態做為反抗力量的思想指導，也似乎沒有人能站在更高層次上將台灣視為一個完整的政治實體……。（徐紫亭　1986a: 64）

　　台灣人的反抗歷史幾乎看不到全島團結一致對外抗爭的例子，以前如此，今天還是如此；私人利益矇蔽了對真相的認識，山頭主義依然瀰漫在今天的反對運動中。如果我們不能從歷史得到「被分化之後即是滅亡」的慘痛教訓，我們的前途就依然是灰暗的。……台灣人註定是出不了頭的。（徐紫亭　1986b: 31）

　　至於1920年以後的非武裝抗日運動，黨外人士普遍批評新民會、1927年以前的台灣文化協會及其後續組織等改良主義者的抗日團體，認為它們過於溫和妥協。黨外人士也批判改良主義的領導人物要求在日本帝國統治下獲得自治，無異於認同殖民統治者。[16]一位署名黃春雄的黨外雜誌作者指出，「歷來研究台灣史的學者，對台灣人在外來政府的壓迫下，俯順地放棄對固有主權的爭取以及對固有文化的堅持，常感大惑不解」。他認為，從1921年的台灣文化協會到台灣地方自治聯盟因中日戰爭爆發而停止活動，乃以溫和改良手段、與日本殖民統治者共存為主流。黃春雄如此批判：「到這個階段，台灣人不僅早無『獨立』於日本之外的意識，即連這些政治主流人物，也率以跟日本人『同榮』、『平

16　黨外人士對改良主義的抗日運動的這種批評，例如高伊哥（1983）、黃春雄（1984）。派翠西亞・鶴見曾研究改良主義的領導人物對殖民統治者價值觀的接受，認為這削弱了他們抵抗異族統治的決心，使他們的反殖民鬥爭趨於溫和。黃春雄的批評主要根據鶴見的研究。參見本書第二章。

等待遇」，作為政治訴求的終極目標」。他認為，不僅保守的溫和
改良派如林獻堂等人如此，甚至如激進、左傾的連溫卿、林呈祿
等人，「也在思想上、行動上，接受日本本國左翼分子的指導或
影響」（黃春雄　1984: 59-61）。當那些與國民黨更為對立的群眾
集會與街頭抗爭主導了政治反對運動時，黨外人士進一步談到日
本殖民時期台灣的農民與工人運動。[17]黨外評論家高伊哥替《生根
週刊》革新版的「台灣史」專題寫「台灣農民運動史」系列文
章，在結束這個系列時，他曾以惋惜的口吻說道：

> 　　一年多以來，我們介紹日據時代台灣的各種社會運動及其
> 背景。從這些歷史的陳述及批判裏，我們得到一個教訓——
> 每當一個歷史契機出現時，台灣人總是徬徨與猶疑；而看別
> 人打拼［抵抗外來政權］，坐觀成敗的卑劣意識也像幽靈般地
> 重現在每個世代。文化協會、農民運動、勞工運動、議會請
> 願運動，就在這種心態下虎頭蛇尾，最後因私人恩怨而匆匆
> 結束。（高伊哥　1984: 61）

　　黨外雜誌中這些批判者真正在乎的，與其說是歷史真相，不
如說是這段過往為他們的政治反對運動所提供的歷史教訓和行動
正當性。這類的敘事與批判所要傳達的訊息是：因為國民黨繼承
了日本人的角色，台灣在國民黨的統治下仍舊是個殖民地，因此
台灣人必須團結一致，以抵抗當前的外來政權。
　　對大多數黨外雜誌中的這些批判者而言，雖然台灣人的抗日

17　舉例來說，見高伊哥〈台灣農民運動史〉的系列文章。《生根週刊》第9-14
　　期（1983年12月22日至1984年1月19日）。

鬥爭完全失敗，但是台灣人在殖民統治期間已發展出一種對台灣
的特殊認同感，而與他們對中國大陸的認同有所不同。如同第四
章所指出的，黨外人士大多認為，五十年左右的日本殖民統治，
是台灣意識形成的階段。他們認為，改良主義和激進的反殖民運
動者的意識形態基礎，都是台灣意識。雖然一些抗日團體仍抱持
某種程度的「祖國意識」，但是每一個團體的政治主張主要關懷
的，毫無疑問地都是台灣的前途及其解放，而非中國大陸的未來
和中國人的解放。因此這些黨外人士強調，實情遠非如陳映真所
認為的，所有的抗日運動，與這個時期發展的台灣新文學一樣，
都是基於中國民族主義。他們認為，日本人帶來的現代政治統治
與經濟發展，使漢人移民原先基於中國大陸原鄉情懷所產生的群
體界線，逐漸模糊淡化，因此使眾多的地方社群融合成為一個全
島性的社會。因此，一種由全體台灣人所共享的共同體感受，也
逐漸浮現。黨外人士以讚賞的口吻談論日本人所推動的社會經濟
現代化，以便強調台灣意識對抗中國意識的正當性。這種讚賞，
是經常可見的現象。我們可以說，對於提倡台灣意識的黨外人士
來說，日本的殖民統治事實上是一項寶貴的資源。[18]

---

18 關於這種傾向，見陳樹鴻（1988 [1983]）、高伊哥（1988 [1984]）、林濁水
（1988 [1984]）、施敏輝（1988 [1984]）、宋冬陽（1984a）。早期海外反國民
黨並支持台灣獨立的本省籍人士，已有類似的態度。1962年，史明強調，
「在這種獨特的社會存在與民族意識的基礎上、日本帝國主義統治下的五一
年間、再經過了近代化‧資本主義化、終於使台灣民族的實際狀態明確的浮
現出來、同時、台灣民族主義也隨之而生。」見史明（1980 [1962]: 691）。另
外，雖然王育德批評日本在台灣的統治，但他也如此寫道：「台灣人就這樣
被迫投入近代社會，不管願意與否，享受近代化的恩惠。」見王育德（1993
[1964]: 114）。相較之下，與陳映真和《夏潮論壇》關係密切的歷史學家戴國
煇，則指責如王育德等人的海外台獨人物，以及黨外人士的「媚日」傾向。

4. 帶入原住民、挑戰漢族中心主義

　　黨外對中國史觀的挑戰，並不限於重新挖掘、重新詮釋具有政治敏感性的日本殖民統治史。事實上，他們的批判針對整體的中國史觀。對黨外人士而言，中華人民共和國或國民黨宣稱「台灣在歷史上是中國的一部分」，這種說法代表傳統的「帝王史觀」或「天朝史觀」，而這種史觀又來自「中國沙文主義」或「漢人中心主義」。[19]為了駁斥這種說法與史觀，黨外政論雜誌特別刊載文章，探討原住民的古老歷史，並且強調漢人移民征服、剝削原住民的經過。黨外人士承認原住民才是台灣「真正的」本地人，以愧疚、悔罪的態度，考察漢人移民對原住民的欺凌、壓榨。身為早期漢人移民的後代，這些黨外雜誌的作者在譴責自己的祖先對原住民所犯下的罪行時，嚴厲而不假詞色。[20]黨外人士藉著建構這種歷史敘事，顯示他們認同於那些做為被壓迫者的原住民，並且與做為壓迫者的漢人劃清界線。同時這種敘事也意味著，做為外來政權的國民黨政府，正是當前施加中國沙文主義和漢族中心主義的來源。

　　除此之外，一些黨外雜誌作者更進一步挑戰所謂台灣人——包括福佬人與客家人——是純種漢人的說法。「平埔族」被同化而融入早期漢人移民社會，特別是早期來自中國大陸的男性移民

他認為清朝統治的晚期，台灣已經發展了充分的基礎建設，奠定了日本殖民時期資本主義經濟的基礎，因此台灣社會現代化的功勞不應全盤歸諸於日本殖民政府。見戴國煇（1984）。

19　例如高伊哥（1988 [1984]: 167）、施敏輝（1988 [1985]: 4）。

20　例如陳元（1988 [1984]）、高伊哥（1988 [1984]）、林濁水（1991 [1984]a）。

與平埔族女性的族群通婚，使得台灣人的血緣混雜而異質。[21]黨外
雜誌作者強調原住民扮演的角色，提倡以「本土化」的角度理解
台灣的過去，書寫「台灣人觀點的台灣史」。他們相信，闡述台
灣史時，唯一能夠擺脫中國沙文主義和漢人中心主義的正確參考
架構，就是台灣人民賴以立足的這塊土地。[22]高伊哥批判《夏潮論
壇》作者群的文章，是這種「本土化」觀點的典型陳述，值得詳
細徵引。他如此強調：

　　……漢人如何欺壓和同化平埔族、如何和高山族爭奪生存
空間、又如何分漳泉拚、閩粵拚的歷史，才是台灣史的內
容。惟有站在這塊土地上思索，才能尋出歷史的軌跡。

　　對於現代的台灣人而言，不論他是福佬人、客家人、高山
族，以及大多數早被同化而僅少數還保持原貌的平埔族，數
百年的種族鬥爭史不必迴避，也不必刻意分化，造成彼此的
敵視。這三個種族數百年來都共同面臨一個接一個外來「頭
家」的殘酷統治，而在共同的命運下，認同這塊土地上的社
會＝經濟共同體，一起創造歷史、繁衍子孫。

　　這個雜揉著漢文化、日本文化及馬來文化的社經共同體，
在外來帝國主義的侵略壓力下逐漸成長，並隨著統治力的轉
換而變動。這就是台灣歷史發展的客觀條件。認同這塊土
地，以台灣人自居，就是主觀的台灣歷史意識。……

　　又為何必須在「台灣人」之上，必然地有「中華意識」存

---

21 舉例來說，見高伊哥（1988 [1984]）、番仔火與林濁水（1991 [1984]）。
22 關於這種觀點，可參見黃燦庭（1983a, 1983b）、高伊哥（1988 [1984]）、宋
　　冬陽（1984a）。

在？那麼平埔族、高山族和漢人的混血後代又該認同誰呢？為什麼必須以這種「上位意識」強壓自己的同胞？

研究台灣史，以全世界的歷史為視野，用寬闊的胸襟去理解全人類的發展史實，但要站在這塊土地為出發點，從台灣出發，又回歸到台灣，才能把握台灣史的內涵。……

在這塊土地上的人民，對鄭成功、清朝、日本人都一樣是被殖民者、被剝削者。（高伊哥 1988 [1984]: 167-169）

簡言之，在八〇年代上半葉，黨外人士對台灣的過去，發展了一套堅定而全面的闡述，用來對抗基於中國史觀的敘事。在他們的描繪下，整個台灣史是一部殖民與反殖民、壓迫與抵抗的歷史，台灣不同世代的人民，是殖民與壓迫下的受害者。對黨外人士來說，台灣意識就是一種被壓迫與抵抗的意識，而這是藉以動員民眾支持反國民黨鬥爭的核心要素。為了正當化他們的政治反對運動和反中國民族主義的立場，這種獨特的、以當前關懷為導向的歷史敘事，重點就放在台灣人抗日運動的經過，以及早期的原住民歷史。

不過必須指出的是，在八〇年代初期，福佬人主導了台灣的政治反對運動。反對運動的訴求、修辭與象徵，是相當

圖6-6　1984年林濁水編輯的《瓦解的帝國》

以福佬人為中心的。當時對原住民重要性的關注，以及面對漢人
欺凌原住民的歷史時的愧疚態度，與八〇、九〇年代之交民進黨
所發展的「四大族群」和「命運共同體」論述（見第四章），並
不完全相同。八〇年代上半葉反對運動的基調，相對地還比較缺
乏多元文化主義的色彩。[23]黨外雜誌作者強調原住民在台灣歷史上
的重要角色，目的在於挑戰所謂台灣是中國一部分的宣稱所立基
的中國意識。由黨外的宣傳健將林濁水所編輯的評論集《瓦解的
帝國》，標題就明白顯示出對於中國民族主義的強烈厭惡。[24]

5. 台灣史觀：走向民族的歷史

美麗島事件發生後數年間，黨外團體重新塑造台灣人受難與

---

23 不過，黨外確實開始論及原住民在社會、政治方面的不利處境等議題，並且
　　支持1984年後逐漸浮現的原住民運動。關於黨外人士與早期原住民運動之間
　　關係的詳細討論，見謝世忠（1987: 第6章）。

24 見林濁水（1991 [1984]b）。美麗島事件後，許多黨外人士的歷史觀點與政治
　　意識形態有明顯轉變，林濁水是其中典型的例子。在美麗島事件發生的三個
　　月前，林濁水發表文章，談到福佬人與客家人不僅都具有中原血統，也都是
　　中國歷史悠久之文化傳統的主要創造者。他支持七〇年代興起的「回歸鄉
　　土」與「尋根」的潮流，並公開指摘那些否認自己的中國血統而主張台灣獨
　　立的人。他同時要求國民黨政府不能歧視本省人，因為本省人無疑也是中華
　　民族的成員。林濁水呼籲外省人與本省人共同攜手捍衛中華民族的傳統文
　　化。見林濁水（1979）。對照之下，八〇年代初的林濁水開始致力於揭穿
　　「中國民族主義的神話」。他強調福佬人與客家人血緣中的非漢族成分，並指
　　出早期漢人移民拋棄祖先原鄉、來台定居的決心。他認為本省人懷抱的中國
　　意識早已相當模糊了。見林濁水（1988 [1984]；1991 [1984]b）。此後林濁水
　　成為民進黨台獨政策的主要推動者，並且是1991年民進黨修訂黨綱時，要求
　　建立「台灣共和國」的新條文的起草人。他在1993至2006年間擔任民進黨
　　的立法委員。

抵抗的集體記憶，這決定了往後十幾年反對運動主要的修辭與象徵的基調。八〇年代上半葉，他們重寫台灣史，對此後台灣民族主義的迅速開展相當重要。黨外人士的獨特史觀的影響，明顯反映在《笠》與《台灣文藝》這兩群作家身上。集體記憶的重構，形塑了這兩群作家對他們自己的文學生涯、以及對台灣文學的看法。美麗島事件喚醒了他們的政治意識，讓他們覺察到國民黨政府的專制統治，於是這兩群作家開始以反國民黨的精神，觸碰敏感的社會政治議題。也就是在美麗島事件後的那幾年，圍繞在《笠》與《台文》的兩群文學界人士與黨外建立了密切關係。就像第四章所指出的，從此之後，他們的文學活動成為政治反對運動的一環。這兩群作家逐漸認為，文學必須普遍對社會有所助益，並且具有道德教化的作用。他們的文學活動，因此愈來愈政治化。當黨外人士將鄉土文學與他們的政治反對運動聯繫起來、並且將兩者詮釋成台灣人苦難與抵抗的結果時，《台文》的主要文學評論家，例如高天生、彭瑞金與陳芳明等，也開始從台灣人受外來政權壓迫與反抗的歷史角度，來理解台灣現代文學的發展。在他們的闡述下，台灣文學逐漸被呈現為一個傳統，而其主要特色在於抵抗外來統治的精神。在這種激進的「去中國化」論述中，台灣人被描述成中國所拋棄的孤兒，而日本殖民統治使台灣文學傳統具有自己的特殊性，這種獨特性質是促使台灣文學「本土化」的重要因素。這些看法，相當於黨外歷史敘事中的一些核心要素，例如強調早期漢人移民決心離開祖先原鄉、日本殖民統治對台灣意識浮現的作用以及對當前反對運動的意義等。就像黨外雜誌作者致力於將台灣的歷史認識「本土化」一樣，《笠》與《台文》的作家與文學評論家也追求台灣文學的「本土化」。從1983年開始，李筱峰、李永熾、鄭欽仁、陳芳明、張炎憲與楊

碧川等多位專業的或業餘的歷史學者，陸續加入《台灣文藝》雜誌社，成為「本社同仁」，更進而擔任編輯委員。[25]同時也從1983年開始，大約到1985年初，這份文學雜誌幾乎每一期都出現「台灣史料溫習」、「台灣歷史人物」、「台灣人物回顧」、「台灣歷史叢談」等專欄設計，討論台灣的歷史人物與事件，尤其是屬於日本殖民時期者。在這些專欄中，刊登了〈「六三法」——日治初期惡法之源〉、〈台灣教師的先覺者——蔡培火與王敏川〉、〈台灣前途的摸索與回顧——林呈祿與黃朝琴〉、〈蔣渭水晚年的思想傾向〉、〈張深切與「廣東台灣革命青年團」〉、〈台灣自古就是中國不可分割的一部份嗎？〉等文章。這段期間，《台文》也規畫了以「我看台灣史」、「我看『台灣人』」等為焦點的「本期話題」，並且有「台灣研究書介」的專題，介紹研究台灣史的基本書目。從此之後，這些歷史學家，特別是陳芳明與張炎憲，都成為台灣史觀的主要提倡人物，陳芳明更是台灣意識與台灣文學本土化的熱情倡導者。

　　隨著八〇年代上半葉黨外人士積極提倡「台灣意識」，以及1986年之後明顯的政治自由化，包括台灣民族主義的快速發展、執政的國民黨的「台灣化」等轉變，台灣史的學術研究，以及學術界廣泛的台灣研究，都蓬勃發展。整體而言，人文學者與社會科學家對日本殖民時期與戰後台灣的興趣快速增長，平埔族的歷史與文化也受到特別的關注。[26]愈來愈多的研究生投身於台灣史或

---

25 見《台灣文藝》80（1983年1月）：版權頁；81（1983年3月）：版權頁；86（1984年1月）：版權頁。

26 學位論文可以做為八〇年代中期之後學術研究潮流的指標。1984年之後研究台灣史的碩、博士論文穩定增加。從1988至1992年五年內出現的台灣史學位論文的數量，已經比1957年（這一年出現第一本的台灣史學位論文）至

台灣研究，這個事實清楚反映了
一種普遍的渴望，渴望建構與界
定一個明確的集體認同。

　　八〇年代中期之後，台灣史
研究的方向深受支持台灣獨立的
歷史學家的影響，那些與《台文》
作家群關係密切的歷史學家影響
力尤其顯著，而他們對台灣史的
看法，則又受黨外人士所提倡的
台灣意識所形塑（張炎憲　1993a:
84）。1983年9月，鄭欽仁在《台
文》發表的〈台灣史研究與歷史
意識之檢討〉一文，是當時清楚
解釋「台灣史觀」的先驅。這篇

圖6-7　1983年鄭欽仁在《台灣文
藝》發表論台灣史觀的先驅文章

文章的出現，代表台灣史研究已準備邁開新的步伐，並且見證了

1987年間所出現的這方面的學位論文還多。此外，探討清代台灣的學位論文
數量逐年下降，而研究日本殖民和戰後時期的論文數量則向上攀升。1986年
之後，每年關於日本殖民時期的學位論文數量，甚至開始超越以清代台灣為
主題的學位論文。見戴寶村（1994: 58-62）。同時，研究原住民的專著也開
始出現。平埔族歷史的重建與再現，尤其吸引許多歷史研究生的興趣。見施
志汶（1994: 438）。再者，1983年以後，關於台灣史的研討會幾乎年年舉
辦。關於台灣史學位論文逐年增加，以及歷史研究生對台灣史的興趣增加等
現象，參見施志汶（1994）、梁其姿（1995）的分析，並可與李筱峰（1984）
的研究比較。另外，人文與社會科學領域中台灣歷史研究的增加，以及美國
與日本的研究者對台灣的研究興趣逐漸提升，視台灣為獨立的研究對象，不
再是研究中國大陸的替代品，關於這些現象的一般性討論，可參見《自由中
國評論》（*Free China Review*）（1994年2月號）的專題報導。

八〇年代上半葉黨外人士的意識形態動員對歷史研究者的深遠影響。這篇文章，因此值得詳細討論。

　　身為中國史教授，鄭欽仁認為，國際上一個國家的存在是否被承認，除了政治、軍事、經濟等因素之外，學術文化力量同樣重要。他指出，由於中國積極發展中國史研究，台灣的中國史研究者在這方面將逐漸難以與之競爭；如果台灣的研究者要在國際上的歷史學領域與人競爭，「唯一可能的就是台灣史的研究」，因此提倡台灣成為重要課題。其次，鄭欽仁認為台灣與中國大陸都必須自謀解決生存問題，「彼此之間不能期待什麼」，而中國大陸對台灣，「唯一僅有的只是政治口號而已」。因此台灣必須重估本身賴以生存的「總體力量」，而台灣史研究既有助於對台灣歷史、文化、現況的重估，因此與未來台灣的生存息息相關。不過鄭欽仁指出，「但是三十多年來台灣史的研究（包括「歷史意識」在內）不無可議之處」。第一，他認為決定台灣歸屬的因素，「在將來，人民的意願將成為更重要的部分，這是因為時代潮流所趨」，同時「台灣史的研究不能只局限於中國史的範疇之觀點立論，祇有站在『世界史』的觀點才能看到台灣在歷史與未來所扮演的角色，從中或許能摸索出來自立生存之道，擺脫周圍強權之糾葛」。第二，鄭欽仁認為「荷蘭占領時代、明鄭時代、清朝統治時代、日本統治時代以至今日」的斷代分期只是基於落伍的「政治史觀」。他「希望台灣史家對歷史的主體性與斷代分期問題能重新加以思考」，「因此要求以『我們・人民』為歷史的主角，以我們的利益為最大利益，當然其歷史也是為我們而寫的！」第三，他認為1945年以後，「……『中原文化本位主義』已根深蒂固成為統治理念的一部分，不無因此造成許多不幸事件」，因此徹底反省這種統治理念的錯誤，「為當前維持人民心理的均衡所

切要的工作」。[27] 他強調，中原文化本位主義等因素，「忽略了台灣人文的價值」，使歷史教育無法培養國民合理的觀念，也影響對台灣史的解釋。

第四，鄭欽仁進一步批判台灣的歷史教育過度強調中央集權、忽略地域性。他指出，這種觀念「目前甚至造成過度強調中國統一的神經質，『統一論』成為任何政治行為所必須掛帥的口號，卻不先討論『統一的條件』與『統一後的情形』應該是什麼樣子，日後因此帶來的政治不安將更嚴重！」他認為，「漢族沙文主義」正基於中原文化本位主義與中央集權觀念。鄭欽仁特別強調，台灣數十年來地方意識的高昂，其中之一的因素「反映了地方的開發」，而這是自然的事情，「落葉歸根有利於目前政權的穩定」，「更無須惶惑」。第五，他批判台灣史研究或官方宣導，都錯誤地強調「台灣與大陸的一元化」，但是歷史上中國大陸的「大陸型文化」是內向的，台灣的「海洋型文化」是開放的，兩者有顯著差異。鄭欽仁認為，1945年之後「大陸新移民」的湧入，使「大陸性與內向性隨著政治成為普遍化的支配性觀念而滲入人民的意識中，自然也影響到了台灣人民的歷史意識和歷史研究」。他指出，台灣「先天性的條件──海國條件無形中規定下來的國家體制必須是自由、開放與進取的」，但現有的國家卻「在精神上、意識上加以否定」（鄭欽仁1983）。鄭欽仁的結論如此強調：

　　但歷史意識與歷史教育和歷史研究常不易分開，故筆者只好三者並論。傳統的影子太大，使人缺乏思索，甚至缺乏思

27　鄭欽仁指的這種統治理念造成的不幸事件，應該就是二二八事件等。

索的勇氣。也因此人們忽略了形成自己意識（也可以說是
「國民意識」）的「歷史意識」之重要。未來前景茫茫，如入
深淵，如履薄冰，危不可測。（鄭欽仁 1983: 17）

　　和黨外人士一樣，鄭欽仁也從「本土化」的角度理解台灣歷
史。他將台灣文化與中國文化闡釋為兩種不同類型，藉此正當化
下列的看法：中國史觀與台灣史觀無法並存，因此我們需要一個
「本土化」的歷史敘事。從八〇年代初期開始，「本土化的歷
史」，或者更精確地說，「台灣民眾史」與「由下而上的歷史」，
成為學界專業的與民間業餘的台灣史研究者之間流行的概念。一
般而言，八〇年代上半葉之後，支持台灣獨立的歷史學者提倡的
「台灣史觀」，大致上沒有超越鄭欽仁那篇1983年的文章的論
點。「建立台灣主體性歷史觀」或「重建台灣歷史主體性」，成為
他們當時經常提出的關鍵用語。[28]
　　支持台灣獨立的人士強調，幾個世紀以來，由下而上企圖建
立一個民族，一直是台灣史發展的動力。[29]歷史學者吳密察如此闡
述：

　　　這種台灣史的整理、敘述本身即是台灣nationalism的一
　　環。台灣史是因台灣nationalism的高揚而成立的，因此成立
　　後的台灣史也必須說明台灣nationalism的發生、成長及其構
　　造。亦即，目前對台灣史而言，最重要的課題是有效地分

28　例如陳芳明（1989a, 1992b）、張炎憲（1993a, 1995a）、吳密察（1994）、台
　　灣歷史學會（1995）。
29　這種看法，例如張炎憲（1993b）。

析、說明台灣 nationalism。
（吳密察　1994: 92）

陳芳明在回顧他自己的台灣
史研究時，認為他所提供的一套
架構完整的歷史解釋，已對台獨
理論的建構貢獻不少（陳芳明
1992b: iii）。陳芳明也承認，台灣
史觀政治化的程度並不亞於中國
史觀。但他認為，只要蘊含「台
灣主體性」的「人民史觀」能穿
越重重考驗、獲得勝利，所有台
灣史的相關爭論終將平息下
來。[30]1995年2月「台灣歷史學會」

圖6-8　1995年9月《台灣歷史學
會通訊》創刊號

成立，李永熾擔任首任會長，聚集了許多支持台灣獨立的歷史學
家。這個學會宣示，台灣做為一個主權國家，必須保有自己的
「主體性」，而他們將致力於建立「台灣主體性歷史觀」。[31]
　　主張台灣獨立的歷史學家，挑戰了官方歷史詮釋中鄭成功的
「中華民族英雄」形象。他們駁斥這種傳統的歷史敘事，認為它
是神話，批判鄭成功偏狹粗暴的個性，以及鄭氏王朝對原住民的
殘酷剝削。對這些歷史學家來說，鄭氏王朝「反攻大陸」的政策
注定要失敗。正如後來的歷史發展一樣，鄭氏王朝被清朝所

30　參見陳芳明（1992b: 57）；《台灣史田野研究通訊》1993，26: 41-42。
31　見《台灣歷史學會通訊》1（1995年9月）。

滅。[32]這些批判，明顯在影射國民黨政府的統治信條。此外，陳其
南的「土著化」概念，不僅被用來描繪清代台灣漢人移民社會的
變遷，也被用來闡述過去數百年來台灣社會的整體發展。土著化
理論被認為是一種「人民史觀」，而李國祁的「內地化」理論則
被批評是「帝國史觀」的產物。對於主張台灣獨立的歷史學者而
言，土著化的發展趨勢代表台灣人反抗外來統治者和保衛台灣家
園的決心。[33]再者，主張台灣獨立的歷史學家和先前的黨外人士一
樣，特別注重1920年以後台灣人的反殖民鬥爭，並且強調無論是
改良主義者或者激進的抗日運動，兩者的終極目標都在於追求台
灣的自主。在這樣的詮釋下，1920年之後整個台灣人抗日運動
史，成為建立台灣文化「主體性」的奮鬥過程。藉著將戰後反國
民黨運動與抗日鬥爭聯繫起來，一個台灣人追求民主的悠久傳統
於是在論述上被創造出來。例如1991年為配合年底的國民大會代
表選舉，民進黨召開「人民制憲會議」，通過「台灣新憲法草案」
時，陳芳明曾經寫道：

> 在抗日團體中，右翼運動者提出的「台灣議會」、「台灣自
> 治」、「台灣自決」，左翼運動者提出的「台灣民族」、「台灣
> 獨立」、「台灣革命」等等政治主張，在內容方面縱有差異，
> 但其最高目標都與台灣主權及台灣國格有極其密切的聯繫。
> 這種全新的民族國家認同，對於戰後的台灣民主運動，仍然
> 具有無窮的啟發性。尤其是「台灣共和國」在一九九一年的

32　關於這種評價鄭成功與鄭氏王朝的觀點，例如陳芳明（1989b）；李筱峰與劉
　　峰松（1994: 55-72）。

33　這種借用陳其南論點的說法，見陳芳明（1988: 233-235；1992b: 12-14）。

民間制憲會議中正式提出來時，正好與台灣的抗日運動史完
整地銜接起來。（陳芳明　1992c: 39）[34]

八〇年代中期之後，各種嘗試重塑台灣人集體記憶的努力
中，最令人矚目的莫過於挖掘1947年二二八事件的歷史真相，以
及探索平埔族原住民的歷史。在一方面，八〇年代中期之後政治
反對運動人士與歷史學者挖掘二二八事件的真相，延續了黨外在
八〇年代前半葉的作為，亦即致力於將台灣的過去再現為殖民與
反殖民、受難與抵抗的歷史。黨外人士在八〇年代上半葉所發展
出來對台灣史的全面闡述，被用來解釋戰後國民黨統治下的台
灣。另一方面，九〇年代之後，社會大眾已經普遍接受新的「四
大族群」分類方式與「命運共同體」概念。社會大眾與學術界
（以歷史學、人類學與民俗學者為主）對平埔族歷史的興趣，顯
示一個獨特的台灣認同已經普遍浮現。探究二二八的歷史真相，
或者鑽研平埔族的歷史，兩者都具體呈現台灣史觀，亦即「去中
國化」與「反漢人中心主義」的傾向，以及「由下而上的歷史」
的理念。

6. 挖掘二二八史實：書寫民族史詩

戰後台灣，沒有任何歷史或政治議題比二二八事件更敏感而

34　另外，民間業餘的歷史學者楊碧川認為，在日本統治時期，台灣意識之所以
　　未能成熟發展為「台灣民族意識」，主要因為改良主義的資本家和地主，與
　　激進的農民、工人之間，不能克服彼此的「階級矛盾」；而這些反殖民的漢
　　人與原住民之間，又未能消除他們之間的「種族矛盾」。楊碧川更指責那些
　　改良主義的領導者，尤其受限於對「祖國」的鄉愁意識。見楊碧川（1988:
　　第2章）。

又充滿爭議。這場悲劇不僅造成本省人與外省人之間長久持續的
敵意，也是導致海外台獨運動興起主要因素。長達四十年左右，
二二八事件一直是個政治禁忌，所有相關的官方文件都列為機
密，民眾也不准公開談論此事。此外，各方對這個事件有不同的
詮釋。國民黨政府認為它是台獨陰謀分子和台灣共產黨所鼓動的
叛亂事件，而台灣共產黨背後的主使者就是中國共產黨。中國共
產黨則宣稱二二八事件是受毛澤東「新民主主義革命」所鼓舞的
抗暴事件，台灣人藉此反抗「美蔣集團」的統治。另外，台灣一
些將本身劃歸為「左派」的異議人士如陳映真和歷史研究者王曉
波等認為，二二八事件的領導人物都懷有中國民族主義情感，他
們所做的不過是要求政治改革。這些異議人士相信，是「美國帝
國主義分子」煽動了台獨理念。[35]雖然黨外政論雜誌曾經努力挖掘
事件真相，但一直要到1987年2月，一群政治反對運動者成立了
「二二八和平日促進會」之後，歷史的禁忌才獲解除，而得以成
為公共議題。在前任《台灣文藝》社長（1983年1月~1986年5
月）陳永興的帶領下，這個促進會集合了許多民進黨領導人物與
支持者，包括像《笠》、《台灣文藝》、《文學界》、《台灣新文
化》、台灣筆會等文學或文化團體。1987年初，二二八和平日促
進會在全台各大都市發動一連串群眾集會與街頭遊行，要求國民
黨政府公布事件真相，並且替國民黨軍隊大屠殺下的受難者平反
冤屈、恢復名譽。[36]隨著言論自由的尺度逐漸開放，二二八事件迅

35　關於二二八事件各種不同的詮釋方式，可參見侯坤宏（1994）的歸納。而中
　　國共產黨對這個事件的立場，隨著中國國內政治情勢及其對台灣的政策變化
　　而轉變，關於這方面的討論，見陳芳明（1992d）。

36　關於二二八和平日促進會的成立與活動的詳情，見《自由時代週刊》，第
　　158, 159, 160, 161, 162, 163, 164期（1987年2月2日—3月23日）。

圖6-9　黨外雜誌《自由時代》、《台灣新文化》關於1987年2月二二八和平日促進會活動的報導

速成為激烈爭論的公共議題。民進黨堅決要求國民黨公開相關文件檔案，並且正式道歉，賠償受害者的家屬。相對的，國民黨在這個議題上採取防衛、辯解的態勢。就反對運動來說，二二八事件使他們關於台灣人「受難與抵抗」的象徵與修辭更加推進一步。

　　1991年，在反對黨愈來愈大的挑戰壓力下，國民黨政府在行政院成立了特別小組以調查事件始末。在取得部分的官方檔案之後，這個小組於隔年公布研究報告。[37]這份報告宣示他們的目的是「在說明事實之真相，並無判別責任所在的意圖」。不過，報告中仍然清楚指出蔣中正、陳儀與一些高級官員下令以軍隊鎮壓，犯

37　關於對這個小組沒有採用某些重要的官方檔案與歷史紀錄，參見陳芳明（1992b: 145-146）、侯坤宏（1994: 45）的批評。

了嚴重錯誤（行政院研究二二八事件小組 1992: 364-366）。

　　然而反對黨對政府的調查報告並不滿意。九〇年代初，二二八事件一直是引人爭論的政治議題，並且成為反對黨挑戰國民黨時的一個主要訴求。許許多多的作家、記者、受難者家屬、學院與業餘的歷史學者等，都投入挖掘史實的行列，並且帶著他們自己對事件的敘事，加入公共的爭論。事實上，早在政府成立研究小組之前，一些與反對黨關係密切的學者，儘管無法取得官方檔案，但已經開始重建事件的歷史。二二八和平日促進會成立時，這群學者在美國舊金山舉辦了第一次關於二二八事件的討論會。從那個時候開始，許多以非官方資料為基礎的調查研究紛紛出版。

　　主張台灣獨立的歷史學者對二二八事件的解釋，具體展現了他們所提倡的台灣史觀。對他們來說，這個悲劇是台灣人受壓迫而抵抗的歷史經驗的鮮明例證。人民的苦難與犧牲，亦即二二八事件中的大屠殺，以及日後的肅清，是台灣與中國統一所付出的慘痛代價。他們認為，最重要的是台灣人必須掌握自己歷史的敘事，二二八事件必須從「台灣人主體的觀點」、也就是從「民眾的立場」來詮釋。支持台灣獨立的歷史學家追求「由下而上的二二八事件史」，他們相信口述歷史的研究法，尤其是訪談生還者與受難者的家屬等，是揭露歷史真相的最佳途徑。[38]

　　支持台灣獨立的歷史學者駁斥國民黨、中國共產黨與台灣左派異議人士對二二八事件的不同詮釋，他們認為這個事件是對國民黨統治的合法抵抗。他們強調，這個反抗事件是受台灣（民

---

38 對二二八事件的這類觀點，見陳芳明（1989a, 1990）、張炎憲（1990, 1992）、陳俐甫（1990），可與王蕙瑛（1995）比較。

族）意識所鼓舞，而這種意識在日本統治下已經發展成熟。這場悲劇，被視為台灣（民族）意識與中國（民族）意識激烈衝突的必然結果。他們相信，挖掘事件真相，是認清戰後國民黨統治本質的起點。台灣文化的重建、追求新的民族認同、以及建立一個獨立國家的奮鬥等，都必須以徹底掌握這個歷史事件的意義為基礎。[39]

對於懷抱台灣史觀的人來說，二二八事件無疑是一場歷史性的大屠殺，它是與外省人不同的本省人族群的集體記憶核心。藉著努力回憶、重建這個悲劇事件的經驗，「我們」終於清楚知道「我們是誰」，並且決心做「我們應當成為的那種人」。關於二二八事件抗暴與接下來的政治肅清帶給台灣人苦難的敘事，已經發展成一種「民族史詩」。二二八事件也被呈現為「國族創傷」，一個關於抵抗與苦難的故事。對支持台灣獨立的歷史學家來說，這個故事必須從受難者的角度、也就是從台灣史觀來訴說。[40]

7. 重探平埔族史：想像多元族群的台灣國族

八〇年代中期之後，學術專業或民間業餘所從事的台灣歷史研究，在數量上快速增加。除了挖掘二二八事件的真相之外，其中對社會上族群認同與歷史意識產生相當大影響的，是以重建平埔族歷史與文化為目標的許多研究（張炎憲 1995b: 15）。所謂「平埔族」，指的是主要居住在台灣西部、東北部平原與台地的原

---

39 關於這方面的詮釋，參見陳芳明（1988, 1990）、張炎憲（1995a）。

40 1995年3月，立法院通過一項法案，對遭受國民黨政府與軍隊不當處置和屠殺的受難者，提供補償。該法案亦明確規定每年2月28日為全國紀念日。同年，國民黨政府成立了台北二二八紀念館。

住民。和生活在台灣中央山脈一帶、以往被稱做「高山族」的山
地原住民一樣，他們也屬於馬來—波里尼西亞系。但是不同於山
地原住民，平埔族由於以平原和台地為家，能輕易接近海洋，因
此與外界的接觸頻繁。荷蘭的殖民者對台灣南部的平埔族影響很
大。以往的幾個世紀，一波又一波來自中國的漢人移民，搶奪平
埔族的土地，威脅了他們的生計。由於漢人男性移民多半隻身來
台，平埔族女性成為他們方便尋找的伴侶，因此族群通婚的現象
相當普遍。再者，平埔族很快吸收來自中國的文化。到了十九世
紀末，當日本占領台灣時，平埔族已經差不多完全融入漢人社
會，他們的語言和文化也幾乎消失（李壬癸 1997: 33-39）。

　　八〇年代中期以前，很少人重視平埔族歷史。戰後人類學家
對台灣原住民的研究，多以山地原住民為主（張隆志 1991:
63）。雖然當代台灣保有清朝與日本殖民統治時期所遺留下來、
數量相當可觀的民間或官方文獻，但是探討平埔族的台灣史研究
者寥寥可數（詹素娟 1996: 48）。

　　一直要到八〇年代中期以後，平埔族的歷史才引起廣泛注
意。從那個時候開始，平埔族的歷史與文化，成為學院專業的與
民間業餘的歷史學者、民俗學家、和人類學家之間流行的研究題
材。紛紛浮現的眾多歷史敘事，雖然敘事者不同，出現的方式也
不同，但都開始將平埔族帶回來，成為討論的焦點。而平埔族的
研究，又對台灣的族群意識有重大影響。愈來愈多的福佬人和客
家人開始尋根，發現自己有著平埔族的血統。儘管事實上他們是
族群通婚的後代，但是許多人開始宣稱他們是平埔族。不少被認
為屬於平埔族部落傳統的祭祀儀式和慶典活動，也開始重新舉
辦。這種復興運動的許多領導人物，著手書寫自己部落的歷史。
他們同時也向政府要求：他們的「族人」應該與山地原住民一樣

擁有相同的權利，例如擁有特定的保留區。[41]

　　這個時期台灣社會對平埔族歷史文化的高昂興致，以及相關的族群復興運動，不是單單由於台灣史觀的提倡所造成的結果。不過，對於擺脫「中國沙文主義」與「漢人中心主義」的台灣史的大力提倡，確實是促進這種發展的一項主要因素。平埔族歷史的重新發現、人們認同這些消失的部落，這些都使台灣史的「本土化」更往前推進。一位研究平埔族的歷史學者認為，「多族群歷史的發現，特別是混血的事實，可以更強化台灣與中國大陸不相統屬的獨特性、主體性。在歷史詮釋從『中國中心』到『台灣中心』的變遷過程裡，『平埔現象』可為其中建構的一環」（詹素娟 1996: 73）。另外一位重要的民俗學者則指出：

　　　　事實上，現今不少南台的漢人身上或多或少流有西拉雅族血液，卻全然不識這個族群……這個曾經擁有獨特文化的民族，語言早已喪失，又沒有自己的文字記錄民族的文化，使得他們的後裔完全無法傳承，以致瀕臨滅亡的地步。這部西拉雅族滅亡史，正是這一代台灣人的殷鑑，我們認為，唯有重視本土文化，始能建立民族的自信心，並藉著歷史的傳承，鑑往之來，重拾台灣民族的尊嚴與驕傲。（劉還月 1994: 6）

　　一場挽救平埔族凱達格蘭人遺址的運動，具體說明了台灣史觀在這段期間漸增的影響力。1988年夏天，台灣省政府計畫在北

41　關於重新發現平埔族，以及相關的族群復興運動，可參見詹素娟（1996）的簡要討論。

台灣淡水河口旁的一個小村落，興建污水處理廠。這個處理廠的
預定地恰好是「十三行」的遺址所在。早在五〇年代末，考古學
家就已經在這個地方挖掘出相當數量的凱達格蘭人遺物，而研究
報告顯示，這些遺物所反映的文化可能上溯到西元十世紀。當污
水處理廠新建計畫公布後，一群考古學家開始進行抗爭。這項爭
議逐漸引起社會的廣泛注意，成為公共議題。然而政府不願改變
計畫，興建工程繼續進行。

　　1991年7月，搶救十三行文化遺址的行動正式展開，有許多
大學社團和社會團體——包括《台灣文藝》雜誌社和台灣筆
會——共同參與。[42] 學生與運動人士向政府發動許多抗議，並且發
起一項運動，以爭取社會大眾支持遺址的保護。其中一份宣言說
道：「我們可以擁有自己的歷史……我們必須擁有自己的歷史，
這是決定性的時刻了」（搶救十三行文化遺址行動聯盟 1991:
146）。另外一份文宣則指出：

　　　十三行的意義是在台灣歷史的詮釋體系中對弱勢族群的尊
　　重，這樣的歷史詮釋才具有整體性和連續性，將台灣不同族
　　群放置到台灣史中，才有真正台灣人民群體的歷史，……以
　　人民自主的歷史詮釋來顛覆統治者的意識型態，……漢語系
　　與平埔族因為通婚而產生了血緣關係，相信以漢語系來發起
　　的文化搶救對於平埔族的理解與自我認識有相當重大的意
　　義，也是台灣史觀建立的開始。（搶救十三行文化遺址行動
　　聯盟 1991: 117-118）

---

42 關於搶救運動的事件經過概要，參見搶救十三行文化遺址行動聯盟（1991）。

圖6-10　1991年6月30日《中國時報》報導民間抗議政府破壞十三行史前遺址

　　這場運動的訴求，特別是「去中國化」、多元文化的傾向，以及「由下而上的歷史」的理念，可以說是台灣史觀的典型縮影。如先前所述，八〇年代初黨外雜誌的作者就曾經談到平埔族同化於漢人社會、與漢人通婚，都使得台灣人的血緣起源混雜又異質。然而當時反對運動所提出的訴求、所運用修辭與象徵，比較而言，是以福佬人為中心。他們強調平埔族或山地原住民，主要目的是為了挑戰台灣人「純粹」是漢人的官方說法。那個時期黨外的這些論述，在改變福佬及客家台灣人的族群意識上，還沒有產生立即的影響。

　　相對地，隨著八〇年代末社會大眾普遍接受「四大族群」、「命運共同體」、「族群平等」與多元文化主義等理念，愈來愈多的福佬人與客家人不再猶豫，開始認同自己的平埔族身分。平埔族歷史的重新發現，因此有了新的意義。它不只用來挑戰中國民

族主義立場、從中國角度詮釋台灣史的方式，同時更有助於一個新的台灣人認同的形成。愈來愈多人認為自己是平埔族，這種現象促進歷史意識的本土化，能幫助人們將台灣當做有別於中國的「命運共同體」。挖掘消失部落的歷史，認同它們，有利於人們將台灣想像為一個多元族群、多元文化的國族，亦即「大家都是台灣人」（九〇年代開始，國民黨與民進黨都經常運用的口號），雖然分屬不同族群，但都團結凝聚在一個國族的架構之下。

三、結論

這一章的分析顯示，台灣不同的政治行動者各自運用對台灣史的詮釋，正當化他們不同的政治理念與國族認同。他們的歷史敘事強調不同的歷史要素，對相同的歷史人物與事件賦予不同的意義。政治行動者及其當前的關懷激發這些歷史敘事，使他們回顧過去。如同Maurice Halbwachs曾經說過的：「過去並非如實再度現身……過去並非被保存下來，而是在現在的基礎上被重新建構的」（Halbwachs 1992 [1941, 1952]: 39-40）。

人們以何種方式回憶過去，基本上受現在的社會政治情境以及涉身其中之行動者的意圖所影響。「台灣史觀」的出現，主要是美麗島事件後黨外反對運動人士不斷積極鼓吹的結果。美麗島事件使得黨外的意識形態轉為激進，黨外人士開始挖掘長期被壓抑的過往記憶，對歷史賦予新的詮釋。黨外人士以特殊的方式回顧台灣的抗日史，尤其是被他們視為自己的先驅、1920年以後的反殖民運動的歷史，而他們回顧歷史的方式正符合「殖民／反殖民」、「受難／抵抗」的修辭。他們將自己與抗日運動者相提並論，將現在的政治反對運動與過去的抗日鬥爭聯繫起來，認為自

己的反對運動是抵抗外來統治者之本土傳統的一環。此外，原住民的歷史也被以挑戰中國民族主義的方式來重新詮釋。（平埔族）原住民的存在，被用來駁斥台灣在歷史上是中國的一部分、以及台灣人純粹是漢人的說法。

　　類似地，在台灣民族主義快速發展的階段，二二八事件被詮釋成台灣人做為一個獨特民族的集體創傷。台灣人在事件中的悲慘遭遇，被視為民族苦難與抵抗的典型例子。關於二二八事件的敘事，是一個新興的民族史詩中最觸動人心的篇章。

　　當八〇年代末台灣民族主義的福佬中心傾向開始逐漸淡化，族群平等的價值在社會上也獲得普遍認可，人們理解平埔族歷史文化的方式，也與八〇年代上半葉它被詮釋的樣貌，有重要的差異。平埔族被「重新發現」的方式，支持了多元族群與多元文化的「命運共同體」概念的發展。愈來愈多人認同自己是平埔族，更顯示台灣史觀在社會上逐漸具有影響力。這樣的歷史觀，已經成為許多台灣人在重新建立對過去的想像時普遍使用的參考架構，而這樣的想像呼應了政治和文化領域的「本土化」理念。一種群體記憶在社會上之所以顯得重要，通常有賴於懷抱這種記憶的這個特定群體的社會權力（Halbwachs 1980 [1950]: 120-127）。台灣史觀從八〇年代以來逐漸變得重要，反映出政治與文化領域中本省人與外省人地位的變化。

　　然而台灣史觀的流行，並非意味著中國史觀完全消失。集體記憶可能被壓抑，但卻很難被完全消滅。外省人對於他們自己的歷史經驗的集體記憶，包括第二次世界大戰期間在中國大陸的抗日戰爭與最後的勝利、國共內戰造成的生靈塗炭、逃離大陸而落腳台灣的長期煎熬等，這些和台灣人被殖民與受苦受難的經驗類似，都是一種民族史詩中動人的元素。這些歷史記憶，是中國史

觀的重要土壤。

　　台灣民眾將台灣想像成一個族群多元的國家，但這也使他們漸漸面臨社會整合的難題。在這個各種族群認同並存的時代，如果台灣史觀分化，出現「福佬史觀」、「客家史觀」、「原住民史觀」等，那麼這一點也不令人驚訝。不同族群可能開始宣稱有權對台灣史的書寫發表意見。從不同族群的角度闡述台灣的過去，那麼詮釋上的衝突勢必無可避免。書寫「民族史」，亦即從一種一致的、宰制統合的觀點再現共同的過去，似乎變得愈來愈困難。

　　身為研究集體記憶的先驅，Halbwachs相信，只有當一個社會的成員建立某種共識時，這個社會才有可能存在，而這種共識一部分又有賴成員們的集體記憶。Halbwachs指出，個人回憶過去，有賴社會記憶的架構。對他來說，社會存在著一種需要，必須創造一個關於過去的記憶的共同架構，以便協調社會成員當前的與未來的行動；這在一個日趨專業分工的社會、人們可能受限於各種獨特的、偏狹的群體記憶時，更加重要（Halbwachs 1992 [1941, 1952]: 182-183）。然而一個族群認同多元紛雜的社會，是否真有可能創造出一套關於過去的記憶的共同架構、凝聚共同的歷史敘事？如果答案是肯定的，這個歷史敘事應該是什麼樣子？在一個像當前台灣的社會，人們逐漸由於族群認同而被動員起來，以便在社會政治議題上發聲，那麼上述的問題將愈來愈迫近。但是對於這些問題，卻沒有現成的答案。

第七章 結論

　　本書研究台灣文化民族主義，亦即研究在文學、語言和歷史
領域受政治所激發而產生的台灣國族認同建構。先前幾章的分析
顯示，主張台灣獨立的作家、文學批評家、台語復興運動人士，
乃至於學術專業及民間業餘的歷史研究者，都強調有一個獨特的
文學遺產、語言傳統或歷史發展過程的存在，因而在論述上建構
出一個民族。前面各章指出，一直要到八〇年代初期，政治上具
有重要性的台灣文化民族主義，才因為黨外意識形態動員的影響
而出現。具有政治異議傾向的人文知識分子開始主張台灣民族主
義的時間，要比政治行動者的民族主義動員稍晚，這種過程顯示
台灣的民族主義運動，是世界民族主義發展歷史上的「遲來者」
或「晚進者」。台灣文化民族主義高度政治化的特質，明顯影響
了學者對其發展的了解，也影響了社會大眾討論台灣國族認同問
題時的方式。本書最後一章將探討這兩個相互關聯的議題，並且
將筆者的論點再加釐清。

一、台灣民族主義做為歷史的「晚進者」

　　十九世紀歐洲與二十世紀被殖民地區的民族主義運動與建國
過程，造就了一個民族國家的世界體系。一個人隸屬於一個民族
國家，而且以公民身分來定義自己，已經變得非常自然，以至於
如果有一個人沒有國家，那麼這種情形是我們很難想像的。按照
民族自決的原則，任何一群人民如果能清楚闡述自己的民族認
同，以及描述在一個國家統治下被壓迫的經驗與感受，那麼他們
往往被認為有權在政治上獨立，擁有自己的領土。不過台灣民族
主義對台灣社會產生重大影響的二十世紀末，不少學者已經開始
認為民族主義不再像以往一樣，是歷史發展的主要動力。他們認

為全球不斷整合——特別是在經濟領域——的結果,在許多方面都削弱了民族國家的控制能力,隨之而來的是民族主義意識形態的日漸衰頹。[1]

　　一直到八〇年代初,黨外的政治異議人士才開始對國民黨的統治進行民族主義式的挑戰。1971年,中華人民共和國獲准加入聯合國。自此之後,在要求國際承認自己是代表全中國的唯一合法政府上,台灣逐漸無法與中華人民共和國競爭。隨著中華人民共和國向西方世界開放,而美國也斷絕與台灣的外交關係,轉而承認中華人民共和國後,台灣愈來愈難以「中華民國」之名爭取國際活動的空間(見第三、四章)。台灣的邦交國撤銷承認而與台灣斷交之事司空見慣,這些都使許多民眾產生可能會變成「沒有國家」、或被中共統治的焦慮。[2]

　　長期以來,國民黨政府依賴它所宣傳的中國民族主義來維持威權統治的正當性。國民黨政府做為一個「暫居」台灣的政權,

1　持這種觀點的重要學者之一是Eric Hobsbawm,見Hobsbawm(1990; 第6章)。但是另一群學者則不這麼認為,他們指出許多能與全球化相抗衡的力量,例如國家對軍事武力的壟斷、民族主義的頑強生命力、國家在國際合作過程變得更有力量,以及國與國之間「相互關聯」卻未必「相互依賴」等,這些都可能強化民族國家的存在。見McGrew(1992: 87-94)。此外,例如Nira Yuval-Davis則指出,全球化與國際移民的趨勢,未必削弱人們心中「想像的共同體」與一特定領土兩者之間的緊密聯繫。Yuval-Davis認為,交通與通訊的科技進展,為離散的社群(diasporic communities)的「故鄉」或「祖國」創造了一個新角色,使故鄉或祖國變得更重要而且具體。各地不同的離散社群已經發展出不少政治行動計畫,例如支持祖國的政治或軍事抗爭,以追求祖國從「他者」的控制下獲得解放。見Yuval-Davis(1997: 64-66)。

2　許多民眾到海外旅遊,這種焦慮變得更大。1979年國民黨政府開放出國觀光後,許多民眾共有的經驗,就是很多國家不承認他們的中華民國護照是證明公民身分的合法文件,因而感到不愉快或屈辱。

以收復中國大陸為終極目標，維持1946年在大陸的國民大會通過
之憲法所規定的政府架構。它宣稱所有非常態的政治措施，特別
是實施戒嚴、憲法臨時條款、凍結三個國會機構代表的定期改選
等，都是反共動員時期必要的權宜之計。但是這些做法嚴重侵害
公民權，並且導致本、外省人之間權力的不平等。台灣人處於不
利的政治地位，也使得他們的語言、歷史記憶和文化傳統被輕視
貶抑。八〇年代初期，黨外激進成員開始訴諸民眾對「沒有國
家」或被中共統治的焦慮，以及本省人的被壓迫感，將這些不滿
轉化為條理一貫的民族主義意識形態。這個意識形態的重點在提
倡一個新國家，以取代在國內具壓迫性、在國際上又逐漸不被承
認的中華民國。它企圖建立一個主要能對多數族群的本省人負
責，又能在當代的民族國家世界體系中獲得應有地位的國家。在
這個民族國家的統治形式被視之為當然，而公民身分與民族自決
的概念也被廣泛接受的時代，黨外利用民族主義這個意識形態，
爭取群眾支持，而這證明是有效的（見第四章）。

　　簡單來說，不同於俄羅斯帝國下的猶太人、哈布斯堡帝國下
的斯洛伐克人、奧圖曼帝國下的希臘人、和大英帝國下愛爾蘭人
等的文化民族主義，台灣反國民黨的人文知識分子的文化活動與
結果，並沒有扮演催生政治民族主義的角色。十九至二十世紀
初，民族國家開始成為主要的政治統治架構，民族也逐漸成為流
行的集體認同類型，用來正當化那些獲取或運用統治權力的行
動。就在這個時候，前述那些古老帝國下被宰制族群的文化菁
英，藉著創造集體象徵、重新挖掘與書寫歷史、復興語言與民俗
等，亦即藉著塑造一種民族特殊性的歷史感，以建構民族認同。
這些文化菁英建構民族認同感的文化活動與結果，為後來的民族
主義政治動員鋪下基礎。正如Anderson所說的，一旦民族這種新

的集體認同模式確立了，它就到處傳播、被抄襲，「『民族』因此變成了某種從最初一開始就能夠有意識地追求的事物，而不再是一個慢慢清晰起來的視野架構」（Anderson 1983: 63）。

　　歸納來說，台灣民族主義運動的歷史發展序列，並不符合流行的對於民族主義運動史的看法，也就是Hroch所提出的民族主義運動三階段論。八〇年代初黨外的台灣民族主義運動出現之前，並無任何重要的歷史文化潮流或運動，足以具有激發台灣民族主義政治行動的顯著效果。相對地，1979年的美麗島事件，以及後來對黨外人士的政治迫害，才是促使黨外以激進的民族主義方式挑戰國民黨統治、批判其主要的正當化意識形態——中國民族主義——的首要因素。在這些因素，亦即美麗島事件、政治迫害、和黨外激進成員大膽的民族主義宣傳等的綜合影響下，激起了反國民黨傾向的本省籍作家、文學批評者、歷史研究者、以及語言復興運動者的民族主義情感（見第四、五、六章）。當《台灣文藝》與《笠》詩刊兩份文學雜誌起初在1964年創刊時，它們對台灣民族主義的進展並無多大影響。然而八〇年代末以後，不少本省籍知識分子宣稱，當年這兩份刊物的創辦，是受台灣意識覺醒所激發而有意識的反國民黨行動，它們甚至促成七〇年代的黨外反對運動。

　　許多人都認為七〇年代的鄉土文學與廣泛的「回歸鄉土」潮流促進了台灣民族主義的興起，這是不恰當的看法。鄉土文學與回歸鄉土潮流代表著社會上對文化界過度西化的回應與反省，而七〇年代初一連串外交失敗所激起的社會政治改革呼聲，也鼓動了這股潮流。鄉土文學的主要作家與提倡者，多從中國「國族創傷」的角度理解戰後台灣的社會政治困境，展現強烈中國民族情感。在這段時期，儘管鄉土精神顯現清晰的地方色彩，但它並不

是台灣民族主義的。

　　不過本書先前幾章的分析，並非認為那些筆者所討論的本省籍作家與文學批評者在八〇年代以前明顯缺乏對本鄉本土的熱愛與關懷。事實上，任何細心的讀者都可以在他們較為樸實明朗的作品中，感受到他們對台灣鄉土的深刻情感。他們對描寫台灣本地文化與歷史的興趣，以及所流露的情意，與外省籍作家的作品比較起來，尤其顯著。這類對本鄉本土的情感，以及在文學上加以表現的興趣，一直是文學創作的重要動力之一，因此在世界其他地方的作家身上也極容易發現。然而這種情感未必具有政治的意味，更未必具有民族主義的意涵。從對本鄉本土的情感到民族主義的認同與主張，不應該視為自然的、或者必然的連續發展。在台灣文化民族主義的例子中，這種發展是人們意料之外的，是戲劇性的政治變化所造成之歷史機遇的結果。本書的分析顯示，促成台灣文化民族主義發展最主要的歷史機遇因素，就是美麗島事件的發生。

　　對台灣政治社會變遷具有重大意義的「台灣民族」概念的建構，一直要到美麗島事件之後才開始進行。事實上，這個概念並非第一次出現。在日本殖民時期，台灣共產黨就在其〈政治大綱〉中宣傳「台灣民族的發展」。然而在台共以外，這個集體認同概念並沒有被廣泛接受。再者，戰後著名的海外台獨人士史明，從六〇年代初就開始發展他的「台灣民族形成」理論。[3] 然而就像戰後海外台獨運動一樣，史明的概念與理論對台灣的政治反對運動少有影響。

　　現代的民族國家理念，包括三個不同但相互重疊的要素：

3　參見第二章，以及第六章註8。

「民族」做為集體認同、「國家」做為民族在政治上獨立的表現，以及「領土」做為一個地理區域，顯示民族界線與國家疆界必須符合一致（Woolf 1996: 1-2）。就這三個要素來說，黨外領導者在八〇年代初的意識形態動員，主要在提倡一個相當於以台灣島嶼為領土範圍的新國家，以取代依照中國民族主義與大陸疆域所組織的中華民國。至於建構台灣民族認同感的工作，主要留待支持台灣獨立的人文知識分子。這些文化菁英藉由創造台灣人的集體象徵、重新詮釋台灣文學、復興福佬台語、重新書寫台灣歷史等，以支持政治上的認同主張與行動。

二、對台灣文化民族主義的再思考

反國民黨人文知識分子的台灣文化民族主義，因為黨外的意識形態動員而發展起來，這個事實也清楚顯示八〇年代之後台灣文化認同與國族認同的政治化過程。《笠》詩社與《台灣文藝》成員因為美麗島事件而激發出政治意識，認識到國民黨統治的專制性質，因而逐漸支持黨外所提倡的民族主義信條。這種意識形態明顯改變了這些成員對他們的文學生涯、以及對台灣文學的看法。一直到七〇年代鄉土文學論戰時期，我們仍然很難清楚看出《台灣文藝》的作家們有任何特殊而共同的文學理念。此外，《笠》詩人所致力創作的，不僅是「現代詩」，更是「中國現代詩」；他們所希望扮演的，不僅是「現代詩人」，更是「中國現代詩人」。然而1979年的美麗島事件之後，這兩個文學團體的許多成員，開始從台灣人遭到外來政權壓迫、反抗外來政權的歷史角度，來理解台灣現代文學的發展。台灣文學因此逐漸被呈現為一種具有抵抗外來統治之精神特質的傳統。於是以「本土化」的台

灣文學為核心理念，一套「去中國化」的文學論述開始形成。八
〇年代下半葉，這個文學論述受政治情勢大幅變化的影響，變得
更加激進。因此具有多重起源的「台灣民族文學」的歷史，也在
論述上被建構出來。這部歷史被詮釋成人們不斷追尋獨特的台灣
民族認同的過程。所有的台灣現代作家，都同樣關切台灣人做為
一個特殊民族的命運與前途，而民族認同也成為整個台灣現代文
學自二〇年代日本殖民時期發展以來，持續出現的主題。

　　類似地，八〇年代末之前，幾乎沒有本省籍作家以本土語言
寫作。幾乎所有的本省籍作家都和外省籍作家一樣，認為以國語
寫作是理所當然的。台灣戰後率先嘗試以台語寫作的兩位作
家——林宗源與向陽，他們的寫作動機也只是單純地希望以更自
在的方式表達自己的想法，而不是基於任何特殊的政治主張。一
直要到八〇年代末之後，當黨外人士激烈地挑戰官方「獨尊國
語」的政策，政府對公開場合使用本土語言的限制逐漸放鬆後，
本土語言的復興運動才開始出現。此後愈來愈多的作家開始以台
語創作，台語復興運動者也積極嘗試建立這個主要本土語言的標
準書寫系統。台語漸漸被賦予「民族語言」的地位：在支持民族
主義的語言復興運動者的眼中，它對於證明「台灣性」，是不可
或缺的要素，是台灣民族建構過程中的核心關鍵。

　　再者，黨外人士推動了「台灣史觀」的發展。美麗島事件發
生後，黨外人士為台灣的過往建構了一套全面性的敘述與詮釋。
這套闡述直接挑戰國民黨政府宣揚的「中國史觀」，將台灣長久
以來的經歷，呈現為一部殖民迫害與反殖民鬥爭的歷史。在這種
史觀中，對於被壓迫的感受與抵抗精神已經是、而且也必須是台
灣意識的內在成分。許多民間業餘的與學界專業的歷史研究者，
在黨外人士形塑的新歷史意識的影響下，開始公開提倡具有「去

中國化」、「反漢人中心主義」與「由下而上（我們／人民）的歷史」理念特色的台灣史觀。整體而言，八〇年代中期之後台灣史研究蓬勃發展的方向，深受這種史觀的影響，而這種史觀又來自黨外人士的提倡。從那個時候開始，一種具有多元文化主義色彩的台灣民族歷史敘事逐漸形成，促進了一個與中國大陸有所區別的「命運共同體」概念的發展。

1. 土壤中等待萌芽的種子？

台灣民族主義者在文化認同與民族認同上，具有明顯的政治化性質，這種情形影響了學者對台灣文化民族主義發展的了解。例如一些研究者指出，美麗島事件對本省籍作家與文學批評者的台灣民族主義發展，具有關鍵的作用，但是這些研究者仍然相信這種發展的種子早已播下。例如這些研究者認為，葉石濤與陳映真在鄉土文學論戰時期，分別以「台灣（鄉土）文學」與「在台灣的中國文學」的不同概念，提出對台灣（本省）人文學表現性質與前途的不同看法，實際上代表鄉土文學作家與支持者陣營中，「統派」與「獨派」的內部分裂。這些研究者認為，這兩個陣營因為了解在國民黨嚴密的政治控制下，他們必須小心行事，並且彼此合作以應付國民黨，因此刻意避免了公開衝突。直到美麗島事件後，他們表面上的和諧才無法維持而公開決裂。[4]這種論點的主要缺陷，是把政治化的族群性，看成有如在土壤中等待發芽茁壯的種子，或者看成好像——如Daniel Bates所說的——「瓶中之魔」，一旦嚴格的政治控制放鬆了，就突然竄出（Bates

---

4 這種對文學領域中台灣民族主義發展的看法，例如呂正惠（1992: 58-59；1995: 78-79）。

1994: 219）。然而一般而言，族群認同與民族認同是逐步浮現成形的，而且必須放在特定的社會政治脈絡中加以理解。人們如果想訴諸部落、族群、或國族的集體認同，那麼這只有在特定的環境中才有效果。如同第四章所分析的，在鄉土文學論戰時期之前，《台灣文藝》的作家們極少懷有特定又鮮明的文學意識形態，而《笠》詩人則和當時多數的外省籍詩人一樣，致力於創作既現代又中國的詩。只有等到美麗島事件發生後，這兩群作家才開始主張台灣民族主義，而他們的文化活動才變得高度政治化，葉石濤在1987年出版的《台灣文學史綱》，也才成為台灣文化民族主義者典型的文學論述。然而，在此之前，一直到八〇年代初，葉石濤仍然鼓勵本省籍作家追求台灣地方意識與中國民族意識在文學表現中的平衡，並不認為兩者必然不能相容。《台灣文藝》與《笠》作家群的例子告訴我們，政治化的族群性並非一種始終潛在的力量，等待在任何可能的時候發揮作用。反之，它實為特殊的社會政治變遷所形塑的結果，而這才是最適當的理解方式。

抱持「土壤中等待萌芽的種子」這種觀點的學者，認為台獨傾向早已存在於那些後來成為台灣民族主義者的心中。他們認為，至少從鄉土文學論戰時期開始是如此。因為抱持這樣的觀點，他們假設有一個以葉石濤為代表的「獨派」，存在於鄉土文學主要作家與支持者陣營中。事實上，這樣的陣營，只有在美麗島事件之後才逐漸形成。

2.「假」認同？

台灣民族主義者的文化認同與民族認同高度政治化的現象，同樣造成了社會上公共輿論的某種特徵。筆者曾在第四章談到，

黨外在美麗島事件發生之前，主要專注於「民主化」面向，要求徹底革新中華民國的政治體制。這樣的改良主義訴求，透露出他們決心建立一個外省人、本省人之間族群平等的環境，尤其是在政治領域。美麗島事件後，崛起的黨外激進派開始以民族主義的方式推動政治結構的改造。相較於前一階段，這個激進的行動計畫在論述上需要一個相當明顯的躍進──也就是說，它從依據族群特殊性而主張平等的公民權，躍進到以獨特的民族文化為立足點，企圖建立一個新國家。由這種政治變化所激發、對特殊的台灣民族文化的建構工作，相當倚賴主張台灣獨立的人文知識分子。他們努力地建立文學傳統、重新闡述歷史、復興本土語言、創造集體象徵。這種文化建構，包含了許多雄辯的修辭論述，在象徵上凸顯「我們」（台灣人）與「他們」（外省人／中國人）的差別。支持台灣獨立的人文知識分子展現不同於中國的台灣文學、語言和歷史，確立民族文化的獨特性，藉此回答了下列問題：我是誰？我能夠成為怎樣的人？我想要成為什麼樣的人？由此，一個民族在論述上被締造出來。

　　許多人以帶有疑慮的眼光看待受政治所激發的台灣民族認同建構。政治化的認同意識，讓許多人感到嫌惡，特別是對抱持中國民族意識的人們，更是如此。八〇年代初期以來，當黨外人士開始推動台灣民族主義時，與民族認同相關的公共輿論便經常圍繞在台灣民族認同是「真」或「假」的爭議上。尤其是一群支持台灣與中國統一、業餘或專業的歷史研究者，他們對台灣民族主義者的歷史敘事感到憤怒，並且急切地指出其中對於過去的錯誤詮釋。[5]類似地，一些支持統一的台灣文學史研究者，也指出他們

5　例如王曉波（1986a、1986b、1988）。

認為台灣文學史被台灣獨立的角度所曲解的地方。[6]懷抱中國民族
主義情感的人們對於台灣民族主義者的一個常見的指控，在於認
為他們「數典忘祖」。在他們的觀點下，台灣人當然是中國人，
不論在人種上與文化上都是如此。而想要建立一個新國家的企
圖，則被認為是公然切斷台灣人與中國人的血緣關係，並且拋棄
中國文化傳統，也就是背叛了中華民族。這種嚴厲的譴責，也是
國民黨反台獨運動宣傳的主要部分，特別是在李登輝領導時期國
民黨走向顯著的「台灣化」之前。[7]上述學界的批評、社會輿論的
指控、以及官方的宣傳的共同點，在於它們都認為台灣民族認同
是「虛假的」。對於台灣民族認同的一個常見的批判，甚至認為
它完全是一群「政治野心家」所操弄、捏造出來的。事實上，在
台灣的國族認同政治中，不同的各方都曾經運用這種指控。如同
第四章曾經提及的，在1983至1984年台灣意識論戰期間，提倡
台灣意識的黨外人士也指責陳映真等人所懷抱的中國情感，是
「虛幻的」。

　　就像筆者在前面各章所指出的，支持台灣獨立的人文知識分
子在文學、語言和歷史方面的論述，包含許多象徵、修辭、以及
對歷史的重新詮釋。「台灣民族」在論述上被創造、或者說被
「發明」出來。這個論點似乎使得本書的主要立場，在某種程度
上類似那種認為台灣民族認同是「虛幻的」之指責。不過筆者必
須指出本書的研究與那些指責之間幾點重要的差別。首先，不同
於那些支持統一的台灣史或台灣文學之學者的研究，這本書的目
的不在於清楚劃分所謂的「真實的」認同與「虛幻的」認同。相

6　例如游喚（1992）、龔鵬程（1994）、呂正惠（1995: 39-63）。

7　類似地，中華人民共和國的反台灣民族主義的宣傳，也進行這種譴責。

對地，筆者研究的主要目的，在於闡明族群認同與民族認同的性質是「被建構的」（constructed），指出這些集體認同是受到歷史變遷與政治的重新定義所影響的，而這才是理解集體認同比較恰當的方式。如同本書第一章提到的，Anderson曾經說，區分社群或共同體，不應當從它們的「虛假性／真實性」出發，而應該從它們被想像的方式來看（Anderson 1983: 6）。台灣民族認同虛假論的主要問題癥結，在於一種本質主義的假設：有某種「真正的」中國民族認同存在，它歷久長存，並且由實際相連的同胞血緣關係、以及真實的歷史和文化淵源所清楚確證。這種對於中國認同的本質主義的定義，意味著所有的中國人都共享一套清晰可辨、真實存在，並且不隨時代而變遷的民族特徵。然而近年來的研究已經顯示，認為有一個恆常不變的中國認同存在著，這種想法只是一種迷思。如同吳燕和的研究所說的，「中華民族與中華文化長久以來不斷地融合異質、對本身不斷地重新劃界、重新發明、又重新詮釋；看似靜止不變的中華文化，其實是一個持續變化的過程，不斷為做為中國人的意義，賦予重要的新內涵」（Wu 1991: 162）。此外，「民族」與「中華民族」是相當晚近才出現的概念。十九世紀末時，中國的政治與文化菁英面對西方強權的侵略，為了喚醒同胞，這兩個概念才逐漸在他們的建構下浮現出來。在過去一個多世紀以來，接連統治中國的政權，從滿清帝國、民國初年的統治者、國民黨政府、到共產主義者，都各自宣揚一套獨特而彼此有不同定義的中國民族性。在人們爭奪國家政權的過程中，中華民族不斷被創造與再創造（Fitzgerald 1995）。[8]

8　Prasenjit Duara與James Townsend兩位學者並不贊同中華民族與中國民族主義純粹是現代產物的論點。Duara指出在中國帝制社會中，有兩種對於政治

　　這種視中國民族認同為真正的、真實的認同的看法（因此台
灣民族認同便是假的），無異於認為認同概念完全不屬於歷史與
政治的範圍，而屬於一種原初的存在領域。在這種見解下，認同
成為我們固定不變的、本質的存在的一部分，不受文化與政治變
遷的影響。同時，這種看法也顯現出人們懼怕與「差異」共處。
「差異」通常被看成會污染認同、傷害認同的一種威脅。人們也
普遍相信差異是種危險，因為同樣的認同可以提供社會一致性所
帶來的安全，而差異似乎減損這種安全。在世界上許多地方，這
種恐懼，同時受到本質主義的認同觀點所推波助瀾，使得人們避

　　共同體的主要概念。第一，是「排外的、以族群為基準的概念，它建立在一
　　種人們自認為是漢民族的自我描述上」；第二種概念一向常被稱做「文化主
　　義」（culturalism），亦即一種較不具排外性、「以中國士大夫菁英的文化價
　　值與信條為基礎的社群」概念。Duara強調，在中國歷史上，人們感受、思
　　考、表達社會整體的方式，與現代民族主義當中的想像模式，並非完全不
　　同。談到傳統中國的例子，他認為當今最具影響力的那些民族主義研究，例
　　如Benedict Anderson和Ernest Gellner的著作，都過度誇大現代與前現代人們
　　對政治社群的概念之間的斷裂。Duara也認為，在十九世紀末二十世紀初，
　　中國士紳知識階層之間對於未來中華民族的性質所興起的論辯，既受現代的
　　民族國家意識形態所影響，也受界定政治社群的傳統原則所形塑。見Duara
　　（1993b）。類似地，Townsend強調「中國漢民族已經存在了好幾個世紀，它
　　們被中國人本身、也被其他外族認為是個獨特的文化與政治共同體」。他批
　　評許多探討現代中國的研究者，對於過去一個世紀以來，中國人的文化認同
　　與政治認同所發生的轉變——從文化主義轉變為民族主義，都言過其實地認
　　為是整體全面性的、截然二分的。Townsend認為，一直到現在，文化主義對
　　中國民族主義仍然具有某些影響力。見Townsend（1992）。如果我們要充分
　　討論Duara與Townsend的論點，那麼這勢必超出本章處理的範圍，不過其中
　　有兩點值得提出來。第一，Duara與Townsend所提出來的基本問題，明顯涉
　　及概念的選擇。Duara區分了民族主義（nationalism），以及基於主權領土原
　　則的民族國家意識形態（the ideology of the nation-state）。他認為，民族主義

開認同議題所引起的政治的與道德的難題。這因而鼓勵人們以隔離和屠殺等簡單的方式解決認同的難題（Gilroy 1997: 310-311）。儘管社會存在著嚴重的認同衝突，但台灣一直非常幸運，能夠避免發生這樣的悲劇。然而受到民族認同「真／假」二元論所影響的公共論述，已經使得這個社會充滿互不信任的氣氛，特別是在抱持著強烈的中國意識與台灣意識的人們之間。尤其在九〇年代初，國族認同成為熱烈的公共議題，並且引起不少爭論與暴力衝突，這種互不信任的氣氛更是籠罩社會。

　　認同真實性的概念，預設了一種穩固、本質和單一的文化、

做為一種人們對政治共同體的認同，從來沒有完全被民族國家所囊括統制。Townsend 也有類似的態度。他跟隨 Anthony Smith 的做法，將「族群主義的」（ethnicist）與「國家主義的」（statist）觀點區分開來：在前者的觀念中，民族是一個「大的、政治化的族群團體，可由共同的文化和傳說中的祖先來界定」；而後者則視民族為一個「領土的一政治的單位」。Townsend 採取族群主義的觀點，並且同意前現代的民族主義可能缺少現代民族主義的核心理念：民族必須成為國家，在民族國家的世界體系中享有平等地位，而民族國家的成員是擁有平等的權利義務的公民。然而一個清楚明顯的事實是，正就是這種民族國家的意識形態，對於我們研究現代重大政治變遷，特別是在第三世界所發生的變化，至關重要。即使確實有一種前現代的「民族主義」類型存在，但只有在近兩百年來，民族才成為一種主要的集體認同形式，廣泛地被用來正當化獲取國家權力、運用國家權力的行為，並且藉以動員民眾支持這些作為。如同 Hobsbawm 所說的，討論民族與民族性時，除非能將兩者與某種特定的現代領土國家——也就是民族國家——聯繫起來，否則是毫無意義、不得要領的（Hobsbawm 1990: 9-10）。筆者要指出的第二點是：正因為現代的民族認同，是歷史上的認同與現代民族主義兩者協商下的產物，所以在今日做為中國人，已經和在過去帝制時期做為中國人，有非常不同的意義與內涵。因此我們很難說有一個同質的、不變的中國民族認同存在著，更別說——如同 Townsend 自己指出的——對於這個中華民族究竟於何時出現，當代的研究者仍舊爭議不斷，沒有一致的看法。

認同與群體觀念。事實上，集體認同關係到「是什麼」
（being），也關係到「成為什麼」（becoming）（Hall 1990）。社
會行動者處在變化的各種社會過程裡，而各種對集體認同的再現
也在這些過程中不斷出現。他們藉由提倡自己所主張的集體認同
再現來參與這些過程——不論是刻意去「發明」、或是不經意地
「建構」。這些社會行動者對認同的再現與詮釋，並非固定不變。
相反地，經由人們參與那些變化的社會過程，集體認同的再現不
斷被形塑、也不斷被改變。集體認同再現的形成與改變，明顯伴
隨著社會行動者的形成與改變，而這些社會行動者正是這些認同
所指涉的主體（Mato 1996: 64）。即使某種認同具有過去所遺留
的內涵，但社會行動者在宣稱這個認同時，也就重新建構了這個
認同，而它的過去的內涵也就產生了不斷的變化。如同Daniel
Mato所主張的：

　　文化與認同成為象徵性的社會建構——而不是消極被動地
　繼承的遺產。因此，象徵性再現的生產工作是永不停歇的，
　它可能包括——至少在理論上來說——從全然無意識地製作
　／建構到完全有意識地追求的各種案例，而後者或可稱之為
　「發明」……從這個角度來看，認同並非物品，而是充滿社會
　爭辯的事情。我們堅稱的這種被建構的性質，並非相對於任
　何被認為可能是更「真實」的東西。從這個觀點來看，「實
　際的vs.被想像的」、「真實的vs.虛假的」或「真正的vs.偽造
　的」的兩難，不過是不相干的。（Mato 1996: 64）

　　那些懷有強烈中國情感的人們從本質主義的認同概念提出批
判，這種批判或許同樣也適用於解釋支持台灣獨立的人文知識分

子。這些知識分子為了表達當前的認同需求，從文學、語言和歷史等方面尋求過去的支持證據，經常呈現出將台灣民族認同本質化的傾向，特別是把帶有福佬族群色彩的民族認同本質化。台灣現代文學被台灣民族主義者再現為一種文學傳統，而以入世精神與反殖民意識為主要特色。他們認為，所有本省籍現代作家都關切民族的命運，而民族認同始終是日本殖民時期以來整個台灣現代文學的重要主題。對於支持台灣獨立的作家與文學批評者來說，台灣曾受日本殖民的經驗已經成為一種資產，而非負債，它是本省人與外省人族群界線的主要標誌。此外，對支持台灣獨立的台語復興運動者來說，如果要明確表達「真正的」台灣性，亦即再現「真實的」、獨特的文化傳統、歷史記憶和民族特性，那麼一套標準的台語書寫系統，是絕對不可或缺的。台語書寫系統被視為締造台灣民族的必要條件。至於支持台灣獨立的歷史學家們，則認為台灣人希望建立獨立國家的長久心願，是驅使歷史發展的動力。在這樣的敘事中，台灣人的抗日就顯得格外重要。他們將戰後反國民黨運動與抗日鬥爭聯繫起來，一個台灣人追求民主的長遠傳統於是被建立起來。經由宣稱一套特殊的文學遺產、語言傳統和歷史發展，台灣的民族認同被確證存在，也因此被本質化。

　　以福佬族群為中心所進行的民族建構，引起其他族群的不安。例如第五章曾提到，支持台灣獨立的福佬作家從語言的角度重新定義台灣文學，這種做法使他們的客家盟友感到不滿，造成福佬與客家的民族文學提倡者之間的摩擦。不過由於近年來提倡多元文化主義與族群平等的價值，台灣文化民族主義的本質主義傾向與福佬中心主義色彩，已經有相當程度的修正。經由闡述台灣文化的多元族群起源、描繪各個族群參與台灣發展的過程，主

張台灣民族主義的人文知識分子確認過去所忽略的差異性，因此變得較不排外——無論這種「多元族群性」是想像出來的，還是真實存在的。這種發展，可望有助於台灣邁向一個更開放與公義的社會。

能夠明瞭認同被建構的性質、揚棄「真／假」二元論，這有賴人們不再採取認同政治中既便宜又方便的貼標籤做法，例如譴責別人是中華民族的「叛徒」，或者指控別人為「中共的同路人」，這些是獵殺「外人」遊戲。這同時也指向一個事實：一種廣泛的社會認同，做為社會團結的重要基礎，其形成或改變，需要經過大量的論辯、協商與妥協。這種認同的建立，幾乎不可能在一夜之間迅速完成。對差異性保持耐心與容忍，是認同政治中罕見的美德。如同世界上許多地區的例子所顯示的，訴諸生物學的或超歷史的論證來確立權威，或者依賴權力以確保某種認同定義的合法性，這些做法即使沒有造成隔離、屠殺與抵抗的話，也只會導致羞辱、折磨與憤恨。

附錄

一

民族主義研究者與蝙蝠

　　傍晚時分，我抱著剛滿兩歲的兒子坐在膝前，一起在鄉下老家門前的長廊乘涼。漫天的晚霞，夾雜著映成橙紅的雲朵。微微晚風中，偶爾傳來幾聲秋蟬淒清的鳴叫。門前的路燈已經亮起，照出幾隻蝙蝠在低空飛舞。兒子正在咿呀學語，而且好問，飛動的蝙蝠馬上吸引他的注意。「把拔，嘿嘿嘿……洗啥覓？」（「爸爸爸，那那那……是什麼？」）我本來要回答：「哦，嘿洗亞跛。」（「哦，那是夜婆（蝙蝠）。」）但是轉而一想，那飛來飛去的樣子，多麼像鳥，兒子還小，反正分不清楚，乾脆就說是鳥好了，於是答道：「哦，嘿洗叫阿。」（「哦，那是鳥兒。」）這樣一想一答，突然覺得自己研究民族主義，和蝙蝠好像有點關係。低頭看看兒子，對這個答案他已經滿意了。民族主義研究者和蝙蝠有何關聯？且藉著我談談個人研究（台灣）民族主義的感想，慢慢道來。

　　東西方冷戰結束後的二十世紀末，民族主義政治意外地再度成為世人關切的焦點。不僅在東歐前共產國家與前蘇聯，並且在西歐與北美，民族主義激起的集體行動與新仇舊恨之激烈，都令人震撼不已。從世界史的角度來看，台灣社會有民族主義問題，

並非極其獨特的事。至遲在十八世紀末，民族主義意識形態與民族國家統治形式已逐漸成形於西歐。兩百年來，它們即使不被認為是指導與組織人類社會的最佳方針與形式，至少在事實上已成為最占優勢的政治社群組織理念與架構。東歐與前蘇聯的政治變化之所以令人驚訝，並不在於民族主義政治的新奇，而在於經歷七十幾年蘇維埃聯邦架構的統治，那些加盟共和國各自的政治社群認同的持續，以及族群做為民族主義政治動力的暴烈與血腥。

台灣受過殖民統治，那麼從被殖民地區的歷史來看，台灣有民族主義的問題，更不是什麼極其獨特的事。世界上被殖民地區在二十世紀上半葉進行的民族主義運動與國家形成的過程，是眾所皆知的事。台灣的族群政治（特別是以本、外省人分類為基礎而發展的政治過程）與民族主義問題，反映的是日本殖民統治與中國內戰獨特歷史的長遠影響。我自己的博士論文研究的是「台灣文化民族主義」，亦即文化菁英在台灣民族主義運動中不同於政治菁英的角色，以及他們在文學、語言、和歷史方面建構「台灣民族」認同的發展經過。

民族主義的意識形態與政治發展也許不是什麼獨特新奇的事，不過研究民族主義問題，卻可能是一種很特別的經驗。就我自己研究台灣文化民族主義的感受來說，這種特別的經驗主要是因為研究者研究的是自己所屬的那個社會的民族主義問題。民族主義問題，追根究柢是以「民族」這個集體認同來進行政治社群（國家）的劃分與定位。既然牽涉到集體認同，自然要嚴格劃分「我們」、「他們」。這種劃分，也就是現實政治中的「立場」問題。台灣社會有民族主義問題，本地學者對台灣民族主義的研究，通常不能免於被「解讀」政治立場的可能。換句話說，在自己所屬的社會，一個「民族主義研究者」時常有被歸類為某種

「民族主義者」的可能。

　　這種經驗的特別，拿來和史學家 Eric Hobsbawm 的話互相參照，就更加清楚。在他 1990 年出版的經典之作 *Nations and Nationalism since 1780* 中，Hobsbawm 說了一段對民族主義研究者的忠告。他說：沒有那個嚴肅的研究民族與民族主義的史學家，可以同時是一位政治上熱情投入的民族主義者——因為民族主義需要太多信仰，信仰那些顯然不是那個樣子的東西——除非史學家在進入圖書館或書房時，把自己的信仰拋在腦後。我想如果借用這段話來忠告研究自己所屬社會的民族主義的社會學家，Hobsbawm 大概也不會太反對。想想看：一位在自己社會的民族主義政治上立場鮮明、熱情投入的社會學者，如果從事這個民族主義的研究，那麼他的研究多麼啟人疑竇！比較來說，譬如研究自己所屬社會的性別、勞工、或教育問題的社會學家，同時又是女性主義者、勞工運動者、或教育改革推動者，他們同時結合學術研究與社會實踐，相對而言，似乎比較不會使他們的研究易遭質疑。換句話說，在台灣研究台灣民族主義或相對的中國民族主義問題，一個最特殊的經驗就是這樣的研究時常被用來推斷研究者的政治立場，解讀其社會實踐的意涵，因而讓人懷疑其研究動機。如果研究者自覺地避免扮演某種民族主義者的角色（而有些研究者卻樂意扮演），那麼這種解讀習慣自然對研究者形成一種壓力，迫使研究者反省：自己的民族主義研究，和提倡某種民族主義的宣傳，有何不同？做為民族主義的研究者，和民族主義者有何不同？而這些不同，對自己的民族主義研究，有何意義？這樣的研究，對這個存在有民族主義問題的社會，又有何意義？

　　大家都聽說過這個故事：蝙蝠跟鳥說牠是鳥，跟老鼠說牠是老鼠，因為牠既會飛，但又像老鼠。研究自己所屬社會的民族主

義問題，我似乎愈來愈清楚蝙蝠的心理。一隻不斷自省的蝙蝠應
該不是學會故事中跟鳥說鳥、跟鼠說鼠，而是在有人說牠像鳥，
也有人說牠像鼠，或者有人說牠不像鳥，也有人可能說牠不像鼠
的時候，淡然處之。我相信在自己所屬的、存在有民族主義問題
的社會，研究其中的民族主義問題所面對的這種特殊經驗，其實
是激勵研究與不斷反省的動力，而不是變成阻挫研究者的因素。
至少蝙蝠可以不做鳥也不做鼠，對自己的認同愈來愈清晰，愈來
愈堅持。下次兒子再問起那暮色中狂動飛舞的一群，我會告訴
他：「哦，嘿洗亞跛。」

台灣文學的本土化典範
歷史敘事、策略的本質主義、與國家權力

一、前言

　　從一九八〇年代以來,「本土化」做為關於台灣的知識建構與文化再現之參考架構,在台灣的文學與歷史領域中,成為經常引起激烈爭論的重大議題。這些爭議中涉及的「本土化」,是一種典範性原則;它要求的是重視台灣歷史、文化、社會的特殊經驗,並從台灣本身的觀點詮釋這些經驗。如同眾所周知的,這種爭論現象的一個明顯原因,是文學與歷史這兩個知識或文化領域,與台灣政治變遷有極密切的關係。這些知識文化立場的激烈衝突,是近二十年台灣族群與民族主義認同政治的一部分。如果從「回歸鄉土」或「回歸現實」的文化潮流出現的一九七〇年代算起,我們在其他知識與文化生產領域,也可以看到本土化典範成為知識建構或文化再現的重要議題。然而在這些其他領域中引起的爭論,卻遠不如在文學與歷史中那麼激烈而持續久遠。在其他的領域中,這個議題與族群和民族主義認同政治的關係,也不如在這兩個領域的密不可分。

　　這篇附錄的目的,即在於解釋本土化典範為何在文學領域引

起遠較其他領域嚴重而持續的爭論衝突，以及為何文學領域中的
這個議題與族群和民族主義認同政治的關係遠比其他領域更為密
切。解釋這個問題，大致可以從兩方面進行：一方面可以從「歷
史過程」來理解，另一方面則可以從「理論分析」的角度來探
討。在歷史過程方面，七〇年代的回歸鄉土理念，可以說是本土
化典範的最早版本，而文學在當時就是最致力於實踐這個觀念的
文化活動領域。回歸鄉土同時也包括重新挖掘台灣歷史，尤其是
關於日據時期台灣新文學與政治社會運動史的探究。八〇年代之
後，文學與歷史則一直是台灣民族主義建構台灣民族認同的兩個
主要文化領域，而文學家與歷史研究者也是推動台灣民族主義的
最主要的文化知識分子。支持台灣民族主義的文學家與歷史研究
者，始終強調本土化典範應該成為建構關於台灣的知識、再現台
灣文化的重要參考架構——即使它不是唯一的參考架構。本土化
典範因此主要就在文學與歷史領域，成為支持者與反對者爭議的
焦點。關於這種歷史過程，一些探討台灣文學本土論或台灣文化
民族主義發展的既有研究已有詳細分析（例如：游勝冠 1996；
蕭阿勤 1999；Hsiau 2000），因此本文不再從這個取向來討論。

　　本文企圖從理論分析的角度解釋為何本土化典範在文學領域
激起強烈而長久的爭議。雖然理論分析上的探討，無法脫離歷史
過程的理解，但從前者角度的討論，重點與後者有所不同。下面
的分析將指出，在文學領域成為長久爭議焦點的那種本土化典
範，通常涉及一種歷史敘事，亦即從特定的主體觀點出發，以清
楚的開頭、中間、結尾的次序來安排事件的一種「情節化」的論
述形式。在這種歷史敘事中，敘事者的主體位置（亦即其認
同）、對利益的認知、對行動方向的選擇等，與其對文學和歷史
經驗的意義詮釋密不可分；而其中涵蓋的文學與歷史經驗由於情

節化的作用，構成一個意義的整體。在文學（與歷史）領域中本土化典範引起的爭議，通常就涉及不同歷史敘事的衝突。這些歷史敘事構成認知典範，或是一種對現實的包裹式觀點，因而難以找到妥協的平衡點。再者，本文指出，八〇年代以來，做為反抗「再殖民」鬥爭之一部分的台灣文學本土化典範，其中從「去中國化」到「（台灣）民族化」的歷史敘事所建構的台灣認同，具有後殖民政治／文化鬥爭的「策略的本質主義」特徵。然而筆者認為，策略的本質主義幾乎不可能只是策略的，它與本質主義之間難以區分，往往引起本質主義式的認同衝突。這是為什麼本土化典範在文學領域引起激辯，而與集體認同政治關係密切的重要原因之一。本文將進一步指出，不管台灣文學本土化典範的支持者或反對者，都相信文學的問題只有在政治上依賴國家權力才能得到解決。換句話說，文學本土化典範以及與其對抗的典範，各自以不同的國族敘事所創造的意義，只有靠以暴力為終極憑藉的現代國家，才得以確保。

綜合而言，對於本土化典範為何在文學領域引起遠較其他領域嚴重的爭論衝突，而且為何與族群和民族主義認同政治的關係遠比其他領域更為密切，本文在理論分析上的解釋有三點：第一，由於文學的本土化典範是一種敘事的本土化典範，其相關的爭論有如世界觀的衝突；第二、由於認同政治／文化鬥爭中的策略的本質主義與本質主義之間不易區分，即使是策略性的認同宣稱，也容易引起本質主義色彩的認同對抗；第三，因為文學的本土化典範終究涉及國家權力。本文對這三方面解釋的分析討論，都圍繞在文學本土化典範的基本性質，亦即它是一種敘事化、相對封閉的意義形構整體。

二、本土化典範的兩種類型與敘事認同

七〇年代是關於台灣本身的知識建構與文化表現的本土化典範開始發展的「軸心時期」（the Axial Period）。[1]由於台灣的國際處境艱難、國民黨政府程度有限的政治革新、社會經濟的變遷、戰後世代的步入社會、學術界與文化工作者的自我反省與求新求變等因素的輻湊彙集，使許多知識與文化生產領域都出現追求本土化的動力與實踐，尤其是關於台灣本身的知識建構與文化再現的本土化。這個時期的本土化典範，在不同的知識與文化生產領域的發展方式並不一樣，但是它們對往後至今台灣社會的影響，都相當深遠。

為了本文分析的目的，我將七〇年代以來至今台灣的本土化典範，依照建立「理念型」（ideal type）的方式，區分為「敘事的（narrative）本土化典範」與「非敘事的（non-narrative）本土化典範」兩類。就後者而言，譬如在美術的領域，七〇年代的回

---

1 這裡「軸心時期」的概念借自德國哲學家雅斯培（Karl T. Jaspers, 1883-1969）。雅斯培以「軸心時期」來形容人類歷史從西元前800至200年——尤其是西元前500年左右——的這段時期。當時在中國、印度、與西方，人們開始反思自身存在的種種問題，而在三個地區幾乎同時發展了各具特色的思想文化。雅斯培認為，「這個時代產生了我們至今仍在其範圍內思考的基本範疇，創立了人類仍賴以生活的世界宗教的開端。……這個過程的結果是：到那時為止被無意識地接受的觀念、習慣、與環境，都受到審察、質疑、與清理。一切都被捲入漩渦。就那些仍然具有生命力與現實性的傳統內容來說，其表現形式被澄清，因而也就發生了變化。」（Jaspers 1953 [1949]: 1-2）筆者認為，就七〇年代的政治／文化變遷及對其往後的社會影響而言，它在戰後的台灣歷史上，猶如雅斯培所認為那段西元前時期在世界史上的地位一樣。因此筆者以「軸心時期」來形容七〇年代的重要性。

歸鄉土文化潮流，使洪通的繪畫與朱銘的雕刻備受肯定。當時美術界新興的論述基調在於批判崇洋、謳歌民間藝術，提倡西化與工業化程度最少的鄉村與民俗來做為美術創作的題材。但是美術界在後來並未發展出較有系統的本土化理念（林惺嶽　1987: 201-228）。又譬如心理學、社會學、與人類學的少數學者，則在七〇年代下半葉開始反省這些領域對西方學術發展的過份依賴（楊國樞　1993: 8，63-64）。這些領域在1980年之後以「社會及行為科學研究的中國化」為名所推動的具體工作，主要在針對台灣的社會文化，追求契合本地經驗的概念、理論、與方法，以便更恰當地分析理解自己社會文化的經驗。[2] 上述美術、心理學、社會學、與人類學等領域中出現的本土化典範，由於其主張並非明顯地依賴一個關於台灣的歷史敘事，因此筆者稱之為「非敘事的本土化典範」。我們也許可以說，上述這些領域中對本土化知識與文化再現的追求，仍然不免涉及某種特定的歷史認識。不過，如同本文下面指出的，歷史敘事對文學（包括歷史）領域的本土化典範有支配性的作用，構成其本土化理念的核心。相較之下，類似美術、心理學、社會學、人類學等領域中，其隱含的歷史敘事與其本土化典範的關係，則是相對地微弱而間接的，並且其中也幾乎未涉及文學本土化典範的歷史敘事所產生的策略的本質主義與國家權力等問題。它們即使曾經引起爭論，所涉及的政治、文化層次，不像文學領域的論辯一樣，直接牽涉到國家機器的爭奪。其

2　參考楊國樞、文崇一（1982）、李亦園、楊國樞、文崇一（1985）、蔡勇美、蕭新煌編（1986）、傅大為（1991）、文崇一（1991）、楊國樞（1993）。在八〇年代結束前後，社會學與人類學的「中國化」呼籲與行動就已逐漸銷聲匿跡。至於心理學在這方面，則至今仍蓬勃發展。不過心理學研究的「中國化」概念，在1987年左右則轉為「本土化」（楊國樞　1993: 9，64-65）。

爭論，也遠不及文學領域所引發的持續深遠。

至於「敘事的本土化典範」，則在七〇年代以來的文學與歷史領域中出現，並且對這兩個領域的影響最為顯著。其具體主張與實踐方式，與那些提出「非敘事的本土化典範」的知識與文化生產領域所追求的，並不相同。為了理解這種敘事的本土化典範，我們必須先討論敘事的概念。敘事即使有種種不同的定義，但歸納來說，這些定義共通地指出，敘事是「以具有清楚開頭、中間、結尾的次序來安排事件的一種論述的形式」，而這正是大多數研究者所認為的敘事——或故事——的基本特質（Hinchman and Hinchman 1997: xv）。[3]對於事件做開頭、中間、結尾的序列安排，使之具有「情節」（plot），是敘事最重要的特徵；亦即「情節賦予」或「情節化」（emplotment），是使事件的陳述具有敘事性（narrativity）的最重要關鍵。情節的賦予把事件轉變成連續故事中的一幕（episode），使獨立的個案具有意義，也因而將敘事的各部分聯繫起來，成為一個具有內在意義的整體。如同 Somers 與 Gibson 指出的，敘事性並不是把事件放在一個孤立的範疇中來尋求其意義，它不會把事件當做單一的現象來理解。敘事性最突出的特徵就在於：只有在與其他事件的時間與空間關係中，才能辨識任何事件的意義（Somers and Gibson 1994: 59）。為了尋求秩序與意義，在安排清楚的事件開頭、中間、結尾的情節賦予過程中，敘事並非簡單地反映現實，而是包含了選擇、重組、簡化現實等機制（Hinchman and Hinchman 1997: xvi）。

---

3 在以下的討論中，就像心理學家 Jerome Bruner（1986，1990，2002）、Theodore R. Sarbin（1986）等人的用法一樣，故事與敘事的概念交替使用，不加區別。

　　許多研究者都認識到敘事對人類社會生活的基本重要性及其普遍存在的事實。就像Roland Barthes經常為敘事研究者所徵引的一篇早期文章所指出的,「敘事出現在每個時代、每個地方、每個社會;它正是與人類的歷史一起出現,我們找不到沒有敘事的人們,也從來沒有。……敘事是超越國界的、超越歷史的、跨文化的:它就在那裡,就像生命本身。」(Barthes 1977 [1966]: 79)Paul Ricoeur在他被譽為二十世紀中「文學理論與歷史理論最重要的集大成之作」[4]的 *Time and Narrative* 第一卷中所集中討論的,正是人類敘事活動與其經驗的時間特性兩者之間的密切關係。Ricoeur言簡意賅地強調:「時間因而變成具有人性,以至於它由敘事模式來清楚地表達;而當敘事成為時間性存在的一個條件,敘事因而達到其充分的意涵。」在其中,與敘事性的時間意涵最相關的,即為情節(Ricoeur 1984: 52;同時參見Ricoeur 1981: 165, 167)。換句話說,敘事將人類的經驗組織成在時間上具有意義的一幕又一幕,是一種基本而重要的認知方式(Polkinghorne 1988: 1)。而正如上述,敘事創造意義的方式,是將經驗或事件納入特定的情節,使它成為別的經驗或事件的原因或結果,也因此成為一個更大的關係整體的一部分。[5]由於敘事具有以整體概括的方式來理解世界的重大作用,因此許多敘事理論者以不同方式來形容其重要性,例如稱之為「典範」(paradigms)、「對現實的包裹觀點」(capsule views of reality)、「詮釋機制」(interpretive devices)、或「世界觀」(world views)(Hinchman and Hinchman

---

4　這是歷史哲學家Hayden White對此書的讚詞。見White(1987: 170)。

5　Ricoeur因此將情節定義為「任何故事中支配一系列事件之可理解的整體」(Ricoeur 1981: 167)。

1997: xvi）。[6]

　　情節賦予既是敘事性的要件，換句話說，是情節才使得故
事具有某種方向，將其各部分搏聚起來，使涉入其中的人們感
受到某種完整與一致性。情節之所以可以使故事不至於漫無旨
歸，就如 Eric Ringmar 強調的，在於情節有一種「問題意識」
（problématique），或者說一種基本的緊張、衝突。而緊張與衝
突需要紓解，因此需要故事所涉及的行動者（actor）採取行動
（action）（Ringmar 1996: 72-73）。Ringmar 以情節所展現的故事
方向為中心，扼要地說明敘事、認同、與行動的關係：

> 　　從故事參與者的角度而言，敘事有其方向性（directedness），
> 可以從行動的意圖的（intentional）面向來理解。做為一個有
> 意識的人，就是有其意圖與計畫——也就是試著要促成某種
> 結果，而意圖與其實行之間的連結，一向以敘事的形式來呈
> 現。因此說故事（story-telling）變成行動的前提……。我們
> 告訴自己我們過去是／現在是／將來會是怎樣的一種人；我
> 們過去／現在／將來會處在什麼情境；像我們這樣的人在這
> 些特殊的情形下，可能會怎麼做。（Ringmar 1996: 73）[7]

6　不過人們以敘事來尋求世界的秩序與意義，未必都成功，這一點可參考
　　MacIntyre（1984: 218-219）。對於敘事性究竟是人類生活與行動的本體的
　　（ontological）存在性質，或只是人類認識的（epistemological）過程與結果，
　　不同的理論家有不同的看法（參考 Polkinghorne 1988: 188，註10；Carr 1986:
　　Introduction，特別是 pp.15-17）。筆者的立場近於前者，但是關於這個問題，
　　已超出本文的範圍，無法在此討論。就本文來說，重要的是本土化典範中的
　　確存在著「敘事的」的這一類型，並且對政治／文化有其重大影響。
7　Ringmar 在此所謂的行動概念，明顯來自韋伯（Max Weber），指的是行動個
　　體賦予主觀意義的那些行為（Ringmar 1996: 66；韋伯 1993: 19）。

　　從上述角度概念化的敘事，涉及的是一種人們相當基本的認知過程及其結果。在其中，人們將個別的行動與事件，連結成為相互有關的面向，而這些相關面向構成一個可理解的整體。敘事的理解（narrative understanding），也就是人們以時間序列（sequence）的方式尋求、確認其經驗所具有的意義之基本過程及其結果（Bruner 1990: 43-44；Polkinghorne 1988: 13, 17-18）。在文學、歷史、童話、電影、連環漫畫等敘事「文本」（text）中，作家、歷史作者、流行文化創作者等基於個人獨特的企圖與創意，在呈現作品中的行動或事件的前後因果關係時，經常發展各種特殊的述說方式，例如同一故事可以用不同情節結構來鋪陳，或甚至以反敘事的方式，刻意模糊、瓦解時間序列的情節安排。再者，許多研究者指出，在一些高度發展或「後現代」社會中，傳統知識與文化合法性所倚賴的「大敘事」（grand narrative）或「後設敘事」（metanarrative），早已面臨危機，備受挑戰（例如Lyotard 1984 [1979]）。身處其中的人們所普遍呈現的自我認同經常是多元混雜的，鮮少具有統整一致的特徵；而具有後現代風格的小說、影片等，在不同程度上反映這種現象，往往不再具有清晰可辨的開頭、中間、結尾，也沒有明確的關鍵主角、中心要點、行動走向等（例如Gergen 1991: 129-134）。[8]不過即使文學作家或影像創作者可以馳騁創意、自由發揮而瓦解敘事，但這卻非日常生活絕大多數人理解自我及其認同建構的普遍常態。而後現代社會中的自我雖然經常面臨多元社會關係與各種真理宣稱的衝擊，但是後現代的研究取向恐怕過分強調當代人類經驗的失序混亂。例行的日常生活，仍然要比這些取向所認為的更有秩序而連

8　參見Michele L. Crossley（2000: 55-56）的討論。

貫；而生活中，人們的自我也仍然是敘事所建構的（Crossley 2000: 56；Holstein and Gubrium 2000: 56-80）。人們必須賦予生活某種意義，而這意味著我們幾乎無可避免地以具有時間深度的敘事方式理解自己。人們的生活，可以說是Ricoeur所謂的「追尋敘事的生活」（MacIntyre 1984: 204-225；Taylor 1989: 25-52；Ricoeur 1991）。企圖建構統整的關於自我與集體的故事，仍然是大多數日常生活──以及一般政治過程中──普遍常見的基本現象。[9]就此而言，類似Ringmar將敘事、認同、與行動聯繫起來的「敘事認同」（narrative identity）理論取向，使我們可以超越文學理論與文化研究中對故事或敘事的文本形式結構的分析，轉而探究敘事或故事在人群關係、社會秩序、與政治過程中的角色與作用（Plummer 1995: 19；Maines 2001: 168-171）。[10]族群與民族主義的政治／文化衝突，經常涉及某種歷史宣稱的對立，亦即關於不同人群集體對過去記憶的敘事之衝突。歷史敘事在族群與民族主義的認同建構與行動中，往往扮演相當重要的角色。文學的本土化典範既然涉及歷史敘事，並且與族群與民族主義的認同政治／文化關係密切，敘事認同理論因此有助於我們分析其性質與社會政治作用。

---

9 人們追尋統整的自我故事，以求得清晰而有意義的自我理解，由於種種原因，當然可能遭遇挫折，未必都能成功。

10 Ken Plummer將此種超越文本的形式結構分析的取向，稱為「故事社會學」（sociology of stories）（Plummer 1995: 19），而David R. Maines則與「文學的敘事社會學」（literary narrative sociology）相對，稱之為「社會學的敘事社會學」（sociological narrative sociology）（Maines 2001: 168-171）。

三、文學的敘事的本土化典範與意義的封閉（解釋一）

從七〇年代以來，本土化典範在文學（與歷史）領域中引起的爭論遠比其他的知識領域激烈而持久，其中一個重要的因素是具有關鍵性的爭論雙方，主要都以「歷史化」的方式來回答「在台灣所產生的文學究竟是什麼？應該是什麼？」之類的問題，並提出相關的主張。這裡所謂的歷史化，具體而言，指的是爭論的雙方都依賴一個涵蓋台灣人集體的過去、現在、與未來的敘事模式來回答這些問題，並提出主張。如上所述，一個敘事必然蘊含敘事者的認同位置與行動主張。由於七〇年代以來至今在文學與歷史領域所提倡的，主要就是一種歷史化或敘事化的本土化典範，而反對者則提倡一種針鋒相對的歷史敘事，因此使他們之間的爭論遠比其他知識領域中非敘事的本土化典範引起的爭論來得激烈而綿延久遠。[11]同時也因此使文學與歷史領域的本土化典範及

11　這篇附錄文章投稿於《文化研究》時，當時審查人之一曾認為：「晚近文學界反對或批判本土化的聲音有許多並無明顯可辨的『歷史敘事』（如張大春、朱天心、廖咸浩、南方朔），把本土化典範的對立面侷限在『大中國』文學史觀是無法抓住歷史脈動的。」對於這個批評，筆者有三點回應。第一，本文分析的是關於「台灣文學」的本土化典範及其所引起的爭議等問題，而非文學界人士任何對於晚近台灣政治、文化本土化的一般性反應。朱天心等人確實對於政治、文化本土化中的一些現象有所責難。例如朱天心批評「愛台灣」、「真正台灣人」等口號具有排他性、未能包容仍然「心繫中國」的外省人，認為本土化不應成為衡量文化藝術作品的唯一指標等（2001a, 2001b）。南方朔也有類似的指摘（2000, 2002）。不過，這些都不是針對本文討論的台灣文學問題所引發的議論。第二，關於台灣文學本土化，爭論者彼此指名道姓，互相批判，而且從七〇年代延續至今，言論衝突程度愈形激烈，這種現象只發生在本文所討論的圍繞在葉石濤、陳映真兩人的對立雙方。廖咸浩的確也有其對於台灣文學的主張。在認同選擇上，他主張走

其引起的爭辯，成為民族主義的認同政治／文化衝突的一部分，而這種情形並沒有出現在其他知識與文化生產領域。限於篇幅，本文以下僅集中討論文學領域中的本土化典範及其相關問題。不過其中的許多討論，大致上也適用於八〇年代之後歷史領域中的本土化典範及其引起的爭議。

「第三條路」，認為台灣社會需要重視的是基於「庶民」生活於共同鄉土與社區的「文化認同」，而不應強求文化認同與國家認同重疊合一，文化認同應該脫離國家認同的拘束。他既批評文學界「歌頌本土的右翼本土論者，執著於國族論述」，也批判「頻與國際接軌之洋務論者」過度國際化（2000: 114,116）。不過，類似廖咸浩的主張，在討論台灣文學問題上，多屬零星偶見的言論，也未引起持續而激烈的爭論，其性質迥異於本文所論以葉石濤、陳映真為代表的雙方之嚴重對立。第三，進一步而言，以審查人所提及的上述幾位人士為例，如果說他們對政治、文化本土化的看法，或是對台灣文學問題所發的零星議論與歷史敘事無關，恐怕也不盡然。廖咸浩認為：

> 台灣有文字的歷史四百年，無文字歷史深入遠古，落種滋長在這個島上的文化長短皆有、無以數計。在常民的身上，生活方式沉積著歷史記憶，歷史記憶滋養著生活方式。這個島嶼就是這樣一個各種傳統薈萃的所在，但在島嶼為各種傳統提供了新的舞台之餘，這些傳統也在庶民最誠實的生活中呼喊著不被割斷與選擇、不被剝離與物化。呼喊著要恢復本來面目、要獲得均等的機會。（2000: 117）

在他強調的文化認同，以及對本土論者的指責方面，都與上述對台灣歷史的認識密切相關。又譬如上述所引南方朔的批評文章中（2000, 2002），雖「無明顯可辨的」歷史敘事，不過在他的其他著作中卻充滿明顯而特定的歷史敘事。在七〇年代末、八〇年代初，南方朔自稱是「比台灣人還台灣人的外省人」，而其理想為「幸福的台灣、光榮的中國、和平的世界」（見其1979: 封面內折頁作者介紹）。在其《帝國主義與台灣獨立運動》（1980）一書的各章，包括〈台灣獨立運動之發展〉、〈三百年來的中國與台灣〉等，即充分呈現其歷史認知。南方朔晚近對政治、文化本土化的非議，可以說是他七〇年代以來特定歷史敘事認同內在的一部分。

　　從七○年代末到現在，將近四分之一個世紀以來，在文學領域中，葉石濤與陳映真一直被視為支持或反對本土化典範的雙方各自的代表人物。當文學領域的本土化典範在七○年代開始發展時，葉、陳兩人在1977年秋「鄉土文學論戰」發生前不久，各自以先驅者的角色發表了宣言式的文章，形塑了後來長久爭論的基本範圍與方式（葉石濤 1977；許南村 1978 [1977]）。筆者接下來就以葉、陳兩人從七○年代至今的相關主張與爭論為例，分析文學領域中敘事的本土化典範之性質及其問題。[12]

　　從六○年代中期至七○年代上半葉，成長於日本殖民晚期的葉石濤幾乎是小說方面唯一重要的本省籍文學批評者。[13]當時他專注於日本殖民時期至戰後的本省籍作家的作品，稱之為「（本省的或台灣的）鄉土文學」，並將它們擺在歷史變遷脈絡中詮釋其文化與政治的意義，尤其是從國族認同的角度，回答「對『我們』而言，日本殖民時期至戰後世代的本省籍小說家及其作品意味著什麼？」、「它與過去、現在、將來的中國文學發展——包括更廣大的過去、現在、將來的中國國家／民族的發展——有什麼關係？」之類的問題。[14]藉著這些問題的回答與意義的闡述，葉石濤將日本殖民時期到戰後本省人的文學活動敘事化、象徵化。因

---

12 以葉石濤、陳映真為代表的雙方當中，除了葉、陳兩人之外的其他人之言論主張等，在本文一開始提及的那些探討台灣文學本土論或台灣文化民族主義歷史發展過程的既有文獻中，已有詳細討論。本文重點既在於理論分析角度，因此不再重複羅列這些其他人的細節論點。以葉、陳兩人的主張與爭論為主，已切合本文的問題意識與分析的需要。

13 這一段關於葉石濤的討論，主要根據筆者先前的文章，見蕭阿勤（2000: 105-112）。

14 這些問題是筆者對葉石濤當時關懷所在的綜合歸納，而非他本人提問的方式。

此他在建構當代台灣文學的集體記憶上，扮演極其重要的角色。
不過，我們要注意，和今天的葉石濤不一樣的是，從六〇年代中
期至七〇年代，葉石濤關於台灣鄉土文學的集體記憶建構的基本
參考架構是中國民族主義的。事實上，包括後來在台灣文學「去
中國化」中扮演重要角色的《笠》詩刊與《台灣文藝》雜誌的許
多成員，也與葉石濤類似（他本人可以視為《台灣文藝》雜誌的
一員），在七〇年代界定本省人文學活動的文化與政治意義時，
都是把它們放到一種中國民族主義的歷史敘事模式中，視為其情
節的一部分，進而尋找它們在這個整體經驗的關係結構中一個適
當位置。鄉土文學——包括七〇年代陳映真、黃春明、王禎和、
楊青矗、王拓等人的作品——藉著這種敘事化過程彰顯出來的象
徵意義，不只是「（台灣）鄉土的」，而且是「（中國）民族
的」。這種意義建構，基本上相應於當時興起的政治改革傾向與
文學民族性、社會性的普遍要求。按照前文指出的敘事的一般特
徵，這時期以葉石濤為代表的文學歷史敘事大致可以歸納如「表
1」。[15]

　　葉石濤在鄉土文學論戰發生前幾個月發表〈台灣鄉土文學史
導論〉一文，首度較完整地呈現上述文學的歷史敘事（葉石濤
1977）。當時陳映真隨即在〈「鄉土文學」的盲點〉一文中批評葉
石濤過分強調日據時期以來台灣鄉土文學的獨特性，忽視其中國
的特點。他認為，日據時期台灣的抗日政治與文學運動中的「台
灣意識」，就是「中國意識」、「以中國為取向的民族主義」（許
南村 1978 [1977]: 98）。這個時期陳映真關於「在台灣的中國文

---

15 關於這種敘事，參考葉石濤（1965, 1966, 1968, 1977, 1979a, 1979b, 1979c,
　　1984）。

表1　中國民族主義的「台灣鄉土文學」敘事模式[16]

敘事者	中國人、中華民族
時間的演進	日據時期以來
中心主題	鄉土文學：從台灣到中國的歷程—— 從鄉土色彩追求民族風格 從地域特性追求民族通性 從傳統追求現代
情節	開始：日據時期本省鄉土文學做為抗日運動的一部分 　　　而開始發展，表現重歸祖國之意志的民族精神 中間：台灣光復後本省鄉土文學重歸為中國文學的 　　　一支，七〇年代初抱持堅定的中國民族主義的 　　　第三代本省籍作家的鄉土文學興起 結尾：（依照下列結論或解決方案而發展）
結論或解決方案	追求「鄉土」與「民族」的平衡與融匯，自然地成為 中國文學的一部分，提升到世界文學的層次

學」的敘事，可以整理如「表2」。[17]比較「表1」與「表2」，其中敘事者的認同位置基本上相當類似。當時葉石濤仍然是以做為中國人或中華民族的台灣人在述說文學故事。就此而言，陳映真暗示葉氏文學的歷史敘事是「用心良苦的，分離主義的議論」、分離於中國的「台灣的文化民族主義」（許南村 1978 [1977]: 97），可以說是過度反應。[18]

16　根據蕭阿勤（2000: 112）。

17　關於這種敘事，參考許南村（1978 [1977]），陳映真（1977）。

18　我們也許可以說，即使「表1」與「表2」中敘事者的認同相近，但是葉石濤與陳映真理想中的中國並不太一樣。譬如說，陳映真所追求的，是具有某種社會主義性質的「中國性」，而這是葉石濤所沒有的特點。不過就本文的問

表2　中國民族主義的「在台灣的中國文學」敘事模式

敘事者	中國人、中華民族
時間的演進	日據時期以來
中心主題	在台灣的中國文學： 反帝、反封建的 以中國民族為歸屬的，追求民族風格的 現實主義的，關懷時代與社會的
情節	開始：日據時期台灣新文學以農村、農民為關切與抗 　　　日焦點而興起，為中國近代反帝、反封建文學 　　　運動的一環 中間：戰後近三十年，文學界與五四新文學傳統斷 　　　絕，西化而逃避現實；七〇年代初新一代作家 　　　發展現實主義的鄉土文學，批判西化傾向，追 　　　求文學的社會性與民族性 結尾：（依照下列結論或解決方案而發展）
結論或解決方案	以台灣的中國生活為材料，以中國民族風格與現實主 義為形式，貢獻於整個中國文學

　　葉、陳兩人以歷史化或敘事化的取向提出對台灣文學的認識，基本上確立了當時至今文學領域中談論本土化典範的方式。同時陳映真的過度反應，也預示了日後文學領域中關於本土化典範的爭論，經常就是不同歷史敘事之對立，而成為逐漸浮現的民族主義認同政治／文化衝突的一部分。不過，這僅僅只是從回顧的觀點來看所提出的後見之明。事實上，我們不能以粗糙的歷史

　　　題意識而言，重要的是陳映真堅持做為中國人或中華民族一份子，而葉石濤的台灣人認同，當時也仍未脫離做為中國人或中華民族的一部分。

目的論來理解當時至今的變化。[19]一個明顯的事實是：如果沒有
1979年底美麗島事件的發生，以及八○年代上半葉黨外激進人士
的崛起、宣揚台灣意識的黨外雜誌大量出現、國民黨各種方式的
持續打壓等因素的交互作用，七○年代初出現之黨外的政治理念
與反對行動是否會在八○年代後迅速激進化，恐怕不無疑問。而
在政治反對運動激進化過程中企圖替代「中國史觀」的台灣民族
主義歷史敘事──亦即八○年代之後反國民黨的本省籍政治與文
化界人士所謂的「台灣史觀」──是否會快速發展，恐怕也很難
說（蕭阿勤 2003）。美麗島事件與黨外在八○年代初反國民黨的
激進對抗、宣揚具有民族主義特質的台灣意識，催發了《笠》與
《台灣文藝》成員反國民黨的政治意識與文化活動。在八○年代
上半葉，他們開始與黨外發展公開的密切關係，參與反對政治運
動。這時候他們與1982年初創辦的《文學界》成員開始提倡將台
灣的文學「去中國化」，將日本殖民時期以來台灣（本省）人的
現代文學發展詮釋成一個具有獨特的「本土化」歷史性格與文學
特色的傳統，而這個傳統與五四時期以來的中國（民族）文學進
展少有或沒有任何關聯。這些本省籍的文學界人士並逐漸以「本

19　John Breuilly批評「敘事的」（narrative）取向，在理解或研究民族主義上，
　　幾乎沒有提供什麼解釋。如同他所指出的，雖然民族主義者本身在構築、闡
　　述民族主義興起的故事上，扮演領導的角色，不過那些在學術界而沒有直接
　　的政治興趣或利益牽涉的歷史研究者，也可能採取這種研究取向。敘事取向
　　視民族主義的興起為當然，認為說明民族主義歷史的適當形式，就是敘事。
　　Breuilly指出，就其預設了故事有開頭、中間、與結尾而言，敘事取向通常
　　忽視歷史結局所具有的機遇性質（contingency）。不過他同時也強調，如果
　　目的論提供的僅僅是問題（歷史過程中，有什麼早期的因素影響了後來的發
　　展？），而非答案，那麼理解或研究歷史時的目的論取向，並沒有什麼錯
　　（Breuilly　1996 [1994]: 156-158, 173）。

土文學」——進而以「台灣文學」——取代「鄉土文學」的稱
呼。1986年民主進步黨成立後的八〇年代下半葉，島內台灣獨立
運動顯著地發展。在這段期間，這群文學界人士更進一步參與政
治反對運動，其文學活動與結果成為台灣民族主義政治／文化發
展的一個重要部分。從當時到現在，他們在建構台灣民族主義的
文化或文學論述上，一直扮演主要角色。[20]在八〇、九〇年代之
交，葉石濤出版的《台灣文學史綱》（1987）與彭瑞金的《台灣
新文學運動40年》（1991a），可以說是台灣文學論述從「去中國
化」到「（台灣）民族化」的中間發展階段的典型代表（蕭阿勤
2000: 113-116）。這兩本文學史具現了七〇年代以來文學本土化
典範發展的結果，也確立了台灣民族主義的文學歷史敘事的模
式。葉石濤在1992年左右讚揚彭瑞金該書時相關的一段文字，是
這時期文學本土化典範新發展的典型代表，而不同於他在七〇年
代的看法：

　　我們之所以把戰前的新文學與戰後的台灣文學看作是割裂
不開的整體完全的文學，其原因在於我們認為台灣文學是世
界文學的一環，而不是附屬於任何一個外來統治民族的附庸
文學。……

　　決定台灣文學是獨立自主的文學，而並非任何外來統治
民族文學的附庸，這起因於台灣四百年來的歷史命運。如眾
所知，台灣的每一個歷史性階段裡都出現了外來統治者。他
們都是一丘之貉，以抹殺台灣歷史，消滅台灣文化為其首要

任務。他們徹底要摧毀台灣意識，把台灣民眾變成一群附
[俯]首聽命的死魂靈。……

　　台灣文學便是被壓迫者的文學，也就是弱小民族抵抗外來
統治者而建立的抗議文學。這種文學必須站在被壓迫者的立
場上來戰鬥，爭取台灣民眾「政治的、經濟的、社會的」解
放。台灣文學建構在本質性的肥沃台灣文化的土壤上，紮根
於台灣民眾的企求民主、自由的渴望上。必須跟毀滅性的任
何壓制抵抗。而在這抗議意識裡，最重要的指標，莫過於濃
厚堅定不移的台灣意識。那麼什麼叫做台灣意識呢？我們認
為認同台灣的土地和人民，認知台灣是獨立自主的命運共同
體，且深愛台灣的大自然和本質精神文化願意為它奉獻犧牲
的意識。

　　七〇多年的台灣文學就是紮根於這台灣意識，跟台灣民眾
打成一片，描述在外來民族的壓制下艱辛地生存下來的台灣
民眾生活史的文學。（葉石濤　1992b [?]: 13-15）

　　這段簡要的台灣文學史的敘事者，已經明白地不是中國人或
中華民族的一分子，而是在國族認同上與之完全對立的台灣人。

　　台灣文學本土化論述，以《笠》、《台灣文藝》、以及繼承
《文學界》而於1991年底創刊的《文學台灣》成員的闡述為主，
這種論述，在九〇年代以來更加激進化。除了將台灣文學「去中
國化」之外，他們更進一步將它「民族化」，亦即一方面將台灣
文學的源起溯自數千年前的原住民神話、傳說、歌謠等，將它詮
釋為具有多族群源頭的一個文學傳統；另一方面則將整個台灣現
代文學發展詮釋成台灣（本省）作家藉著作品來關懷、尋求、確
認獨特的台灣國族認同的過程。換句話說，台灣文學被賦予一種

民族的性格，被再現為一個獨特的「台灣民族」的文學傳統，「台灣民族文學」的概念因此被建構出來（Hsiau 2000: 110-114；蕭阿勤 2000: 116）。到了九〇年代末，葉石濤則指責七〇年代的陳映真、王拓、尉天驄等人「是中國民族主義者，並不認同台灣為弱小新興民族的國家」；而他們所創作或支持的鄉土文學，「其實並未真正反映台灣本土的現實」，「乃是以中國民族主義為基調，並非真正的落實在本土的歷史、人民和土地上」。對他而言，鄉土文學論戰代表的，只是國民黨方面的「舊中國民族主義者」與陳映真等的「新中國民族主義者」的內訌對決罷了（葉石濤 1997: 42-43, 46-47, 143-145）。九〇年代至今，以葉石濤為代表的台灣文學本土化的敘事典範，可以整理如「表3」。[21]這個模式可以說是七〇年代以來敘事的文學本土化典範走向台灣民族主義的充分表現。

　　在八〇年代以來台灣政治／文化的本土化、台灣化過程中，台灣民族主義的「台灣文學」敘事逐漸取得社會優勢。相對地，以陳映真為代表的中國民族主義的「在台灣的中國文學」敘事，則明顯處於比較邊緣的社會位置。相對於葉石濤與《笠》、《台灣文藝》等成員的國族認同的變化，從七〇年代以來，陳映真懷抱著強烈的中國意識，始終主張從反帝、反封建的中國民族主義觀點來理解台灣的歷史與文學。他所建構關於台灣文學的敘事，也幾乎未曾改變。從八〇年代初的「台灣意識論戰」以來，陳映真就與葉石濤、陳芳明、彭瑞金等本土化典範的主要提倡者針鋒相對。九〇年代末以來，他的文學敘事逐漸受到中華人民共和國學

21　關於這種敘事，參考彭瑞金（1991a, 1995 [1991]）；林瑞明（1992）；葉石濤（1997）。

表3　台灣民族主義的「台灣文學」敘事模式[22]

敘事者	台灣人、台灣民族
時間的演進	台灣有史以來，尤其是日本殖民時期1920年代以來
中心主題	台灣文學：描寫、反映台灣人歷史經驗的現實主義文學發展過程—— 多族群的文學發展起源 描寫、反映台灣人被外來統治者壓迫與反抗的歷史經驗 描寫、反映台灣人渴望自由解放、追求獨立自主的政治體制的意願 不附屬於任何外來統治者文學（尤其是中國文學）的獨特文學發展
情節	開始：數千年前原住民文學的發展 　　　日本殖民期做為文化抗日運動一部分的台灣新文學開始發展，表現追求自主的台灣意識 中間：戰後本省籍作家艱困孤寂地創作，以「鄉土文學」之名延續了台灣文學的傳統 　　　60年代《笠》、《台灣文藝》的創刊代表台灣意識的確立 　　　70年代真正的本土作家冷眼旁觀中國民族主義者內訌的鄉土文學論戰，默默創作與集結，並重新尋回日本殖民時期台灣新文學傳統 　　　80年代中鄉土文學、本土文學終於正名為台灣文學 　　　90年代以來台灣文學獨立自主的「主體性」在確立中 結尾：（依照下列「結論或解決方案」而發展）
結論或解決方案	促進一個獨立自主的政治體制的建立，確立擁有主權的台灣文學，成為世界文學的一環

22　根據蕭阿勤（2000: 122-123）。

者的呼應，而與他們合作批判文學界的台灣民族主義。譬如2001年底，《「文學台獨」面面觀》一書在北京出版。這本書的兩位作者宣稱該書目的，在於「徹底粉碎『文學台獨』、『文化台獨』以至整個『台獨』的陰謀，維護海峽兩岸文學、文化的統一，維護國家領土和主權的完整，民族和國家的統一」。對他們而言，葉石濤的〈台灣鄉土文學史導論〉一文，「最早敲響了『文學台獨』出台的鑼鼓」；而他一直是「炮製和鼓吹『文學台獨』的掌門人物」，與陳芳明、彭瑞金、張良澤等人形成「『文學台獨』派」（趙遐秋、曾慶瑞 2001：前言2, 正文2, 273）。陳映真在為該書作序時，認為：「反對『文學台獨』的鬥爭，是我們民族自鴉片戰爭以來，爭取民族解放與團結和國家獨立與統一的偉大鬥爭中未竟之業。」（陳映真 2001: 3）就像陳映真如此強烈態度的宣戰一樣，這本書的兩位作者抨擊「『文學台獨』是文學領域裏的『兩國論』」，並且以恫嚇的口氣宣稱「陳芳明們，還有他的前輩葉石濤們，如不改弦更張，他們的『文學台獨』言論必將成為『台獨』勢力的殉葬品而歸於死灰！」（趙遐秋、曾慶瑞2001: 6）這些都讓我們見證了敘事認同的對立所帶來的強烈仇恨，令人慨嘆。[23]在北京出版的《「文學台獨」面面觀》一書，可以說代表中

---

23 2000年三月台灣總統大選投票日的三天前，中華人民共和國總理朱鎔基在北京的記者會上，對於民進黨候選人陳水扁聲勢看漲，表示「不管是誰上台，絕對不能搞台灣獨立」；「……我們絕不承諾放棄使用武力，誰贊成一個中國的原則，我就支持誰，什麼問題都可以談，可以讓步，讓步給中國人嘛！誰要是搞台灣獨立，誰就沒有好下場！」朱鎔基進一步說：

　　從一八四二年鴉片戰爭以來，中國近代史是受外來勢力侵略凌辱的歷史，台灣也是多年在日本軍國主義者統治和占領之下，回想當年中國是何等的貧窮，但是我們還是喊出了「起來！不願做奴役的人民」，前仆後繼

華人民共和國在陳水扁當選總統後對台灣民族主義更加強烈的敵意。

　　歷史敘事對認同的建構與確立，是意義封閉終止所造成的效果。這種意義的封閉終止，主要來自敘事化的整體意義的建構。敘事的整體意義形構排除了對事件或經驗可能不同的詮釋，阻止意義的繼續開展。它因此以某種特定的方式定位敘事者的認同。文學的本土化典範所引起的爭論衝突，涉及不同敘事整體意義形構之間的對立，亦即牽涉不同的詮釋機制、對現實的包裹式觀點、或甚至世界觀的對立。這是為什麼文學領域中敘事的本土化典範引起激烈紛爭，成為台灣認同政治／文化之一部分的重要原因。

四、「策略的本質主義」只是策略的？（解釋二）

　　從長遠的歷史角度來看，戰後國民黨面對歷經半世紀殖民統治的台灣，它所進行「去日本化」的統治與教化，可以說是一種官方所主導、由上而下的「強迫的去殖民」。就其對戰後成長與

的英勇鬥爭，當時的救亡歌曲，我當時只有九歲，現在我還記得清清楚楚，每逢我唱這些救亡歌曲，我的眼淚就要流出來了，我就充滿要為祖國慷慨赴死的豪情。那麼，今天中國人民已經站起來了，我們能夠允許自古屬於中國領土的台灣分裂出去嗎？絕對不能！

見2000/3/16，〈朱鎔基記者會有關對台部分問答全文〉，《中時電子報》。http://forums.chinatimes.com.tw/report/vote2000/main/89031604.htm（2003/9/30瀏覽）。人們對於某種道德與價值理念的執著，以及伴隨而來的愛與恨，在相當大的範圍與程度上，來自於將自己置身於特定歷史敘事中而來的連帶感（蕭阿勤 2003: 244）。朱鎔基的談話，正是另一個顯例。

受教育的世代的影響而言，國民黨的「中國化」教化，可以說相當成功。在本土化知識典範開始發展的七〇年代，推動回歸鄉土、回歸現實潮流的主角實際上是這些戰後世代的成員。當他們發展鄉土文學、挖掘日據時期台灣文學、探索台灣歷史——亦即提倡那些在戰後社會公共領域中被壓抑的「台灣性」時，其歷史敘事的主體，是做為中國人、中華民族的台灣人。[24]美麗島事件之後、八〇年代以來，台灣意識或台灣民族主義的發展，其目的不僅在反抗國民黨統治的「再殖民」，也反抗中華人民共和國對台灣的強大威脅。八〇年代以來知識建構與文化生產的本土化典範之發展，尤其是在台灣的文學與歷史領域所看到的，是這種反抗再殖民的重要現象的一部分。

在世界各地後殖民時期的政治／文化鬥爭中，某種「本質主義」（essentialism）的認同宣稱，一直扮演關鍵的角色。對抱持這種立場的被殖民者而言，他們的認同來自共同的祖先與歷史經驗，是一種集體的真正自我或本質。雖然他們做為被殖民者，彼此之間的一些次要的差異或歷史的變幻，可能一時遮掩或壓抑這種集體的真正自我或本質，但它畢竟恆久長存。在後殖民的社會中，企圖掙脫殖民統治所帶來的屈辱悲傷，重新尋找或提倡這種認同，經常是被殖民者熱烈追求的目標（Fanon 1963: 170；Hall 1990: 223-224）。事實上，對於那些因為社會人群分類規則而處於社會邊緣的弱勢者來說，本質主義的宣稱，一直是強化他們自己身分認同的主要途徑，也是他們以另類方式再現他們自己時的創意來源（Hall 1990: 223；Woodward 1997b: 242）。八〇年代以

---

24 關於戰後世代在七〇年代回歸現實或回歸鄉土潮流中的角色，參見筆者的研究：蕭阿勤（2010）。

來，做為反抗「再殖民」鬥爭之一部分的台灣文學本土化典範，亦即從「去中國化」到「（台灣）民族化」的歷史敘事模式發展，其中所建構的台灣認同，明顯的具有上述後殖民的本質主義特徵。對這個敘事模式的提倡者來說，文學是表現台灣人長久以來被外來統治者壓迫的歷史經驗之工具，是表達台灣人始終反抗壓迫與追求獨立自主的手段。台灣文學是獨立自主的，在戰前不屬於日本文學，而在戰後則不屬於中國文學，就像台灣人在歷史上始終懷有堅定不移的台灣意識一樣。換句話說，台灣文學真正的「本土化」，就在於能夠展現這種台灣認同，亦即揭示台灣人被壓抑的、集體的真正自我或本質，而這種認同是歷史所確證不移的。在上述所引葉石濤讚揚彭瑞金的相關文句中，正可以看出這種本質主義的台灣認同宣稱，以及認為文學應該是發現、闡明、傳達這種認同的主要媒介之看法。[25]

　　不過就當代的認同研究而言，尤其是在文化研究領域中，一種「反本質論」（anti-essentialism）對認同的看法，無疑占據主流的位置。在這種看法中，語言的作用被認為是「製造」（makes），而非「發現」（finds）；言語的所指對象（referents），並沒有本質的或普遍的性質。認同不是一種實在的事物（thing），而是存在於語言中的一種描述、一種論述的建構結果，其意義隨時空或使用方式而變化（Barker 2000: 166, 190）。這種反本質論，從敘事認同理論的角度來看，就像Stuart Hall在討論加勒比海或黑人離

25　葉石濤在其《台灣文學入門》的〈序〉中說：「我從青年時代就有一個夢想，那就是完成一部台灣文學史，來紀錄台灣這塊土地幾百年來的台灣人的文學活動，以證明台灣人這弱小民族不屈不撓地追求自由和民主的精神如何地凝聚而結晶在文學上。」（葉石濤 1997: 1）

散者（diasporas）的文化認同時所指出的，「認同是我們對自己
被關於過去的敘事所定位（position）、以及我們在關於過去的敘
事中定位自己的種種方式之命名」；而「過去」在這種歷史敘事
中被本質化，用來確保穩定的認同感（Hall 1990: 225）。

　　就後殖民的政治／文化鬥爭或其他認同政治中處於社會邊緣
者的抗爭而言，反本質論對認同的看法似乎在行動實踐上沒有什
麼價值。因此一些批評者認為，我們對認同政治要有比反本質論
更具建設性的、更正面的理解，需要一種「策略的本質主義」
（strategic essentialism），亦即承認人們因為特定的政治的、實踐
的目的，而必需以認同「好像」是穩定的實體之方式行動
（Barker 2000: 190）。不少研究者在解構認同的同時，也承認這
種策略的本質主義在政治／文化實踐上不得不然的必要性。譬如
Hall曾經指出，認同的想像虛構的（fictional）或敘事的性質，必
然涉及一種對意義的封閉終止。對他而言，這種封閉終止是任意
武斷的；民族、族群團體、與性別等各種認同社群的創造，必然
含有這種封閉終止──亦即權力對語言的專斷介入、意識形態的
「截斷」（cut）、定位、跨越界線、斷裂等（Hall 1990: 230）。如
果沒有對意義的封閉終止，認同建構與政治行動──尤其是所有
要求建立新的主體性、企圖改變社會的社會運動──兩者即無可
能。對認同與政治而言，這種任意武斷的封閉終止，是「策略
的」必要（Hall 1997 [1987]: 136-137；1990: 230）。另外，出身
於迦納的黑人哲學家Kwame A. Appiah在批評那些流行於歐美而
立基於本質化的生物種族、宗教信仰、古老歷史之非洲認同時則
指出，現實政治中如果沒有神話與神祕化，就不可能有集體結
盟。集體行動所需的能動性（agency）的發展，似乎總需有對於
其認同起源的「錯誤」認識。在批判上述非洲認同本質化的不恰

當之後，Appiah試圖提出可以使堅持追求真相、真理的知識分子接納的非洲認同。他認為隨時空的不同，認同在政治上的意義與價值是相對的，擁護或反對某種認同要視情況而定。因此鑑於當前非洲的情勢，他認為一種基於非洲大陸的共同情誼、而非根據種族概念的「泛非洲主義」（Pan-Africanism），仍然是必要、有用、進步的——「不管它的理論基礎有多麼錯誤或糊塗雜亂」（Appiah 1992: 175-177, 178-180；1995: 106-108, 110-113）。又譬如Gayatri C. Spivak在談到反抗父權的女性論述策略時，雖然清楚指出對本質主義採取反對立場，是正確無誤的，但她也承認「在策略上我們沒辦法這麼做」。Spivak明白地宣稱：「……既然做為解構主義者（deconstructivist）……事實上我不能保持雙手乾淨而說『我是獨特的』。事實上我得說我有時候是個本質主義者。」對她而言，選擇有利於目標達成的策略的本質主義，就拋棄了理論上的純粹，而她的研究原本就不在追求前後條理的連貫一致（Spivak 1990: 10-12）。

就八〇年代以來的台灣文學本土化典範而言，筆者已指出其認同宣稱，具有後殖民政治／文化鬥爭的本質主義性質。我們無法確知葉石濤、彭瑞金等人在建構其台灣人、台灣文學論時，究竟是否曾有意識地定位其本質主義的認同宣稱只是一種策略。到目前為止，他們也不曾公開宣稱其認同建構是一種策略而已。換句話說，爭論台灣文學本土化典範的雙方是否有意識地操作策略的本質主義，這方面的經驗的或文本的證據，我們難以發現。除了上述Hall、Appiah、Spivak等嚴肅自省的理論家之外，在現實的政治、文化過程中，大概很少行動者會明白承認他們的認同宣稱只是策略的。即使是那些對本身的認同宣稱並不認真投入的政治人物，恐怕也極少會願意公開表白他們的宣稱只是達到另外目

的的策略手段而已。不過從善意的理解出發，不管台灣文學本土
化的典範含有多少扭曲的歷史、粗糙的概念、武斷的分類、矛盾
的論理等，就它做為一種反抗再殖民的行動來說，也許我們都可
以接受它做為策略的本質主義而無可避免的必要性。[26]

　　類似Hall、Appiah、Spivak等人直接或間接提出的策略的本
質主義，重點都在於認為：不能毫無區別地將某些特定行動者的
本質主義認同宣稱污名化。然而不管是做為對弱勢反抗的善意詮
釋，或是做為反抗者的自我正當化說詞，策略的本質主義在概念
上與實踐上都有其必需面對的挑戰。無論在概念上與實踐上，這
個主張面對的一大難題是「策略的本質主義如何而可能只是策略
的？」

　　首先在概念上，如果本質化的認同宣稱只是策略的，那麼這
個主張事實上預設了一個高度工具理性的自我的存在，而這個自
我總是能夠明白自己或自己所認同的社群的真正利益所在，隨時
能清楚地分辨手段與目的之差別而不至於混淆錯亂。策略的本質
主義主張人們因為不同時空的實際目的，而以認同「好像」是穩
定實體之方式來行動，預設了行動者清楚地理解到「好像是」
（「我只不過以認同好像是穩定的本質來行動而已」）與「實際是」
（「我的認同的確是一種穩定的、真正的本質」）之間的區別。就
像Appiah在提倡他理想中的泛非洲主義時，一方面指出非洲認同
的確是有力與有用的號召，但是另一方面則認為也會有「非洲不
是我們所要的旗幟」的時候（Appiah 1992: 180；1995: 113）。然
而認同涉及個人對「我是誰」、「我要成為怎樣的人」、「什麼是

---

26 這一段主要回應本文之前投稿《文化研究》時審查人之一的批評，筆者謹此
　　感謝指教。

有意義生活」、「我應該怎樣追求這種生活」、「我的生活目的與利益何在」等與自我實現相關的問題之反思。而認同的建構與維持，也需要人們相當程度及相當時間的信念與情感投入。策略的本質主義中一個進行理性選擇（rational choice）的、高度反身性的（highly reflexive）──即使不是「過度反身性的」（over-reflexive）──自我形象，無異否認信念與情感持續投入的必要。如此不僅掏空了認同概念的特殊性，也削弱了認同在解釋行動上的潛力，使認同概念變得貧乏無力。一個只是策略性的手段選擇，而非具有信念與情感投入的認同宣稱，如何還能以「認同」概念來理解與分析呢？預設一個行動者隨時能清晰區分自己宣稱的認同只是「好像是」或「真的是」穩定本質，她／他的理性自我總是能清楚地與認同宣稱所建構的那個（並非真正的）自我保持距離，不至於混淆兩者，並且能隨目的而調整手段。這樣的預設，也許會使策略的本質主義變成只是一種遁詞：「我的本質主義是策略的，所以是道德高尚的；而你的本質主義是基要派的（fundamentalist）、邪惡錯誤的。」（Andermahr, et al. 1997: 82）

　　另一方面，在實踐上，即使一開始是出於策略考慮所建構的認同，也往往有其非意圖的後果。這種認同建構一旦逐漸為人們接受，就往往成為社會互動的憑藉，或甚至是社會行動的目標，而不會只停留在行動者所意圖的策略層次。台灣「四大族群」的社會人群與認同分類的發展，就是一個明顯的例子。八〇與九〇年代之交，當民進黨的反對運動方式逐漸講求實際，其領導者為減少閩南人主宰反對運動的印象，以爭取其他背景者的支持，因而提出「四大族群」的說法。這種社會人群分類方式逐漸為台灣社會接受，成為至今社會民眾與菁英思考族群與民族主義政治／文化議題時的重要參考架構。同時在自由民主制度的選舉與社會

運動的群眾動員中，由於選舉候選人或社會運動領導者經常訴諸族群認同以爭取群眾支持，更促使認同建構的策略／目的、手段／目標的二分趨於瓦解。捍衛閩南、客家、外省、原住民（包括平埔族等）認同，往往就成為認同政治中行動者本身的目的。在「族群化」的實際政治過程中（Chang 1996；張茂桂 1997），本質化的認同動員幾乎無法逆轉，不可能停留在只是策略的一點上。同時在政治鬥爭中，本質主義也往往引來本質主義的回應。政治族群化的過程，亦即認同建構的「本質化」過程。

我們也許可以說：Appiah、Spivak 等人提出的後殖民主義的「策略的本質主義」，嘗試在抵抗的實際需要與可能造成的社會後果之間，尋找一個平衡點，因此是比較具有責任倫理性質的思考方式；這種權衡，雖然也是有意識而高度自省的，但畢竟不是政客式牟取最大利益的工具理性算計行徑。然而即使如此，本質化認同宣稱所帶來非意圖而無法預期的社會後果，往往無涉於責任倫理。策略的本質主義不可能只是策略的。現實政治衝突的驅力帶來的認同建構本質化及類似反應，不是學院理論家以自我克制的內在思考歷程所能駕馭，而是一種無法以主觀意願控制、難以預期的社會過程與後果。事實上，就轉化群眾意識、動員與擴大人們的支持而言，在有爭議的族群與國族問題上，所有本質主義的宣稱，即使不是有意識而高度自省的，可以說在不同程度上都帶有策略運用的意涵。[27]文學中的本質化認同動員（以敘事化的文學史的方式來界定「本土化」的「台灣文學」，以及與之對抗的「在台灣的中國文學」也憑藉敘事化的方式），從八〇年代以來，伴隨著政治的發展，其論述上的對立衝突也日趨嚴重，似乎難以

---

27 這裡的說法，主要回應審查人之一的批評，筆者謹此感謝指教。

逆轉。

　　基於善意的詮解，敘事的台灣文學本土化典範可以被視為現實反抗的必要策略。不過在概念上與實踐上，策略的本質主義幾乎不可能只是策略的，而策略的本質主義與本質主義之間也難以區分。即使是策略性的認同宣稱，也容易引起本質主義式的認同對抗。潘朵拉（Pandora）的盒子一旦打開，就很難再合起來。這是族群與民族主義認同政治的主要特徵之一，而這也是為什麼敘事的本土化典範在台灣的文學領域一直造成激烈爭論的重要原因。

五、誰的知識？知識的目的為何？（解釋三與結語）

　　本土化做為一種知識建構與文化再現的典範，它所引起的智識上的問題，從「誰的知識」到「知識的目的為何」等，都令人相當困惑。在現實政治中，這些難題不容易有讓各方滿意的答案。在後殖民社會反抗再殖民的政治／文化鬥爭中，文學領域的敘事的本土化典範做為一種賦予人們力量的知識（knowledge for empowerment），無可避免地涉及知識與權力或學術與政治之關係的複雜問題。這個問題在智識上一直不容易回答。但是一個明顯的問題，是那些有意識或無意識地支持敘事的本土化典範的台灣文學研究，經常受限於某種「經驗主義」（empiricism）。在這裡的討論脈絡中，經驗主義指的是一種對社會事實做為研究對象的觀點，在其中，概念、理論、以及社會事實被視為是自明的。一個具有經驗主義傾向的研究者往往缺乏認識論上的警覺，對概念、理論、甚至「社會事實」本身少有反省，未能體認到這些東西充滿預設的與建構的性質。日常生活語言與觀念的運用通常使

人們產生某種虛幻的感覺，認為社會事實是明白可知的。由於經驗主義的研究，未能試圖與日常生活的語言與觀念做某種必要的「決裂」，因此它們在分析經驗時，經常未能超越所分析的歷史上的行動者（在本文討論脈絡中指的是文學作家、批評家與其他相關的行動者）用以理解世界的範疇，亦即沒有與分析對象的經驗層次斷裂，進而達到一種分析的理解。[28]造成這種經驗主義限制的原因也許很多，但限於篇幅，無法在此細論。不過其中一個重要的因素，或許是由於為了說一個（敘事者自己所屬的認同社群中）愈多人聽得懂的動聽的故事，因此敘事運用的概念與命題不能離他們可以理解的方式太遠。換句話說，那些遵循敘事的本土化典範之台灣文學研究的低度理論化，也許是來自於認同社群維持內部相互溝通的需要。從這個角度來看，那些反對本土化典範、呈現鮮明的中國民族主義的台灣文學探討，尤其是中華人民共和國學者的眾多研究，它們受限於經驗主義而低度理論化，執著於鋪陳特定認同社群的集體故事，較之深受敘事的本土化典範影響者，事實上不遑多讓，甚至有過之而無不及。

　　然而文學的本土化典範所引起的「誰的知識」、「知識的目的為何」等問題，即使在智識上令人困惑，不易回答，但在政治上的答案卻似乎明白清楚──至少對其支持或反對者而言是如此。在談到九〇年代發展的「台語文學」引起的爭論時，葉石濤認為相關問題的解決，必須「直至國家主權地位的確立，才有可能露出曙光的一天」（葉石濤 1997: 45）。至於與中國學者合作批判「文學台獨」的陳映真，則有如前述，將這種批判視為中國民族鬥爭的事業。做為本土化典範的主要提倡者或反對者，葉石濤與

28　這裡對經驗主義的討論多參考 Pierre Bourdieu, et al.（1991 [1968]: 13-18）。

陳映真都清楚地相信：文學的問題只有在政治上依賴國家權力才能得到解決；兩人都寄望國家主權與認同的確立，以解決文學身分的問題。這種文學領域的對立，反映了台灣政治、文化本土化發展的一個核心難題，亦即這個發展趨勢挑戰一個較早的歷史、語言、文化、與傳統政體的集體記憶，而此集體記憶又與一個外在興起中的強權──中國──糾纏不清。這使得社會人群分類或集體認同造成的社會緊張衝突，亦即那些原本似乎可以在主權國家統治架構下，以國內問題的性質來磋商的社會議題，變成複雜的國際對抗問題（Hsiau 2005: 271-272）。現代國家的基本特徵，可以說是獨占武力之合法使用的一個行政的與法律的秩序，是具有領域基礎的強制性組織（Weber 1978: 56）。[29] 從這個角度來看，對葉石濤與陳映真所代表的雙方而言，文學本土化典範以及與它對抗的典範以國族敘事所達成的意義封閉，只有靠國家權力──即使不是完全的暴力的話──才能得到最終的保障。面對政治，潘朵拉的盒子也許不是真的合不起來。終究來說，文學本土化典範牽涉到國家體制與秩序，這使它在這個領域引起的爭論衝突遠較其他領域嚴重，也使它與族群和民族主義認同政治的關係，遠比其他領域更為密切。

認同的解構與反本質論對認同政治的行動實踐也許沒有什麼作用，對後殖民的政治／文化鬥爭或處於社會邊緣者的反抗或許更沒有太大的價值。而與國家和政治暴力相較，探索真相或真理

29　這是 Weber 對現代國家的著名的古典定義。晚近的 Anthony Giddens 在其一系列著作中，對於現代民族國家的基本性質，也有類似的看法（1981: 190, 1985: 18-20; 1990: 58）。Giddens 區別於 Weber 之處，在於他不強調國家對武力使用合法性之自我「宣稱」的必要（1985: 20）。

的知識追求也許更是相當虛弱的一種力量。如同Appiah所承認的，在認同建構中，沒有太多理性（reason）存在的空間，而對反抗因認同而來的歧視與暴力而言，認同的學術研究可以說無關緊要，因為實際的鬥爭並非在學術界中進行（Appiah 1992: 178-179；1995: 110-111）。然而以Appiah為例，當他考慮解決當前非洲現實問題的需要而選擇策略的本質主義的同時，他卻堅持知識分子不可以放棄對真相或真理的追求：「雖然我們不可能單單靠證據與論證而改變世界，不過如果沒有它們，我們也肯定無法改變它。」對他而言，學術界能貢獻的，就是對本質化認同論述的一種干擾破解（disruption），即使那只是緩慢而微不足道的（Appiah 1992: 179；1995: 111）。

　　策略的本質主義不可能只是策略的，即使是策略的認同宣稱也往往造成本質主義色彩的認同對立。文學本土化典範以及與它對抗的典範做為認識台灣的知識原則，終極而言，背後都可能隱含了國家的政治暴力。正因為如此，政治與文化菁英的論述——譬如葉石濤與陳映真等人的文學論述，做為公共敘事的主要來源，亦即做為人們發展集體認同之參考架構的重要來源，變得相當重要，值得我們重視。做為追求真相的一部分工作，在這裡讓我們回到台灣族群與民族主義政治尚未明顯啟動的七〇年代，同時也是本土化典範萌芽的軸心時期，或者讓我們回到更早的、相對上似乎更「純真無邪」的六〇年代。1966年，葉石濤在評論吳濁流小說的限制之餘，深切地寄望於本省籍作家。他說：

　　　　把台灣人的命運看做整個人類生活的一環，追求人類的理
　　想主義傾向，將使台灣作家走向了坦坦大道，敲開通往世界
　　文學之門，而這正是每一個作家夢寐以求的課題。從特殊的

鄉土發掘出發，發揚人性的光輝，繼而昇華為普遍的，人類
共有的人性。毫無疑問的，這是大多數台灣作家所採取的途
徑，而這一條路也是正確的。但只是雙腳陷於誇張的鄉土觀
念的泥沼裏，久不能自拔，這也使台灣作家永遠活在閉塞又
狹窄的囚籠，變成野〔夜〕郎自大的狂妄之徒。雖然，世界
上幾乎所有的偉大的小說莫不是伸根於鄉土，流露著醇厚的
民族性和脈脈搏動的鄉土氣息，但它們卻也顯示了人類共有
的人性和命運。（葉石濤 1966: 28）

至於陳映真，則在1976年左右討論李行導演的國片時，坦承
向來漠視國片及其工作者的艱辛努力，謙稱他個人的性格偏執，
有相當大的「墮落為一個最膚淺的教條主義者的危險性」。陳映
真同時如此反省：

在我看來，知識份子雖然往往是消除某種因襲的、約定的
偏執最為得力的人，但是他自己又很難於沒有另外一種所謂
知識份子的偏見。而且，或者簡直可以說：知識份子也者，
就是有其特定的知識上的偏執的那一種人罷。知識人按著他
們既有的教養、知識和癖好，去解釋世界，去評斷一切的事
物。而這些教養、知識和癖好，又無不有其強烈的黨派性。
這樣，在知識的範圍內，就劃出許多的派別來，各有他們不
同的價值觀和不同的語言。而當這些不同的派別相互對立的
時候，所謂黨派性、所謂知識份子的意識，就緊張了起來。
而這緊張起來的黨派性和知識份子的意識，恐怕正就是知識
人墮落成為各種樣式的教條主義者的最根本的原因罷。（許
南村 1976: 111-112）

很明顯地，不管是葉石濤對耽溺於鄉土觀念的諄諄忠告，或陳映真對知識分子偏執與教條主義的誠懇的自我批判，似乎都與他們晚近各自的文學論述有明顯差距。回顧這些，至多是對文學的敘事的本土化典範以及與它對抗之典範的一點微小的干擾破解，而這也許就是歷史研究探索真相的一點作用。

不過就積極地維繫一個穩定的社會而言，我們恐怕很難滿足於反本質論解構認同的消極干擾破解。基於敘事認同的理論與研究，我們可以認識到：那些基於不同歷史敘事的認同建構的衝突，是人們對現實認識的整體意義形構的對立，是世界觀的衝突。但是人們無法脫離敘事而建立自我，我們也很難想像人們可以輕易地改變、甚至放棄那些界定他們生命意義的故事，尤其是那種在長久歷史過程中建構起來的集體敘事。因此解決一個特定社會中涉及集體敘事認同衝突而來的政治紛爭，不應該一廂情願地寄望於衝突的各方可以輕易改變、放棄其生命故事。停留在反本質論解構特定認同的干擾破解，對緩解衝突對立而尋找實事求是的方案，往往沒有太大幫助。在許多情況下，它反而助長對人們敘事與認同建構抱持一種譏諷的態度，尤其是對他者的輕蔑鄙薄。停留在這個層次，無助於更深刻地認識人類社會存在與經驗無可避免的敘事性及其相關的認同建構。敘事認同理論的現實意涵是：民主社會中，與集體認同有關的社會衝突對立的有效緩解，有賴人們認知到必須共同生存於這個社會而來的相互包容與妥協，而非對他者生命故事的譏諷輕蔑，過度期待他們的改變或放棄。這正是具有多元文化主義的民主社會的基本精神，也是其可貴之處。其中政治與文化菁英的相互尊重與和解，尤其具有重大的象徵意義，以及實質的社會影響。

然而這正是期望消弭文學本土化典範所引起、以及相關類似

的認同爭論衝突時的困境所在：人們，尤其是政治與文化菁英，能否認知到必須共同生存於這個社會而包容妥協。在台灣，這些紛爭，向來不是「國內」政治問題而已。毋庸諱言，台灣畢竟是個「不正常」的國家——在國際上很少受到正式承認，而在國內的許多政治、文化衝突則與另一個鄰近而具有敵意的大國所代表的文化與歷史記憶有關。即使反本質論的認同解構對國族性追求的批判充斥，民族國家消亡、區域整合、全球化的呼聲高揚，但是在目前全球民族國家的架構下，一個相對的「正常」國家，恐怕仍然是人們思考如何與他人協商共存所必要的參考架構。晚近台灣政治與文化的本土化固然引起許多不滿與挑戰，但本質上它是對在地脈絡的強調，是一種追求人們在地思考的政治制度、知識建構、與文化再現的努力（Hsiau 2005: 271-272）。從這個角度來看，做為本土化典範的主要提倡者或反對者，葉石濤與陳映真針鋒相對之處，在於國家主權與認同，這毋寧是切中問題核心，毫無規避。台灣的主權地位與政治身分仍然面臨挑戰，使這個島嶼社會的成員仍然缺乏可賴以思考其共同未來的明確參考架構。因此文學本土化典範所引發的爭論衝突的持續，可以想見。從本土化典範的先驅、亦即回歸鄉土或回歸現實理念出現的七〇年代算起，至今已歷四十餘年。當時這個文化潮流的主要推動力量的戰後世代年輕人（蕭阿勤 2010），如今也已步入晚年。歲月無情，歷史仍然在試煉這個島嶼社會，質問它何去何從。

參考文獻

中文部分

四畫

中國國民黨黨史委員會編,1988,《中國國民黨與中華民國》。台北:中國國民黨黨史委員會。

文崇一,1991,〈中國的社會學:國際化或國家化?〉。《中國社會學刊》15: 1-28。

方豪,1951,《台灣民族運動小史》。台北:正中。

王甫昌,1994,〈族群同化與動員——台灣民眾政黨支持之分析〉。《中央研究院民族學研究所集刊》77: 1-34。

———,1996,〈反對運動的共識動員:一九七九~一九八九年兩波挑戰高峰的比較〉,《台灣政治學刊》1: 129-210。

———,1997,〈結構限制、運動參與,與異議性意識:台灣民眾政黨支持的社會結構基礎初探〉。頁249-294,收錄於張苙雲等編,《九〇年代的台灣社會:社會變遷基本調查研究系列二(下)》。台北:中央研究院社會學研究所籌備處。

王育德,1993(1964),《台灣:苦悶的歷史》。台北:自立晚報。

王孟武,1982,〈如何使國語運動往下紮根〉。《中國語文》295: 23-28。

王拓,1978(1977),〈是「現實主義」文學,不是「鄉土文學」〉。頁100-119,收錄於尉天驄編,《鄉土文學討論集》。台北:遠流。

王莫愁(王育德),1984(1946),〈徬徨的台灣文學〉。《文學界》9: 107-109。

王詩琅，1978，〈日據下台灣新文學的生成及發展〉。頁1-12，收錄於李南衡編，《日據下台灣新文學明集5：文獻資料選集》。台北：明潭。

王爾敏，1982，〈中國近代知識普及化之自覺與國語運動〉。《中央研究院近代史研究所集刊》11: 13-45。

王曉波，1986a，《台灣史與近代中國民族運動》。台北：帕米爾。

———，1986b，《走出台灣歷史的陰影》。台北：帕米爾。

———，1988（1987），〈台灣最後的河洛人——巫著《風雨中的長青樹》讀後感〉。頁239-254，收錄於其《台灣史與台灣人》。台北：東大。

———，1988，《台灣史與台灣人》。台北：東大。

王蕙瑛，1995，〈創傷與記憶——二二八民眾史與台灣主體性〉。《台灣史料研究》5: 68-83。

王錦江（王詩琅），1984（1947），〈台灣新文學運動史料〉。《文學界》10: 301-304。

五畫

古繼堂，1989，《台灣新詩發展史》。台北：文史哲。

———，1992，〈台灣文學研究十年〉。《文訊》79: 26-29。

史明，1980（1962），《台灣人四百年史》。聖荷西，美國加州：蓬島文化公司。

史敬一，1983，〈台語，你的名字是方言：電視台語節目的處境〉。頁161-172，收錄於林進輝編，《台灣語言問題論集》。台北：台灣文藝社。

台灣省文獻委員會，1974，《台灣史話》。台中：台灣省文獻委員會。

台灣省文獻委員會，1998，《台灣省文獻委員會志》。南投：台灣省文獻委員會。

台灣教育會，1973（1939），《台灣教育沿革志》。台北：古亭。

台灣歷史學會，1995，〈「建立台灣主體性歷史觀」座談會〉。《台灣歷史學會通訊》1: 3-37。

台灣總督府警務局、王乃信等譯，1989a（1939），《台灣總督府警察沿革志，第二編，領台以後的治安狀況，中卷，台灣社會運動史》，第一冊。台北：創造。

———，1989b（1939），《台灣總督府警察沿革志，第二編，領台以後的治安狀況，中卷，台灣社會運動史》，第二冊。台北：創造。

———，1989c（1939），《台灣總督府警察沿革志，第二編，領台以後的治安狀

　　況，中卷，台灣社會運動史》，第三冊。台北：創造。

田兵，1985（1948），〈台灣新文學的意義〉。《文學界》13: 178-179。

白萩，1989，〈百年熬鍊〉。頁4-7，收錄鄭炯明編，《台灣精神的崛起——「笠」詩論選集》。高雄：文學界。

石計生等，1993，《意識型態與台灣教科書》。台北：前衛。

六畫

吉也，1988，〈意義辯證與社會重建——李敏勇訪問記〉。《文學界》28: 96-105。

托克維爾（Alexis de Tocqueville），1994（1856），《舊制度與大革命》。香港：牛津大學出版社。

朱天心，2001a，〈當「台灣人」變成一塊肥美的大餅〉。頁66-69，收錄於其《小說家的政治周記》。台北：聯經。

———，2001b，〈孤絕之島〉。頁135-139，收錄於其《小說家的政治周記》。台北：聯經。

江默流，1984（1947），〈造成文藝空氣〉。《文學界》10: 258-261。

羊文漪，1995，〈他者的超越——台灣當代藝術的轉折與再造〉。《藝術家》238: 215-226。

行政院研究二二八事件小組，1992，《二二八事件研究報告》。台北：行政院。

七畫

何容、齊鐵恨、王炬，1948，《台灣之國語運動》。台北：台灣省政府教育廳。

余光中，1977，〈狼來了〉。頁24-27，收錄於彭品光編，《當前文學問題總批判》。台北：中華民國青溪新文藝學會。

余昭玖，1991，〈瞭解與再思——評葉石濤對台灣文學的評論〉。《新地文學》，1(6): 6-23。

吳乃德，1993，〈省籍意識，政治支持和國家認同——台灣族群政治理論的初探〉。頁27-51，收錄於張茂桂等著《族群關係與國家認同》。台北：國家政策研究中心。

吳文星，1992，《日據時期台灣社會領導階層之研究》。台北：正中。

吳守禮，1955，《近五十年來台語研究之總成績》。台北：大立。

吳明勇，1994，《戰後台灣史學的「台灣民族」論——以史明為例》。國立成功

大學歷史語言研究所碩士論文，

吳阿文，1984（1949），〈略論台灣新文學建設諸問題〉。《文學界》10: 295-300。

吳密察，1994，〈台灣史的成立及其課題〉。《當代》100 : 78-97。

吳密察、若林正丈，1989，《台灣對話錄》。台北：自立晚報。

吳密察等，1991，〈三家評《台灣人四百年史》〉。《中國論壇》371: 65-80。

吳德山，1984，〈走出「台灣意識」的陰影──宋冬陽台灣意識文學論底批
　　判〉。《夏潮論壇》12: 36-57。

吳濁流，1964a，〈漢詩須要革新〉。《台灣文藝》1: 63-68。

───，1964b，〈漫談台灣文藝的使命〉。《台灣文藝》4: 74。

───，1971，〈再論中國的詩〉。《台灣文藝》30: 4-14。

───，1977（1951），《南京雜感》。台北：遠行。

───，1995（1968），《無花果》。台北：草根。

吳錦發，1992，〈為「原住民文學專輯」說幾句話〉。《文學台灣》4: 9-10。

呂正惠，1992，《戰後台灣文學經驗》。台北：新地。

───，1995，《文學經典與文化認同》。台北：九歌。

呂昱，1983，〈打開歷史的那扇門：為催生「台灣文學史」敲邊鼓〉。《文學界》
　　5: 206-209。

呂興昌，1992，〈走向多音交響的語言共同體──從台灣文學的翻譯談起〉。《文
　　學台灣》3: 5-8。

───，1993，〈台灣文學資料的蒐集整理與翻譯〉。《文學台灣》8: 21-35。

宋冬陽（陳芳明），1983，〈日據時期台灣新詩遺產的重估〉。《台灣文藝》83:
　　9-27。

───，1984a，〈現階段台灣文學本土化的問題〉。《台灣文藝》86: 10-40。

───，1984b，〈朝向許願中的黎明：試論吳濁流作品中的「中國經驗」〉。《文
　　學界》10: 127-146。

宋如珊，1993，〈大陸的台灣文學研究概況〉。《中國大陸研究》36 (2): 94-107。

宋澤萊，1987，〈談台語文字化問題〉。《台灣新文化》5: 38-41。

巫永福，1978，〈悼張文環兄回首前塵〉。《笠》84: 14-22。

李壬癸，1997，《台灣平埔族的歷史與互動》。台北：常民文化。

李立，1983，〈黨外的文學與文人〉。《生根週刊》8: 10-12。

李亦園、楊國樞、文崇一編，1985，《現代化與中國化論集》。台北：桂冠。

李哮佛，1982，〈台灣歷史不容閹割〉。《八十年代》5 (2): 81-85。

李國祁，1975，〈清季台灣的政治近代化：開山撫番與建省（1875-1894）〉。《中
　華文化復興月刊》8 (12): 4-16。

————，1982，《中國現代化的區域研究：閩浙台地區，1860-1916》。台北：中
　央研究院近代史研究所。

李敏勇，1991，〈檢視戰後文學的歷程與軌跡〉。《現代學術研究》4: 1-11。

李喬，1983，〈台灣文學正解〉。《台灣文藝》83: 6-7。

————，1984，〈從文學作品看台灣人的形象〉，《台灣文藝》，91: 57-66，

————，1991，〈寬廣的語言大道——對台灣語文的思考〉。自立晚報，9月29
　日。

李喬、趙天儀，1988，〈文學，文化，時代：詩人和小說家的對談〉。《台灣文
　藝》110: 28-50。

李雲漢，1981，〈國民革命與台灣光復的歷史淵源〉。頁396-469，收錄於劉寧顏
　編，《台灣史蹟源流》。台中：台灣省文獻委員會。

李筱峰，1984，〈近三十年來台灣地區大學歷史研究所中有關台灣史研究成果之
　分析〉。《台灣風物》34 (2): 84-97。

————，1987，《台灣民主運動四十年》。台北：自立晚報。

————，1996，《林茂生、陳炘和他們的時代》。台北：玉山社。

李筱峰、劉峰松，1994，《台灣歷史閱覽》。台北：自立晚報。

李魁賢，1987（1982），〈論巫永福的詩〉。頁9-26，收錄於其《台灣詩人作品
　論》。台北：名流。

李鴻禧，1987，〈台灣經驗四十年叢書序——人類寶貴的台灣戰後歷史經驗〉。
　頁3-14，收錄於林惺嶽等著，《台灣美術風雲四十年》。台北：自立晚報。

杜國清，1985，〈「笠」與台灣詩人〉。《笠》128: 54-65。

八畫

周婉窈，1994，〈從比較的觀點看台灣與韓國的皇民化運動（1937-1945）〉。《新
　史學》5 (2): 117-158。

————，1995，〈台灣人第一次的「國語」經驗——析論日治末期的日語運動及
　其問題〉。《新史學》6 (2): 113-161。

周應龍，1984，〈國語文教育與文化建設〉。《中國語文》319: 7-9。

明鳳英，1979（1977），〈中國文學往何處去？──中西文藝思潮座談會〉。頁
　　19-35，收錄於故鄉出版社編輯部編，《民族文學的再出發》。台北：故鄉。

林央敏，1989，〈台語文字化的道路〉。《新文化》6: 77-78。

───，1996（1991），〈回歸台灣文學的面腔〉。頁117-128，收錄其《台語文
　　學運動史論》。台北：前衛。

───，1996，《台灣文學運動史論》。台北：前衛。

林佳龍，1989，〈威權侍從體制下的台灣反對運動──民進黨社會基礎的政治解
　　釋〉。《台灣社會研究季刊》2 (1): 117-143。

林宗源，1979，〈以自己的語言、文字，創造自己的文化〉。《笠》93: 39-41。

───，1990，〈我對台語文學的追求與看法〉。頁211-216，收錄於鄭良偉編，
　　《台語詩六家選》。台北：前衛。

林勁，1993，《「台獨」研究論集》。台北：海峽學術出版社。

林惺嶽，1987，《台灣美術風雲40年》。台北：自立晚報。

林進輝，1983，《台灣語言問題論集》。台北：台灣文藝雜誌社。

林瑞明，1992，〈現階段台語文學之發展及其意義〉，《文學台灣》3: 12-31。

林濁水，1979，〈台灣是美麗島〉。《八十年代》1 (4): 20-24。

───，1988（1984），〈「夏潮論壇」反「台灣人意識」論的崩解〉。頁153-
　　162，收錄於施敏輝編，《台灣意識論戰選集》。台北：前衛。

───，1991（1984）a，〈神話英雄吳鳳〉。頁57-104，收錄於林濁水編，《瓦解
　　的帝國》。台北：前衛。

───，1991（1984）b，《瓦解的帝國》。台北：前衛。

林衡哲，1986，〈漫談我對台灣文化與台灣文學的看法〉。《台灣文藝》100: 49-
　　56。

林錦賢，1988，〈為斯土斯民个語言敆文化講一句話──兼論陳瑞玉先生个兩篇
　　文章〉。《台灣文藝》113: 61-82。

林繼雄，1989，《資訊時代的台灣話語文》。台南：大夏。

松永正義，1989，〈關於鄉土文學論爭（1930-32年）〉。《台灣學術研究會誌》4:
　　73-95。

阿瑞，1985（1948），〈台灣文學需要一個「狂颮運動」〉，《文學界》，13: 197-
　　200。

九畫

侯坤宏，1994，〈「二二八事件」有關史料與研究之分析〉。《國史館館刊》，復刊16: 37-66。

南方朔，1979，《中國自由主義的最後堡壘》。台北：四季。

———，1980，《帝國主義與台灣獨立運動》。台北：四季。

———，2000，〈愛台灣：特定場合的催情劑〉。頁151-155，收錄於其《語言是我們的海洋》。台北：大田。

———，2002〈台民粹政治與新鎖國主義〉。《亞洲週刊》16 (13): 4。

施志汶，1994，〈「台灣史研究的反思」——以近十年來國內各歷史研究所碩士論文為中心（1983-1992）〉。《國立台灣師範大學歷史學報》22: 413-446。

施敏輝（陳芳明），1988（1984），〈注視島內一場「台灣意識」的論戰〉。頁1-18，收錄於施敏輝編，《台灣意識論戰選集》。台北：前衛。

———，1988（1985），〈「台灣意識論戰選集」序〉。頁1-7，收錄於施敏輝編，《台灣意識論戰選集》。台北：前衛。

施敏輝編，1988，《台灣意識論戰選集》。台北：前衛，

洪惟仁，1985，《台灣河佬語聲調樹研究》。台北：自立晚報。

———，1992a，《台灣語言危機》。台北：前衛。

———，1992b，〈台語文字化的理論佮實際〉。《台語文摘》28: 12-32。

———，1992c，《台語文學與台語文字》。台北：前衛。

紀弦，1966，〈給趙天儀先生的一封公開信〉。《笠》14: 2-9。

若林正丈，1987，〈台灣抗日運動中的「中國座標」與「台灣座標」〉。《當代》，17: 40-51。

———，1994，《台灣：分裂國家與民主化》。台北：月旦，

負人，1932，〈台灣話文雜駁〉。《南音》1: 10-13。

韋伯（Weber Max）著，1991（1917），《學術與政治：韋伯選集（I）》，錢永祥編譯。台北：遠流。

———，1993，《社會學的基本概念》，顧忠華譯。台北：遠流。

十畫

唐文標，1976（1973），〈詩的沒落：香港台灣新詩的歷史批判〉。頁145-191，收錄於其《天國不是我們的》。台北：聯經。

夏金英，1995，《台灣光復後之國語運動（1945-1987）》。台灣師範大學歷史研
　　究所碩士論文。

徐正光，1991，〈一個研究典範的形成與變遷：陳紹馨「中國社會文化研究的實
　　驗室──台灣」一文的重探〉。《中國社會學刊》15: 29-40。

徐紫亭，1986a，〈熱血滔滔，烽火片片──台灣早期的抗日，前仆後繼
　　（上）〉。《伸根周刊》6: 62-64。

──　，1986b，〈熱血滔滔，烽火片片──台灣早期的抗日，前仆後繼
　　（下）〉。《伸根週刊》7: 29-31。

秦琦，1988（1984），〈神話與歷史，現在與將來──評「夏潮論壇」對黨外的批
　　判〉。頁173-184，收錄於施敏輝編，《台灣意識論戰選集》。台北：前衛。

翁佳音，1986，《台灣漢人武裝抗日史研究（1895-1902）》。台北：國立台灣大
　　學出版委員會。

──　，1989，〈清代台灣漢人社會史研究的若干問題〉，論文發表於「民國以
　　來國史研究的回顧與展望研討會」，台北：1989年8月1日至3日。

馬起華，1992，〈台獨之研究〉。《警政學報》20: 335-355。

高天生，1981，〈歷史悲運的頑抗──隨想台灣文學的前途及展望〉。《台灣文
　　藝》72: 291-301。

──　，1983，〈論台灣文學史的寫作架構〉。《台灣文藝》84: 18-23。

──　，1985，《台灣小說與小說家》。台北：前衛。

高伊哥，1983，〈台灣文化協會的分裂（VII）〉。《生根週刊》8: 62-64。

──　，1984，〈平埔族社會──四百年前的台灣〉。《台灣年代》1: 61-63。

──　，1988（1984），〈台灣歷史意識問題〉。頁163-171，收錄於施敏輝編，
　　《台灣意識論戰選集》。台北：前衛。

十一畫

尉天驄等，1978（1977），〈當前的中國文學問題〉。頁761-785，收錄於尉天驄
　　編，《鄉土文學討論集》。台北：遠流。

張我軍，1979（1925），〈新文學運動的意義〉。頁98-103，收錄於李南衡編，
　　《日據下台灣新文學明集5：文獻資料選集》。台北：明潭，.

張良澤，1977，〈《吳濁流作品集》總序〉。頁1-33，收錄張良澤編，《吳濁流作
　　品集，卷6，台灣文藝與我》。台北：遠行。

張岱年，1989，〈評五四時期對於傳統文化的評論〉。頁3-11，收錄於湯一界編，《論傳統與反傳統——五四70周年紀念文選》。台北：聯經。

張炎憲，1990，〈二二八的歷史重建〉。《台灣春秋》，17: 199-214。

———，1992〈死亡中的再生——二二八的意義〉。頁43-47，收錄於張炎憲編，《創造台灣新文化》。台北：前衛。

———，1993a，〈台灣史研究的新精神〉。《台灣史料研究》，1: 76-86。

———，1993b，〈重建台灣人反抗精神史〉。《台灣史料研究》，2: 3-7。

———，1995a，〈台灣史研究與台灣主體性〉，論文發表於「台灣近百年史研討會（1895-1995）」，台北，1995年8月15至17日。

———，1995b，〈威權統治和台灣人歷史意識的形成〉。論文發表於「馬關條約一百年——台灣命運的回顧與展望」，台北，1995年4月15至17日。

張茂桂，1997，〈台灣的政治轉型與政治的「族群化」過程〉。頁37-71，收錄於施正鋒編，《族群政治與政策》。台北：前衛。

張博宇，1974，《台灣地區國語運動史料》。台北：台灣商務印書館。

張博宇編，1987，《慶祝台灣光復四十週年台灣地區國語推行資料彙編（上）》，台中：台灣省政府教育廳。

張隆志，1991，《族群關係與鄉村台灣——一個台灣平埔族史的重建與理解》。台北：國立台灣大學出版委員會。

張漢良、蕭蕭編，1979，《現代詩導讀——理論、史料篇》。台北：故鄉。

教育部編，1994，《國民中學課程標準》。台北：教育部。

梁其姿，1995，〈學門報告——歷史學〉。論文發表於「全國人文社會科學發展評估會議」。台北，10月27至29日。

盛清沂等，1977，《台灣史》。台中：台灣省文獻委員會。

許水綠，1984，〈戰前台灣話文運動——台灣文學語言的建設〉。《台灣年代》5: 51-55。

———，1987，〈筆尖指向現實——台灣文學作品與社會生命〉。《台灣新文化》13: 52-59。

———，1988，〈不要容忍陳少廷：再評「台灣新文學運動簡史」〉。《台灣新文化》17: 82-86。

許南村（陳映真），1976，《知識人的偏執》。台北：遠行。

———，1978（1977），〈鄉土文學的盲點〉。頁93-99，收錄尉天驄編，《鄉土文

學討論集》。台北：遠流。

許南村編，1994，《史明台灣史論的虛構》。台北：人間。

許雪姬，1991，〈台灣光復初期的語文問題〉。《思與言》29 (4): 155-184。

許極燉，1984，〈台灣文學需要充實的維生素——泛談台語與台灣文學的關係〉。《台灣文藝》90: 29-46。

———，1990，《台灣語概論》。台北：台灣語文研究發展基金會，

———，1992，《台語文字化的方向》。台北：自立晚報。

———，1993，〈多采多姿的語言〉。頁37-64，收錄許極燉編，《尋找台灣新座標》。台北：自立晚報。

郭成義，1982，〈近三十年來的台灣詩文學運動暨「笠」的位置——座談會紀實〉。《文學界》4: 168-188。

郭廷以，1954，《台灣史事概說》。台北：正中。

郭秋生，1931，〈建設「台灣話文」一提案〉。《台灣新民報》，9月7日，第380號。

———，1932，〈新字問題〉。《南音》1 (7): 24-25。

陳三井，1981，〈國民革命與台灣〉。頁470-517，收錄於台灣省文獻委員會編，《台灣史蹟源流》。台中：台灣省文獻委員會。

陳千武，1975，〈詩的行為〉。《笠》68: 1。

———，1989，〈豎立台灣詩文學的旗幟〉。頁1-3，收錄鄭炯明編，《台灣精神的崛起——「笠」詩論選集》。高雄：文學界。

陳元，1988（1984），〈從移民的台灣史試解「中國結」與「台灣結」〉。頁67-76，收錄於施敏輝編，《台灣意識論戰選集》。台北：前衛。

陳孔立，1988，〈清代台灣社會發展的模式問題——評「土著化」和「內地化」的爭論〉。《當代》30: 61-75。

陳少廷，1977，《台灣新文學運動簡史》。台北：聯經。

———，1987，〈對日劇時期台灣新文學史的幾點看法〉。《文學界》24: 47-51。

———，1988，〈不堪回首話當年：我為什麼要編撰「台灣新文學運動簡史」〉。《台灣新文化》18: 58-61。

陳文俊，1996，〈國家認同與總統大選：分裂國家民主化問題的探討〉。論文發表於「選舉制度、選舉行為與台灣地區政治民主化」學術研討會。台北：1996年11月30日至12月1日。

陳竹水，1978，〈談推行社會國語運動〉，《中國語文》，254: 14-17。

陳佳宏，1998，《海外台獨運動史》。台北：前衛。

陳其南，1984，〈土著化與內地化：論清代漢人社會的發展模式〉。頁335-366，收錄於中央研究院三民主義研究所編，《中國海洋發展史論文集（一）》。台北：中央研究院三民主義研究所。

———，1990，〈台灣漢人移民社會的建立及轉向〉。頁57-96，收錄於其《家族與社會：台灣和中國社會研究的基礎理念》。台北：聯經。

陳奇祿等，1980，《中國的台灣》。台北：中央文物供應社。

陳明仁，1992，〈「台灣語文復興運動」引言補充資料〉。《台灣文藝》133: 132-142。

陳明台，1969，〈笠詩社五年大事紀〉。《笠》30: 21-27。

———，1982，〈根源的掌握與確認——台灣現代詩人的鄉愁，II〉。《笠》112: 19-23。

———，1989，〈鄉愁論——台灣現代詩人的故鄉憧憬與歷史意識〉。頁20-67，收錄於鄭炯明編，《台灣精神的崛起——「笠」詩論選集》。高雄：文學界。

陳鳴鐘、陳興唐，1989，《台灣光復和光復後五年省情》。南京：南京。

陳芳明，1988，《台灣人的歷史與意識》。高雄：敦煌。

———，1989a，〈二二八事件史導讀〉。《台灣春秋》5: 248-255。

———，1989b，〈鄭成功與施琅——台灣歷史人物評價的反思〉。《台灣春秋》7: 302-321。

———，1990，〈台灣歷史上的一天——論戰後以來的四個二二八〉。《台灣春秋》17: 182-193。

———，1992a，〈家國半世紀——台灣的政治與文學〉。《文學台灣》2: 73-82。

———，1992b，《探索台灣史觀》。台北：自立晚報。

———，1992c，〈台灣政治主體性的建立之歷史考察——以抗日運動為中心（1920-1931）〉。頁26-43，收錄於其《探索台灣史觀》。台北：自立晚報。

———，1992d，〈中共對二二八事件史觀的政策性轉變〉。頁144-131，收錄於其《探索台灣史觀》。台北：自立晚報。

陳芳明，彭瑞金，1987，〈陳芳明、彭瑞金對談：釐清台灣文學的一些烏雲暗日〉。《文學界》24: 17-46。

陳炘，1920，〈文學與職務〉。《台灣青年》1 (1): 41-43。

陳信治，1990，〈「土著化」與「內地化」論爭的一個側面──評陳孔立《清代台灣社會發展的模式問題》〉。《史繹》21: 119-150。

陳俐甫，1990，《禁忌，原罪，悲劇──新生代看二二八事件》。台北：稻鄉。

陳映真，1977，〈文學來自社會，反映社會〉，《仙人掌雜誌》5: 65-78。

────，1988（1984），〈向著更寬廣的歷史視野〉。頁31-37，收錄於施敏輝編，《台灣意識論戰選集》。台北：前衛。

────，2001，〈序〉。頁1-4，收錄於趙遐秋、曾慶瑞著，《文學台獨面面觀》。北京：九州。

陳紹馨，1979a（1966），〈台灣的家庭，世系與聚落型態〉。頁443-485，收錄於其《台灣人口的變遷與社會變遷》。台北：聯經。

────，1979b（1966），〈中國社會文化研究的實驗室──台灣〉。頁1-7，收錄於其《台灣的人口變遷與社會變遷》。台北：聯經。

陳嘉農（陳芳明），1988，〈是撰寫台灣文學史的時候了〉。《文學界》25: 6-14。

陳翠蓮，1995，《派系鬥爭與權謀政治：二二八悲劇的另一面向》。台北：時報文化。

陳銘城，1992，《海外台獨運動四十年》。台北：自立晚報。

陳樹鴻，1988（1983），〈台灣意識──黨外民主運動的基石〉。頁191-205，收錄施敏輝編，《台灣意識論戰選集》。台北：前衛。

十二畫

傅大為，1991，〈歷史建構、邊陲策略、與「中國化」：對台灣「行為及社會科學中國化」提法的思想史研究〉。《島嶼邊緣》1: 103-125。

彭明敏，1984（1972），《自由的滋味──彭明敏回憶錄》。加州：台灣出版社。

────，1988（1972），《自由的滋味──彭明敏回憶錄》。台北：前衛。

彭品光編，1977，《當前文學問題總批判》。台北：中華民國青溪文藝學會。

彭敏（彭明敏），1985（1948），〈建設台灣新文學，再認識台灣社會〉。《文學界》13: 194-196。

彭瑞金，1982，〈台灣文學應以本土化為首要課題〉。《文學界》2: 1-3。

────，1983，〈追尋，迷惘與再生──戰後的吳濁流到鍾肇政〉，《台灣文藝》83: 42-48。

────，1984，〈記一九四八年前後的一場台灣文學論戰〉，《文學界》10: 2-15。

———，1989，〈寫有國籍的台灣文學〉。《台灣文藝》119: 4-5。

———，1991a，《台灣新文學運動40年》。台北：自立晚報。

———，1991b，〈請勿點燃語言炸彈〉。自立晚報，10月7日。

———，1991c，〈語，文，文學〉。自立晚報，10月27日。

———，1992，〈當前台灣文學的本土化與多元化——兼論有關台灣文學的一些異說〉。《文學台灣》4: 11-36。

———，1993，〈台灣民族運動與台灣民族文學〉。頁57-78，收錄於李鴻禧等著，《國家認同學術研討會論文集》。台北：現代學術研究基金會。

———，1994，〈台灣文學定位的過去和未來〉。《文學台灣》9: 93-116。

———，1995（1991），〈鄉土文學與七〇年代的台灣文學〉。頁250-259，收錄於其《台灣文學探索》。台北：前衛。

———，1995，〈是宣告台灣文學獨立的時候了〉。《文學台灣》15: 333-336。

彭歌，1977，〈不談人性，何有文學〉。頁3-23，收錄於彭品光編，《當前文學問題總批判》。台北：中華民國青溪新文藝學會。

彭懷恩，1987，《台灣政治變遷四十年》。台北：自立晚報。

游勝冠，1996，《台灣文學本土論的興起與發展》。台北：前衛。

游喚，1992，〈八十年代台灣文學論述之變質〉。《台灣文學觀察雜誌》5: 29-54。

番仔火、林濁水，1991（1984），〈福爾摩沙人〉。頁2-10，收錄於林濁水編，《瓦解的帝國》。台北：前衛。

程大學，1981，〈台灣的先賢先烈〉。頁518-548，收錄於台灣省文獻委員會編，《台灣史蹟源流》。台中：台灣省文獻委員會，．

費德廉，1988，〈美國學術界的台灣史研究〉。《當代》30: 55-60。

黃大受，1980，《台灣的根》。台北：中央文物供應社。

黃呈聰，1979（1923），〈論普及白話文的新使命〉。頁6-19，收錄於李南衡編，《日據下台灣新文學，明集5：文獻資料選集》。台北：明潭。

黃秀政，1992，〈清代台灣的分類械鬥〉。頁29-80，收錄於其《台灣史研究》。台北：學生。

黃武忠，1980，《日據時代台灣文學作家小傳》。台北：時報。

黃宣範，1988，〈台灣話的語言社會學研究〉。《台灣文藝》114: 94-101。

———，1993，《語言，社會與族群意識：台灣語言社會學的研究》。台北：文鶴。

黃春雄，1984，〈台灣人的「俘虜心態」——日據時期中智份子的澈底同化過
　　程〉。《八十年代》1: 59-62。

黃昭堂，1994，〈戰後台灣獨立運動與台灣民族主義的發展〉。頁195-227，收錄
　　於施正鋒編，《台灣民族主義》，台北：前衛，

黃海鳴，1995，〈本土意識、文化認同及台灣當代藝術之脈動〉。《藝術家》238:
　　227-234。

黃得時，1979（1954，1955），〈台灣新文學運動概觀〉。頁269-324，收錄於李
　　南衡編，《日據下台灣新文學，明集5：文獻資料選集》。台北：明潭。

黃連德，1988（1984），〈洗掉中國熱昏症的「科學」粧吧！〉。頁133-151，收
　　錄施敏輝編，《台灣意識論戰選集》。台北：前衛。

黃富三等，1986，〈在學術工程上建立台灣史〉。《中國論壇》254: 10-24。

黃朝琴，1979（1923），〈漢文改革論〉。頁20-35，收錄於李南衡編，《日據下台
　　灣新文學，明集5：文獻資料選集》。台北：明潭。

黃琪椿，1995，〈日治時期社會主義思潮下之鄉土文學論爭與台灣話文運動〉。
　　《中外文學》23 (9): 56-74。

黃燦庭，1983a，〈台灣史的黎明與土著族〉。《八十年代》5 (6): 72-76。

———，1983b，〈中國古書內的台灣〉。《八十年代》6 (1): 76-79。

十三畫

搶救十三行文化遺址行動聯盟，1991，《重建台灣歷史圖像——十三行遺址調查
　　報告》。台北：搶救十三行文化遺址行動聯盟。

楊秀芳，1991，《台灣閩南語語法稿》。台北：大安。

楊青矗，1978（1977），〈什麼是健康的文學？〉。頁297-299，收錄於尉天驄
　　編，《鄉土文學討論集》。台北：遠流。

楊國樞，1987，〈緒論：人文學及社會科學研究的台灣經驗〉。頁3-31，收錄於
　　賴澤涵編，《三十年來我國人文及社會科學之回顧與展望》。台北：東大。

———，1993，〈我們為什麼要建立中國人的本土心理學？〉。《本土心理學研
　　究》1: 6-88。

楊國樞、文崇一編，1982，《社會及行為科學研究的中國化》。台北：中央研究
　　院民族學研究所。

楊逵，1984（1948），〈如何建立台灣新文學〉。《文學界》10: 280-282。

楊碧川，1983，〈日據時期台語羅馬字運動〉。《生根》14: 45-46。

———，1988，《日據時代台灣人反抗史》。台北：稻鄉。

毓文，1984（1947），〈打破緘默談「文運」〉。《文學界》10: 266-270。

葉六仁（（葉石濤），1986，〈四〇年代台灣的台灣文學〉。《文學界》20: 81-133。

葉石濤，1965，〈台灣的鄉土文學〉。《文星》97: 70-73。

———，1966，〈吳濁流論〉，《台灣文藝》12: 25-30。

———，1968，〈兩年來的省籍作家及其小說〉。《台灣文藝》19: 37-45。

———，1977，〈台灣鄉土文學史導論〉，《夏潮》14: 68-75。

———，1979a，〈日據時代新文學的回顧〉。頁41-43，收錄於其《台灣鄉土作家論集》。台北：遠景。

———，1979b，〈現代主義小說的沒落〉。頁49-50，收錄於其《台灣鄉土作家論集》。台北：遠景。

———，1979c，〈作家的世代〉。頁41-43，收錄於其《台灣鄉土作家論集》。台北：遠景。

———，1984（1948），〈一九四一年以後的台灣文學〉。《文學界》10: 288-291。

———，1984，〈六十年代的台灣鄉土文學〉。《文訊》13: 137-146。

———，1987，《台灣文學史綱》。高雄：文學界，

———，1991，《一個台灣老朽作家的五〇年代》。台北：前衛。

———，1992a，〈台灣文學本土化是必然途徑〉。《文學台灣》4: 4-8。

———，1992b [?]，〈撰寫台灣文學史應走的方向〉。頁13-23，收錄於其《台灣文學的困境》。高雄：派色文化。

———，1994，〈開拓多種族風貌的台灣文學〉，《文學台灣》9: 10-14。

———，1997，《台灣文學入門：台灣文學五十七問》。高雄：春暉。

葉阿明，1983，〈意識與存在——再論台灣意識〉。《生根》15: 27-28。

葉榮鐘，1932a，〈再論「第三文學」〉。《南音》1（9）、1（10): 卷頭言。

———，1932b，〈第三文學提唱〉。《南音》1 (8): 卷頭言。

———，1995（1964），〈台灣光復前後的回憶〉。頁40-434，收錄於其《台灣人物群像》。台北：時報文化。

詹宏志，1981，〈兩種文學心靈——評兩篇聯合報小說獎得獎作品〉。《書評書目》，93: 23-32。

詹素娟，1996，〈詮釋與建構之間——當代「平埔現象」的解讀〉。《思與言》，

34 (3): 45-78。

十四畫

廖咸浩，2000，〈一種「後台灣文學」的可能〉。《聯合文學》190: 110-117。

廖益興，1996，〈影響選民投票支持李登輝與否的因素〉。論文發表於「選舉行為與台灣地區政治民主化」學術研討會。台北：1996年11月30日至12月1日。

廖毓文，1979（1954, 1955），〈台灣文字改革運動史略〉。頁458-496，收錄於李南衡編，《日據下台灣新文學，明集5：文獻資料選集》。台北：明潭。

廖祺正，1990，《三十年代台灣鄉土話文運動》。國立成功大學歷史語言研究所碩士論文。

趙遐秋、曾慶瑞，2001，《文學台獨面面觀》。北京：九州。

十五畫

劉登翰，1990，〈大陸台灣文學研究十年〉。《台灣文學觀察雜誌》1: 58-67。

———，1995，《台灣文學隔海觀——文學香火的傳承與變異》。台北：風雲時代。

劉還月，1994，《屏東地區平埔族的歷史與文化》。屏東：屏東縣立文化中心。

歐陽明，1984（1947），〈台灣新文學的建設〉。《文學界》10: 271-276。

歐陽聖恩，1986，《無黨籍人士所辦政論雜誌在我國政治環境中角色功能之研究》。中國文化大學政治學研究所碩士論文。

潘敬尉，1981，《血濃於水》。台中：台灣省文獻委員會。

蔣勳，1977，〈台灣寫實文學中新起的道德力量——序王拓《望君早歸》〉。頁1-13，收錄於王拓著，《望君早歸》。台北：遠景。

蔡勇美、蕭新煌編，1986，《社會學中國化》。台北：巨流。

蔡培火等，1971，《台灣民族運動史》。台北：自立晚報。

蔡淵洯，1985，〈光復後台灣地區有關清代台灣社會史研究的檢討〉。《思與言》23 (1): 71-90。

鄭良偉，1989，《走向標準化的台灣話文》。台北：自立晚報。

———，1990，《演變中的台灣社會語文》。台北：自立晚報。

———，1993，〈互咱的子弟有機會讀台語學台語〉。《台灣文藝》136: 173-180。

鄭炯明，1978，〈林宗源訪問記〉。《笠》85: 52-54。

───，1987，〈我的詩路歷程〉。《文學界》23: 4-14。

鄭炯明等，1994，〈把台灣人的文學主權找回來──台灣文學主體性座談會〉。《文學台灣》11: 93-136。

鄭梓，1991，〈戰後台灣行政體系的接收與重建──以行政長官公署為中心之分析〉。《思與言》29 (4): 217-259。

鄭欽仁，1983，〈台灣史研究與歷史意識之探討〉。《台灣文藝》84: 7-17。

鄭穗影，1991，《台灣語言的思想基礎》。台北：台原。

十六畫

學生台灣語文促進會，1995，〈九〇年代以來校園台語文運動概況〉。論文發表於「第七屆台灣新生代論文研討會」，台北：7月15至16日。

盧修一，1989，《日據時代台灣共產黨史（1928-1932）》。台北：前衛。

穆超，1983，〈推行國語提高國文程度刻不容緩〉。《中國語文》310: 10-13。

蕭行易，1990，〈「台獨」理論與組織的剖析〉。《三民主義學報》14: 383-408。

蕭阿勤，1999，〈1980年代以來台灣文化民族主義的發展：以「台灣（民族）文學」為主的分析〉。《台灣社會學研究》3: 1-51。

───，2000，〈民族主義與台灣一九七〇年代的「鄉土文學」：一個文化（集體）記憶變遷的探討〉。《台灣史研究》6 (2): 77-138。

───，2003，〈認同，敘事，與行動：台灣一九七〇年代黨外的歷史建構〉，《台灣社會學》5: 195-250。

───，2010，《回歸現實：台灣1970年代的戰後世代與文化政治變遷》（第二版）。台北：中央研究院社會學研究所。

十七畫

戴國煇，1984，〈研究台灣史經驗談〉。《夏潮論壇》12: 29-35。

───，1985，〈日本的殖民統治與台灣籍民〉。頁239-269，收錄於王曉波編，《台灣的殖民地傷痕》。台北：帕米爾。

戴寶村，1994，〈台灣史問題研究〉。頁50-69，收錄於《人文社會科學教育改進計畫：「本土文化研究整合性教程──以台灣社會變遷為題」成果報告》。中壢：中央大學。

謝世忠，1987，《認同的污名》。台北：自立晚報。

謝里法，1994，〈台灣美術生態分析〉。《文學台灣》11: 40-47。

鍾肇政，1989，〈台灣文學之鬼——葉石濤〉。《台灣春秋》，8: 314-337。

十八畫

顏尹謨，1984，〈日據時代與國民黨統治下反對運動模式〉。《政治家》16: 60-64。

十九畫

瀨南人，1985（1948），〈評錢歌川、陳大禹對台灣新文學運動意見〉。《文學界》13: 188-190。

羅肇錦，1992，〈找不到定位的符號——台灣話〉。頁345-376，收錄龔鵬程編，《一九九一文化評論》。台北：三民。

二十畫

蘇新，1993（1949），《憤怒的台灣》。台北：時報。

二十三畫

龔鵬程，1994，〈四十年來台灣文學之回顧〉。《國家科學委員會研究彙刊：人文及社會科學》4 (2): 206-222。

英文部分

Aberbach, David, 1997, "Hebrew Literature and Jewish Nationalism in the Tsarist Empire, 1881-1917." *Nations and Nationalism* 3(1): 25-44.

Andermahr, Sonya, et al., 1997, *A Glossary of Feminist Theory*. London: Arnold.

Anderson, Benedict, 1983, *Imagined Communities: Reflections on the Origin and Spread of Nationalism*. London: Verso.

Appiah, Kwame Anthony, 1992, *In My Father's House: Africa in the Philosophy of Culture*. Oxford, UK: Oxford University Press.

———, 1995, "African Identity." Pp.103-115 in *Social Postmodernism: Beyond Identity Politics*, edited by Linda Nichloson and Steven Seidman. Cambridge, UK:

Cambridge University Press.

Barker, Chris, 2000, *Cultural Studies: Theory and Practice*. London: Sage.

Barthes, Roland, 1977(1966), "Introduction to the Structural Analysis of Narratives." Pp.79-124 in *Image, Music, Text*, translated by Stephen Heath, edited by Stephen Heath. New York: Hill and Wang.

Bates, Daniel G., 1994, "What's in a Name? Minorities, Identity, and Politics in Bulgaria." *Identities* 1(2-3): 201-225.

Berman, Daniel K., 1992, *Words like Colored Glass: The Role of the Press in Taiwan's Democratization Process*. Boulder, Colorado: Westview Press.

Blommaert, Jan and Jef Verschueren, 1991, "The Role of Language in European Nationalist Ideologies." *Pragmatics* 2(3): 355-375.

Bourdieu, Pierre, 1985, "The Social Space and the Genesis of Groups." *Theory and Society* 14: 723-744.

——, 1991, *Language and Symbolic Power*. *Cambridge*, MA: Harvard University Press.

Bourdieu, Pierre, et al., 1991(1968), *The Craft of Sociology: Epistemological Preliminaries*. Berlin: Walter de Gruyter.

Bowler, Peter J., 1993, *Darwinism*. New York: Twayne Publishers.

Breuilly, John, 1982, *Nationalism and the State*. Chicago: The University of Chicago Press.

——, 1996(1994), "Approaches to Nationalism." Pp.146-174 in *Mapping the Nation*, edited by Gopal Balakrishnan. London: Verso.

Bruner, Jerome, 1986, *Actual Minds, Possible Worlds*. Cambridge, MA: Harvard University Press.

——, 1990, *Acts of Meaning*. Cambridge, MA: Harvard University Press.

——, 2002, *Making Stories: Law, Literature, Life*. Cambridge, MA: Harvard University Press.

Calhoun, Craig, 1993, "Nationalism and Ethnicity." *Annual Review of Sociology* 19: 211-239.

——, 1994, "Nationalism and Civil Society: Democracy, Diversity and Self-Determination." Pp.304-335 in *Social Theory and the Politics of Identity*, edited by Craig Calhoun. Cambridge, MA.: Blackwell.

Carr, David, 1986, *Time, Narrative, and History*. Bloomington, IN: Indiana University Press.

Chang, Mau-kuei Michael, 1989, "The Formation of Partisan Preferences in Taiwan's Democratization Process, 1986-87." Pp.313-342 in *Taiwan: A Newly Industrialized State*, edited by Hsiao Hsin-huang Michael, Cheng Wei-yuan, and Chan Hou-sheng. Taipei: Department of Sociology, Naitonal Taiwan University.

———, 1994, "Toward an Understanding of the Seng-chi Wen-ti in Taiwan: Focusing on Changes after Political Liberalization." Pp.93-150 in *Ethnicity in Taiwan: Social, Historical, and Cultural Perspectives*, edited by Chen Chung-min, Chuang Ying-chang, Huang Shu-min. Taipei: Institute of Ethnology, Academia Sinica.

———, 1996, "Political Transformation and Ethnization of Politics in Taiwan." Pp.135-152 in *Taiwanan der Schwelle Zum 21 Jahrhumdert - Gesellschalflicher Wendel, Prolbem und Perspektiven eines Asiatischen Schwellenlandes*, edited by Guter Schubert and Axel Schneider. Hamberg, Germany: Institute fuer Asienkunde.

Chang, Sung-sheng Yvonne, 1993, *Modernism and the Nativist Resistance: Contemporary Chinese Fiction From Taiwan*. Durham and London: Duke University Press.

Chatterjee, Partha, 1986, *Nationalist Thought in the Colonial World: A Derivative Discourse*, London: Zed Books.

Chen, Ching-chih, 1988, "Impact of Japanese Colonial Rule on Taiwanese Elites." *Journal of Asian History* 22(1): 25-51.

Chen, Edward I-te, 1972, "Formosan Political Movements under Japanese Colonial Rule, 1914-37." *Journal of Asian Studies* 31(3): 477-497.

Chen, Lucy H., 1963, "Literary Taiwan." *The China Quarterly* 15: 75-85.

Cheng, Robert L., 1979, "Language Unification in Taiwan: Present and Future." Pp.541-578 in *Language and Society: anthropological issues*, edited by William C. McCormack and Stephen A. Wurm. The Hague: Mouton.

Chiu, Hungdah, 1979, "The Question of Taiwan in Sino-American Relations." Pp.147-211 in *China and The Taiwan Issue*, edited by Hunghad Chiu. New York: Praeger

Publishers.

Chow, Tse-tsung, 1960, *The May Fourth Movement: Intellectual Revolution in Modern China*. Cambridge, MA: Harvard University Press.

Chun, Allen, 1994, "From Nationalism to Nationalizing: Cultural Imagination and State Formation in Postwar Taiwan." *The Australian Journal of Chinese Affairs* 31: 49-69.

Clough, Ralph, 1991, "Taiwan under Nationalist Rule, 1949-82." Pp.815-874 in *The Cambridge History of China, Vol.15, The People's Republic, Part 2: Revolutions Within the Chinese Revolution 1966-82*, edited by Roderick MacFaarquhar and John K. Fairbank. Cambridge: Cambridge University Press.

Connor, Walker, 1990, "When Is a Nation?" *Ethnic and Racial Studies* 13(1): 92-103.

Coulmas, Florian, 1988, "What Is a National Language Good for?" Pp.1-24 in *With Forked Tongues: What Are National Languages Good For?*, edited by Florian Coulmas. Singapore: Karoma.

Crossley, Michele L., 2000, *Introducing Narrative Psychology: Self, Trauma, and the Construction of Meaning*. Buckingham, UK: Open University Press.

Croucher, Sheila L., 1996, "The Success of the Cuban Success Story: Ethnicity, Power, and Politics." *Identities* 2(4): 351-384.

Deutsch, Karl, 1966, *Nationalism and Social Communication: An Inquiry into the Foundations of Nationality*. Cambridge, MA: MIT Press.

Duara, Prasenjit, 1993a, "Provincial Narratives of the Nation: Centralism and Federalism in Republican China." in *Cultural Nationalism in East Asia*, edited by Harumi Befu. Berkeley, CA: University of California Press.

———, 1993b, "De-constructing the Chinese Nation." *The Australian Journal of Chinese Affairs* 30: 1-26.

Eckert, Penelope, 1983, "The Paradox of National Language Movements." *Journal of Multilingual and Multicultural Development* 4(4): 289-300.

Eley, Geoff, and Ronald Grigor Suny, 1996, "Introduction: From the Movement of Social History to the Work of Cultural Representation." Pp.3-37 in *Becoming National: A Reader*, edited by Geoff Eley and Ronald Grigor Suny. New York: Oxford University Press.

Emerson, Ralph W., 1929(1837), "The American Scholar." in his *The Complete Writings of Ralph Waldo Emerson*, New York: WM. H. Wise & Co.

Eriksen, Thomas H., 1992, *Us and Them in Modern Societies: Ethnicity and Nationalism in Mauritius, Trinidad and Beyond*. Oslo, Norway: Scandinavian University Press.

———, 1993, *Ethnicity and Nationalism: Anthropological Perspectives*. London: Pluto Press.

Fanon, Frantz, 1963, *The Wretched of the Earth*. New York: Grove Press.

Fitzgerald, John, 1995, "The Nationless State: The Search for a Nation in Modern Chinese Nationalism." *The Australian Journal of Chinese Affairs* 33: 75-105.

Fix, Douglas L., 1993, "Advancing on Tokyo: The New Literature Movement, 1930-37." Pp.251-302 in 日據時期台灣史國際學術研討會論文集 (*Symposium of the International Colloquium on the Taiwanese History in the Period of the Japanese Rule*), Taipei: Department of History, National Taiwan University.

Foucault, Michel, 1972, *The Archaeology of Knowledge*, New York: Pantheon.

Furth, Charlotte, 1983, "Intellectual Change: from the Reform Movement to the May Fourth Moverment, 1895-1920." Pp.322-405 in *The Cambridge History of China, Vol.12 Republican China 1912-49, Part 1*, edited by John K. Fairbank. Cambridge: Cambridge University Press.

Gates, Hill, and Emily Martin Ahren, 1981, "Introduction." in *The Anthropology of Taiwanese Society*, edited by Emily Martin Ahren and Hill Gates. Stanford, CA: Stanford University Press.

Gellner, Ernest, 1983, *Nations and Nationalism*. Ithaca, NY: Cornell University Press.

Gergen, Kenneth J., 1991, *The Saturated Self: Dilemmas of Identity in Contemporary Life*. New York: Basic Books.

Giddens, Anthony, 1981, *A Contemporary Critique of Historical Materialism, Vol. 1, Power, Property, and the State*. London: Macmillian.

———, 1985, *The Nation-State and Violence, Volume Two of A Contemporary Critique of Historical Materialism*. Cambridge, UK: Polity Press.

———, 1990, *The Consequences of Modernity*. Cambridge, UK: Polity Press.

Gilroy, Paul, 1997, "Diaspora and the Detours of Identity." Pp.299-343 in *Identity and*

Difference, edited by Kathryn Woodward. London: Sage Publications.

Grillo, R. D., 1989, *Dominant Languages: Language and Hierarchy in Britain and France*. New York: Cambridge University Press.

Gross, M., 1981, "On the Integration of the Croatian Nation: A Case-study in Nation-building." *East European Quarterly* 15(2): 209-225.

Halbeisen, Hermann, 1991, "Taiwanese Consciousness (T'ai-wan i-shih): Facets of A Continuing Debate." Pp.235-250 in *Taiwan: Economy, Society, and History*, edited by E. K. Y. Chen, et al.. Hong Kong: Center of Asian Studies, University of Hong Kong.

Halbwachs, Maurice, 1980(1950), *The Collective Memory*. Translated by Francis J. Ditter Jr. and Uida Yazdi Ditter. New York: Happer and Row.

———, 1992(1941, 1952), *On Collective Memory*. Edited and translated by Lewis A. Coser. Chicago, IL: The University of Chicago Press.

Hall, Stuart, 1990, "Cultural Identity and Diaspora." Pp.222-237 in *Identity: Community, Culture, Difference*, edited by Jonathan Rutherford. London: Lawrence & Wishart.

———, 1997(1987), "Minimal Selves." Pp.34-138 in *Studying Culture: An Introductory Reader, second edition*, edited by Ann Gray and Jim McGuigan. London: Arnold.

Hann, Chris, 1995, "Intellectuals, Ethnic Groups and Nations: Two Late-Twentieth-Century Cases." Pp.106-128 in *Notions of Nationalism*, edited by Sukumar Periwal. Budapest: Central European University Press.

Hinchman, Lewis P. and Sandra K Hinchman, 1997, "Introduction." Pp. xiii-xxxii in *Memory, Identity, Community: The Idea of Narrative in the Human Sciences*, edited by Lewis P. Hinchman and Sandra K. Hinchman. New York: State University of New York Press.

Hobsbawm, Eric, 1983, "Introduction: Inventing Traditions." Pp.1-14 in *The Invention of Tradition*, edited by Eric Hobsbawm and Terence Ranger. Cambridge, UK: Cambridge University Press.

———, 1990, *Nations and Nationalism since 1780*: Programme, Myth, Reality, Cambridge, UK: Cambridge University Press.

Holstein, James A. and Jaber F. Gubrium, 2000, *The Self We Live by: Narrative Identity in a Postmodern World*. New York: Oxford University Press.

Hood, Steven J., 1997, *The Kuomintang and the Democratization of Taiwan*. Boulder, Colorado: Westview Press.

Hroch, Miroslav, 1985, *Social Preconditions of National Revival in Europe: A Comparative Analysis of the Social Composition of Patriotic Groups among the Smaller European Nations*. Translated by Ben Fowkes. London: Cambridge University Press.

―――, 1996(1993), "From National Movement to the Fully-formed Nation: The Nation-building Process in Europe." Pp.78-97 in *Mapping the Nation*, edited by Gopal Balakrishnan. London: Verso.

Hsia C. T., 1971, *A History of Modern Chinese Fiction. second edition*, New Haven: Yale University Press.

Hsiao, Frank S. T. and Lawrence R. Sullivan, 1979, "The Chinese Communist Party and the Status of Taiwan, 1928-43." *Pacific Affairs* 52(3): 446-467.

―――, 1983, "A Political History of the Taiwanese Communist Party, 1928-1931." *Journal of Asian Studies* 42(2): 269-289.

Hsiau, A-chin（蕭阿勤）, 2000, *Contemporary Taiwanese Cultural Nationalism*. London: Routledge.

―――, 2005, "Epilogue: Bentuhua—An Endeavor for Normalizing a Would-be Nation-state?" Pp.271-272 in *Cultural, Ethnic, and Political Nationalism in Contemporary Taiwan: Bentuhua*, edited by John Makeham and A-chin Hsiau. New York, NY: Palgrave Macmillan.

Hsu, Wen-hsiung, 1980, "From Aboriginal Island to Chinese Frontier: the Development of Taiwan before 1683." Pp.3-29 in *China's Island Frontier: Studies in the Historical Geography of Taiwan*, edited by Ronald G. Knapp. Honolulu. HI: The University Press of Hawaii.

Huang, Mab, 1976, *Intellectual Ferment for Political Reforms in Taiwan, 1971-73*, Ann Arbor, Michigan: Center for Chinese Studies, The University of Michigan.

Huang, Te-fu, 1996, "Elections and the Evolution of the Kuomintang." Pp.105-136 in *Taiwan's Electoral Politics and Democratic Transition: Riding the Third Wave*, edited by Tien Huang-mao. Armonk, NY: M.E. Sharpe.

Hutchinson, John, 1987, *The Dynamics of Cultural Nationalism: The Gaelic Revival and the Creation of the Irish National State*. London: Allen & Unwin.

Jaspers, Karl T., 1953(1949), *The Origin and Goal of History*. New Haven, CT: Yale University Press.

Kedourie, Elie, 1993(1960), *Nationalism*. London: Hutchinson.

Kellas, James G., 1992, "The Social Origins of Nationalism in Great Britain: the Case of Scotland." Pp.165-186 in *The Social Origins of Nationalist Movements: The Contemporary West European Experience*, edited by John Coakley. London: Sage.

Kellner, Hans, 1989, *Language and Historical Representation: Getting the Story Crooked*. Madison, WI: University of Wisconsin Press.

Kwan-Terry, John, 1972, "Modernism and Tradition in Some Recent Chinese Verse." *Tamkang Review* 3(2): 189-202.

Lai, Tse-han, Ramon H. Myers, and Wei Wou, 1991, *A Tragic Beginning: The Taiwan Uprising of February 28, 1947*. Stanford, CA: Stanford University Press.

Lau, Joseph S. M., 1973, " 'How Much Truth can A Blade of Grass Carry?' Ch'en Ying-chen and the Emergence of Native Taiwanese Writers." *Journal of Asian Studies* 32(4): 623-638.

———, 1983, "Echoes of the May Fourth Movement in Hsiang-t'u Fiction." Pp.135-150 in *Mainland China, Taiwan, and U.S. Policy*, edited by Tien Huang-mao. Cambridge, MA: Oelgeschlager, Gunn & Hain.

Lee, Leo Ou-fan, 1980, "'Modernism' and 'Romanticism' in Taiwan Literature." Pp.6-30 in *Chinese Fiction from Taiwan: Critical Perspectives*, edited by Jeannette L. Faurot. Bloomington, Indiana: Indiana University Press.

———, 1983, "Literary Trend I: The Quest for Modernity, 1895-1927." Pp.451-504 in *The Cambridge History of China, Vol.12, Republican China 1912-49, Part 1*, edited by John K. Fairbank. Cambridge: Cambridge University Press.

———, 1986, "Literary Trends: The Road to Revolution 1927-47." Pp.421-491 in *The Cambridge History of China, Vol.13, Republican China 1912-49, Part 2*, edited by John Fairbank and Albert Feuerwerker. Cambridge: Cambridge University Press.

Lin, Yü-sheng, 1979, *The Crisis of Chinese Consciousness: Radical Antitraditionalism in the May Fourth Era.* Madison, Wisconsin: The University of Wisconsin Press.

Linnekin, Jocelin, 1992, "On the Theory and Politics of Cultural Construction in the Pacific." *Oceania* 64(4): 249-263.

Lyotard, Jean-François, 1984(1979), *The Postmodern Condition: A Report on Knowledge.* UK: Manchester University Press.

MacIntyre, Alasdair, 1984, *After Virtue: A Study in Moral Theory.* Notre Dame, IN: University of Notre Dame Press.

Madsen, Richard, 1995, *China and the American Dream: A Moral Inquiry.* Berkeley, CA: University of California Press.

──────, 2007, *Democracy's Dharma: Religious Renaissance and Political Development in Taiwan.* Berkeley, CA: University of California Press.

Maines, David R., 2001, *The Faultline of Consciousness: A View of Interactionism in Sociology.* New York: Aldine de Gruyter.

Mann, Michael, 1992, *The Sources of Social Power, Vol.2.* Cambridge, UK: Cambridge University Press.

Maraini, Fosco, 1979, "The Persistence of the Ideographic Script in the Far East: Its Competitive Values Versus the Alphabet." Pp.579-588 in *Language and Society: anthropological issues,* edited by William C. McCormack and Stephen A. Wurm. The Hague: Mouton.

Martin, Denis-Constant, 1995, "The Choice of Identity." *Social Identities* 1(1): 5-16.

Mato, Daniel, 1996, "On the Theory, Epistemology, and Politics of the Social Construction of 'Cultural Identities.' " in "The Age of Globalization: Introductory Remarks to Ongoing Debates." *Identities* 3(1-2): 61-72.

McDonald, Maryon, 1989, *We Are not French: Language, Culture, and Identity in Brittany.* London: Routledge.

McGrew, Anthony, 1992, "A Global Society?" Pp.61-116 in *Modernity and its Futures,* edited by Stuart Hall, et al.. Cambridge: Polity Press.

Mei, Wen-li, 1963, "The Intellectuals on Formosa." *The China Quarterly* 15: 65-74.

Meisner, Maurice, 1964, "The Development of Formosan Nationalism." Pp.147-162 in *Formosa Today,* edited by Mark Mancall. New York: Frederick A. Prasger.

Mendel, Douglas, 1970, *The Politics of Formosan Nationalism.* Berkeley and Los

Angeles: University of California Press.

O'Sullivan, Tim, et al., 1994, *Key Concepts in Communication and Cultural Studies*. London: Routledge.

Peattie, Mark P., 1984, "Introduction." Pp.3-52 in *The Japanese Colonial Empire, 1895-1945*, edited by Ramon H. Myers and Mark R. Peattie. Princeton, NJ: Princeton University Press.

P'eng, Ming-min, 1972, *A Taste of Freedom: Memoirs of a Formosan Independence Leader*. New York: Holt, Rinehart, and Winston.

Penrose, Jan, 1995, "Essential Constructions? The 'Cultural Bases' of Nationalist Movements." *Nations and Nationalism* 1(3): 391-417.

Pepper, Suzanne, 1986, "The KMT-CCP Conflict 1945-49." Pp.723-788 in *The Cambridge History of China, Vol.13, Republian China 1912-49, Part 2*, edited by John K. Fairbank and Albert Feuerwerker. Cambridge: Cambridge University Press.

Plummer, Ken, 1995, *Telling Sexual Stories: Power, Chang and Social Words*. London: Routledge.

Polkinghorne, Donald E., 1988, *Narrative Knowing and the Human Sciences*. Albany, NY: State University of New York Press.

Renan, Ernest, 1990(1882), "What Is a Nation?" in *Nation and Narration*, edited by Homi K. Bhabha. London and New York: Routledge.

Ricoeur, Paul, 1981, "Narrative Time." Pp.165-186 in *On Narrative*, edited by W. J. T. Mitchell. Chicago: The University of Chicago Press.

———, 1984, *Time and Narrative, vol. 1*. Translated by Kathleen McLaughlin and David Pellauer. Chicago: The University of Chicago Press.

———, 1991, "Life in Quest of Narrative." Pp. 20-33 in *On Paul Ricoeur: Narrative and Interpretation*, edited by David Wood. London: Routledge.

Ringmar, Eric, 1996, *Identity, Interest and Action: A Cultural Explanation of Sweden's Intervention in the Thirty Years War*. Cambridge, UK: Cambridge University Press.

ROC Government Information Office, 1996, *The Republic of China Yearbook*. Taipei: ROC Government Information Office.

Royce, Anya Peterson, 1993, "Ethnicity, Nationalism, and the Role of the Intellectual." in *Ethnicity and the State*, edited by Judity D. Toland. New Brunswick, NJ: Transaction Publishers.

Sarbin, Theodore R., 1986, "The Narrative as a Root Metaphor for Psychology." Pp. 3-21 in *Narrative Psychology: The Storied Nature of Human Conduct*, edited by Theodore R. Sarbin. New York: Praeger.

Schwartz, Benjamin I., 1983, "Themes in Intellectual History: May Fourth and After." Pp.406-451 in *The Cambridge History of China, Vol.12, Republican China 1912-49, Part 1*, edited by John K. Fairbank. Cambridge: Cambridge University Press.

Smith, Anthony D., 1986, *The Ethnic Origins of Nations*. Oxford: Blackwell.

————, 1991, *National Identity*. Reno, NV: University of Nevada Press.

————, 1993, "The Nation: Invented, Imagined, Reconstructed?" Pp.9-28 in *Reimagining the Nation*, edited by Marjorie Ringrose and Adam J. Lerner. Bristol, PA: Open University Press.

————, 1996(1989), "The Origins of Nations." Pp.106-130 in *Becoming National*, Geoff Eley and Ronald Grigor Suny. New York: Oxford Universtiy Press.

Somers, Margaret R. and Gibson, Gloria D., 1994, "Reclaiming the Epistemological 'Other': Narrative and the Social Construction of Identity." Pp.37-99 in *Social Theory and the Politics of Identity*, edited by Craig Calhoun. Oxford, UK: Blackwell.

Spivak, Gayatri Chakravorty, 1990, *The Post-colonial Critic: Interviews, Strategies. Dialogues*. London: Routledge.

Taylor, Charles, 1989, *Sources of the Self: the Making of the Modern Identity*. Cambridge, UK: Cambridge University Press.

Tien, Hung-mao, 1989, *The Great Transition: Political and Social Change in the Republic of China*. Stanford, CA: Hoover Institution Press.

Tilly, Charles, 1990, *Coercion, Capital and European States AD 990-1990*. Oxford, UK: Blackwell.

Townsend, James, 1992, "Chinese Nationalism." *The Australian Journal of Chinese Affairs* 27: 97-130.

Tozer, Warren, 1970, "Taiwan's 'Cultural Renaissance': A Preliminary View." *The*

China Quarterly 43: 81-99.

Tse, John Kwock-ping, 1986, "Standardization of Chinese in Taiwan." *International Journal of Sociology of Language* 59: 25-32.

Tsurumi, E. Patricia, 1977, *Japanese Colonial Education in Taiwan, 1895-1945*. Cambridge, MA: Harvard University Press.

———, 1980, "Mental Captivity and Resistance: Lessons from Taiwanese Anti-colonialism." *Bulletin of Concerned Asian Scholars* 12(2): 2-13.

Urla, Jacqueline, 1993, "Contesting Modernities: Language Standardization and the Production of an Ancient/Modern Basque Culture." *Critique of Anthropology* 13(2): 101-118.

Verdery, Katherine, 1991, *National Ideology under Socialism: Identity and Cultural Politics in Ceausescu's Romania*. Berkeley, CA: University of California Press.

Wang, Fu-ch'ang, 1989, *The Unexpected Resurgence: Ethnic Assimilation and Competition in Taiwan, 1945-88*. doctoral dissertation of the University of Arizona.

Wang, Jing, 1980, "Taiwan Hsiang-t'u Literature: Perspectives in the Evolution of a Literary Movement." Pp.43-70 in *Chinese Fiction from Taiwan: Critical Perspectives*, edited by Jeannette L. Faurot. Bloomington, IN: Indiana University Press.

Weber, Max, 1978, *Economy and Society, Volume 1*. Berkeley, CA: University of California Press.

White, Hayden, 1987, "The Metaphysics of Narrativity: Time and Symbol in Ricoeur's Philosophy of History." Pp.169-184 in his *The Content of the Form: Narrative Discourse and Historical Representation*. Baltimorek, MD: The Johns Hopkins University Press.

Woodward, Kathryn, 1997a, "Introduction." Pp.1-6 in *Identity and Difference*, edited by Kathryn Woodward. London: Sage publications.

———, 1997b "Motherhood: Identities, Meanings and Myths." Pp.239-285 in *Identity and Difference*, edited by Kathryn Woodward. London: Sage.

Woolard, Kathryn A. and Bambi B. Schieffelin, 1994, "Language Ideology." *Annual Review of Anthropology* 23: 55-82.

Woolf, Stuart, 1996, "Introducation." Pp.1-39 in *Nationalism in Europe, 1815 to the Present: A Reader*, edited by Stuart Woolf. London: Routledge.

Wu, David Yen-ho, 1991, "The Construction of Chinese and Non-Chinese Identities." *Daedalus*, 120(2): 159-179.

Yoshino, Kosaku, 1992, *Cultural Nationalism in Contemporary Japan*. London: Routledge.

Yuval-Davis, Nira, 1997, *Gender and Nation*. London: Sage.

名詞索引

（索引頁碼後加註n者，表示在該頁註腳內）

人名索引

英文索引

敘事、社會與文化
重構台灣：當代民族主義的文化政治

2012年12月初版　　　　　　　　　　　　　　　　定價：新臺幣380元
2016年12月初版第三刷
有著作權・翻印必究
Printed in Taiwan.

著　　者	蕭　阿　勤
總　編　輯	胡　金　倫
總　經　理	羅　國　俊
發　行　人	林　載　爵

出　版　者　聯經出版事業股份有限公司　　叢書主編　胡　金　倫
地　　　址　台北市基隆路一段180號4樓　　校　　對　葉　春　嬌
編輯部地址　台北市基隆路一段180號4樓　　封面設計　沈　佳　德
叢書主編電話　（02）87876242轉203
台北聯經書房　台北市新生南路三段94號
　　　電話　（02）23620308
台中分公司　台中市北區崇德路一段198號
暨門市電話　（04）22312023
郵政劃撥帳戶第0100559-3號
郵撥電話（02）23620308
印　刷　者　世和印製企業有限公司
總　經　銷　聯合發行股份有限公司
發　行　所　新北市新店區寶橋路235巷6弄6號2F
　　　電話　（02）29178022

行政院新聞局出版事業登記證局版臺業字第0130號

本書如有缺頁，破損，倒裝請寄回台北聯經書房更換。　　ISBN　978-957-08-4117-6 (平裝)
聯經網址 http://www.linkingbooks.com.tw
電子信箱 e-mail:linking@udngroup.com

國家圖書館出版品預行編目資料

重構台灣：當代民族主義的文化政治/
蕭阿勤著 . 初版 . 臺北市 . 聯經 . 2012年12月
（民101年）448面 . 14.8×21公分
（敘事、社會與文化）
ISBN　978-957-08-4117-6（平裝）
[2016年12月初版第三刷]

1.台灣史　2.文化變遷　3.政治變遷
4.民族主義　5.國族認同

733.28　　　　　　　　　　　　　　　101024145